HORN
LEIBES- UND BEWEGUNGS-ERZIEHUNG

LEIBES- UND BEWEGUNGS-ERZIEHUNG

von

Axel Horn

KLINKHARDT

2002

VERLAG JULIUS KLINKHARDT • BAD HEILBRUNN / OBB.

Die Deutsche Bibliothek – Cip-Einheitsaufnahme

Ein Titelsatz für diese Publikation ist bei
der Deutschen Bibliothek
erhältlich

2002.4.i. © by Julius Klinkhardt.
Das Werk ist einschließlich aller seiner Teile urheberrechtlich geschützt.
Jede Verwertung außerhalb der engen Grenzen des Urheberrechtsgesetzes ist ohne Zustimmung des
Verlages unzulässig und strafbar. Das gilt insbesondere für Vervielfältigungen, Übersetzungen,
Mikroverfilmungen und die Einspeicherung und Verarbeitung in elektronischen Systemen.
Druck und Bindung:
WB-Druck, Rieden
Printed in Germany 2002
Gedruckt auf chlorfrei gebleichtem alterungsbeständigem Papier
ISBN 3-7815-1210-X

Inhaltsverzeichnis

Einführung _____ 9

Kapitel 1
Der strukturphilosophische Zugang zur Begründung einer Leibes- und Bewegungserziehung

1   Hinführung zur Strukturphilosophie im Anschluss an HEINRICH ROMBACH _____ 19

2   Der strukturanthropologische Ansatz _____ 25

     2.1   Einführung _____ 25
     2.2   Grundphänomene und Tiefenstrukturen des menschlichen Seins _____ 26
     2.3   Die Gleichursprünglichkeit von Mensch und Welt _____ 29
     2.3.1   Leiblichkeit und Sich-Bewegen als Grundphänomene des Menschen _____ 30
     2.3.2   Phänomenologie der Leiblichkeit in der aktuellen Sportpädagogik _____ 32
     2.3.3   Leiblichkeit in strukturanthropologischer Betrachtung _____ 35
     2.3.4   Konkreativität – Autogenese im dynamischen Wechselspiel mit der Welt _____ 39

3   Erziehung im strukturpädagogischen Verständnis _____ 45

     3.1   Erziehung als menschliches Grundphänomen _____ 45
     3.2   Erziehung als Führung zur Eigenheit _____ 47
     3.2.1   Erziehung braucht Vorbilder _____ 47
     3.2.2   Erziehung und Selbsterziehung _____ 48
     3.2.3   Der „Geist" der Erziehung _____ 50
     3.2.4   Die „emotionale Kompetenz" des Lehrenden _____ 51
     3.2.5   Die besondere Bedeutung der Sprache im Erziehungsgeschehen _____ 52
     3.2.6   Erziehung als „Findung" _____ 56
     3.2.7   Autodidaxie _____ 57
     3.2.8   Erziehung als sinnvoll erlebtes Tun _____ 58
     3.2.9   Parallelen zum strukturpädagogischen Ansatz in der aktuellen Sportpädagogik _____ 59
     3.2.10   Zusammenfassung _____ 60

Kapitel 2
"Sport" als Gegenstand und Ziel eines schulischen Unterrichtsfachs?

1	**Vorüberlegungen**	66
1.1	„Den" Sport gibt es nicht mehr	66
1.2	Ein kurzer geschichtlicher Abriss	67
2	**Sport heute – ein schillerndes Phänomen**	76
2.1	Körperverdrängung und Körperkult	76
2.2	Die Ausdifferenzierung des Sports	77
2.2.1	Ausdifferenzierung der Sportarten und Disziplinen im Breitensport	77
2.2.2	Individualisierungstendenz und traditionelle Sportvereine	80
2.2.3	Ausdifferenzierung in den Motiven des Sporttreibens bis hin zum „Spaßsport"	82
2.2.4	Sport ohne Leisten? – der „nicht-sportliche Sport"	83
2.3	Sport und Umwelt	86
2.3.1	Ökologische Probleme durch Spitzen- und Freizeitsport	86
2.3.2	Lösungsansätze	88
2.4	Sport und Medien	89
2.4.1	Die veränderte Sportberichterstattung der Medien	89
2.4.2	Verzerrungen der sportlichen Realität durch die medialen Berichterstattungen	91
2.4.3	Riesensummen der Medien für den Spitzensport	98
2.5	Sport und Wirtschaft	100
2.5.1	Sportindustrie und Breitensport	100
2.5.2	Werbung und Sponsoring der Wirtschaft im Sport	103
2.5.3	Beeinflussung des Sports durch das Sponsoring	106
2.5.4	Direkte Eingriffe von Medien und Wirtschaft in den Sport	107
2.5.5	Riesensummen für die Hochleistungssportler?	109
2.6	Das Dopingproblem im Spitzensport	113
2.6.1	Ein kurzer Blick in die Entwicklung des Dopings	114
2.6.2	Ursachen des Dopings	115
2.6.3	Wege aus der Dopingkrise?	118
2.7	Zusammenfassung	121

Kapitel 3
Leibes– und Bewegungserziehung als ordentliches Unterrichtsfach

1		**Die Struktur des Schulsports**	**129**
	1.1	Schulsport – fernab der Öffentlichkeit	129
	1.2	Leistung im „Schulsport"	129
	1.3	Die Notwendigkeit einer Leibes– und Bewegungserziehung	131
	1.4	Die Verpflichtung zum „Schulsport"	134
	1.5	Benotung im „Sportunterricht"	138
	1.6	Ziele einer Leibes– und Bewegungserziehung	138
	1.7	Fairness in einer Leibes–und Bewegungserziehung	141
	1.8	Zusammenfassung	142
2		**Leibes– und Bewegungserziehung und Gesundheit**	**143**
	2.1	Zum Gesundheitsbegriff	143
	2.2	Die Notwendigkeit des Sich-Bewegens zur Pflege der Leiblichkeit in medizinischer Sicht	144
	2.2.1	Bewegung und Bewegungsmangel	144
	2.2.2	Gesundheit und koordinative Beeinträchtigungen	146
	2.2.3	Gesundheit und Übergewicht	149
	2.2.4	Gesundheit und Herz-Kreislauf-System	150
	2.2.5	Gesundheit und Skelettmuskulatur	151
	2.2.6	Gesundheit und Hormonhaushalt	158
	2.2.7	Gesundheit und Soziabilität	162
	2.2.8	Noch einmal zum Gesundheitsbegriff	165
3		**Zum zeitlichen Umfang einer Leibes– und Bewegungserziehung**	**169**
	3.1	Zum zeitlichen Umfang eines Ausdauertrainings	170
	3.2	Zum zeitlichen Umfang eines Krafttrainings	173
	3.3	Zum zeitlichen Umfang des Trainings der Beweglichkeit	174
	3.4	Zum zeitlichen Umfang eines Koordinationstrainings	175
	3.5	Zum Gesamtumfang einer Leibes– und Bewegungserziehung	176
4		**Zur inhaltlichen Gestaltung einer Leibes– und Bewegungserziehung**	**179**
	4.1	Leibes–und Bewegungserziehung und ihr Ausstrahlen in das Schulleben	179
	4.1.1	„Sport"-Eltern-Abend	179
	4.1.2	Frei–/Vertretungsstunden als Möglichkeiten zu Bewegung, Sport und Spiel	180
	4.1.3	„Sportwochen"	180
	4.1.4	„Sportfeste"	180
	4.1.5	Die „Bewegte Schule"	182
	4.2	Die Unterrichtsgestaltung im Fach Leibes– und Bewegungserziehung	184
	4.2.1	Die Ausbildung von Grundfähigkeiten	185

4.2.1.1	Sprung- und Rhythmusschulung	185
4.2.1.2	Vermittlung von Spielfähigkeit	187
4.2.1.3	Koordinationsschulung	188
4.2.1.4	Ausdauerschulung	188
4.2.2	Die Ausbildung motorischer Fertigkeiten	190
4.2.2.1	Grätsche über einen Bock	190
4.2.2.2	Einführung des Volleyballspiels	191
4.2.3	Erfahrung der Leiblichkeit	191
4.2.3.1	Erfahrung der Leiblichkeit im Raum	192
4.2.3.2	Erfahrung der Leiblichkeit in Ruhe	193
4.2.3.3	Erfahrung der Leiblichkeit in der Belastung	193
4.2.4	Selbsteinschätzung des Leistungsvermögens	193
4.2.5	Theorie in einer Leibes- und Bewegungserziehung	194
4.3	Motivation in einer Leibes- und Bewegungserziehung	194
4.3.1	Intrinsische Motivation	194
4.3.2	Motivation und Benotung	195
4.3.3	Motivation und Freude	197
4.4	Pädagogische Überlegungen zur Menschenführung – oder: die Lehrerpersönlichkeit als Dreh- und Angelpunkt	198

5 Auf den Punkt gebracht — 207

Literaturverzeichnis — 212
Abbildungsverzeichnis — 224
Diagrammverzeichnis — 225
Tabellenverzeichnis — 226
Anhang — 228

Einführung

Der Sportunterricht als schulisches Unterrichtsfach, das in den Stundentafeln aller Schularten fest verankert ist, steht am Beginn des 21. Jahrhunderts in der Krise. Von unterschiedlichen Seiten her bläst ihm ein strenger Wind ins Gesicht:
Die Anzahl der *Schüler*, die sich von einer aktiven Teilnahme am Sportunterricht, v.a. bei bestimmten Sportarten (beispielsweise Schwimmen) befreien lässt, nimmt zu. Auch bei den aktiv Teilnehmenden steigt die Zahl derer, die auf Kugelstoßen, Kippe am Reck usw. kurz: auf die Inhalte des traditionellen Sportunterrichts „keinen Bock" hat. Ist der Sportunterricht bei den Schülern wirklich generell nach wie vor das beliebteste Unterrichtsfach (vgl. BALZ 1992a, 3) oder bedarf diese (Selbst–)Einschätzung nicht einer näheren Differenzierung (beispielsweise nach Alter, Geschlecht usw.)? Werden nicht gerade in der Mittel– und Oberstufe von den Heranwachsenden immer öfter Begründungen gefordert, warum ihnen Bewegung, Sport und Spiel vorgeschrieben werden?
Die allmählich überalternde *Sportlehrerschaft* (vgl. BALZ 1992a, 2) beklagt nicht nur zunehmend die physischen Einschränkungen bei der Ausübung ihres Berufs, sondern auch die mangelnde Motivation: bayerische Sportlehrer aller Schultypen meldeten sich zu hunderten zu einem „Motivationslehrgang" der Sportlehrer-Fortbildung in Bayern, der ab 1995 lief, und erhofften sich neue Impulse für die Schüler – und wohl auch für sich selbst.
Schließlich haben sich die *schulpolitischen Rahmenbedingungen* für den Sportunterricht in den letzten Jahren drastisch verändert. Die Gelder für pädagogische Einrichtungen an Schulen und Universitäten sind sehr knapp geworden, weshalb die Politiker zum einen versuchen, über Hintertürchen (Erhöhung der Klassenstärken, Erhöhung des Lehrdeputats, Budgetierung von Lehrerstunden, Zusammenlegen von Ressorts, Neustrukturierung von Fachbereichen etc.), die Pflichtstundenzahlen und damit das Bildungsniveau, das für den Wirtschaftsstandort Deutschland der wichtigste Faktor ist, zu erhalten. Auf dem Papier zumindest. Ob dieser Weg der richtige ist, scheint zweifelhaft, wie die häufigen Klagen über mangelnde Allgemeinbildung und fehlendes Spezialwissen gleichermaßen belegen. Zum anderen regiert der Rotstift ganz direkt durch die Stundenkürzungen. Und sie treffen als Folge des Kienbaum-Gutachtens kein anderes Unterrichtsfach so sehr wie den Sportunterricht: Mehr als die Hälfte der geplanten Einsparungen soll zu Lasten des Schulsports gehen. 900 Sportlehrer-Planstellen sollen allein in Bayern wegfallen (vgl. v. RICHTHOFEN 1996, 4f.). Das Streichen des Faches Sport als viertes Abiturfach in Nordrhein-Westfalen; die Situation im Primarbereich, in dem zwei Wochenstunden Bewegung, Sport und Spiel eher die Ausnahme als die Regel sind; die Lage des beruflichen Schulwesens, in dem der Sportunterricht seit Jahren ein Stiefkind ist; Stundenstreichungen bis 50% in Bayern – und das bei einem angestrebten Stundenmaß von vier Wochenstunden; ja sogar Überlegungen, den Sportunterricht als Fach ganz wegfallen zu lassen oder ihn aber in einem Kombinationsfach aufgehen zu lassen (vgl. BRETTSCHNEIDER 1998, 220) – all das dokumentiert, dass ohne Zweifel „eine schleichende Abwertung des Schulsports" (KINKEL 1999, 308) im Gange ist. Einzelne Maßnahmen, die den Schulsport in den letzten Jahren betroffen haben, verdeutlichen dies: „Kürzungen des Sportunterrichts zu Beginn der neunziger Jahre in fast allen alten Bundesländern mit dem Höhepunkt 1992/93, die generelle Streichung der dritten Sportstunde im Saarland mit hanebüchenen Begründungen der verantwortlichen Politiker 1995, die bayerischen Sparmaßnahmen zu Lasten des Sportunterrichts 1996 und der Verkauf des Sportunterrichts an beruflichen Schulen an den Hamburger Sportbund 1997." (KOFINK

1999a, 368). Auch das „Zweite Aktionsprogramm für den Schulsport" von 1985 hat an dieser Entwicklung nichts ändern können. Es klingt resigniert, wenn der DSB-Präsident v. RICHTHOFEN von Überlegungen seitens des DSB berichtet, die oben genannte Vereinbarung aufzukündigen, „da nicht nur die wesentlichen Ziele nicht mit der wünschenswerten Konsequenz von der Kultusministerkonferenz verfolgt wurden, sondern auch einzelne Länder von den Vereinbarungen Abstriche vornahmen. Wenn ich an die Rückschritte im Saarland, in Bayern und in Hamburg erinnere, dann wird man die Enttäuschung verstehen können, die den Deutschen Sportbund zu dieser Überlegung veranlasste." (v. RICHTHOFEN 1999, 358). Auch KOFINK bezeichnet das Resultat dieses „Zweiten Aktionsprogramms für den Schulsport" als „niederschmetternd", denn seither „ist in den Stundentafeln der alten Bundesländer wenigstens ein Viertel des Sportunterrichts verloren gegangen, der dort vereinbart war. Das gilt allerdings nur für das Stundensoll. Der Verlust bei den heute tatsächlich erteilten Sportstunden wird eher bei einem Drittel liegen." (KOFINK 1999a, 368).

Hinzu kommt noch, dass das Unterrichtsfach Sport in den *Reformdebatten des Bildungswesens* zunehmend schlecht dasteht. Man hört wenig bis gar nichts von ihm. In der als programmatisch und besonders zukunftsweisend angesehenen Denkschrift der Bildungskommission Nordrhein-Westfalens „Zukunft der Bildung – Schule der Zukunft" von 1995 kommt Sport als Unterrichtsfach gar nicht mehr vor. Politikeräußerungen, dass man doch im Grunde auf den Schulsport ganz verzichten könne, weil es genügend Vereine gebe, in denen die Heranwachsenden Sport treiben könnten, passen in dieses Bild. Sie konnten zunächst zwar noch als verbale Ausrutscher von Ignoranten gewertet werden, jedoch stellen inzwischen renommierte Erziehungswissenschaftler wie LENZEN oder GIESECKE die Berechtigung eines Schulfaches Sport in Frage bzw. halten es im Zuge einer Revision des schulischen Fächerkanons für überflüssig. Sport sei Privatvergnügen und gehöre in die Sparte Freizeitspaß, womit in der derzeitigen Bildungsdiskussion kein Staat zu machen sei. (Vgl. KRÜGER/GRUPE 1999, 309f.)

Konsequent in diese Linie passt, dass sich in der Enzyklopädie „Pädagogische Grundbegriffe", herausgegeben von LENZEN, keine Stichwörter mehr zu Bewegung, Sport, Bewegungs–, Körper– oder Leibeserziehung oder zu Sportpädagogik – wohl aber zu Sexualerziehung, Friedens–, Freizeitpädagogik usw. finden (vgl. KOFINK 1999b, 312).

Schließlich scheint es, dass auch die *Sportpädagogik* als Legitimationswissenschaft für den Schulsport gegenüber Politikern und der Öffentlichkeit nicht überzeugend genug auftritt. Durch die kontroversen Diskussionen, z.B. um die Legitimation des Schulsports mit inner- und übersportlichen Begründungen (vgl. SCHERLER 1994, 5ff.), in der Instrumentalisierungsdebatte (vgl. SCHERLER 1997, 5ff.), in der aktuellen Auseinandersetzung um die Ausrichtung des Schulsports auf den Sport als Kulturgut oder auf eine anthropologisch fundierte Bewegungserziehung (vgl. KRÜGER/GRUPE 1999, 309ff. bzw. MOEGLING 1999, 314ff.), mag der Eindruck entstehen, die Sportpädagogik selbst sei verunsichert und würde nicht mit einer Stimme nach außen hin sprechen. So hat auch die Art und Weise der Debatten um die Stundenkürzungen im Schulsport eher den Eindruck von Rückzugsgefechten (vgl. ASCHEBROCK 1997, 9) als den offensiven und selbstbewussten Argumentierens erweckt.

Die Zukunftsaussichten für den Schulsport sehen eher noch weniger rosig aus: Angesichts der Tatsache, dass in den nächsten zehn Jahren in allen alten Bundesländern die Hälfte der Lehrkräfte aller Schularten in Pension gehen wird – und das bei immer noch steigenden Schülerzahlen und bei immer noch deutlich reduzierter Einstellungspraxis von Sportlehrern in einer Reihe von Bundesländern –, und dass gleichzeitig bei zurückgehenden Schülerzahlen in den neuen Bundesländern die Lehramtsausbildung deutlich zurückgefahren wird, ist mit KOFINK eine weitere drastische Verschlechterung für den Schulsport zu befürchten (vgl. KOFINK 1999a, 368). „Wer glaubt, dass mit zweistündigem Unterricht pro Woche der Sportunterricht endlich aus der Bredouille heraus sei, auch künftig das ‚Schlachtopfer der Bildungspolitik' zu sein (...), der wird durch die bundesweiten Veränderungen im Schulsport der Grundschulen, zuletzt durch die jüngsten Kürzungen des Sportunterrichts an Hamburgs Grundschulen, eines Besseren belehrt." (KOFINK 1999a, 368).

Alles in allem ist es angesichts der unerfreulichen Entwicklung des Schulsports in den neunziger Jahren (vgl. KOFINK 1999a, 368) sicherlich nicht übertrieben, von einer neuen „Schulsport-Misere" (BALZ 1992a, 2), ja sogar von einer „galoppierenden Schulsportmisere" (KINKEL 1999, 308) zu sprechen.

Indes: Dass Resignation und Jammern in dieser Situation nicht weiterhelfen, ist klar. „Visionen sind gefragt" (BRETTSCHNEIDER 1998, 220). Ob ein von KINKEL geforderter „Schulsportgipfel", der die KMK, den DSB und den Sportausschuss des Bundestages zur Frage des Schulsports an einen Tisch bringen soll (vgl. KINKEL 1999, 308), nach den Erfahrungen der politischen Entscheidungen der letzten Jahre diese Vision darstellt und ob er wirklich Erfolg bringen kann, scheint fraglich. Wichtiger scheint es, zunächst innerhalb der Sportpädagogik Entwürfe vorzulegen, die konstruktiv die bestehenden Einflüsse, Entwicklungen und Fakten der gesellschaftlichen Entwicklung des Sports und des Schulsports aufweisen und verwerten (vgl. ERDMANN 1997, 112). So stellt die derzeitige Situation des Schulsports auch eine Chance für die Sportpädagogik dar, sich einer erneuten Rückbesinnung auf das Eigentliche des schulischen Sportunterrichts zuzuwenden, um neue, bessere, sich ergänzende oder auch in anderem Horizont immer wieder vorzubringende Argumente zur Sprache zu bringen, die tragfähig genug sind, dieses Unterrichtsfach in der Zielsetzung einer *ganzheitlichen* Erziehung der Kinder und Jugendlichen (vgl. v. RICHTHOFEN 1996, 5) gegenüber Bildungs– und Finanzpolitikern zu legitimieren und seinen Platz im Stundenkontingent als unverzichtbar auszuweisen. Eine solche Begründung des grundsätzlichen Legitimationsanspruchs des schulischen Sportunterrichts stellt das zentrale Anliegen der vorliegenden Arbeit dar.

In dieser Zielsetzung ist sie als ein Beitrag zur *Sportpädagogik* zu verstehen, wenn unter Sportpädagogik mit GRUPE/KRÜGER zunächst das Erziehen im und durch Sport – zu welchem Sport wird dann noch zu diskutieren sein – und die Reflexion über die sportpädagogische Handlungspraxis verstanden wird (vgl. GRUPE/KRÜGER 1997, 15). Sie stellt außerdem eine sportpädagogische Arbeit dar, wenn Sportpädagogik darüber hinaus „Argumente liefert oder liefern soll, ob und inwiefern Sport in der Schule sich auf die Erziehung und Bildung des Menschen überhaupt auswirkt, ob und wie er die Entwicklung des Menschen prägt, ob er einen Beitrag zur Förderung seiner Gesundheit leistet, ob durch Sport charakterliche Tugenden vermittelt werden. Es geht dabei nicht nur um den Einzelnen, sondern ebenso um die Bedeutung und die möglichen Wirkungen des Sports für Staat und Gesellschaft insgesamt. Nur ein Sport, der dem Wohl des Ganzen dient, hat auch Anspruch, öffentlich gefördert und als für alle verpflichtendes Fach in den Kanon der Schulfächer aufgenommen zu werden. Dies sind normative Überlegungen; sie haben mit dem zu tun, was sein sollte oder sein soll." (GRUPE/KRÜGER 1997, 41). Anders gewendet: die vorliegende Arbeit ist insofern eine sportpädagogische, als sie „die Frage nach dem Sinn und der Begründbarkeit (...) erzieherischen Handelns im Rahmen der Bewegungskultur" (PROHL 1999, 19) verfolgt.

Der Sportpädagogik liegen dabei meist nicht ausdrücklich hinterfragte Einsichten und Erkenntnisse der Anthropologie zu Grunde, die in hohem Maße Inhalte und Selbstverständnis der Sportpädagogik bestimmen. Diese gilt es immer wieder kritisch zu hinterfragen, worin PROHL „eine der wesentlichsten wissenschaftlichen Aufgaben der Sportpädagogik" (PROHL 1999, 18) sieht. Auch insofern ist die vorliegende Arbeit der Sportpädagogik zuzuordnen. Die Anthropologie wiederum stellt eine Teildisziplin der Philosophie dar, so dass es nahe liegend erscheint, eine sportpädagogische Abhandlung *sportphilosophisch* zu begründen. Diesen Ansatz heben GRUPE/KRÜGER von empirisch erhobenen „harten" Daten und Fakten als „weiche" Methode der Sportpädagogik ab, die eher geeignet sei, zu einem tieferen Verständnis der im Erziehungsprozess handelnden Personen zu führen und nach den Grundlagen der Sportpädagogik zu fragen (vgl. GRUPE/KRÜGER 1997, 48f.) Ob „harte" und „weiche" Methoden glücklich gewählte Termini sind, sei dahingestellt. Wesentlich ist, dass der philosophische Zugang zu sportpädagogischen Fragen legitim ist. Wie aber soll *Sportphilosophie* betrieben werden?

Unter den vielen philosophischen Richtungen der traditionellen Philosophie und der Philosophie der Gegenwart steht es zunächst an, *die* Richtung zu begründen, innerhalb derer die aufgeworfenen Fragen angegangen werden sollen. Das wird hier innerhalb des *strukturalen Denkens* im Anschluss an ROMBACH, den ich selbst als Lehrer erleben durfte, erfolgen. Das ROMBACHsche Strukturdenken, das auf HEIDEGGERs Philosophie aufbaut und dieses weiterführt, scheint bislang von der Öffentlichkeit kaum zur Kenntnis genommen worden zu sein. Es soll daher in wesentlichen Aussagen im Hinblick auf Fragen der Pädagogik im Allgemeinen und der Sportpädagogik im Besonderen im ersten Kapitel in direkter Anlehnung an ROMBACH kurz skizziert und v.a. in wichtigen Aspekten der Struktur*anthropologie* und der Struktur*pädagogik* dargestellt werden; es wird sich dabei als fruchtbare Grundlage der hier anzustellenden sportpädagogischen Überlegungen erweisen.

Den Kernpunkt der Strukturphilosophie für sportpädagogische Fragen stellt die ontologische Struktur des Menschen dar, der, wie nebenbei bemerkt alles Kreatürliche, *in Situationen* existiert, d.h. in vielfachen und vielgestaltigen konkreten Momenten, die ihn betreffen und angehen – und die von ihm in eine bestimmte Ordnung zu bringen sind. In diesem Geschehen konstituiert er sich, bringt er seine Identität immer wieder und immer neu hervor. Völlig offen und vollkommen entsubstanzialisiert *geschieht* Identität. Der Prozess der *Autogenese* der immer nur zugleich mit einer *Soziogenese* gedacht werden kann, entsteht, erreicht seinen Höhepunkt und zerfällt wieder. Der Einzelne ist dabei nicht auf sich allein gestellt, sondern kann als In–der–Welt–sein auf die Kräfte der ihn umgebenden Welt zugreifen und sie *konkreativ* einbinden. Eine fundamentale Bedeutung in der Autogenese weist ROMBACH selbst der *Leiblichkeit* des Menschen zu, die nicht nur das Medium der konkreten Mensch–Welt–Begegnung darstellt, die vielmehr selbst als *Leibsein* wesentlich Welterfahrung ausmacht. So kommt der *Pflege der Leiblichkeit*, die nicht zuletzt im *Sich-Bewegen* geschieht, in der *ganzheitlichen* Sicht des Menschen eine wesentliche Rolle zu. Wie das Dasein insgesamt, so sind auch Leiblichkeit und Sich–Bewegen gegeben *und* aufgegeben und bedürfen deshalb der individuellen Gestaltung. Diese Leistung ist im *Erziehungsgeschehen* vorzubereiten, das, als Grundphänomen verstanden, zum *Finden der Eigenheit führen* soll. Durch die Darstellung wesentlicher Aspekte des strukturpädagogischen Verständnisses von Erziehung, wie z.B. Autodidaxie, Erziehung und Selbsterziehung, den „Geist" der Erziehung usw., soll diese veranschaulicht werden und zu einem vertieften und zeitgemäßen Verständnis einer *Leibes– und Bewegungserziehung* hinführen.

Der Sportunterricht im Verständnis einer Leibes- und Bewegungserziehung wird also als schulisches Unterrichtsfach in einem ersten Zugang durch strukturphilosophische Überlegungen zur Leiblichkeit und zum Sich-Bewegen begründet. Woran aber soll sich eine Leibes- und Bewegungserziehung ausrichten? Die derzeit gültige Benennung als „Sportunterricht" legt die „Welt des Sports" hierfür nahe. Das, was als gesellschaftliches Phänomen „Sport" heutzutage begegnet, ist jedoch völlig uneinheitlich. So bedarf „der Sport" einer kritischen Betrachtung, die Gegenstand des zweiten Kapitels ist. Aus einem kurzen geschichtlichen Abriss und einer Darstellung der Ausdifferenzierung des Sports auf unterschiedlichen Ebenen, wird schnell deutlich, dass das, was unter dem Begriff „Sport" subsummiert wird, ein schillerndes Phänomen ausmacht, das in sehr unterschiedlichen und sich ständig wandelnden Erscheinungsformen anzutreffen ist. *Den* Sport gibt es eigentlich gar nicht mehr (vgl. z.B. HAAG 1986, 30f., GRUPE/KRÜGER 1997, 53); statt dessen begegnen vielfältige Formen von Bewegung, Sport und Spiel.

Im *Breitensport*, dem hier der Freizeitsport zunächst subsummiert wird, bietet der Sport ein buntes, vielschichtiges, ja teilweise sogar widersprüchliches Bild. Wie die soziologischen Betrachtungen ergeben, entspricht der Sport in seiner derzeitigen breiten Ausdifferenzierung dem Bild der postmodernen, nachindustriellen Gesellschaft. Der starken Tendenz zur Entkörperlichung in dieser steht – auch dies scheinbar widersprüchlich – ein neuer Körperboom mit teilweise instrumentalisiertem Sportverständnis entgegen, den die Sportindustrie, z.B. in den Trend-, Fun- und Modesportarten, aber auch in der Sportmode geschickt vermarktet. So ist die Sportindustrie eine Wachstumsbranche erster Ordnung, was sich auch vom *Mediensport* behaupten lässt. Massenmedien und Wirtschaft haben den *Hochleistungssport* als Ware entdeckt und gehen mit ihm vielfache und nur noch schwer durchschaubare Verbindungen ein. Unter den Einflüssen und Abhängigkeiten der (Über-) Kommerzialisierung droht der Sport seine Autonomie zu verlieren, was sich an vielfältigen Beobachtungen z.B. den Eingriffen der Massenmedien und der Sponsoren in den Sport, in den inflationären Gehältern von Sportstars usw. gut aufweisen lässt. Vor allem aber ist es das Dopingproblem, das den Hochleistungssport unter den (Erfolgs-)Erwartungen von Politik, Massenmedien und Sponsoren an seine Grenze gebracht zu haben scheint, die für ihn in den nächsten Jahren zu einer Überlebensfrage werden könnte.

Die wesentliche Frage, die sich aus diesen Darstellungen ergibt, ist die: Wie soll der Schulsport mit diesem Sport umgehen? Ist er als Leitidee und Zielvorstellung für eine schulische Leibes- und Bewegungserziehung noch tragbar? Muss an seine Stelle nicht die Erziehung zu einer *Bewegungskultur* (vgl. HAAG 1986, 9 und vgl. GRÖSSING 1993, 21ff.) treten, die den Sport zwar einschließt, ihn jedoch kritisch reflektiert, und die über eine Versportlichung hinaus vielfache andere Möglichkeiten des Sich-Bewegens einschließt? Dies soll in der Bezeichnung *Leibes- und Bewegungserziehung*, die eine Parallele etwa in GRÖSSINGs Terminologie von „Bewegungserziehung" und „sinnorientierter Bewegungspädagogik" (vgl. GRÖSSING 1993) findet, zum Ausdruck kommen. Freilich gibt es in einer Leibes- und Bewegungserziehung, um die es dann im dritten Kapitel in ihrer konkreten Gestaltung geht, vielfache Berührungspunkte mit den traditionellen Sportarten. Sie ist jedoch in ihrer eigenen und selbstständigen Struktur als schulisches Unterrichtsfach gegenüber allen anderen Bereichen des Sporttreibens, die in Breiten- und Leistungssport zweifellos *auch* positive Möglichkeiten beinhalten können, abzugrenzen, so dass ihre grundsätzlich pädagogische Ausrichtung deutlicher hervortritt und klarer gestaltet werden kann. Aspekte wie die Verpflichtung der Teilnahme, die Vorgegebenheiten hinsichtlich Inhalten und Organisationsformen, die

Benotung, die Bedeutung der *subjektiven* Leistung im Erziehungsgeschehen usw. werden hierbei ebenso eine Rolle spielen wie die Vorstellung von einer Leibes– und Bewegungserziehung, die nicht allein ihre Unterrichtsstunden als Motivation zu Bewegung, Sport und Spiel gestaltet, die vielmehr darüber hinaus als Zentrum für Leiblichkeit und Bewegung in das gesamte Schulleben ausstrahlt. In diesem Anliegen liegt ein weiterer Schwerpunkt der vorliegenden Arbeit, die in der aktuellen sportpädagogischen Diskussion nicht den Sport, sondern den Menschen in seiner Leiblichkeit und in seinem grundsätzlichen Bewegungsbedürfnis als Ausgangs– und Zielpunkt sieht. In diesem Ansatz erfordert eine ganzheitliche Leibes– und Bewegungserziehung „in der Tat eine grundsätzliche Umorientierung in der traditionellen Sportpädagogik" (MOEGLING 1999, 322).

Letztlich, so wird herausgestellt werden, muss die Intention einer strukturpädagogisch begründeten Leibes– und Bewegungserziehung darin liegen, dem einzelnen Schüler die Grundlagen für sein *Sich-Bewegen* und zu *seinem* Sich-Bewegen zu vermitteln, um auf diese Weise zu einer *ganzheitlichen* schulischen Erziehung beizutragen, deren oberstes Ziel und zugleich tiefste Begründung die *Gesundheit* der Kinder und Jugendlichen ist. Man kommt dabei sicherlich nicht umhin, medizinische Darstellungen der letzten Jahre zum „Gesundheitszustand" der Kinder und Jugendlichen hinsichtlich der Notwendigkeit der Pflege der Leiblichkeit zur Kenntnis zu nehmen. Doch es wird sich darüber hinaus zeigen, dass Gesundheit als Wohlbefinden mehr als das Freisein von Erkrankungen ist, so dass, wie BRODTMANN in seinem *salutogenetischen Gesundheitsbegriff* (vgl. BRODTMANN 1996, 6ff.) hervorhebt, nicht danach gefragt werden soll, wie Erkrankungen vermieden werden können, sondern – in positivem Denken – wie Gesundheit durch das Stärken des Positiven erhalten werden kann, was für eine Gesundheits*erziehung* wesentliche Folgen hat. Diese Sichtweise kommt dem Gesundheitsbegriff der Strukturphilosophie sehr nahe, die in diesen zwar *auch* das Fehlen von Krankheiten und *auch* das Kompensieren von Schwächen und Mängeln (Haltung, Herz–Kreislauf–System usw.) einbezieht – die letztlich jedoch Gesundheit in einem viel umfassenderen Sinn, nämlich als Gelingen des individuellen Ausprägens einer stimmigen Struktur und damit eines menschlichen Menschseins sieht. Autogenese als Gesundheit.

Im Anschluss an die Darstellung von Erkrankungen, die von Bewegungsmangel (mit–)-verursacht werden, wird in einer *diskursiven Argumentation* (vgl. SCHERLER 1994, 8) der Versuch unternommen – dies stellt einen weiteren Schwerpunkt der vorliegenden Arbeit dar –, den zeitlichen Umfang, den eine Pflege der Leiblichkeit braucht und zu der eine Leibes– und Bewegungserziehung hinführen soll, zu bestimmen. Zur Erfüllung der vielfältigen Aufgaben des schulischen Sportunterrichts wurde an bayerischen Schulen ein Umfang von vier Wochenstunden in der 2 + 2-Stundenregelung jahrelang als großes Ziel hingestellt. Die derzeitigen Beschneidungen und Kürzungen lassen solche Sportstundenzahlen in weite Ferne rücken – von der *täglichen* Sportstunde mit ihren positiven Auswirkungen, die mehrere Studien, z.B. hinsichtlich der Koordination und des Sozialverhaltens, der Verringerung der Aggressivität und der Zunahme der Aufmerksamkeit in den anderen Unterrichtsfächern (vgl. OBST/BÖS 1998, 14), belegen, ganz zu schweigen. Die Frage, wie viele Sportstunden pro Woche erteilt werden müssten, ist kein leichtes Unterfangen, haben doch selbst renommierte Sportwissenschaftler, vornehmlich Sportpädagogen, mit der Legitimation des Schulsports, v.a. hinsichtlich seines zeitlichen Umfangs und seiner Inhalte, Probleme (vgl. SCHERLER 1993, 505). Dennoch soll dies versucht werden. Zum einen liegen hierfür von ausgewiesenen Vertretern der Sportmedizin Richtwerte vor, die für eine Pflege der Leiblichkeit im Allgemeinen nicht nur für Erwachsene, sondern auch für Kinder und Jugendliche gelten. Zum anderen aber ist zu berücksichtigen, dass sich ein Erziehungsgeschehen nicht allein an den Richtwerten eines minimalen Trainingsumfangs allein orientieren kann. Denn gerade aus dem strukturpädagogischen Erziehungsverständnis geht hervor, dass man ein Gesundheitstraining oder die Einsicht in die Sinnhaftigkeit des Tuns nicht anordnen kann – auch wenn das Bewegungshandeln dadurch bisweilen schneller ginge. Schnelligkeit und Effektivität sind wichtig, jedoch nicht die einzigen Faktoren pädagogischen Handelns; andere Aspekte wie Dialogizität, Motivation, Findung etc. sind es, die zusätzlich zu den medizinischen Fakten den Zeitumfang begründen, den eine schulische Leibes- und Bewegungserziehung braucht, wenn sie zur Gesundheit, zur Autogenese der Heranwachsenden beitragen soll.

In diesem Horizont kann dann in einem nächsten Schritt zum einen die Frage nach dem *Was*, den Inhalten, einer Leibes- und Bewegungserziehung gestellt werden. Hierher gehören Überlegungen und praktische Beispiele für vielfältige Leibes- und Bewegungserfahrungen, die motorische Grundfähigkeiten, wie Ausdauer, Kraft etc., ebenso ausbilden wie motorische Grundfertigkeiten, z.B. Laufen, Springen, Werfen usw.; hierher gehört eine über die allgemeinen Grundlagen hinausführende differenzierte Ausbildung der Motorik; hierher gehört die Ausbildung einer Spielfähigkeit in ihren unterschiedlichen motorischen Aspekten sowie in grundlegenden Einstellungen und Haltungen zu *gemeinsamem* Spielenkönnen; hierher gehören vielfache Erfahrungen der Leiblichkeit in Ruhe und Belastung, die vielen Kindern und Jugendlichen durch die veränderten Lebensbedingungen nicht mehr zugänglich sind; hierher gehört also alles, was eine vielgestaltige und vielschichtige motorische Erfahrung und Ausbildung beinhaltet, die eine Pflege der Leiblichkeit in der Schulzeit begründet, und die die Teilnahme an außerschulischen Aktivitäten in Bewegung, Sport und Spiel – an einer Bewegungskultur – ermöglicht.

Die entscheidende Frage bei der Vermittlung all dieser Inhalte ist, wie in einer schulischen Leibes- und Bewegungserziehung eine Bewegungs-*Qualität* und ein Bewegungs*bewusstsein* zu erreichen ist, wie das Sich-Bewegen *als sinnvolles Tun* von den Schülern erlebt werden kann, wie eine Leibes- und Bewegungserziehung die *Voraussetzungen für eine Bewegungskultur* sowohl durch die motorischen Grundlagen von Bewegung, Sport und Spiel als auch die Einstellung zum Bewegungsbedürfnis vermitteln kann.

Diese Überlegungen werden dann – dieser Aspekt ist nicht minder wichtig und ordnet die hier verfolgte Sichtweise mit der Frage nach der Ganzheitlichkeit des Menschen und der besonderen Bedeutung von Leiblichkeit und Bewegung nun endgültig der Tradition des bildungstheoretischen Ansatzes zu – zur Frage nach dem *Wie* der Gestaltung einer Leibes- und Bewegungserziehung führen. In diesem Kontext gilt es, strukturpädagogische Aspekte, die die Grundstrukturen eines Unterrichts betreffen, der „Spaß macht", wichtiger aber noch: der Freude bereitet, auf eine Leibes- und Bewegungserziehung zu übertragen und möglichst praxisnah darzustellen. Wesentlich hierfür sind Grundsätze, wie z.B. die Motivation, die Lehrerpersönlichkeit, das Lehrerverhalten usw.

Die vorliegende Arbeit wurde an die neue Rechtschreibung angeglichen. Der Einheitlichkeit wegen wurden auch die angeführten Zitate in die neue Schreibweise überführt, um eine doppelte Schreibweise innerhalb der Abhandlung zu vermeiden. Die zitierten Autoren mögen dies verzeihen, wenn sie hinsichtlich der neuen Rechtschreibung Vorbehalte haben.
Wenn von Schülern, Pädagogen, Lehrern usw. die Rede sein wird, sind die weiblichen Vertreter der jeweiligen Gruppe selbstverständlich ebenso gemeint. Eine fortgesetzte Schreibweise von Schüler/innen, Pädagogen/innen usw. scheint mit der Zeit sowohl beim Schreiben als auch beim Lesen ermüdend, so dass darauf verzichtet wurde. Lediglich an den wenigen Stellen, an denen eine geschlechtsspezifische Unterscheidung (z.B. bei sportmedizinischen oder empirischen Untersuchungen) nötig schien, wurde sie vorgenommen.

Kapitel 1:
Der strukturphilosophische Zugang zur Begründung einer Leibes- und Bewegungserziehung

1 Hinführung zur Strukturphilosophie im Anschluss an HEINRICH ROMBACH

Der hier eingeschlagene Weg, den Fragen nach Legitimation, Zielen, Umfang, Inhalten usw. eines schulischen Sportunterrichts mit dem strukturphilosophischen Denken nachzugehen, stellt unter den vielen möglichen philosophischen Richtungen des Abendlandes nur *einen* möglichen Zugang dar – gewiss nicht den einzigen. Aber es stellt einen ganz besonderen Zugang dar, erhebt das Strukturdenken doch den Anspruch, die bisherigen philosophischen Systeme zu überwinden und der Offenheit alles Lebendigen – auch und gerade des Menschen – Rechnung zu tragen.

Im phänomenologischen Heben von Tiefenstrukturen soll ein vertiefteres, differenzierteres, angemesseneres Verständnis des Seienden zum Aufscheinen gebracht werden – ein Verständnis, mit dem nicht nur dargestellt werden soll, was früher *war* oder derzeit *ist*, sondern darüber hinaus auch das, was eigentlich *sein soll*. Mit diesem Anspruch steht die Strukturphilosophie insofern in der Tradition philosophischen Denkens, als ihm nach seinem Selbstverständnis die Rolle der kritischen Reflexion des natürlichen Bewusstseins und der Begrifflichkeit zukommt (vgl. BAUMGARTNER/KRINGS/WILD 1973, 1080ff.).

Im Rahmen dieser Arbeit bedeutet dies, die sportpädagogischen Fragen nach der Leiblichkeit des Menschen, nach Bewegung und Erziehung und die daraus folgenden Konsequenzen einer Leibes- und Bewegungserziehung in strukturphilosophischem Zugang zu stellen.

Worin liegt nun aber das Besondere des strukturphilosophischen Denkens, das hier im Anschluss an den Würzburger Philosophen HEINRICH ROMBACH expliziert wird?

Für ROMBACH stellt sich die philosophische Entwicklung des Abendlandes in drei großen Phasen dar: der Substanzontologie folgte das Systemdenken, das in der Philosophie der Gegenwart vom Strukturdenken abgelöst wird (vgl. dazu ROMBACHs zweibändiges Werk Substanz, System, Struktur 1981), ja abgelöst werden muss, da das Denken in Systemen an seine Grenzen gestoßen ist und gerade in der Technik, dem beherrschenden Umgehen mit den Dingen (vgl. ROMBACH 1996, 35), seine Bedrohung für den Menschen und die Welt offensichtlich zu Tage tritt. Technisches Systemdenken bedeutet letztlich nichts anderes, als alle Bereiche des Lebens unter das Diktat des menschlichen Machbarkeitsdenkens zu stellen (vgl. BARUZZI 1995, 233ff.). Die Technik ist allgegenwärtig in Energie-, Kommunikations-, Verkehrs-, Schul-, Bildungssystemen usw., „ja die scheinbar freie Natur wird in jeder Hinsicht Systemen unterworfen. In diesem Sinne ist die Technik allgegenwärtig und selbst noch die sogenannten Freiräume werden bestimmten Nutzungstechniken unterworfen. Das technische Denken hat sich so sehr festgesetzt, dass man sich die Zukunft nur als eine Universalisierung der Technik vorstellen kann. Die Zukunftsvisionen, die in den Medien verbreitet werden, sind demnach nur simple Auswachsungen des technischen Prinzips, eine Technisierung von allem und jedem im Sinne leichterer Beherrschung und größerer Machtausdehnung, einerseits ins Universum hinaus andererseits ins Atom hinein. In diesem Sinne sind Raumfahrttechnik und Nuklearstrategie die äußersten Positionen der technischen Entwicklung, zugleich aber auch diejenigen, in denen das Systemdenken die Zonen des Aberwitzes und Wahnsinns berührt. Irgendetwas scheint mit diesem Denken nicht zu stimmen. Es schlägt gleichsam gegen sich selbst zurück, es widerspricht sich irgendwie selbst, ohne dass man den Grund dieses Selbstwiderspruchs bisher hätte auffinden können." (ROMBACH 1988a, 158).

„Strukturen" sind nun demgegenüber mehr als nur „offene Systeme". Strukturen sind v.a. durch einen Selbstaufbau, die *Strukturgenese,* gekennzeichnet, die nicht bloß die Entwicklung und Ausfaltung bereits vorgegebener Möglichkeiten meint, sondern Steigerung, *Selbsttranszendenz* ist, die den einzelnen Menschen, eine Gruppe, die gesamte Menschheit, das Natürliche überhaupt umfasst. So verstandene Selbsttranszendenz umgreift alles Kreatürliche und Geistige, nicht aber im Sinne eines Jenseitigen (nach dem Tode), sondern im Hier und Jetzt, im Diesseits, in Raum und Zeit, in Sein und Zeit. Versteht man die gelingenden Erscheinungen der Natur und des Menschen struktural, so offenbart sich der genaueren Beobachtung, dass sich das Entwicklungsergebnis höher oder dichter oder freier identifiziert als dies im Ansatz, in der Summe oder in den vorgegebenen Möglichkeiten lag (vgl. ROMBACH 1988a, 158f.).

Strukturphilosophisch zu sehen, zu denken, zu beschreiben ist somit wesentlich dadurch gekennzeichnet, dass es den Menschen, und alles Seiende überhaupt, als lebendiges Geschehen begreift, in dem das Einzelne und das Ganze untrennbar aufeinander bezogen sind und zwar in der Weise, dass immer alles Einzelne das Ganze bestimmt, dass aber auch die geringste Veränderung des Einzelnen eine Veränderung des Ganzen bedingt. So findet sich das Ganze in jedem Einzelnen wieder und das Ganze steht nicht über dem Einzelnen, sondern befindet sich in diesem (vgl. ROMBACH 1998, 38). Im Strukturdenken steht also nichts fest, es ist vielmehr ein offener Auf– und Abbau von Strukturen, wobei auch diese Begriffe nicht im Sinne einer Verfestigung von Strukturen verstanden werden dürfen, die, was der Begriff ja besagen soll, offen bleiben müssen (vgl. BARUZZI 1993, 333). „Für die Strukturontologie, die davon ausgeht, dass alles Lebendige, ja alles Sein letztlich und in den entscheidenden Zusammenhängen Struktur ist, gewinnen alle Vorgänge eine neue, differenziertere, lebendigere, gewagtere und gefährdetere Deutung. Das Kausaldenken hört auf, da dieses nur Einzelnes auf Einzelnes zurückführt und nicht das Einzelne auf das Ganze und zugleich das Ganze auf das Einzelne. Das Strukturdenken ist ungleich anspruchsvoller und wirklichkeitsnäher, dafür aber niemals zu jener Sicherheit und Endgültigkeit führend, zu der das heute immer noch in allen Wissenschaften geltende Kausaldenken führt. Vor allem aber: das Strukturdenken ist menschlicher – und es allein vermag heute menschliche Probleme auf eine menschliche Weise zu lösen." (ROMBACH 1998, 38f.). Den Menschen begreift das Strukturdenken nicht mehr aus sich selbst, sondern aus seinem In-der-Welt-sein, als konstituierenden Prozess, der Mensch und Welt gewissermaßen beide als lebendige, sich vervollkommnende Strukturen umfasst. Auf das „Zwischen" zwischen Mensch und Welt kommt es dabei wesentlich an, das gelingendes, glückendes Menschsein und Seiendes überhaupt ermöglicht, auf dieses „Zwischen", das in vielfachen Phänomenen auf verschiedenen Ebenen des individuellen und sozialen Lebens beschrieben werden kann (siehe dazu auch die Ausführungen zu „Menschenbild" und „Erziehung").

Anders gewendet: „Strukturen bauen sich selber auf, gliedern sich nach innen aus, beziehen sich aktiv und reaktiv auf eine von ihnen in bestimmter Weise interpretierte Umwelt und bilden mit dieser zusammen eine größere Struktur, ‚in' der sie sich selbst ermöglichen. Das ‚In-sein' (Heidegger), das zur Strukturverfassung unverzichtbar gehört, führt zu einem Implikationsverhältnis, das kleinere Strukturen in größeren bzw. größere Strukturen über kleineren konstituiert sein lässt; keine kann die kleinste, keine kann die größte sein." (ROMBACH 1994b, 20).

Der Weg, auf dem Strukturen gesehen, beschrieben und in ihrem eigentlichen Verständnis zur Sprache gebracht werden sollen, ist die Phänomenologie. Mit ihr setzt ROMBACH bei HUSSERLs „transzendentaler Phänomenologie" (HUSSERL 1950a, 5) an, deren große Leistung darin liegt, in „Intentionalität" und „Konstitution" die Möglichkeiten menschlichen *Erkennens* aufgewiesen zu haben. Zugleich jedoch liegt in der HUSSERLschen Phänomenologie als *menschlichem* Erkennen ihre Begrenztheit, da hier die Strukturen der Phänomenologie vollkommen vom Menschen her „als *Setzung* eines Subjekts" (HOFMEISTER 1991, 245) gedacht werden. Diese „phänomenologische Reduktion" (HUSSERL 1950b, 118) wird in HEIDEGGERs „ontologischer Phänomenologie" überwunden, indem er die Möglichkeiten des Erkennens und des Verstehens auf die ontologische Grundverfassung des Menschen als In-der-Welt-seins zurückzuführen vermag. „Die Charakteristik des In-der-Welt-seins als einer Grundstruktur des Daseins macht deutlich, dass alles Sich-Verhalten zum innerweltlichen Seienden, d.h. das, was wir bisher als das intentionale Verhalten zu Seiendem bezeichnet haben, auf der Grundverfassung des In-der-Welt-seins gegründet ist." (HEIDEGGER 1975b, 249).
HEIDEGGER erfasst damit, „dass die Gegenständlichkeit nicht eine subjektive Form ist, die dem Ding übergeworfen wird, sondern eine innere Verfassung, das eigentliche Was des Dinges. Soll etwas in einem bestimmten Gegenstandshorizont *erscheinen* können, so muss es einen bestimmten *Bau* haben, eine *Seins*verfassung. Nur wenn es diese *ontologische* Voraussetzung erfüllt, kann es in der dazugehörigen *Phänomenalität* erscheinen. Nur wenn ein Ding eine bestimmte Seinsverfassung faktisch *hat*, z.B. die des Tieres, kann es als ‚Phänomen' in einem ‚Horizont', hier in dem der Animalität ‚erscheinen'; ansonsten bleibt der Horizont leer – dafür wird vielleicht der Horizont ‚Darstellung' (z.B. Attrappe, Versatzstück, Schaubild) erfüllt." (ROMBACH 1980, 81). Dieses beinhaltet: Es geht bei HEIDEGGER „nicht um Grundweisen des Meinens (Intentionen), sondern um *Grundweisen des Seins* (ontologische Derivationen), wie um ‚Existenz', ‚Leben', ‚Mitsein', ‚Animalität', ‚Realität' usw. All diesen verschiedenen Weisen des Seins entsprechen auch verschiedene Weisen des *Verstehens* und *Handelns*, (...), programmatische Grundformen des ‚Seinsverständnisses', das jedoch wie ein Spiegel des Seins aufgefasst werden muss – nicht mehr so, dass das Sein ein Spiegel der Auffassungen wäre. Hierin zeigt sich deutlich die *ontologische Wendung* der Phänomenologie, die zugleich einen *höheren Anspruchsgrad*, eine *höhere Differenziertheit*, eine *kritischere Form* des Vollzugs verlangt." (ROMBACH 1980, 85).

Durch die ontologische Grundstruktur des Menschen ist also eine Hinwendung zu „den Sachen selbst" (HEIDEGGER 1977, 34) möglich, die in direkter Aufweisung und direkter Ausweisung dargestellt werden muss (vgl. HEIDEGGER 1977, 35).
Die „Sache selbst" ist jedoch häufig dem ersten Zugriff nicht fassbar, dem ersten Blick verborgen und verdeckt (vgl. HEIDEGGER 1977, 35), weshalb es bisweilen notwendig ist, ein Phänomen in seiner *eigentlichen* Bedeutung überhaupt erst zum Aufscheinen zu bringen.

Dies stellt nun den entscheidenden Aspekt der „kritischen Phänomenologie" ROMBACHs dar, der darin liegt, dass ein Phänomen *von innen* her aufgeht, aus seinem Wesensgefüge heraus verstanden wird, so dass sich ein Sinnraum eröffnet, von dessen Grundstruktur her die unterschiedlichen Erscheinungsweisen der Sache und der zur Sache gehörigen Sachverhalte verständlich werden. Phänomenologie bedeutet also „Wesensschau" oder besser „Innenansicht" eines Phänomens, weil es nicht substanzontologisch, d.h. als bleibendes, ewiges Wesen, sondern als zeitgebundenes, geschichtlich sich wandelndes Innengerüst, durch das eine Sache in durchaus verschiedener Weise konstituiert wird, verstanden wird (vgl. ROMBACH

1994b, 16f.). So besteht also „ein grundsätzlicher Unterschied zwischen ‚phänomenologischem Sehen' und ‚objektiver Betrachtung'. Eine objektive Betrachtung sieht ihre Sache von außen, nimmt sie aus der ‚Distanz' eines bestimmten ‚Horizontes' wahr; ‚phänomenologisches Sehen' versucht demgegenüber so in die Sache hineinzukommen, dass sie ihren Innenaufbau zu erfassen vermag und das Konstruktionsgeheimnis entdeckt, von dem her die Sache ihre ‚innere Möglichkeit' (Heidegger) erhält." (ROMBACH 1994b, 14).

Kritische Phänomenologie ist damit also viel mehr als bloße Deskription. Sie ist nicht mehr nur Zeigen dessen, was offensichtlich ist, sondern ist ein Erscheinenmachen – und zwar dessen, was eine Sache, ein Seiendes eigentlich ist oder meint, „was von der geschichtlichen Sinn-Notwendigkeit her in die Erscheinung zu kommen verlangt." (ROMBACH 1980, 20). „Die wahre Phänomenologie ist daher ‚kritische Phänomenologie', die die Phänomene nicht so nimmt, wie sie sich anbieten, sondern sie prüfend, auf ihre Wesenstiefe und strukturale Stimmigkeit hin untersuchen.
Wir verstehen also unter Phänomenologie eine Zugangsweise, die in das innere Gefüge der Sachverhalte eindringt, dort ‚Konstitutionsforschung' betreibt, d.h. den Wesenbau freilegt und ihn kritisch gegen die herrschenden Missverständnisse und Verflachungen sicherstellt." (ROMBACH 1994b, 18).
Nicht um subjektive, beliebige Äußerungen kann es dabei gehen, sondern um das, was immanente Möglichkeiten eines Gedankens, einer Wirklichkeit sind. Phänomenologie in diesem Verständnis „als *Erscheinen* der *Wirklichkeit*, als *Zumvorscheinkommen des Wirklichen* in dem, was es *wirklich* ist, steht außerhalb des persönlichen Beliebens. Es geschieht nicht als zufällige Meinung über beliebige Objekte. Sie beweist ihre über das Persönliche hinausgehende Geltung dadurch, dass sie sich in ihrem *notwendigen* Hervortreten aus einer langen Denk- und Wirklichkeitsgeschichte erfasst." (ROMBACH 1980, 10).

Mit Hilfe einer so verstandenen Phänomenologie ist es nun also möglich, treffende Aussagen über die Wirklichkeit zu machen, die nicht nur an deren Oberfläche sichtbar sind, die sich vielmehr in ihrer Tiefe – als „Tiefenstrukturen"– befinden. Diese zu heben und einsichtig zu machen, war das Anliegen *aller großen* Philosophen des 19. und 20. Jahrhunderts. Sie alle wiesen ein *System* der Philosophie ausdrücklich zurück und gingen an dessen Stelle v.a. in anthropologischen Fragestellungen von *Grundphänomenen* aus, die die menschliche Existenz wesentlich prägen und die sich als Tiefenstrukturen enthüllen lassen (vgl. ROMBACH 1988a, 168 – siehe dazu auch den folgenden Punkt). Auch Leiblichkeit und Bewegung des Menschen werden dann in ihrer eigentlichen Bedeutung für den Menschen verstanden, wenn sie als Grundphänomene gehoben werden können.

Der Frage nach einem schulischen Sportunterricht und den Begriffen, die ihn wesentlich prägen, auf kritisch-phänomenologischem Weg nachzugehen, stellt einen guten Ansatz dar, der auch in der Sportwissenschaft kein ungewöhnlicher Weg ist. WIDMER stellt der empirischen die hermeneutisch-phänomenologische Fragestellung gegenüber. Er kommt dabei dem hier gewiesenen Verständnis der kritischen Phänomenologie nahe, wenn er der phänomenologischen Methode zubilligt, dass sie über die bloße Beschreibung hinaus durch stufenweise Abstraktion zum Wesen der Dinge und damit zu letzten gültigen Kriterien führe, aus denen Anweisungen und Richtlinien für die Praxis gewonnen werden könnten (vgl. WIDMER 1977, 12f.).
Die Phänomene, um die es dabei in der Sportpädagogik wesentlich geht, sind die Leiblichkeit und die Bewegung des Menschen. Sie werden hier in einem umfassenden Sinn verstan-

den in der Weise, dass sie einen grundsätzlichen Zugang zur Welt ermöglichen. Bewegungserfahrungen, die viel umfassender sind als sportliche Bewegungsmuster, sind immer auch Welterfahrungen, so dass dem Sich-Bewegen des Menschen – auch wenn es kulturell geprägt ist (vgl. HEINEMANN 1998, 138) – existenzielle Bedeutung zukommt. Dies trifft grundsätzlich für den Menschen zu – und dies gilt auch und gerade für die Kindheit. Ist das Sich-Bewegen vernachlässigt, zu wenig ausgebildet, nicht in der notwendigen Breite und Tiefe entfaltet, fehlen entsprechende Qualitäten in der Subjekt-Welt-Beziehungen (vgl. PROHL 1999, 182). Dies beinhaltet: für gelingendes menschliches Leben ist Bewegung unverzichtbar. Und dieses Sich- Bewegen gilt es im Folgenden phänomenologisch zu erschließen.
Auch HAAG sieht hierfür den phänomenologischen Zugang als geeignet an, da er nicht nur das empirisch feststelle, was ist, sondern auch nach dessen Sinnbezug für den Menschen frage: „Phänomenologisch heißt somit, den Sinn der empirisch wahrnehmbaren Bewegung festzustellen. (...). Es geht also nicht bloß um das Feststellen von Erscheinungen, sondern um das gleichzeitige Erfassen von Bedeutungen der Erscheinungen. (...). Die Erfahrung, bezogen auf Bewegung, übersteigt in der phänomenologischen Betrachtung das rein Empirische und bezieht sich auf die Sinnhaftigkeit der menschlichen Bewegungserfahrung." (HAAG 1995, 53f.).

Die Bewegung, die im Rahmen dieser Arbeit in den Blick kommen soll, ist jene, die sich aus einer Phänomenologie der Leiblichkeit ableiten lässt, die, so könnte man hier auch fortführen, eine „Pflege der Leiblichkeit" verlangt. Nicht also um Alltags– oder Arbeitsmotorik etc. soll es hier gehen, sondern um jenes Sich-Bewegen, das für ein gelingendes – und das bedeutet im strukturphilosophischen Verständnis: ein gesundes Menschsein – nötig ist. Einige Aspekte einer Phänomenologie der Leiblichkeit wurden in der Sportpädagogik bereits angegangen, z.B. die Leiblichkeit durch GRUPE im Anschluss an MERLEAU-PONTY und PLÜGGE, oder eine phänomenologisch-anthropologisch fundierte Sportpädagogik durch THIELE im Anschluss an HUSSERL; oder durch MATTNER, der die Leibanalysen MERLEAU-PONTYs für die Motopädagogik rezipierte. Die Methode der Phänomenologie kann also als bedeutendes philosophisches Rahmenkonzept sportwissenschaftlicher Forschung und Lehre betrachtet werden (vgl. PROHL 1992, 360).

An diesem Punkt knüpft die vorliegende Arbeit an, indem sie durch eine Phänomenologie der Leiblichkeit in strukturphilosophischem Zugang die Notwendigkeit und Möglichkeiten des Sich-Bewegens und der schulischen Erziehung hierzu in unserer heutigen Gesellschaft aufweisen will. Zur Fundierung der Aussagen hierzu gilt es zunächst, den anthropologischen Ansatz des strukturphilosophischen Denkens in groben Zügen darzustellen.

2 Der strukturanthropologische Ansatz

2.1 Einführung

ROMBACHs Strukturanthropologie fußt wesentlich auf HEIDEGGERs Philosophie. Nirgendwo in der gegenwärtigen Philosophie ist die ontologische Grundverfassung des Menschen wohl so gründlich und so überzeugend vollzogen wie in HEIDEGGERs Fundamentalontologie in „Sein und Zeit". Innerhalb der Epoche der Philosophie der Subjektivität stehend entsubstanzialisiert HEIDEGGER den Menschen, indem er ihn nicht mehr als dinglich Vorhandenes, sondern als „seiendes Subjekt", d.h. als faktischen Selbstvollzug, begreift. Geleitet von der Frage nach der *Ganzheit des Daseins* (vgl. SCHULZ 1994, 101) vollzieht HEIDEGGER in den „Existenzialien", z.B. „Seinsverstehen", „Befindlichkeit", „In-sein" usw., die den Menschen gegenüber nichtmenschlichem Seienden auszeichnen, eine existenziale Analytik des Daseins, die nach HEIDEGGERs eigenen Worten *vor* jeder Psychologie, Anthropologie und erst recht Biologie liegt (vgl. HEIDEGGER 1977, 45).
Zwei Begriffe sind es, die es im Anschluss an diesen Abschnitt und in dessen Weiterführung hervorzuheben gilt, denn sie ermöglichen die Einordnung des Ansatzes dieser Arbeit im Anschluss an HEIDEGGERs Denken in die philosophische und sportpädagogische Tradition.

Zum einen ist dies der Begriff der *Ganzheitlichkeit*. In Abhebung zur Anthropologie DESCARTES, die den Menschen in „res cogitans", den reinen Geist, der nichts Materielles, Leibliches an sich hat, und in „res extensa" das Materielle, den geistlosen Körper, unterteilt, steht zu Beginn des 20. Jahrhunderts das Bemühen um ein ganzheitliches Verstehen des Menschen in der Phänomenologie. Der cartesianischen Differenz zwischen immateriellem, beseeltem, denkendem Sein und materieller, unbeseelter, körperlicher Existenz, der die Sportpädagogik z.B. in der philanthropistischen Leibeserziehung oder dem Preußischen Schulturnen undifferenziert folgte (vgl. PROHL 1999, 219), stellt das phänomenologische Denken das Bestreben entgegen, den Menschen in seiner Ganzheitlichkeit, mit „Leib und Seele" zu verstehen. Von der Philosophie ausgehend hat dieser anthropologische Ansatz großen Einfluss auf die Medizin, die Psychologie, die Pädagogik im Allgemeinen und die Sportpädagogik im Besonderen – beispielsweise in der Theorie der Leibeserziehung v.a. bei GRUPE und in der Bewegungspädagogik GRÖSSINGs gewonnen (vgl. PROHL 1999, 222).
Eng mit der ganzheitlichen Sicht des Menschen verbunden ist die *Entsubstanzialisierung*, der zweite wegweisende oben genannte Begriff. Den Menschen nicht mit einem substanziell zu verstehenden – von Gott, der Natur oder wem auch immer (vor-)gegebenen, ewigen, unabänderlichen, unwandelbaren – Wesenskern zu sehen, sondern den Menschen als *Struktur* zu begreifen, ist das wesentlich Neue der ROMBACHschen Strukturanthropologie, die er als sein zentrales Anliegen in Weiterführung des Denkens HEIDEGGERs verfolgt. Gerade für sie gelte, dass sie zu den wenigen sinnvollen und fruchtbaren Ausnahmen gehöre, die HEIDEGGERs Philosophie in ihrer Fundamentalität und Radikalität weiterdenke (vgl. VOLPI 1995, 253).
Was ist das Wesentliche dieser Strukturanthropologie und welche Bedeutung kommt ihr für die Sportpädagogik zu?

2.2 Grundphänomene und Tiefenstrukturen des menschlichen Seins

ROMBACH knüpft an HEIDEGGERs Menschenbild des „In-der-Welt-seins" direkt an, dem die konkrete Gestaltung seines Lebens überantwortet ist. Diese geschieht nicht im luftleeren Raum, sondern unter den konkreten Gegebenheiten des Hier und Jetzt. Wie ist das zu verstehen?

Bereits in früheren Schriften hat ROMBACH – und es ist hier besonders bemerkenswert, dass EUGEN FINK, der ebenfalls HEIDEGGER-Schüler war, zum gleichen Denken, ja sogar zur gleichen Terminologie gelangt (vgl. FINK 1995, 98ff.) – auf *Grundphänomene* hingewiesen, die mit dem menschlichen Sein in unabdingbarer Weise verbunden sind (vgl. z.B. ROMBACH 1977, 7), die, obgleich sie das menschliche Leben wesenhaft prägen, in ihrer Begrifflichkeit nicht exakt definierbar sind. Während FINK sich auf fünf Grundphänomene beschränkt, die allein dem Menschen – weder einem Tier noch einem Gott – zukommen: der Mensch sei wesentlich Arbeiter, Spielender, Liebender, Kämpfender und Sterblicher (vgl. FINK 1995, 105ff.), fasst ROMBACH die Grundphänomene weiter und nennt z.B. Glauben, Wissen, Denken, Lieben, Arbeiten, Feiern, Wettkämpfen, Leisten, Spielen usw. Die Verflechtung dieser Grundphänomene untereinander, die sich wechselseitig voraussetzen, einander implizieren und durchdringen (vgl. FINK 1995, 108), ist methodisch nicht leicht zu fassen – und dennoch sind es diese Grundphänomene, in denen sich der Mensch in deren gegenseitiger Abgrenzung und Gewichtung epochal und individuell gestaltet, und zwar so, dass der existentielle Grundriss darüber entscheidet, was er empfinden, tun und lassen kann, wo die Grenzen seines Selbst- und Weltverständnisses liegen. Die jeweils gefundene Grundstruktur kommt beispielsweise darin zum Ausdruck, wie etwa in der Philosophie des Mittelalters der Glaube als tragender Grundbegriff alles andere in Europa überlagerte. Auch in der Kunst kommt die „Grundphilosophie" (ROMBACH 1988a, 6) zum Ausdruck, ja sie lässt sich oft auch an alltäglichen Dingen, wie etwa einem bestimmten Baustil der Behausungen, der Brücken, der Straßen und Wege usw. ablesen (ROMBACH 1977, 282ff.).

Die Bedeutung des phänomenologischen Aufweises der Grundphänomene ist für das Verständnis der gegenwärtigen Philosophie insofern von höchstem Interesse, als das Bestreben aller großen Philosophen des 19. und 20. Jahrhunderts dahin zu gehen scheint, solche Grundphänomene als *Tiefenstrukturen* des menschlichen Seins zu heben und zu erklären. Man denke hier etwa an die „Arbeit", die MARX als erster in ihrer wesentlichen Bedeutung für die Menschwerdung des Menschen und für die Befreiung der Freiheit (vgl. LUIJPEN 1971, 173) und damit als ein Grundphänomen gesehen hat. Gleiches gilt vom „Libido"– Begriff FREUDs. Ebenso kann dies von KIERKEGAARDs „Glauben" behauptet werden oder von den Philosophen, die den „Dialog" als Grundphänomen erkannt und erklärt haben: BUBER, EBENER, ROSENZWEIG usw. (vgl. ROMBACH 1988a, 168ff): „In all diesen Philosophien wird jeweils ein *Grundphänomen* des menschlichen Daseins als eine *Tiefenstruktur* erfasst, von der aus alles andere interpretierbar wird. Auch zeigt sich in allen Fällen, dass die Tiefenstruktur *adäquat* oder *inadäquat* gelebt werden kann und entsprechend zu einem *gesunden* oder *kranken* Dasein führt. Alle diese nachhegelschen Philosophien sind darum immer auch menschliche *Diagnostiken* und individuell oder sozial anwendbare *Therapien*. Besonders deutlich hat sich dies in der ‚Psychoanalyse' von Freud und in der ‚kritischen Theorie' von Adorno, Horkheimer und Habermas gezeigt. Die Analyse der betreffenden Tiefenstruktur zeigte, dass dieses Phänomen entweder in sich stimmig, gesund und zufrieden stellend –

oder in sich unstimmig, verkürzt, verklemmt und verdrängt realisiert sein kann. Alles, was man vom Menschen verlangen kann und muss, ist, dass er das jeweilige Grundphänomen in einer reinen, stimmigen, aufgänglichen Weise realisiert." (ROMBACH 1988a, 175).
Mehr noch: ROMBACH sieht in diesem Interpretationsansatz der großen Philosophen des 19. und 20. Jahrhunderts die Möglichkeit, sie alle zusammenbringen zu können, sie aus dem Dilemma, sich widersprechen und ins Unsinnige und Lächerliche stoßen zu müssen, zu befreien, indem er behauptet, „dass das Gemeinsame, das freilich noch nicht entdeckt ist, darin besteht, dass immer eine *Tiefenstruktur* gehoben und entfaltet wird. Der Widerstreit der Theorien ist im Widerstreit der Tiefenstrukturen selbst begründet. Diese sind jeweils *fundamental* und doch zugleich *austauschbar*. Mit anderen Worten: jede Einzelexistenz gründet in *allen* diesen Strukturen, erhebt aber jeweils nur *eine* davon zur Leitinstanz ihres Lebens." (ROMBACH 1988a, 183).
So verfolgen alle diese Philosophien der Gegenwart – wie unterschiedlich und gegensätzlich sie auch sein mögen – dasselbe Ziel: *Grundphänomene* zu eröffnen, sie als *Tiefenstrukturen* des menschlichen Daseins zu analysieren, um auf diesem Weg *Kritik* des bisherigen menschlichen Verhaltens zu üben und *therapeutische* Vorschläge für ein adäquateres zukünftiges Verhalten des Menschen und der menschlichen Gesellschaft unterbreiten zu können (vgl. ROMBACH 1988a, 176).
In diesem Sinne ist es zu verstehen, wenn ROMBACH der Philosophie der Gegenwart eine neue Aufgabe zuweist, nämlich die, die „Führerin" zur großen Gesundheit" (ROMBACH 1988a, 176) oder – in Anlehnung an das „kleine Fahrzeug" des Buddhismus – „das *große Fahrzeug der Menschheit"* (ROMBACH 1988a, 198) auf ihrem zukünftigen Weg zu sein.

Die Anlehnung an HEIDEGGERs Grundlegung von Phänomenologie und Menschenbild ist nicht zu überlesen. ROMBACH würdigt HEIDEGGER selbst explizit als Wegbereiter dieser Sicht der Philosophie der Gegenwart. Es ist in gewisser Weise eine Zusammenfassung des bisherigen Gedankengangs, wenn er schreibt: „Erst bei Heidegger wird klar, dass es nicht den Menschen inmitten der Wirklichkeit ‚gibt', und daraufhin auch noch sein Verhalten und seine Haltungen *dazu*, sondern dass sein Grundverhalten über die Art der *Wirklichkeit* entscheidet, die dem Menschen zu begegnen vermag, und dass sein Einzelverhalten in diesem *Grundverhalten* fundiert ist, aus dem überhaupt erst der jeweilige Wirklichkeitstypus und sein ‚Fremdheitskoeffizient' (Sartre) resultiert.
Heidegger ist also der erste, der nicht nur eine Tiefenstruktur entfaltet, sondern auch das Verhältnis der Alltagsstruktur zur Tiefenstruktur und der Tiefenstruktur zum Seinsbegriff und Seinsverständnis erhellt hat. Er hat nicht nur eine konkrete Tiefenanalyse vorgelegt, er hat auch die Theorie von Tiefenanalysen überhaupt (‚Fundamentalontologie') entwickelt. Darum konnten wir ihn zum Prototypen der gegenwärtigen Philosophie machen. (...).
Alle Entfaltungen von Tiefenstrukturen sind *Phänomenologien*, d.h. sie zeigen ein Phänomen, das nicht von vornherein sichtbar ist, sondern ‚zunächst und zumeist' verborgen bleibt. Sie zeigen, obwohl ein Verborgenes, dennoch eben ein ‚Phänomen', also ein Erscheinendes, da sie diejenige Struktur zeigen, die in allen Oberflächenerscheinungen das sich unbewusst und ungewollt Durchsetzende ist, also das nachträglich Erscheinende, für das alles andere nur nachträglich, nur ‚Symptom' ist." (ROMBACH 1988a, 186f.).
So ist es das Anliegen der Strukturanthropologie, in phänomenologischem Zugang Tiefenstrukturen aufzuzeigen. Dies ist deshalb nötig, da sie zunächst und zumeist verdeckt sind, und so nur ein allgemeines, neutrales Verständnis, eine Durchschnittsphilosophie, bewirken, die über Selbstverständlichkeiten kaum hinauskommt. Gewöhnlich *will* der Mensch auch gar nicht darüber hinauskommen, da ihn diese Seinsweise im Alltag vortrefflich entlastet. Letzt-

lich führt diese jedoch zu einem völligen Missverständnis des Menschen von sich selbst und seiner Stellung in der Welt: „Das Grundphänomen erscheint daher in der nivellierenden Alltagsontologie als ein Teilphänomen, das relativ unerheblich ist und nur mit vielen anderen Phänomenen zusammen menschliches Dasein ausmacht. Man ist zunächst einmal ‚Mensch' und *dann* erst Glaubender, Sichentschließender usw. – Die Aufgabe der Philosophie ist es dementgegen, die fundamentale Bedeutung des Tiefenphänomens allen anderen gegenüber herauszuheben und den Menschen dadurch in den besonderen Anspruch dieser Grundstruktur zu stellen." (ROMBACH 1988a, 185).

Anders gewendet: Das, was eigentlich zum Phänomen gehört oder es ausmacht, wird häufig von Epi– und Pseudophänomenen überdeckt, die so gestaltet sind, dass sie das eigentliche Phänomen voll und ganz zu enthalten *scheinen*. Auch und gerade im Hinblick auf den Menschen kann man überall feststellen, dass die meisten Phänomene nur Epi– und Pseudophänomene sind, so dass er sein Leben „in nivellierter Weise, in verkürzter Form, in verwandelter und abgeschwächter Gestalt, meist gerade um das Wesentliche betrogen" (ROMBACH 1994b, 17) lebt.

In diesem Punkt der Strukturanthropologie ist gut aufzuzeigen, wie ROMBACH über HEIDEGGER hinausgeht. Leitete HEIDEGGER aus seinen Analysen des menschlichen Seins die Aufgabe der Gestaltung des Daseins ab und sah er hierfür die beiden Möglichkeiten der *Eigentlichkeit* und der *Uneigentlichkeit* (vgl. HEIDEGGER 1977, 42f.), so differenziert ROMBACH diese Beobachtung aus und konkretisiert sie anhand vielfacher Phänomene. Die Aufgabe der Selbstgestaltung, besser: der Autogenese, sieht er in der Ausbildung einer stimmigen Gesamtstruktur, die, auf Tiefenstrukturen aufbauend, aus vielfachen Schichtungen besteht – Schichtungen, die den vielfachen Stufungen der Situationen entsprechen, die den Menschen fortwährend, sich vielfach überlagernd, angehen. Der Vielstufigkeit der Situationen entspricht so eine Vielstufigkeit der Identitäten des Menschen, ein Ichturm. Dieses Verständnis des Menschen befremdet zunächst, da es (noch) ungewohnt ist, verzichtet es doch ganz auf jeden substanziell gedachten Kern (vgl. MORASCH 1998, 73ff.). Dennoch findet dieser anthropologische Ansatz immer mehr Zustimmung. Der Sportsoziologe BETTE etwa spricht von „bisweilen weit auseinander liegenden Rolleninseln" (BETTE 1999, 151), zwischen denen der postmoderne Mensch oszilliert, und WELSCH beispielsweise, der bei ROMBACH Philosophie studierte, stellt die Polyphrenie des Menschen als die gelingende Form der Identität, nicht als deren Bedrohung dar (vgl. WELSCH 1991, 358 – zit. nach BETTE 1999, 157).

ROMBACH sieht für den Menschen „eigentlich" nur die ontologische Form der Struktur zutreffend (vgl. ROMBACH 1994b, 20), die sich gegenüber dem Systemdenken v.a. durch Offenheit auszeichnet. Strukturen bauen sich selbst auf, gliedern sich aus, beziehen sich aktiv und reaktiv auf ihre Umwelt und bilden mit ihr zusammen eine größere Struktur. Im Prozess der Strukturierung sind kleinere und größere Strukturen wechselseitig aufeinander verwiesen, keine kann die kleinste, keine die größte sein. Den Menschen *so* zu verstehen beinhaltet, dass er gerade nicht seine Identität im substanzontologischen Verständnis *hat*, sondern dass er sie in immer neu zu vollziehenden Konstitutionsprozessen *wird*. Autogenese wird hier zum radikalen Freiheitsgeschehen: „Der Mensch hat Freiheit nicht in oder an sich. Er ist nicht als solcher frei. Freiheit gehört ihm nicht von Geburt an oder steht ihm nicht zu als sein Wesen. Es ist keine Idee, auch keine Entscheidung des Menschen, nein, Freiheit ist schöpferische Findung." (BARUZZI 1993, 329). Und diese Findung ist offen. Sie kann gelingen oder misslingen, denn die Konstitutionsprozesse können tief greifend, wesentlich, stimmig, ausgewogen, ganzheitlich, gesund sein: *gelingen*; oder sie können oberflächlich, entfremdet, einseitig, krank sein: *misslingen*: „Das Individuum ist für die Strukturanthropologie kein letzter Baustein, sondern selbst wieder eine Struktur, die mannigfach gegliedert und gestuft ist, nicht nur im organisch-leibhaften Bereich, sondern auch im psychisch-geistigen. Seine Kräfte und Fähigkeiten sind nicht einfach gegeben, sondern müssen von ihm ‚strukturiert', d.h. zu einer Konstellation gebracht werden, die die einzelnen Momente zu größtmöglicher Fruchtbarkeit und zu gegenseitiger Unterstützung und Bekräftigung führt. Die Strukturfindung kann natürlich auch misslingen, nämlich so, dass die Strebungen und Fähigkeiten sich gegenseitig behindern, verkürzen, abbauen." (ROMBACH 1994b, 21). Es entspricht jedoch der grundsätzlich positiven Denkweise, die die ganze Strukturphilosophie ROMBACHs durchzieht, dass er auf das künftige Gelingen der Freiheit des Menschen setzt. Und nicht allein des Menschen, sondern – und dieser Ansatz ist maßgebend – für das ganze Weltgeschehen, die gesamte Natur *und* den Menschen (vgl. BARUZZI 1993, 329).

„Gesundheit" und „Krankheit" erscheinen in dieser Sichtweise nicht als eigene Zustände, sondern als Grade der Ausprägung der Stimmigkeit der Strukturen: „Die Krankheiten des Daeins sind keine fremden Erscheinungen, sondern nur die Vereinseitigungen von Grundzügen seiner Struktur. Und die Gesundheit des Daseins ist kein völlig eigener Zustand, sondern nur die ständig in Gefährdung lebende Ausgewogenheit einer eben noch gelingenden Selbstkonstitution." (ROMBACH 1987, 244). Eine interessante Sichtweise, die es später im Anschluss an das strukturphilosophische Verständnis von Leiblichkeit und Bewegung noch einmal aufzunehmen gilt, wenn im Kontext der Pflege der Leiblichkeit der „Gesundheitszustand" unserer Kinder und Jugendlichen und die Beitragsmöglichkeiten einer Leibes– und Bewegungserziehung zu deren Gesundheit (siehe das dritte Kapitel) zur Sprache zu bringen sein werden.

Aus dem phänomenologischen Aufweis der Grundphänomene als Tiefenstrukturen geht noch ein anderes hervor, das in weiteren Grundphänomenen, die für die sportlichen Aktivitäten grundlegend sind – Leisten, Gestalten, Wettkämpfen, Spielen – phänomenologisch in besonderer Weise aufgezeigt werden kann: Das Ereignis gelingenden Menschseins ist zwar unabdingbar mit der Grundstruktur des Menschen verbunden, ist aber dennoch nicht *seine* Leistung – zumindest nicht alleine und nicht primär. Wie aber dann?

2.3   Die Gleichursprünglichkeit von Mensch und Welt

Hier wird noch einmal HEIDEGGERs Umschreibung des Menschen als *In-der-Welt-sein* wichtig, der ja die Vorstellung, hier sei ein (menschliches) „Subjekt", das sich dann einem (gegenständlichen) „Objekt" nähern könne, als völlig unzureichend zurückweist. „Der Mensch ist nie zunächst diesseits der Welt Mensch als ein ‚Subjekt', sei dies als ‚Ich' oder als ‚Wir' gemeint. Er ist auch nie erst und nur Subjekt, das sich zwar immer zugleich auch auf Objekte bezieht, sodass sein Wesen in der Subjekt-Objekt-Beziehung läge. Vielmehr ist der Mensch zuvor in seinem Wesen ek-sistent in die Offenheit des Seins, welches Offene erst das ‚Zwischen' lichtet, innerhalb dessen eine ‚Beziehung' vom Subjekt zum Objekt ‚sein' kann." (HEIDEGGER 1975a, 35f.). Anders gewendet: Menschsein ist *immer schon* In-der-Welt-sein, es ist durch seine Leiblichkeit sein „Hier" und „Jetzt" (vgl. FINK 1995, 57ff.) und d.h.: der Mensch kann nicht anders sein als Bezug zur Welt zu haben.

Diese Sichtweise des Menschen ist eine der herausragenden denkerischen Leistungen HEIDEGGERs, denn mit ihr ist das dualistische Denken: Leib – Seele, Denken – Handeln, Mensch – Welt usw., das die europäische Philosophie jahrhundertelang beherrscht hatte, durchbrochen. An diesen Gedanken, der die Leiblichkeit des Menschen in den Rang eines Grundphänomens hebt – es sei noch einmal auf FINK verwiesen, der sie gleichbedeutend mit Freiheit, Sprachlichkeit und Geschichtlichkeit sieht (vgl. BENNER 1996, 20 und 293, Anm. 6) – knüpft die ROMBACHsche Strukturphilosophie unmittelbar an. Sie erweist sich von grundlegender Bedeutung für einen schulischen Sportunterricht ebenso wie für die alltägliche Art und Weise, wie wir gewohnt sind, mit unserer Leiblichkeit und unserer Gesundheit umzugehen. So wird etwa der derzeitige psychotherapeutische Ansatz, der hier ein psychisches Subjekt sieht, das von einer objektiven Realität dort getrennt wird, als falsch, ja sogar als in sich krankhaft entlarvt. Denn dabei wird nicht gesehen, „dass die Subjektitätsstruktur immer einer Objektitätsstruktur entspricht und daher nur so verändert werden kann, dass sich auch die *Welt* oder *Realität* dieses Subjekts ändert. Kurz und klar gesagt: Wer nicht ganz real und konkret die Lebensumstände eines Subjektes ändert, ändert dieses Subjekt nicht. Man kann weder an seinem Bewusstsein noch an seiner Seele manipulieren, sondern man muss dem Menschen in der gelebten Wirklichkeit helfen." (ROMBACH 1987, 247).

Von HEIDEGGER ausgehend wurden bis etwa 1970 unter der Bezeichnung „bildungstheoretische Didaktik der Leibeserziehung" (vgl. KURZ 1993, 6) auch in der Sportpädagogik neuere Konzepte entwickelt, die Mensch und Welt gleichursprünglich, den Menschen in seiner Ganzheitlichkeit als Einheit von Geist, Leib und Welt ineinander verschränkt zu sehen versuchten (vgl. GRUPE/KRÜGER 1997, 193f.). „Der bildungsorientierte Ansatz versteht die Leiblichkeit als integralen Bestandteil des ‚ganzen Menschen' und geht folglich davon aus, dass über spezifische Formen der Ertüchtigung des Leibes die Persönlichkeit des Schülers als ‚Ganzes' erreicht werde." (PROHL 1999, 86). In dieser geänderten Sichtweise der Gleichursprünglichkeit von Mensch und Welt werden auch der Leiblichkeit und der Bewegung des Menschen neue Bedeutung beigemessen. An diese Tradition der Sportpädagogik knüpfen die hier angestellten Überlegungen an, indem sie in anthropologischer Grundlegung, genauer in strukturphilosophischer Betrachtung, zur Legitimation des schulischen Sportunterrichts beitragen wollen.

2.3.1 Leiblichkeit und Sich–Bewegen als Grundphänomene des Menschen

In direkter Anlehnung an HEIDEGGERs Denken und an HUSSERLs Phänomenologie ist in diesem Punkt v.a. MERLEAU-PONTY anzuführen, der als einer der Vertreter der „Phénoménologie existentielle" einen wesentlichen Beitrag zu einem neuen Verständnis der menschlichen Leiblichkeit geleistet hat (vgl. GRUPE 1984, 20). In expliziter Ablehnung einer mechanistischen Physiologie sieht er die Leiblichkeit des Menschen als zentralen Bezugspunkt zur Welt: „Der eigene Leib ist in der Welt wie das Herz im Organismus: er ist es, der alles sichtbare Schauspiel unaufhörlich am Leben erhält, es innerlich ernährt und beseelt, mit ihm ein einziges System bildend." (MERLEAU-PONTY 1966, 239). Der Leib wird hier als Medium gesehen, als Mittler zwischen Mensch und Welt. Von besonderem Interesse ist dabei die Beobachtung, dass die Relationalität des Leibes zumeist nicht bewusst wahrgenommen wird. Zwar wissen wir, dass wir uns bewegen, aber wir sind uns nicht bewusst, wie wir uns bewegen. Sowohl in den meisten alltäglichen als auch in den sportlichen Bewegungen bleibt uns unser Leib in der Anonymität der Selbstverständlichkeit verborgen (vgl. PROHL 1999, 222). Zumeist *sind* wir aber unseren Leib, wir *identifizieren* uns völlig mit ihm. So sagen wir nicht: „du tust meinem Leib weh", sondern wir sagen: „du tust mir weh". (Vgl. ROMBACH 1987, 289). Erst in bestimmten Situationen, beispielsweise der Ermüdung oder des Nichtkönnens von Bewegungen, geht uns das Selbstverständliche der Identifikation mit unserem Leib verloren: „Behinderungen oder Störungen im Bewegungsablauf, Schmerz oder Nicht-Können machen unseren Körper (hier besser: Leib – der Verf.) oder Teile des Körpers (hier besser: des Leibes – der Verf.) zum Inhalt unseres Erlebens, weil die Übereinstimmung mit dem Körper (hier besser: Leib – der Verf.) aufgehoben ist." (PROHL 1999, 222).

Nach MERLEAU-PONTY ist der Mensch „zur Welt" – dieser Begriff knüpft unübersehbar an HEIDEGGERs „In-der-Welt-sein" an – durch seinen Leib und nimmt die Welt durch ihn wahr (vgl. MERLEAU-PONTY 1966, 242f.), und zwar in der Weise, dass deren Wahrnehmung in einer Gleichursprünglichkeit von Mensch und Welt geschieht, „durch ein Einswerden, durch eine narzisstische Verbundenheit dessen, der sieht, mit dem, was er sieht, dessen, der berührt, mit dem, was er berührt, des Empfindenden mit dem Empfundenen." (MERLEAU-PONTY 1984, 16). Diese sinnliche, unmittelbare Erfahrung der Welt durch die Leiblichkeit des Menschen, durch sein „Leibsein", bezeichnet MERLEAU-PONTY auch als „empfindenden Leib", als „phänomenalen Leib" und er hebt davon den „empfindbaren Leib", den „objektiven Körper", das „Leibhaben" ab, das Schmerzen empfinden, Krankheit erleiden, bewusst gesteuerte Bewegungen ausführen kann usw. Diese beiden „Seiten" des Leibes, so betont MERLEAU-PONTY immer wieder, sind jedoch nicht zwei getrennte „Schichten" des Leibes im Menschen, vielmehr sind sie zwei Phasen eines einzigen Leibes, ein wechselseitiges Eingelassensein und Verflochtensein des einen ins andere. (Vgl. MERLEAU-PONTY 1994, 180ff.).

Eng an HEIDEGGER und MERLEAU-PONTY schließt auch PLESSNERs berühmte Unterscheidung von Leibsein und Körperhaben an: „Ein Mensch *ist* immer zugleich Leib (Kopf, Rumpf, Extremitäten mit allem, was darin ist) – auch wenn er von seiner irgendwie ‚darin' seienden unsterblichen Seele überzeugt ist – und *hat* diesen Leib als Körper". (PLESSNER 1970, 43).

In dieser Unterscheidung PLESSNERs ist nicht nur die doppelte Erfahrung der Leiblichkeit, sondern auch der dynamische Charakter des Wechselspiels von Mensch und Welt, das dynamische „Wechselspiel zwischen *Ich-Zentrierung und Weltzentrierung*" (PROHL 1999, 223) wichtig. Die Leiblichkeit des Menschen als Relation zwischen Ich und Welt wird damit den getrennten und veränderlichen Substanzen der cartesianischen Differenz von res cogitans und res extensa gegenübergestellt (vgl. PROHL 1999, 223).

Auch ROMBACH nimmt in seiner Phänomenologie der Leiblichkeit ausdrücklich Bezug auf die Erkenntnis der „Doppelrolle" des Leibes durch PLESSNER, dass der Mensch immer gespalten sei in „Körpersein und Körperhaben" (PLESSNER 1970, 46). ROMBACH würdigt PLESSNER, der damit phänomenologisch richtig erkannt habe, dass der Leib des Menschen zugleich sowohl das Zentrum einer Situation als auch die Situation für einen innerlichen Kreis von Selbstheit sei. Doch habe sich PLESSNER mit dieser Erkenntnis zufrieden gegeben – ohne sie nach beiden Seiten weiter zu verfolgen. Und so sei er, da er doch noch einen ontischen Ichkern annehme, im substanzialistischen Denken stehen geblieben und über einen ersten, zaghaften Schritt in Richtung des strukturalen Ansatzes nicht hinausgekommen (vgl. ROMBACH 1987, 296 Anm. 32). Diesen gilt es im Hinblick auf die Leiblichkeit noch genauer darzustellen. Zunächst soll jedoch noch ein Blick auf den derzeitigen Stand des Einflusses der phänomenologischen Forschung auf die Sportpädagogik geworfen werden.

2.3.2 Phänomenologie der Leiblichkeit in der aktuellen Sportpädagogik

„Die Frage nach der erzieherischen Bedeutung der menschlichen Leiblichkeit und der Fähigkeit, sich zu bewegen, steht seit jeher im Mittelpunkt der sportpädagogischen Diskussion." (PROHL 1999, 218).

Ausgehend vom phänomenologischen Denken ist es v.a. die Differenz zwischen den Begriffen „Leib" und „Körper" – eine Differenzierungsmöglichkeit, die eine Besonderheit der deutschen Sprache darstellt (vgl. PROHL 1999, 224 Anm. 84) –, die für die Sportpädagogik von großer Bedeutung ist (vgl. PROHL 1999, 222). Zwar findet man neben der klaren Unterscheidung PLESSNERs von Leibsein und Körperhaben Termini wie der „*erlebte* Leib" und der „*gelebte* Leib" (GRUPE 1982, 47), der „Körper als soziales Gebilde" (GRUPE/KRÜGER 1997, 199) usw., die sicherlich belegen, dass die Frage nach der Leiblichkeit und Körperlichkeit des Menschen zu den wesentlichen Fragen der gegenwärtigen Sportpädagogik gehören. Gleichwohl ist es richtig, dass die beiden Begriffe „Leib" und „Körper" nicht einheitlich verwendet werden, dass manchmal der eine, bisweilen der andere Begriff bevorzugt wird und dass einige Autoren beide Begriffe synonym verwenden (vgl. GRUPE/KRÜGER 1997, 194).

Dieser Unklarheit der Begrifflichkeit gegenüber soll, den dargestellten philosophischen Überlegungen entsprechend, in der vorliegenden Arbeit eine klare Trennung zwischen „Körper" und „Leib" erfolgen. In Abgrenzung zu einem isolierten, anatomischen, physiologischen und physikalischen „Körperverständnis" soll dem Begriff des „Leibes" der Vorzug gegeben werden, um zu verdeutlichen, dass der Leib nicht als Unterabteilung des Menschen, sondern als wesentliches Element zu begreifen ist, das in allen Aktivitäten ständig und von Anfang an anwesend ist (vgl. PROHL 1999, 222f.).

Wird die Leiblichkeit des Menschen als Medium der ursprünglichen Erfahrung der Welt verstanden, ist die Leiblichkeit untrennbar mit Bewegung verbunden. Sie stellt nämlich den leiblichen Vollzug des Subjekt-Welt-Verhältnisses dar, sie ist ein – vielleicht sogar *das* – Medium im Austausch zwischen „Ich" und „Welt". Intentionalität und Bewegungshandeln sind dabei unauflöslich ineinander verschränkt (vgl. PROHL 1999, 226), worauf auch der englische Sportphilosoph BEST hinweist: „A physical movement does not become an intentional action by the addition of a mental event called an intention (...). (...) the character of any intentional action can be recognised only by considering is relational significance" (BEST 1974, 193f. – zit. nach PROHL 1999, 226). In freier Übersetzung nach PROHL: „Eine körperliche Bewegung wird nicht zu einer absichtsvollen Handlung, indem man ein mentales Ereignis hinzufügt, das man ‚Intention' nennt. Vielmehr kann das Charakteristische einer absichtsvollen Handlung nur dann erkannt werden, wenn man von ihrer relationalen, beziehungshaften Bedeutung ausgeht."'(PROHL 1999, 226 Anm. 88).

Die bedeutungsgeladene, sinnerfüllte Beziehung zwischen Mensch und Welt, die sich durch Bewegung vollzieht, soll im Terminus *Sich-Bewegen* ausgedrückt werden. In ihm soll die lebendige menschliche Bewegung als ein Relationsphänomen des leiblichen Mensch-Welt-Bezugs zum Ausdruck kommen, das sich in der situativen Beziehung zwischen Mensch und Welt verwirklicht (vgl. PROHL 1999, 226f.). Besonders interessant, da dem strukturalen Ansatz sehr nahe kommend, ist in diesem Zusammenhang die Äußerung des Mediziners V.v. WEIZSÄCKERs, der dem Sich-Bewegen eine zyklische Struktur grundgelegt sieht, so dass das Verhältnis zwischen Wahrnehmen und Bewegen nicht als Kausalbeziehung, sondern als Wechselbeziehung von Organismus und Umwelt zu verstehen sei. Zum Sich-Bewegen des Menschen gebe es also kein lokalisierbares prius und posterius, denn das wür-

de der Voraussetzung der Gleichzeitigkeit widersprechen. (Vgl. v. WEIZSÄCKER 1986, 132 zit. nach PROHL 1999, 227f.).
Das Sich-Bewegen des Menschen ist also als Ausdruck dieser besonderen Beziehungen zwischen Mensch und Welt, sie ist als Leistung des Menschen zu verstehen, die offen ist, da sie aus dem Zusammenspiel der individuellen Eigenwelt des Subjekts, seinen Gegebenheiten und Voraussetzungen, und den Bedingungen der sozialen und kulturellen Umwelt erst gestaltet wird (vgl. GRUPE 1982, 68). In diesem Verständnis ist das Sich-Bewegen vom physikalischen Bewegungsbegriff völlig abgegrenzt.
Parallel zum „dialogischen Bewegungskonzept" GORDIJNs wird somit in den Begriffen Leib/Leiblichkeit und Sich-Bewegen der Überzeugung Ausdruck verliehen, dass menschliche Leiblichkeit und Bewegung nicht isoliert betrachtet werden können – so, als gäbe es den Menschen, der sich *dann* auch noch bewege, so, als gäbe es Bewegung ohne Intentionalität, so, als könne der Leib wie ein physikalischer Körper zu einem objektivierten Unterrichtsgegenstand in Raum und Zeit gemacht werden. Vielmehr ist demgegenüber mit GORDIJN die menschliche Bewegung als Sich-Bewegen, als intentionales, sinngerichtetes Verhalten eines Aktors in einem persönlich-situativen Bezug zu kennzeichnen. Und als solches ist es als relationales Ereignis aufzufassen, das in seinen Tiefen anderen Gesetzen als denen eines physikalischen Körpers unterliegt (vgl. TREBELS 1992, 22): „Bewegend sind wir leiblich tätig bei den Menschen und den Dingen, intentional beantwortend durch Bedeutungen, die eine Bewegungsantwort ermöglichen." (GORDIJN 1975, 23 – zit. nach TREBELS 1992, 23). Für eine Leibes- und Bewegungserziehung beinhaltet dies, dass es in erster Linie nicht um das Erlernen festgelegter, normierter Bewegungsmuster, sondern um die je individuell eigenverantwortliche Bewältigung von Bewegungssituationen zum Erwerb subjektiver Bewegungserfahrung gehen muss (vgl. TREBELS 1992, 28). Der Mensch in seiner Leiblichkeit ist so sehr durch seine Bewegung mit der Welt verknüpft, dass das Sich-Bewegenkönnen wesentlich zu gelingendem Menschsein, zu seinem Wohlbefinden und zu seiner Gesundheit beitragen kann. Obwohl sich der Entwicklungsverlauf der Mensch-Umwelt-Interaktion hochgradig individuell vollzieht, „lassen sich übergreifende Gliederungen des Lebenslaufs in Entwicklungsphasen vornehmen, die – bezogen auf den jeweiligen Kulturraum – jeweils unterschiedliche Entwicklungsaufgaben stellen. Die Bedeutung der Leiblichkeit und Bewegung als wesentliche anthropologische Entwicklungsdimension ist in den verschiedenen Lebensphasen unterschiedlich ausgeprägt." (PROHL 1999, 237). Für jeden Lebensabschnitt gilt jedoch gleichermaßen: „Sich bewegen zu können, seinen Körper in der Bewegung und durch die Bewegung erfahren zu können, sich über Bewegung ausdrücken zu können, über Bewegung Signale von anderen aufnehmen zu können und mit anderen über Bewegung in Kontakt kommen zu können, durch Bewegung körperliche Leistungen erzielen und erfahren zu können, kann zum Wohlbefinden und damit zur Gesundheit beitragen."(RUSCH/WEINECK 1998, 21).
Diese Gedanken zu Leiblichkeit und zum Sich-Bewegen des Menschen stellen zum einen sicherlich ein wichtiges Fundament für die grundsätzliche Legitimation einer Leibes- und Bewegungserziehung dar. Zum anderen hat die Sichtweise des Menschen in seiner Leiblichkeit darüber hinaus – und damit schließe ich mich der (schul-)sportpädagogischen Sicht KUGELMANNs an – wesentliche Konsequenzen für die Ausrichtung der vorliegenden Arbeit insofern, als z.B. „Körpererfahrung", „Körperpflege", „Körperbewusstsein" usw. nicht Gegenstand und Ziel schulischer Leibes- und Bewegungserziehung sein können. Vielmehr soll es in ihr um „Leib-Erfahrung", „Leibes-Erziehung" etc. gehen, da ja die ganzheitliche Erfahrung der Welt und das sinnerfüllte Sich-Bewegen des ganzheitlichen Menschen in ihr anzielt werden (vgl. KUGELMANN 1996, 66).

Gerade um die Dimension der Sinnhaftigkeit muss es in einer pädagogisch ausgerichteten Leibes- und Bewegungserziehung wesentlich gehen, wie auch FUNKE-WIENEKE in der Wandlung seines eigenen sportpädagogischen Denkens unter der Bezeichnung „Von der ‚Körpererfahrung' zur ‚Thematisierung der Leiblichkeit'" (FUNKE-WIENEKE 1997a, 75) bekennt. Mit letzterer will er die für eine wissenschaftliche Aussage zur Sportpädagogik entscheidende Sinnfrage einholen, denn – und damit befindet er sich in unmittelbarer Nähe zu hier Gesagtem – wir Menschen sind immer leibliche Wesen, die Leiblichkeit ist immer anwesend, sie trägt unsere Existenz immer wesentlich mit. (Vgl. FUNKE-WIENEKE 1997a, 83f.). Der sprachlichen Differenzierung von Körper und Leib gemäß „ist der Begriff ‚Körpererfahrung', den wir bisher gebraucht haben, nicht mehr haltbar. Das, was wir damit bezeichnet haben, z.B. Wonne und Schmerz des Sporttreibens, gehört in die Sphäre der Leiblichkeit. Diese Korrektur ist angebracht, um das Missverständnis auszuschließen, wir würden in der leiblichen Erfahrung sozusagen den objektiven Körper zum Leib subjektivieren, also quasi das Knochengerüst der Anatomie mit Gefühlswerten belegen und dadurch in seinen spürbaren Besitz kommen." (FUNKE-WIENEKE 1997a, 84f.).

In dieser Hinsicht sind die Fragen nach Leib/Leiblichkeit und Bewegung/Sich-Bewegen tatsächlich spannend und wichtig, da sie uns - ob Schüler oder (Sport-)Lehrer, Junge oder Mädchen, Jung oder Alt, Mann oder Frau – in unserem Menschsein als Ganzem, in unserer Autogenese, in unserer Gesundheit und allem, was sie beeinträchtigt, direkt und grundsätzlich angehen (vgl. HAAG 1995, 16).

Freilich ist das Verhältnis des Menschen zu seinem Leib und zu seinem Sich-Bewegen nicht immer gleich. So unterscheidet PROHL zurecht drei Dimensionen der Wandelbarkeit des Leibverhältnisses in zeitlicher Sicht: *Aktuell* kann sich das Leibverhältnis in einer Handlung z.B. durch das Misslingen einer Bewegungshandlung verändern; *überdauernd* kann es sich beispielsweise auf dem Weg vom Nichtkönnen zum Können ändern, und *biographisch* verändert sich das Leibverhältnis in den verschiedenen Lebensphasen teilweise in einschneidender Weise (vgl. PROHL 1999, 226).

Gerade hinsichtlich des zuletzt genannten Aspekts zeigt sich über den Wandel des Leibverhältnisses in unterschiedlichen Lebensabschnitten hinaus, dass Leiblichkeit und Sich-Bewegen in allen Lebensabschnitten für den Menschen grundlegend bleiben. So ist etwa die fundamentale „Bedeutung der Bewegung in der kindlichen Entwicklung" (PROHL 1999, 239) unbestritten, bietet doch das „goldene Lernalter" bekanntermaßen besondere Möglichkeiten – und auch besondere Verpflichtungen – zum Bewegungslernen (siehe hierzu das dritte Kapitel). Auch bestehen in unserem Kulturkreis leib- und bewegungsbezogene Entwicklungsaufgaben für Heranwachsende z.B. darin, während der Pubertät mit den reifungsbedingten Veränderungen ihres Leibes umgehen zu lernen und darüber hinaus neue personale und soziale Identitäten als junge Erwachsene zu finden (vgl. JANSEN 1995, 173ff.).

Auch im Erwachsenenalter gilt es, sich mit Leiblichkeit und Sich-Bewegen auseinander zu setzen, z.B. in der Gestaltung der Freizeit, in der sportliche Aktivitäten zunehmend eine wichtigere Rolle spielen, die jedoch einer kritischen Betrachtung bedürfen, wie im zweiten Kapitel zu zeigen sein wird.

Schließlich können Bewegung, Sport und Spiel im Alter dazu beitragen, die nachlassende physische Leistungsfähigkeit – nicht zuletzt im sozialen Umfeld durch gesellig-kommunikatives Handeln, Freude an der Bewegung und die sinnliche Erfahrung des angemessenen Leistungserlebens – besser zu bewältigen (vgl. PROHL 1999, 237).

Der Aufgabe, sich mit der Pflege der Leiblichkeit und dem Sich-Bewegen auseinander zu setzen, entspricht die enorm gestiegene gesellschaftliche Bedeutung des Sports, die BETTE in seinen soziologischen Analysen (siehe auch dazu das zweite Kapitel) herausstellt, indem er etwa auf die Ausdehnung der sportlichen Aktivitäten auf den gesamten Lebenszyklus, vom Babyschwimmen bis zum Seniorensport, verweist (vgl. BETTE 1999, 148).

Besonders deutlich tritt die Bedeutung von Leiblichkeit und Bewegung auch in der Psychomotorik und in der Pädagogischen Kinesiologie zutage, die das Bewegungshandeln des Kindes als *Zentrum* seiner Persönlichkeitsentwicklung, als *Dreh- und Angelpunkt* seiner Existenz begreifen (vgl. FISCHER 1996, 26). Dem entspricht die Erfahrung, dass sich Kinder, denen die Möglichkeit gegeben wird, sich über vielfältige Bewegungserfahrungen die Welt räumlich-dinglich und in ihren personalen Bezügen zu eröffnen, schnell und vielfältig entwickeln, wogegen Einschränkungen dieses Person-Umwelt-Dialogs zu einer veränderten Persönlichkeitsentwicklung führen (vgl. FISCHER 1996, 27 und KONEBERG, FÖRDER 1996, 24). In diesem Sinne führt FISCHER weiter aus (der Terminologie dieser Arbeit folgend wären die Begriffe „Leiblichkeit", „Leib" usw. für das Gemeinte sicherlich treffender als „Körper", „körperlich" etc.): „Handeln schließt immer die körperliche Bewegung mit ein. Im Bewegungshandeln lernt das Kind seinen Körper kennen, es lernt, dass es mit seinem Körper eins ist. Die Körperlichkeit wird zur Basis jeder Orientierung in der Welt. Zugleich ist der Körper der Spiegel psychischen Erlebens; über seinen Körper erlebt das Kind seine Befindlichkeit und bringt seine Gefühle und Bedürfnisse zum Ausdruck. Das Lernfeld Körpererfahrung in der Psychomotorik will Bewegungserfahrungen vielfältigster Art ermöglichen und gestaltet seine Angebote dem Entwicklungsalter der Zielgruppen entsprechend." (FISCHER 1996, 27).

Folgt man der phänomenologisch begründeten Anthropologie, scheint das Menschenbild wesentlich durch Leiblichkeit und Bewegung (mit-)bestimmt. Die Aspekte der Identifikation des Menschen mit seinem Leib, des Zugangs zur Welt durch das Sich-Bewegen und der Erfahrung der Welt durch den Leib werden auch von ROMBACH gesehen, der in seiner Strukturanthropologie auch einer Phänomenologie der Leiblichkeit nachgeht.
Worin vertieft sie bereits Gesagtes, und wo geht sie über bereits Dargestelltes hinaus? Und welche Konsequenzen ergeben sich daraus für eine Leibes- und Bewegungserziehung?

2.3.3 Leiblichkeit in strukturanthropologischer Betrachtung
Zwar betont auch ROMBACH, dass wir unser Leib ganz und gar *sind,* dies wurde oben bereits erwähnt, dass wir ihn dennoch aber *nicht besitzen*. Vielmehr ist uns unser Leib *gegeben* – jedoch nicht im substanzontologischen Verständnis, sondern als *Situation*. Gegebenheit im Strukturdenken ROMBACHs beinhaltet, dass es eine innerste, letzte Situation nicht gibt, dass vielmehr alles das, was in einer Situation gegeben ist, der Notwendigkeit eines Konstitutionsprozesses unterliegt. Hinsichtlich der Leiblichkeit bedeutet dies, dass auch der Leib nicht einfachhin in seiner biologischen Struktur von uns hingenommen wird, dass er vielmehr in lebenslanger Arbeit zu je *meinem* Leib gemacht werden muss. Die Konstitution des Leibes spiegelt dann genauso die Gesamtidentität wider wie etwa die Sozialsituation, die Familiensituation, die Berufssituation etc. (vgl. ROMBACH 1987, 289). Unsere Leiblichkeit ist uns also zugleich *gegeben* und *aufgegeben* – und zwar vom allerersten Anfang an. Es bedeutete ein grobes Missverständnis zu meinen, es gebe den Menschen, dem *dann* auch noch ein Leib zugeordnet werden könnte: „Nirgendwo gibt es *den* Leib oder *das* Ich. Sowohl Leib wie Ich *konstituieren* sich je nach Identifikationsschritten in dieser oder jener Situation." (ROMBACH 1987, 291). So gilt: Unser Leib (eine durchgängige Verwendung dieses Terminus im

folgenden Zitat wäre m.E. zutreffender): „wird zu unserem Leib nur dadurch, dass wir ihm eine bestimmte Interpretation geben und diese Interpretation sich in ihm leibhaftig ausprägt. So wie wir stehen, so ‚steht' es mit uns, gerade oder krumm, gespannt oder entspannt, beweglich oder verhärtet usw. Nicht nur die körperlichen Gesten und Bewegungen machen eine exakte ‚Körpersprache' aus, sondern der Körper selbst ist schon Sprache. Dabei muss man berücksichtigen, dass nicht nur unsere Lebensinterpretation im Körper Ausdruck findet, sondern dass auch unser Körper in unserer Lebensinterpretation Ausdruck findet. Beides steht im Sinne von Provokation und Revokation situativ zueinander. Für jemanden, der zu sehen versteht, sagt der ‚gedrungene' Körper als ganze Erscheinung etwas über die gesamte Lebensgestalt eines Menschen aus, im Unterschied etwa zum ‚aufgelösten' Umriss einer anderen Körperform. Der reale Körper ist die ziemlich genaue Entsprechung zu einer anderen Körperlichkeit, als die wir das *Gesamtleben* des betreffenden Individuums ansehen können." (ROMBACH 1987, 294).
Ein solches Verständnis der Gestaltung der Leiblichkeit stellt für die Legitimation eines schulischen Sportunterrichts ein wesentliches Argument dar, denn ohne eine Leibeserziehung bliebe unsere Leiblichkeit sträflich vernachlässigt – ein Symptom, an dem unsere Zeit ja tatsächlich krankt (siehe die folgenden Kapitel 2 und 3).
Über Beobachtungen zur eigenen Egoität des Leibes (vgl. ROMBACH 1987, 289f.) und zum Verständnis unseres Leibes als eines „*Organismus von Organismen*" (ROMBACH 1987, 291) hinaus, scheint im Horizont der Fragestellung dieser Arbeit noch jene Ausweitung der Phänomenologie der Leiblichkeit von Bedeutung, die ROMBACH mit „Die Situation als Leib" umschreibt.: „Es gibt den Leib nicht substanziell. Darum kann alles, was Struktur ist, auch Leib sein. Ebenso wie unsere Ichidentifikation von Ring zu Ring springen kann, springt auch unser ‚Leib', der einmal im kleinsten physiologischen Rahmen, ein andermal in einem weiten sozialen und geschichtlichen Umkreis ‚leibt und lebt' – und es ist durchaus möglich, dass der weitere Leib sehr viel intensiver empfindet und für unser Leben einschneidender getroffen werden kann als der physische Leib." (ROMBACH 1987, 292). In diesem Sinne tut meinem Vereinsleib ein Eigentor wirklich weh, was sich im gemeinsamen Aufstöhnen des Publikums mit demselben Schmerzlaut äußert, in dem auch ein physischer Leib aufstöhnt. Was ROMBACH über den Familienleib – die Krankheit einer Familie verursacht nicht selten die Erkrankung oder gar den Tod einer ihrer Mitglieder (KAFKAs Erzählung „Die Verwandlung" beispielsweise kann unter diesem Ansatz interpretiert werden; vgl. KAFKA 1997) – oder über den Leib der Arbeitswelt ausführt – ein zurückgesetzter, in seiner Berufssituation schwer gekränkter Mensch kann seiner Berufssituation auf Dauer weder physisch noch psychisch standhalten (vgl. ROMBACH 1987, 294f.) – , ist auch hinsichtlich des „Schulleibs" von größtem Interesse. Ein Schul-„System", das in sich krank ist, wird kaum physisch und psychisch gesunde Kinder und Jugendliche hervorbringen; dies ist ein wichtiger Aspekt, auf den im dritten Kapitel noch einmal zurückzukommen sein wird. Mit dieser Erweiterung des physischen auf den sozialen, gesellschaftlichen, geschichtlichen Leib eröffnet ROMBACH also eine weitere wichtige Dimension des Leibverständnisses.

ROMBACH bringt diese strukturanthropologischen Gedanken selbst auf den Punkt: „Für die Strukturanthropologie ist es wichtig, dass der Leibbegriff von einem irreführenden Substantialismus gereinigt wird. Man muss sehen, dass der Leib nicht festliegt, sondern dass ein Dasein identifikatorisch mit seiner Leiblichkeit ‚springt', sie mit einer je anderen Situation gleichsetzt, um dann in dieser ‚leibhaftig' Anteil zu nehmen. Es ist wichtig, dass der Mensch in dieser Weise über seinen Leib *verfügt* und sich in freier Weise einleibt, *wo* und *wie* es ihm wesentlich und wichtig erscheint. Er muss fähig sein, einmal wirklich mit seiner Kirche zu empfinden – und empfinden ist der Einheitserweis einer jeweiligen Leiblichkeit – und er muss auch wieder fähig sein, mitfühlend und sensibel in den Leib seiner Familie zurückzukehren. Nur wer mit anderen ‚mitempfinden' kann, ist menschlicher Mensch, wer in seinen ‚eigenen Leib' eingekerkert bleibt, ist damit in einer bestimmten Weise unmenschlich, mag er im Übrigen allen psychischen, sozialen, ethischen und juridischen Normen entsprechen." (ROMBACH 1987, 295f.).

Es liegt in der Logik des entsubstanzialisierten Ansatzes des Strukturdenkens, dass sich in einer strukturalen Phänomenologie der Leiblichkeit „Leib" und „Seele" nicht als zwei Substanzen gegenüberstehen können. Jeder Organismus, jeder Leib ist beseelt, aber nicht dadurch, dass in ihm eine Entität namens Seele hausen würde, sondern dadurch, dass er als Gesamtstruktur einer Genese entstammt, in der sich jedes Organ mit der Einheit zu identifizieren vermag. Die Gesamtidentität lebt in jeder Einzelidentität und „beseelt" so als dieselbe alle einzelnen Organe und Glieder. Die Seele ist also keine *Zugabe* zum Leib – wer so denkt, redet einer Lebensauffassung das Wort, die im Ganzen Selbstentfremdung bedeutet; er setzt den Leib und damit sich selbst herab. Und selbst die wahre Religiosität hält unverrückbar am Leib fest – etwa im Christentum, wo im Glauben an die Auferstehung des Leibes zum Ausdruck kommt, dass eine Ewigkeit nur so gedacht werden kann, dass auch der Leib dazu gehört. (Vgl. ROMBACH 1987, 296f.).

Der Leib leibt und lebt, indem er sich durch eine Selbstinterpretation konstituiert. Diese, so wurde bereits dargestellt, überformt das allgemein biologisch Vorgegebene und verleiht ihm eine individuelle Leibgestalt. Ein solches Konstitutionsgeschehen ist kein Prozess, der neben dem „eigentlichen" Geist herliefe, vielmehr hat der Leib selbst Geist. Darauf wies schon PASCAL hin, der vom „esprit du corps" sprach. Zum Geist eines bestimmten Leibes gehören z.B. eine uneingeschränkte Lebensbejahung, eine festliche Grundgestimmtheit (wie schlecht es um das Feiern von Festen bestellt ist, wird im zweiten Kapitel unter dem Stichpunkt „Festverlust" noch einmal zur Sprache gebracht werden), Leibesfülle (auch hierzu gibt es im dritten Kapitel noch einige Anmerkungen zu machen) usw. (vgl. ROMBACH 1987, 300). In diesem Zusammenhang fährt ROMBACH fort: „Einem solchen Leib ein ‚Normalgewicht' aufzunötigen wäre Barbarei. Der Mensch, der Eigner eines solchen Leibes ist, sollte ihm dankbar sein und zeitlebens die Freundschaft dieses Leibes suchen. Gleichgültig, was dies für die Frage der ‚Lebenszeit' bedeutet, die heute so wichtig genommen wird. ‚Zeit' bedeutet für jeden Leib etwas anderes, und wohl dem Leib, der einen Besitzer findet, der *für ihn* Zeit hat.
Beide leben sie wohl, solange sie sich freundlich zugetan sind, der Mensch und sein Leib. Ein gebildeter Mensch wird die Persönlichkeit seines Leibes achten. Er wird sie kennenzulernen bemüht sein und wird diese Mühe nicht bereuen." (ROMBACH 1987, 300f.)

Der Leib hat seine eigene Sprache, und sie hat sehr viel mit Wohlbefinden und Gesundheit zu tun – auch dies wird im Folgenden für eine Leibes–und Bewegungserziehung eine fundamentale Rolle spielen. Die Bekundungsweise der Leiblichkeit kann sich in Symptomen wie Ekel oder Kopfschmerz äußern – und oft werten wir als Krankheit, was die gesunde Äußerung des Leibes ist, nur eben, dass er unseren Neigungen die Gefolgschaft versagt. Wohl– und Missbehagen sind feingestufte Ausdrucksformen unseres Leibes, die jedoch nur dem vernehmbar sind, der gelernt hat, in sich hineinzuhören (vgl. ROMBACH 1987, 301). „Aber wer", so fragt ROMBACH und weist damit einer Leibes– und Bewegungserziehung eine wichtige Rolle zu, „hat uns schon gelehrt, ein Ohr nach innen und unten zu spitzen?

Und doch ist dies das Wichtigste. Ein Mensch, der nicht in sich hineinzuhören und die tiefste Stimmung seiner Existenz zu vernehmen vermag, hat auch in den oberen Flächen auf die Dauer ausgespielt" (ROMBACH 1987, 301).

In dieser Verwurzeltheit des Menschen tief in seiner Leiblichkeit sieht ROMBACH das angemessene Verständnis des bekannten ROUSSEAUschen Ausspruchs: „Zurück zur Natur". Nicht um eine Primitivisierung der äußeren Lebensumstände geht es dabei, sondern um eine Umkehr der Lebensausrichtung nach innen und unten in die Tiefenstruktur der Leiblichkeit. (Vgl. ROMBACH 1987, 301f.).

Freilich verhält es sich nun nicht so – und dies dürfte aus den bisherigen Darlegungen hervorgegangen sein –, dass die Strukturanthropologie ROMBACHs zum erstenmal eine Phänomenologie der Leiblichkeit geleistet hätte. Aber sie leistet sie in einer bislang nicht gekannten Radikalität, durch die die bisherigen Ansätze der Sportpädagogik weitergeführt und vertieft werden können. So gilt es, folgende strukturanthropologischen Aspekte zur Leiblichkeit und zum Sich-Bewegen des Menschen festzuhalten:

Zunächst fällt die durchweg äußerst positive Haltung der ROMBACHschen Strukturanthropologie zur Leiblichkeit auf: der Mensch ist sein Leib, der ihm gegeben und aufgegeben ist. Die Gestaltung seines Leibes kommt ihm als immer wieder neu zu leistender Strukturierungsprozess zu, in dem sich ein wesentlicher Teil seines Menschseins austrägt und ausdrückt. Es scheint, folgt man ROMBACH, ein gelingendes, sinnvolles, gesundes Leben ohne entsprechende Aufmerksamkeit und Pflege dem eigenen Leib gegenüber, nicht zu geben.

Wichtig scheint in der Strukturanthropologie außerdem die Ausweitung des Leibbegriffs über den physischen Leib hinaus, so dass soziale und gesellschaftliche Strukturen als Leibphänomene verstanden werden können, die krank machen oder heilen können.

Sowohl der physische als auch der sozial-gesellschaftliche Leib sind uns also überantwortet. Was aber beinhaltet eine aufgegebene Leiblichkeit? Wie können wir dieser Aufgabe gerecht werden?

Offensichtlich ist ein sensibler Umgang mit unserem Leib – ein Hineinhören in ihn – vonnöten. Eine Sensibilität, die dem Menschen nicht automatisch gegeben ist, eine Sensibilität, die nicht von kommerzorientierten Freizeitsportanbietern einfach abgenommen werden kann (siehe Kapitel 2), eine Sensibilität, so äußert ROMBACH selbst, die es zu lernen und zu lehren gilt. Geht man davon aus, dass dies nicht in jedem Elternhaus ausreichend geschieht, sind dies Äußerungen, wie sie für eine Legitimation einer Leibes- und Bewegungserziehung direkter kaum sein können.

Auch die Sichtweise von Krankheit und Gesundheit (und was man dafür hält) wurde von ROMBACH selbst angesprochen – und mit Aspekten wie z.B. dem einer uneingeschränkten Lebensbejahung ein Weg gewiesen, den es lohnt, weiter zu verfolgen (auch hier sei auf das dritte Kapitel verwiesen).

Klar geht aus dem Strukturdenken auch hervor, dass diese Anthropologie nicht als Rechtfertigung für eine „Somatomanie" (WILHELM SCHMID beim 2. DSLV-Kongress (2000) in Augsburg), für gesellschaftlich suggerierte Schönheitsideale wie „Idealmaße", „Idealgewicht", „Idealfigur" etc. dienen kann (auch hierzu wird im zweiten Kapitel eine weiter führende Betrachtung erfolgen).

Was beinhalten aber ROMBACHs allgemeine Äußerungen über die Konstitution der Leiblichkeit konkret? Was beinhaltet z.B. die Leibesfülle? Was beinhaltet, die Freundschaft unseres Leibes zu suchen? Wie viel Zeit braucht die Pflege der Leiblichkeit? Ist sie gleichbleibend oder erfährt sie Veränderungen in unterschiedlichen Lebensphasen? Wie kann das

Hineinhören in den Leib gelehrt und gelernt werden? Bleibt dies alles dem Gespür jedes Einzelnen überlassen – oder gibt es dafür gewisse Gesetzmäßigkeiten, an denen sich eine Leibes- und Bewegungserziehung ausrichten kann?

Unter den vielfältigen Aspekten einer Leibes- und Bewegungserziehung, man denke etwa an Fragen der Ernährung, an den Umgang mit Medien, an Bedingungen des Arbeitsplatzes usw., ist in dieser Arbeit der Blick auf die Leibeserziehung und das Sich-Bewegen – und dies v.a. im Kindes- und Jugendalter in der Schulzeit – gerichtet, indem den Fragen nachgegangen wird, welche Rolle der „Sport" dabei spielen soll, *was* eine Leibes- und Bewegungserziehung vermitteln soll, *wie* sie es vermitteln soll usw.

Soviel zeichnet sich hier bereits in aller Deutlichkeit ab:

An der Entwicklung der intellektuellen Fähigkeiten der Heranwachsenden liegt den Vätern unserer Schulbildung viel. Zurecht. Keinesfalls aber kann dies allein ausreichend sein, soll Erziehung die Gesamtpersönlichkeit formen helfen, für die Leiblichkeit und Sich-Bewegen konstitutive Faktoren des Weltbezugs und der Autogenese sind. Anders gewendet: Erziehung im strukturalen Verständnis kann sich nicht damit zufrieden geben, nur intellektuell zu bilden und die Leibes- und Bewegungserziehung hintan zu stellen.

2.3.4 Konkreativität – Autogenese im dynamischen Wechselspiel mit der Welt

Führt man den strukturalen Ansatz der Gleichurprünglichkeit von Mensch und Welt unter dem Aspekt der *Kreativität* weiter, so offenbart sich diese genauerhin als *Konkreativität*. Sich im *eigentlichen* Zugang der Welt zuwendend, wachsen dem Menschen aus seiner Umwelt Kräfte zu, die er allein aus sich selbst heraus nicht besitzt. In einem Prozess, der beginnt, sich steigert, seinen Höhepunkt erreicht und wieder verfällt – *Strukturgenese* –, wird der Mensch in seiner Schöpferkraft über sich selbst hinausgetragen – in einem Maße, wie er dies oftmals selbst nicht für möglich hält. Der Sport bietet hierfür gute Beispiele. Man rufe sich etwa Ulrike Meyfahrt ins Gedächtnis zurück, wie sie bei ihrem ersten Olympiasieg im Hochsprung als 16-Jährige 1972 in München von einer Woge der Begeisterung zu dieser außerordentlichen Leistung getragen wurde. Oder auch Steffi Graf bei ihrem 22. Grand-Slam-Titel im Sommer 1999 in Paris, wo im Endspiel gegen Martina Hingis mehr als 16.000 Zuschauer hinter ihr standen und sie zu einer Leistung anspornten, die ihr keiner mehr so recht zugetraut hatte (vgl. MB vom 07.06.99). Die Fähigkeit, in die Dynamik eines Wettkampfes oder eines Spiels einzugehen, von ihr beflügelt zu werden, ist es, die den Sportler selbst und auch das Publikum *begeistern*. Ein „Sportsgeist" oder ein „Mannschaftsgeist" entsteht, der Gemeinschaftsgeist ist, der als ein Phänomen der Soziogenese am treffendsten zu verstehen ist. Dieser Ansatz ROMBACHs (siehe dazu auch die soziologischen Erklärungen BETTEs im zweiten Kapitel) gibt eine Möglichkeit, die Fußballleidenschaft und überhaupt den Sportboom der Gegenwart zu erklären: „Es geht um das Erlebnis einer Ekstase, die letzten Endes eine Geistgeburt ist oder sein soll. Im Spiel werden konkreative Kräfte freigesetzt, die, wenn es gelingt, zu einer starken Dynamik führen, welche denjenigen zum Siege trägt, der diese Dynamik als erster oder am besten zu entfesseln versteht. Es ist nicht notwendig der Bessere, der gewinnt, sondern derjenige, dessen ‚Mannschaftsgeist' oder Leistungsgeist sich wecken und rufen lässt. Der Mannschaftsgeist ist die spielerische Gestalt des ‚Gemeingeistes'. Er steht nicht einfach zur Verfügung, sondern er muss jeweils von Fall zu Fall geweckt und ‚geboren' werden. Gelingt dies, so springt der Geist auch auf das Publikum über – oder auch umgekehrt, der Geist, der im Publikum erwacht ist, springt auf die Mannschaft über und führt dann zu der bekannten Dynamik, die sieghaft ist." (ROMBACH 1994b, 303f.)

Was hier also zum Ausdruck kommt, ist mehr als eine Eskalation von Gefühlen in psychologischer Betrachtungsweise, die in sozial ungleicher Chancenverteilung, in fehlenden Orientierungen, in ungünstigen familiären Verhältnissen, in Versagenserfahrungen (vgl. BALZ 1997a, 5) die Ursachen sucht. Es ist vielmehr der Wunsch jedes Menschen, zu einer Gemeinschaft zu gehören, besser: eine Gemeinschaft zu *erleben*. Denn eine „Soziogenese lässt (...) etwas Positives entstehen, eine Gemeinsamkeit, deren Kraft stärker als erwartet und nachhaltiger als angenommen ist." (ROMBACH 1994b, 305). Insofern können auch sportliche Großveranstaltungen wie etwa die Olympischen Spiele durch die Fernsehübertragungen in (fast) alle Länder der Erde zu einer weltweiten Genese einer lebendigen Gemeinschaft der Menschheit führen. Dieses Erlebnis des gemeinsam auflebenden Geistes ist es offensichtlich auch, das – über alle psychologischen Erklärungsmöglichkeiten hinaus – die Massen suchen und in *unserer* Zeit am ehesten in den Sportstadien finden. Deshalb zahlen Hunderttausende jedes Wochenende hohe Eintrittspreise und nehmen weite Reisen auf sich. Fehlen solche positiven Möglichkeiten dieses Phänomens, treten verkürzte, fehlgeleitete Phänomene auf, wie beispielsweise die gewalttätigen Auseinandersetzungen, die sich Hooligans gerne in Verbindung mit Großveranstaltungen (Sport, Musik) – häufig durch alkoholisch geförderte Ekstase – liefern. Polizei und Maßregelungen greifen hier als Gegenmaßnahmen oftmals nicht, sondern nur die Umleitung auf positive und gelingende Gemeinschaftserlebnisse (vgl. ROMBACH 1994b, 303ff.). Angesichts der Eskalation von Gewalt und der Wirkungslosigkeit bisheriger Maßnahmen stellt dies einen Ansatz dar, der durchaus bedenkenswert erscheint und in konkreten Gestaltungen von Stadionansagen, Stadionzeitungen, Ankündigungen des „Gegners" usw. hinsichtlich der Provokation eines „Geistes", nicht eines „Un-Geistes" berücksichtigt werden sollte!

Der Philosoph, der die Kreativität als Grundphänomen erkannte und hob, war NIETZSCHE. Sein „Zarathustra" steht für diese Erfahrung (vgl. ROMBACH 1988a, 192f.). Für Zarathustra ist das Schaffen die höchste Forderung, das eigentliche Sein, der Grund alles wesentlichen Tuns (vgl. JASPERS 1981, 150). Im „Übermenschen" (NIETZSCHE 1980a, 14) oder im Willen zur Macht (vgl. NIETZSCHE 1980b, 38), womit NIETZSCHE höhere Lebensmächtigkeit und Lebendigkeit meint, bringt NIETZSCHE – leider mit missverständlichen, missverstandenen und missbrauchten Wendungen (vgl. SCHEUERL 1982, 150) – die Grunderfahrung zum Ausdruck, dass es eine eigentümliche Bewegung und Dynamik gibt, in der der Mensch über sich selbst hinauswächst. Die Möglichkeiten hierfür liegen im „Zwischen" von Mensch und Welt – einem Bildhauer vergleichbar, der zwar eine bestimmte Idee eines Kunstwerks „im Kopf" hat, diese aber nur in der konkreten Ausgestaltung in der Auseinandersetzung mit dem ihm gegebenen Material verwirklichen kann. So geht der kreative Mensch „in seinem Werk auf", „wird mit ihm eins", wird von ihm „fortgerissen", ist von ihm „hingerissen": Die Sprache bringt dies in vielen Wendungen selbstredend zum Ausdruck. In strukturphilosophischer Terminologie: „Handlungsidentität" (ROMBACH 1971, 245). Für NIETZSCHE stellen das spielende Kind und der Künstler die Prototypen dieses konkreativen Menschen, des Übermenschen dar (NIETZSCHE 1966, 376; siehe dazu auch HORN 1987, 79ff.).

Als „konkreativ" ist diese Bewegung deshalb zu bezeichnen, da sie die Verwiesenheit des Menschen auf die Welt betont: „Konkreativität bedeutet, dass die schöpferischen Möglichkeiten des *Menschen* mit den schöpferischen Möglichkeiten der vorgegebenen *Bedingungen* zusammenschießen und dadurch ein Steigerungsgeschehen initiieren, das über alle vorwegnehmbare Ziele hinausführt." (ROMBACH 1988a, 200). Dabei ist phänomenologisch

unbedingt hervorzuheben, dass es dabei weder *nur* auf die Kräfte des Menschen ankommt – im Extremfall kann er beispielsweise nur noch die ausführende Hand (Kunstwerk) oder nur noch der aussprechende Mund (Dichter, Prophet) sein – noch aber *ausschließlich* auf die kreativen Kräfte der Umwelt oder die faktisch gegebenen Bedingungen. Vielmehr geht das Steigerungsgeschehen aus der Wechselbeziehung zwischen Mensch und Umwelt hervor. Die unerhörten Kräfte solcher Ereignisse, in deren Entdeckung ROMBACH den geschichtlichen Sinn unserer Epoche sieht (vgl. ROMBACH 1994b, 28), sind also weder nur die der Wirklichkeit allein, noch die des Menschen allein aus sich heraus, sondern sie gehen aus der Wechselbestätigung zwischen beiden hervor (vgl. ROMBACH 1988a, 200).
Interessant ist, dass sich bei PLESSNER nicht nur ganz ähnliche Gedanken finden, die sich auf das Zusammenspiel persönlicher Fähigkeiten und der jeweiligen Konstellation beziehen, sondern dass er diese auch mit den Beobachtungen von eigentlicher, gelingender Selbstgestaltung zusammenbringt, indem er sagt: „Es ginge schon, aber es geht halt nicht", womit er die oftmals fadenscheinige Entschuldigung der eigenen Schwäche ausdrückt, vor diesen konkreativen Möglichkeiten zu fliehen (vgl. PLESSNER 1982, 94).
Unsere Alltagssprache bringt das Phänomen der Konkreativität in unterschiedlichen Wendungen zum Ausdruck: So sagen wir von einem Vorhaben „es geht", wenn sich in dem, was wir dabei tun, zugleich ein anderes, ein „es" ereignet, das alle Einzelmomente zusammenführt, zusammenhält und in ein gegenseitiges Unterstützen führt. Oft „geht" etwas trotz größter Anstrengung nicht; dafür „geht es" manchmal wie „von selbst". Manchmal steigert das „es geht" sich, so dass etwas „gelingt". Und ganz selten „glückt" vielleicht sogar etwas. Das Entscheidende auf allen drei Stufen dieses eigentümlichen Phänomens („es geht", „es gelingt", „es glückt") ist das „es", das der eigentliche Handlungsführer ist, das alle einzelnen Handlungsteile zusammenführt und vorantreibt. Das „es" steht nun nicht in unserer Verfügbarkeit, man kann „es" nicht „machen". Man kann es vielleicht provozieren – man denke etwa an die Struktur gewisser Unterrichtsstunden –, aber auch dies kann so sehr den Zug des Machens annehmen, dass „es" sich dann gerade nicht provozieren lässt. Das „es" kann man nicht machen und nicht nichtmachen. Das „es" ist das wichtigste Agens des menschlichen Daseins, es stellt sich ein, wenn alles zusammen passt. (Vgl. ROMBACH 1994a, 25).

So bringt der Mensch im konkreativen Schaffensprozess in der Auseinandersetzung mit der Welt seine Möglichkeiten selbst hervor (vgl. ROMBACH 1971, 246), aber nicht in der Weise, vorgegebene Möglichkeiten lediglich „zu realisieren", sondern so, dass es ihm gelingt, „vorgegebene Möglichkeiten der ihn umgebenden Wirklichkeit so anzugehen, dass daraus höhere Möglichkeiten entspringen." (ROMBACH 1991, 52).
Dies ist das, was NIETZSCHE im Übermenschen prophezeite: den Menschen, „der eben weit mehr vermag, als in den Kräften des ‚Menschen' steht, aber dies nur, weil er eine neue, noch nie erfasste Zusammenwirkung von Möglichkeiten einsetzt: die Konkreativität." (ROMBACH 1988a, 201).
Da es nun, so ROMBACH, nirgendwo *den* Leib, *das* Ich oder *die* Situation im substanzontologischen Sinne gibt (vgl. ROMBACH 1987, 294), da sie sich vielmehr jeweils wechselseitig konstituieren, konkretisieren diese Ausführungen über die Konkreativität das strukturale Menschenbild, indem sie zum Ausdruck bringen, wie sich steigerndes, gelingendes, glückendes Menschsein durch die Offenheit des Menschen für seine Umwelt und durch seinen Zugang auf sie erfolgen kann. Ein solcher Zugang auf die Welt ist ohne Leiblichkeit und Sich-Bewegen unvorstellbar, so dass dieses Verständnis von Kreativität grundlegend mit Leiblichkeit, Sich-Bewegen, Gesundheit, gelingendem Menschsein usw. zu tun hat. Solche Darlegungen spielen zur Legitimation einer schulischen Leibes– und Bewegungserziehung

eine wesentliche Rolle, denn: „Wer nur auf Selbstfindung geht, wird nichts finden. Wer nur auf Weltfindung geht, wird nichts erreichen. Wer beides so anzielt, dass eines aus dem anderen hervorgeht, also dass er das Selbst nur im Hinblick auf eine bestimmte Welt und die Welt nur im Hinblick auf ein bestimmtes Selbst findet – und dabei in *konkreativer* Weise die Entwicklungsmöglichkeiten seiner Mit– und Umwelt aktiv mit-einbezieht, der wird ein Gelingen erfahren, das ihn über sich selbst hinausträgt und einen realistischen Weg zur Identifikation mit der ‚Identität selbst' (Gott, Leben, Schicksal) darstellt. Dessen Selbst erweitert sich, aber nur als ‚selbstloses Selbst', wie der Zen-Buddhismus sagt. Psychoanalyse und Psychotherapie arbeiten nur am *selbsthaften* Selbst – und dies wird immer krank sein und krank bleiben; es *ist* die Krankheit des Selbst. Strukturanalyse und Strukturtherapie arbeiten am selbstlosen Selbst und werden, wenn es ‚gelingt', den eigentlichen Charakter von Gesundheit erbringen, nämlich jene Gesundheit, die zugleich ‚Heil' bedeutet." (ROMBACH 1987, 248).

Fasst man den bisherigen Gedankengang zusammen, so zeigt sich: Die Frage nach der erzieherischen Bedeutung der menschlichen Leiblichkeit und der Fähigkeit sich zu bewegen, steht seit jeher im Mittelpunkt der sportpädagogischen Diskussion. Die Art des Umgangs mit der menschlichen Bewegungsfähigkeit hängt dabei wesentlich davon ab, wie der Gegenstandsbereich „Leiblichkeit und Bewegung" verstanden wird. Dieses Verständnis wiederum basiert auf den anthropologischen Grundvoraussetzungen.
Um der Frage nach dem schulischen „Sportunterricht" im Sinne einer Leibes– und Bewegungserziehung nachzugehen, wurde im Rahmen dieser Arbeit das strukturphilosophische Menschenbild zu Grunde gelegt.
Für dieses ist wesentlich, dass es auf jeden substanziellen Kern verzichtet, dass es vielmehr alles Geschehen, alles Lebendige, alles Menschliche als fortwährenden, immer neu zu leistenden Konstitutionsprozess sieht. Alles, was dem Menschen in der Welt gegeben ist, bedarf der je eigenen Interpretation und Überformung. Dies gilt für das menschliche Leben im Allgemeinen, und dies gilt ebenso für die Leiblichkeit und das Sich-Bewegen im Besonderen.
Gelingt der Konstitutionsprozess, belegen vielfache Phänomene, dass die traditionellen Dualitäten von Leib und Geist, Leib und Seele usw. zugunsten einer ganzheitlichen Sicht des Menschen überwunden werden können. Ganzheitlichkeit ist dabei – wie alles in der Strukturphilosophie – nicht so zu verstehen, dass sie ein– für allemal zu erwerben sei, vielmehr ist sie als ständig und immer wieder neu zu leistendes Strukturierungsgeschehen hervorzubringen.

Als In-der-Welt-sein steht der Mensch in ständigem, dynamischem Wechselspiel mit den Gegebenheiten der Welt. Gelingt es ihm, deren Möglichkeiten in seinen Konstitutionsprozessen konkreativ aufzunehmen, wird er über seine eigenen Möglichkeiten hinausgehoben, erfährt er eine Steigerung seines Seins, so dass er sein Leben als gelingend oder glückend erlebt.
Für die Frage nach der Legitimation und der Gestaltung einer Leibes– und Bewegungserziehung weist die Strukturanthropologie somit folgende Richtung:
Zunächst die, dass der Mensch in dieser Welt auftaucht und gleichursprünglich sie und sich selbst versteht. Dieses Seinsverständnis erschließt sich der Mensch nicht zuletzt, vielmehr zumeist und zunächst, durch seine Motorik, durch seinen *Zugang,* durch sein *Begreifen,* durch seine *Bewegung*. Und das heißt: durch seine Leiblichkeit. Deshalb gilt es, im Kindes– und Jugendalter zu ihr anzuleiten, sie zu fördern, sie zu fordern – kurz: sie zum Gegenstand pädagogischen Bemühens zu machen. Auch im späteren Verlauf seines Lebens kann sich

der Mensch in Grundphänomenen wie Wettkämpfen, Leisten, Gestalten, Spielen gelingend hervorbringen – in Grundphänomenen, die in der Leiblichkeit und im Sich-Bewegen im Hinblick auf Bewegung, Sport und Spiel begründet sind und die eine Bewegungskultur wesentlich prägen. Von einer solchen Bewegungskultur sind die Menschen in unseren Tagen – trotz „Kultobjekts Körper" (vgl. BETTE 1999, 106) – noch weit entfernt. Da sie jedoch in mannigfacher Hinsicht für die Zukunft der Heranwachsenden notwendiger als je zuvor scheint (siehe Punkt 2 im dritten Kapitel), bedarf es auch einer besonderen Erziehung zu einer Bewegungskultur.

Außerdem wurde deutlich, dass Menschsein gegeben *und* aufgegeben ist. Dies gilt auch für seine Leiblichkeit und sein Sich-Bewegen. Hinsichtlich der immer wieder neu zu leistenden Autogenese in konkreativer Auseinandersetzung mit der Umwelt kommt der Leiblichkeit des Menschen eine tragende Rolle zu, weshalb sie besonderer Pflege bedarf, soll das Leben insgesamt gesund sein, gelingen. Bewegung, Sport und Spiel bieten hierfür in unserer Kultur besondere Möglichkeiten, die den Einzelnen in seiner Lebenserfahrung wesentlich bereichern können. Um diese Bereicherung und Vertiefung durch eine konkreative Lebensgestaltung geht es der Strukturanthropologie insofern, als es ihr Anliegen ist, verkürzte, verzerrte, kranke Gestaltungen des menschlichen Seins zu erkennen, zu entlarven, zu heilen, um dadurch zu einem ganzheitlichen, gesunden, gelingenden Menschsein zu führen (siehe dazu das dritte Kapitel).

Ein struktural verstandener Mensch, der nicht schon „fertig" ist, der seine Selbst-Hervorbringung, sein gelingendes Menschsein vielmehr als grundsätzliche Aufgabe begreift, ist nun aber darauf angewiesen, zu seiner Selbst-Gestaltung angeleitet, herangeführt zu werden. Er ist auf Erziehung angewiesen. Was beinhaltet Erziehung, wenn sie ontologisch-fundamental, wenn sie strukturanthropologisch verstanden wird?

3 Erziehung im strukturpädagogischen Verständnis

Gelingendes Menschsein als ontologische Möglichkeit und als grundlegende Aufgabe des Menschen – soweit hat der bisherige Gedankengang in phänomenologischem Aufweis geführt. Sie ist als je eigene zu übernehmen und auszugestalten, und dies nicht nur als einmaliger Akt, sondern als lebenslange Aufgabe, die als Autogenese immer wieder neu zu leisten ist. Autogenese, die nicht einen Besitzstand erlangt, die vielmehr als die Konstitutionsform einer ontologischen Dynamik, also in ständigem Entstehen und Untergehen zu verstehen ist (vgl. ROMBACH 1971, 103). Dies gilt im Allgemeinen, und dies gilt hinsichtlich der Leiblichkeit und des Sich-Bewegens im Besonderen.

Wurde der Horizont gelingenden Menschseins erst einmal eröffnet und wurde die Erfahrung gelingenden Menschseins gemacht, wird der Mensch dieses Erleben von Stimmigkeit, Gelingen, Gesundheit immer wieder erreichen wollen; er befindet sich dabei auf dem Weg, auf *seinem* Weg und damit auf dem *richtigen* Weg.

Wie aber kommt es dazu, gelingendes Menschsein zu erfahren?
In der Strukturanthropologie wurden zuvor einige Möglichkeiten angesprochen, die den Horizont der Eigentlichkeit aufspringen lassen können. Wichtig war dabei die Beobachtung, diese Erfahrung in ihrer Verwiesenheit auf das Gelingen eines Konstitutionsprozesses im Ganzen zu sehen, der zwar vorbereitet werden kann, der jedoch *nicht verfügbar, nicht machbar* ist, sondern *sich ergeben* muss. Die Vorbereitung einer stimmigen Erfahrung kann nun nicht nur durch den Einzelnen erfolgen, sie kann auch von einem Anderen initiiert werden. Und diesem Anderen kommt desto mehr Bedeutung zu, je jünger die Menschen sind, die im Konstituierungsgeschehen stehen. Gerade im Konstitutionsprozess bei Kindern und Jugendlichen erhält das pädagogische Handeln seine eigentliche Bedeutung, indem ein Anderer die Erfahrung gelingenden Menschseins vorbereitet, zu ihr hinführt.

Hier wird nun offensichtlich die *Pädagogik* berührt, wenn sie in ihrem ursprünglichen Sinne als agogein, als Führen, Anleiten eines pais, eines Knaben, eines Kindes verstanden wird. Hierzu einige grundsätzliche Bemerkungen.

3.1 Erziehung als menschliches Grundphänomen

Zunächst gilt es in Weiterführung zu dem, was oben über Grundphänomene ausgeführt wurde, im strukturphilosophischen Denken mit ROMBACH festzustellen, „dass Erziehung eines der menschlichen Grundphänomene ist. Dies bedeutet, dass Erziehung, wo Menschsein geschieht, immer gegeben ist. Es bedeutet ferner, dass das Erziehungsgeschehen das ganze Menschsein in sich austrägt." (ROMBACH 1966, 261). Diese grundlegende Bedeutung der Erziehung für den Menschen wird auch von dem Pädagogen BENNER geteilt, der in ihr ebenfalls ein Grundphänomen sieht, da der Mensch immer in einem Generationsverhältnis stehe, in dem er von der vorausgehenden Generation erzogen würde, und in dem er die nachfolgenden Generationen erziehe. U.a. sei es, so BENNER weiter, das Fundament der Erziehung, auf dem die Menschheit ihre eigene Existenz erhalte und hervorbringe (vgl. BENNER 1996, 20f.).

Tatsächlich durchzieht Erziehung alle Bereiche des Lebens: das Gehen, Stehen, Sprechen, Essen, die Sinnfindung, Selbst-/Weltgestaltung – alles bedarf eines Erziehungsprozesses. Erziehung „bleibt so grundsätzlich mit dem Menschsein identisch, dass alle Teilphänomene menschlichen Verhaltens im Gefolge immer auch pädagogische Aspekte haben. Zur Gemeinschaft gehört Gemeinschaftserziehung, zur Politik politische Erziehung, zum Beruf Berufserziehung usw. Es gibt kein menschliches Verhalten, das nicht eine pädagogische Komponente hätte, ja, das dadurch erst ein spezifisch menschliches Verhalten wird, dass es eine pädagogische Komponente hat, und dies darum, weil Menschsein in seinem Grunde und in seiner Gänze ‚Erziehung' (...) ist." (ROMBACH 1966, 262). Kein Wunder also, dass es an bayerischen Gymnasien 17 „fächerübergreifende Bildungs- und Erziehungsaufgaben" gibt: Friedens-, Medien-, Verkehrs-, Umwelt-, Sexualerziehung ..., um nur einige Beispiele zu nennen. Offen bleibt freilich die Frage, ob die Schule durch die Erziehung in all diesen Bereichen nicht manchmal überfordert ist, und ob nicht in vielen Bereichen Erziehungsaufgaben, die eigentlich das Elternhaus übernehmen müsste, der Schule aufgebürdet werden.

Auch die Leiblichkeit und das Sich-Bewegen brauchen Erziehung in diesem strukturpädagogischen Verstehen. In der Phänomenologie der Leiblichkeit wurde herausgestellt, dass sie gegeben und aufgegeben ist – und dies beinhaltet nichts weniger als ihre Erziehungsnotwendigkeit. Deshalb wird in dieser Arbeit die Forderung nach einer schulischen Leibes- und Bewegungserziehung erhoben. Genauso wie Denken, Sprechen, Fühlen dem Menschen nicht einfach gegeben sind, sondern der Erziehung, der Aus- und Weiterbildung, der „Kultivierung" bedürfen, so auch seine Leiblichkeit und sein Bewegungsverhalten. Auch sie sind gegeben, verlangen aber als grundlegende Begegnungsmöglichkeiten mit der Welt verfeinerte, vertiefte Zuwendungsmöglichkeiten, die eine „eigentliche" Ausprägung allererst eröffnen. „Da Bewegung einen so zentralen Aspekt im menschlichen Lebensablauf darstellt, ist es auch legitim, im Sinne eines erzieherischen Anliegens bzw. einer pädagogisch orientierten Theorie der Bewegung von Bewegungsbildung zu sprechen. Das meint: Bildung zur und durch Bewegung." (HAAG 1986, 15). Beide Aspekte sind im Sinne einer Bewegungsbildung wichtig. *Zur* Bewegung beinhaltet für HAAG etwa die grundsätzlichen konditionellen und koordinativen Fähigkeiten, sowie grundlegende Fertigkeiten - SCHERLER nennt dies *innersportliche* Begründungen des schulischen Sportunterrichts (vgl. SCHERLER 1994, 6); *durch* Bewegung (*übersportliche* Begründungen – vgl. SCHERLER 1994, 6) zielt auf eine Haltung im Sich-Bewegen ab, die sich etwa in Kooperation, Fairness, Regelverständnis usw. äußert (vgl. HAAG 1986, 15). Die Notwendigkeit der Bewegungserziehung kann, so HAAG weiter, „aus einer anthropologischen Grundauffassung begründet werden, nach der Bewegung ein konstitutives Merkmal des menschlichen Lebens darstellt und deshalb Erziehung zur und durch Bewegung zwingend ist." (HAAG 1986, 16) – womit er vollkommen auf der in dieser Arbeit verfolgten Linie liegt.

Über das grundsätzliche Erziehungsbedürfnis des Menschen hinaus beinhaltet Erziehung in strukturpädagogischer Betrachtung weiterhin, dass sie nie aufhört, sich vielmehr als lebenslange Aufgabe immer wieder neu stellt. Das alte Sprichwort: „Hast du ein Jahr Zeit, bestelle einen Acker; hast du zehn Jahre Zeit, pflanze einen Baum; hast du hundert Jahre Zeit, erziehe einen Menschen" verleiht dieser Überzeugung der Strukturphilosophie im Volksmund überzeugend Ausdruck. Sie geschieht dabei nicht nur als Erziehung durch andere, sondern – mit zunehmender Reife immer mehr – als „Selbst-Erziehung". In der doppelten Bedeutung des Wortes: einerseits als Erziehung *des* Selbst, durch seine eigene Kraft und Überzeugung; andererseits als Erziehung *zum* Selbst, zur je eigenen Individualität: Eigenmaßstäblichkeit (siehe dazu auch 3.2.2 in diesem Kapitel). Dies gilt im Allgemeinen – und es gilt im Besonderen hinsichtlich der Erziehung der Leiblichkeit und des Sich-Bewegens, die eine lebenslange Aufgabe darstellen, die in den Jahren des Heranwachsens sicherlich anders als in den Jahren der höchsten physischen Leistungsfähigkeit oder im Älterwerden zu gestalten ist.

3.2 Erziehung als Führung zur Eigenheit

Wozu will/soll die Erziehung nun aber erziehen? Die strukturphilosophische Antwort, der wiederum das HEIDEGGERsche Denken zu Grunde liegt, lautet: *Zur Eigenheit*. Das angemessene Verständnis von Erziehung liegt dann konsequenterweise darin, sie als „Führung zur Eigenleistung" (ROMBACH 1971, 259) zu verstehen. Solche Erziehung muss umfassend gedacht werden, da sie viel tiefer reicht als die Erziehung von Teilbereichen (siehe die o.g. „fächerübergreifenden Bildungs- und Erziehungsaufgaben"). Die Erziehung zur Eigenheit geht allen Einzelaspekten von Erziehung voraus – sie ist das Fundament, auf dem solche Einzelbereiche überhaupt erst aufbauen können. Die Aufgabe der Erziehung in strukturpädagogischer Sicht ist es also, Hilfe im Strukturieren von Situationen zu geben, um den Mut zum Eigenen zu stärken, um den Durchbruch zur Originalität zu fördern. Erziehung kann diesen Sprung nicht abnehmen; sie kann den Zu-Erziehenden nur auf den Weg bringen, ihn begleiten, ihn durch Vertrauen, das inniger an ihn glaubt als er selbst, ermutigen (vgl. ROMBACH 1966, 279).

Wie lässt sich Erziehung im strukturphilosophischen Verständnis nun konkretisieren? Welche Phänomene lassen sich aufweisen, die sie anschaulich, einleuchtend, überzeugend und praktikabel erscheinen lassen?

3.2.1 Erziehung braucht Vorbilder

Erziehung braucht *Vorbilder*, „Siddharthas" im Sinne HESSEs (vgl. HESSE 1974). Das will hier heißen: Menschen, die sich selbst, ihre Eigenart, ihr Ziel, ihren eigenen Weg gefunden haben. Menschen, die durch und durch „stimmig" sind. Stimmigkeit von Wort und Tat überzeugt, wogegen Risse oder Widersprüche Überzeugungskraft nehmen und zerstören. Jeder, der mit jungen Menschen in der Erziehung zu tun hat, weiß, wie empfindlich sie darauf reagieren, wenn Erwachsene etwas von ihnen verlangen, was sie selbst nicht vorleben. V. HENTIG spricht in diesem Zusammenhang von der Lebenslüge der Erwachsenen, die eine wesentliche Ursache für die Probleme der Jugendlichen heute darstelle, da die Jugendlichen unserer Gegenwart sie sehr wohl spüren würden (vgl. v. HENTIG 1993, 20). Im Gegensatz dazu eröffnen Vorbilder den Horizont von Eigenheit für die Heranwachsenden, erwecken den Wunsch in ihnen, auch so wie das Vorbild sein zu wollen.

Im Kindesalter ist die Suche nach Vorbildern besonders deutlich zu beobachten. Menschen aus dem näheren Umkreis – Eltern, ältere Geschwister, Lehrer – nehmen diese Rolle in der kindlichen Welt der Naivität, der Unverstelltheit und der Unmittelbarkeit ein. *Naiv* erscheint die kindliche Welt u.a. eben deshalb, weil die erwachsenen Vorbilder so kritiklos gesehen und oft auch nachgeahmt werden. Die kindliche Welt: eine Welt, in der alles und jedes seinen Platz hat.

Mit zunehmender persönlicher Entwicklung des Kindes werden dann die Vorbilder kritischer betrachtet und hinterfragt – bis in die Zeit der Jugend, in der unter dem Anspruch kompromissloser Absolutheiten kaum mehr ein Vorbild den Ansprüchen standhalten zu können scheint. (Vgl. ROMBACH 1966, 267f.).

Hinsichtlich des schulischen Sportunterrichts beinhaltet die Frage nach der Vorbildfunktion des Sportlehrers beispielsweise, dass er sich wenigstens ab und an selbst aktiv am Unterricht beteiligt und dass er wenigstens zeitweise als gleichberechtigter Partner am Unterricht teilnimmt. Er kann dadurch demonstrieren, dass es ihm selbst Spaß und Freude bereitet, sich zu bewegen und sich anzustrengen. Eine zumindest sporadische aktive Beteiligung am Unterricht ist also im Sinne der Vorbildfunktion wünschenswert, ja notwendig, damit die Schüler das eigene Engagement des Sportlehrers in Bewegung, Sport und Spiel erleben und für ihn selbst als bedeutsam interpretieren können (vgl. GEIST 2000, 17).

Was aber geschieht, wenn Vorbilder fehlen? Es entsteht dann ein Vakuum, das andere füllen. Die Medien etwa. Liegt ein Faktor der Attraktivität des Fernsehens vielleicht darin, dass hier Menschen gezeigt werden, die in ihrer jeweils dargestellten Rolle stimmig und darüber hinaus sehr erfolgreich sind: Bud Spencer, Kung Fu, Rambo ...?

Die gebotenen Darstellungen im TV sind jedoch – notgedrungen – völlig einseitig, so dass das Vorbild zum „Idol" verkümmert. An die Stelle des lebendig erlebten, unmittelbar und in vielfachen Situationen erfahrenen Vorbildes tritt das nicht greifbare, vermittelte, einseitige Idol. Eine der neueren Entwicklungen des Unterhaltungskonsums liefert in den „reality soaps", z.B. „Big Brother", alles andere als Realität und wirkliche Vorbilder, hat dieses Szenario doch mit der Wirklichkeit wenig gemein: Menschen, deren einzige „Leistung" es ist, sich mit anderen in einen Container einsperren zu lassen, um dann eine Zeit lang das als Rolle zu spielen, was möglichst gut ankommt.

Freilich sind Vorbilder Menschen, die ihre Eigenheit nicht in Besitz genommen haben, die sie vielmehr immer wieder neu erlangen müssen – und dabei doch auch immer wieder hinter sich selbst, hinter ihren eigenen Ansprüchen zurückbleiben. An HEIDEGGERs Analyse dessen, was *man* v.a. im Alltag macht, statt es je selbst, eigentlich zu tun und an die Aufgabe der Ausbildung der je eigenen stimmigen Struktur sei in diesem Zusammenhang erinnert.

3.2.2 Erziehung und Selbsterziehung

Es besteht wohl kaum ein Zweifel daran, dass es diese echten Vorbilder gibt – Menschen, von denen man sagt, sie hätten Ausstrahlung, sie wirkten, bisweilen schon durch ihr bloßes Auftreten, überzeugend – und nichts ist in der Erziehung überzeugender als sie. Freilich können sie nicht jeden Einzelnen ein Leben lang begleiten. Doch ist der Horizont gelingenden Menschseins durch sie erst einmal eröffnet, kann die Selbsterziehung an ihre Stelle treten und die weitere Entfaltung der Eigenheit übernehmen. Die Fähigkeit zur Selbsterziehung ist ein Aspekt im lebenslangen Erziehungsprozess, dem, so scheint es, bisher zu wenig Aufmerksamkeit geschenkt wurde. Der Mensch muss sich ja immer wieder mit neuen Situationen in seinem Leben auseinander setzen. Die Bildsamkeit, und mit ihr die Notwendigkeit der Selbsterziehung, durchzieht deshalb sein ganzes Leben bis ins hohe Alter (vgl. BENNER 1996, 62f.). Auch hier gibt der Volksmund schon längst Auskunft: „Ab einem bestimmten Zeitpunkt ist jeder für sein Gesicht selbst verantwortlich". Was beinhaltet dies anderes als eben jenen Aspekt der Selbsterziehung?

Auch BENNER hebt die besondere Rolle der Selbsterziehung hervor. Er stellt Erziehung zunächst als Fremdbestimmung dar, in der der Erziehende den Heranwachsenden zu dem auffordert, was der von sich aus – *noch* – nicht kann und ihn als den anerkennt, der er – *noch* – nicht ist. Hat der Zu-Erziehende das *Noch* überwunden, erreicht Erziehung als interpersonales Geschehen ihr Ende, geht Erziehung in Selbsterziehung über. BENNER bezeichnet dies als „die besondere Finalität der Erziehungspraxis" (BENNER 1996, 73), die ihr eigenes Ende immer intendiere. Pädagogisches Handeln ist „nur dort erlaubt, wo der Zu-Erziehende der Fremdaufforderung zur Selbsttätigkeit bedarf (...). Erziehung muss stets dort ihr Ende herbeiführen, wo die Fremdaufforderung zur Selbsttätigkeit in eine Selbstaufforderung übergehen kann." (BENNER 1996, 72).

Hinsichtlich des Übergangs von Erziehung zu Selbsterziehung gehört es im Verhältnis von Erziehendem und Zögling – und dies trifft sicherlich für Elternhaus und Schule gleichermaßen zu – zu den größten Fehlformen pädagogischen Handelns, einen Zu-Erziehenden zu früh aus der pädagogischen Führung zu entlassen, ebenso wie einen der Erziehung nicht mehr Bedürftigen weiterhin zu seiner Eigenheit führen zu wollen. Den richtigen Zeitpunkt für die Übergabe der pädagogischen Autorität in die Selbstautorität des Zu-Erziehenden, von der Erziehung zur Selbsterziehung gilt es also zu erkennen (vgl. BENNER 1996, 72f.): „Wo der Heranwachsende seinen Einsichten folgt und für diese praktisch eintritt, ist das Ende der Erziehung erreicht, geht Zucht in Selbstzucht über." (BENNER 1991, 74f.).

Betrachtet man das Verhältnis von Fremd- und Selbsterziehung noch eingehender, wird offenbar, dass sich dieses nicht nur als ein temporäres Nacheinander darstellt. Im Erziehungsgeschehen greifen Fremd- und Selbstbestimmung vielmehr ineinander: „Dem Wandel einer Person liegt eben nicht nur das Fremdverhältnis zugrunde, in dem sich ein Subjekt zu anderen Subjekten befindet und in dem Wandlungsabsichten artikuliert und vermittelt werden. Es liegt ihm genauso fundamental das Selbstverhältnis zugrunde, in dem sich das Subjekt zu seinen Handlungen selbst bestimmt. Was eine Lehrerin oder ein Lehrer will, der erzieherische Sinn, den sie vertreten und vermitteln, kommt letztlich nicht durch ‚Mittel' zur ‚Wirkung', sondern findet Resonanz im Entschluss des Subjekts, das Gesollte auf sich zu beziehen, anzuerkennen und so zu handeln. Erziehung ist, so gesehen, grundlegend Selbsterziehung." (FUNKE-WIENEKE 1999, 18f.). BALZ/BRODTMANN u.a. bringen dieses Erziehungsverständnis in der Formulierung auf den Punkt: „Erziehung soll heißen: das Sich-Erziehen fördern" (BALZ/BRODTMANN u.a. 1997, 15).

Diese Ansicht wird durch die phänomenologische Position MEYER-DRAWES im Anschluss an MERLEAU-PONTY gestützt, die die erzieherische Begegnung zwischen Erziehendem und Zu-Erziehendem in einer präreflexiven Urverbundenheit der Sich-Begegnenden begründet sieht. In Übereinstimmung mit dem strukturphilosophischen Menschenbild gibt es ja nicht zuerst Subjekte, die sich dann im Erziehungsgeschehen verbinden müssten, vielmehr sind sie einander schon vorgängig in der gemeinsamen Situation des Erziehungsgeschehens verbunden (vgl. FUNKE-WIENEKE 1999, 19).

Die Erziehung, die Selbsterziehung fördern soll, bedeutet also: „Die Selbsterziehung im Selbstverhältnis bildet zwar die Grundlage der Wandlung des Subjekts – es muss etwas tun, anerkennen, und nicht etwas bloß erleiden und durch sich hindurchgreifen lassen. Aber dieses Selbstverhältnis ruht in einer anderen Weise im Fremdverhältnis, als wir das bisher gesehen haben. Es ruht in einer Verbundenheit, aus der Fremdheit erst aufsteigt als Frucht der Lebenserfahrung (Coenen 1986)." (FUNKE-WIENEKE 1999, 19).

An dieses Erziehungsverständnis knüpft der „Erziehende Unterricht" an, der „Bildung" und „Erziehung" nicht als getrennte, sondern als unmittelbar aufeinander bezogene Begriffe sieht, und der in die Lehrplanrevision in Nordrhein-Westfalen Eingang gefunden hat (vgl. FUNKE-WIENEKE 1999, 16).

Der Versuch, diesen „Erziehenden Unterricht" in den Sportunterricht umzusetzen – Parallelen zur bisher nur angedeuteten Leibes- und Bewegungserziehung sind offensichtlich –, beinhaltet zum einen, dass auf Anleitung zum Sich-Bewegen nicht verzichtet werden kann und zum anderen, dass den Schülern darüber hinaus Anstöße zur Reflexion über ihr Sich-Bewegen gegeben werden. Das, was den Schülern aus dem Spektrum von Bewegung, Sport und Spiel angeboten wird, sollte innerhalb eines vom Lehrplan vorformulierten Rahmens liegen, sollte im konkreten Vollzug jedoch der Vereinbarung der Beteiligten unterliegen. Die Schüler dürfen auch ihre eigenen lebensweltlichen Erfahrungen von Bewegung, Sport und Spiel einbringen, ohne allerdings bei ihnen stehen zu bleiben – der Sportunterricht soll sich nicht in einer Kopie der gesellschaftlichen Entwicklungen des Sports erschöpfen (siehe dazu das zweite Kapitel) – , vielmehr soll ihr Horizont erweitert und ihr Interesse an der Vielfalt der Bewegungskultur – Mehrperspektivität – geweckt werden (vgl. FUNKE-WIENEKE 1999, 17).

Zusammengefasst stellt der „Erziehende Unterricht" als Konzept für den Sportunterricht das Sich-Bewegen dergestalt in den Mittelpunkt, dass nicht „die ‚Sitte' des Sporttreibens zur abbildgetreuen Übernahme vermittelt, sondern das Sich-Bewegen in seiner Bedeutungs– und Gestaltungsvielfalt zum Thema" wird, „und dies so, dass sich die persönliche Haltung der Schülerinnen und Schüler dazu (und damit auch zu sich selbst und den anderen) klären kann. Sachliches Tun, ‚Erkennen' durch Erfahren und ‚Teilnehmen', bereitet diese Haltung vor, kein Herumerziehen an den Schülern mit ‚Erziehungsmethoden'." (FUNKE-WIENEKE 1999, 17)

3.2.3 Der „Geist" der Erziehung

In engem Zusammenhang mit dem Vorbild im Erziehungsgeschehen stehen die Aspekte von *Faszination* und *Begeisterung*: *„In ihrer besten Form ist Erziehung Faszination, Begeisterung."* (LEONARD 1971, 36). Erziehung soll dadurch stattfinden, dass sowohl der Erziehende in seiner Person als auch die Sache, die vermittelt werden soll, faszinieren und begeistern. Beides kann man ohnehin kaum trennen, wenn ein bestimmter Geist das Erziehungsgeschehen bestimmt.

In eben der Weise, in der zuvor vom Geist des Leibes, vom Mannschafts–, Team–, Gemeinschaftsgeist etc. gesprochen wurde, kann auch vom Geist der Erziehung gesprochen werden, der im gelingenden Konstitutionsgeschehen des Grundphänomens Erziehung entsteht und das interpersonale Geschehen zwischen Lehrendem und Lernenden trägt. Dieser Prozess kann, nimmt man Erziehung als Führung zur Eigenheit ernst, nicht anders denn struktural verstanden werden, denn nur so kann der Heranwachsende auf die Offenheit des Findens seines individuellen Weges freigegeben werden und kann der Erziehende diesen Weg begleiten. Dieser Geist der Offenheit gilt für den Einzelnen in gleicher Weise wie für eine ganze Klasse: „Eine Schulklasse ‚auf System gestellt' funktioniert zwar, sie *lebt* aber nicht, ihr fehlt – wie man sagt – der ‚Klassengeist'. Zuletzt fehlt's überhaupt, auch die Schule geht fehl, man ‚büffelt' zwar, aber man verhält sich auch so." (STENGER/RÖHRIG 1995, 11). Ein lebendiger Geist ist im schulischen Unterricht, wenn man unter Unterricht nicht allein Wissensvermittlung, sondern die besondere Erziehungssituation in einem Klassenverband – „Erziehender Unterricht" – versteht, mit den ihm eigenen organisatorischen, inhaltlichen und sozialen Strukturen nicht „machbar". Dies lässt sich anschaulich u.a. daran zeigen, dass die technischen Möglichkeiten alleine noch keine Faszination und Begeisterung hervorrufen. So stehen für den Unterricht seit vielen Jahren eine Menge unterschiedlichster Medien und Materialien zur Verfügung: auditive, visuelle, audiovisuelle, die einen anschaulichen, interessanten, abwechslungsreichen, kurzweiligen, faszinierenden, begeisternden Unterricht ermöglichen. Und dennoch bewirkt ihr Einsatz alleine noch lange nicht Faszination und Begeisterung. Diese entsteht erst durch die Person des Lehrenden, durch seine Art und Weise, wie er die Medien und Materialien einsetzt, mit Leben erfüllt, sie „an den Mann bringt", sie nicht als Mittel vorgeplanten „Unterrichtsgesprächs", sondern als Provokation zu eigenem Betroffensein, zu „eigentlichem Gespräch" nimmt. Die Aufbereitung, Darbietung, Präsentation des Unterrichts muss stimmig sein. Und offen. Erst dann kann ein Unterricht überzeugen, faszinieren.

Hierzu noch eine Beobachtung. Jeder Lehrer kennt die Erfahrung, erprobte Unterrichtskonzepte samt dazu vorgesehener Medien und Materialien nur in den seltensten Fällen einfach übernehmen zu können. Modifikationen, Akzentverschiebungen usw. sind fast immer nötig. Nicht, weil der einzelne Lehrer es besser wüsste, sondern um die guten Vorlagen auf seine jeweilige Person, auf die jeweilige Klasse, auf die jeweilige Offenheit des Unterrichtsgeschehens abzustimmen, um sie mit „Geist" zu erfüllen.

3.2.4 Die „emotionale Kompetenz" des Lehrenden

In diesen Überlegungen ist nun ganz offensichtlich die *Lehrerpersönlichkeit* angesprochen und gefordert, der, so scheint es, erst in jüngerer Zeit wieder mehr Beachtung geschenkt wird. Über Fragen der Sachkompetenz und der methodischen Aufbereitung der Unterrichtsinhalte hinaus sind es Begriffe wie „Subjektorientierung als Kategorie für Lehrerverhalten" (ALTENBERGER/NEUMANN 1998, 174) oder „emotionale Kompetenz", die Grundfähigkeiten des Lehrenden wie positive Zuwendung, Freundlichkeit, Aufmunterung, Respekt, Wertschätzung zum Ausdruck bringen, und die auch die Fähigkeit, z.B. eine lockere, entspannte, angstfreie, positive (Unterrichts–)Atmosphäre schaffen zu können, beinhalten.
Die Grundhaltung von positiver Zuwendung wird in der Strukturphilosophie von ROMBACH als der Zusammenhang von „Mögen" und „Vermögen" beschrieben. Was auf den ersten Blick nur wie ein Wortspiel aussieht, offenbart der genaueren Betrachtung, dass der Heranwachsende, der sich akzeptiert, angenommen, ernst genommen, gemocht fühlt, auch etwas zu leisten vermag (vgl. ROMBACH 1966, 279f.)
Dies wird durch die Psychologie dadurch bestätigt, dass eine positive Grundhaltung dem Lernenden gegenüber auch und gerade das Positive an Einstellung und Fortschritt in die Wahrnehmung des Lehrenden gelangen lässt, was wiederum weitere Fortschritte des Lernenden begünstigt. Mit anderen Worten: Wird der Heranwachsende durch die Brille des Positiven gesehen, wird vornehmlich auch das Positive an ihm wahrgenommen, was ihn wiederum in diesem Positiven bestärkt, es festigt und es noch mehr provoziert (vgl. MÜLLER- WOLF/MIETHLING 1986, 137ff.).

Zur Bekräftigung der „emotionalen Kompetenz" im Erziehungsgeschehen eine kleine Erzählung BUBERs mit dem Titel: „Die Bekehrung des Knaben".
„Rabbi Ahron kam einst in die Stadt, in der der kleine Mordechai, der nachmalige Rabbi von Lechowitz, aufwuchs. Dessen Vater brachte ihm den Knaben und klagte, dass er im Lernen keine Ausdauer habe. ‚Lass ihn mir eine Weile hier', sagte Rabbi Ahron. Als er mit dem kleinen Mordechai allein war, legte er sich hin und bettete das Kind an sein Herz. Schweigend hielt er es am Herzen, bis der Vater kam. ‚Ich habe ihm ins Gewissen geredet', sagte er, ‚hinfort wird es ihm an Ausdauer nicht fehlen.'
Wenn der Rabbi von Lechowitz diese Begebenheit erzählte, fügte er hinzu: ‚Damals habe ich gelernt, wie man Menschen bekehrt'." (BUBER 1949, 327).

Das Handeln des Lehrenden sollte also von Wohlwollen und Wertschätzung gegenüber den Zu-Erziehenden getragen sein. Dies scheint freilich der schulischen Erziehung in immer größer werdenden Klassen und bei immer noch mehr Inhalten zunehmend schwieriger zu werden. Und dennoch: Stimmt das emotionale Fundament zwischen Lehrendem und Lernenden im Unterricht, ist das „Wechselspiel" des Unterrichtens erst einmal positiv ausgeprägt, ergeben sich im Zwischen zwischen Lehrendem und Heranwachsenden die Lernerfolge schneller und in größerem Ausmaß. Mit anderen Worten: die Lehrerpersönlichkeit stellt einen entscheidenden Faktor dar. Sie ist eine wesentliche Voraussetzung für Interesse, Engagement, Freude der Heranwachsenden am Unterricht.

Die besondere Bedeutung der Lehrerpersönlichkeit im Unterrichtsgeschehen kommt sehr gut in der Maxime zum Ausdruck, die der Sportpsychologe BAUMANN bei Lehrerfortbildungen immer wieder formuliert: „Ich bin Pädagoge – und unterrichte ... (z.B.) Sport", womit er sagen will: zuerst muss die emotionale Basis stimmen, dann kann die Wissensvermittlung gut oder besser erfolgen. Zumindest auf dem Weg der Faszination, der Begeisterung, der Eigeninitiative, des eigenen Engagements des Lernenden.

Eine Binsenweisheit? Klar! Hat doch jeder schon erlebt, dass ihm ein Unterrichtsfach, dem er zuvor nie etwas abgewinnen konnte, plötzlich Freude bereitete – bei einem anderen Lehrer. So bleibt die Frage offen, weshalb dieser Aspekt nicht (noch) mehr Beachtung in der derzeitigen pädagogischen (Sport–)Lehrer-Ausbildung an den Universitäten findet. In der Tat scheint eine strikte Trennung in fachwissenschaftliche und fachdidaktische Lehrinhalte in zwei aufeinanderfolgenden Ausbildungsabschnitten nicht mehr zeitgemäß und es scheint dringend geboten, unterrichtspraktische Themenbereiche wie Konfliktlösung, Gesprächsführung etc. in die universitäre Ausbildung zu integrieren (vgl. KÖNIG/ZENTGRAF 1997, 11). So ist v. HENTIG sicherlich zuzustimmen, wenn er im Rahmen seiner neu zu denkenden Schule auch eine neue Lehrerbildung fordert und wenn er in diesem Zusammenhang die Rolle der Lehrerpersönlichkeit, die sein bestes Curriculum sei, hervorhebt (vgl. v. HENTIG 1993, 248ff.).

Erziehung durch Vorbildfunktion, Faszination und Begeisterung kann nun freilich nicht bedeuten, dass auf jegliche Anweisungen verzichtet werden kann. Bei Klassenstärken von 30 Kindern und mehr, bei vorgegebenem Lehrplan, bei „verhaltensauffälligen" Schülern, bei individuellen Fehlern und Schwächen entsteht immer wieder die Notwendigkeit, auch einmal etwas unterbinden oder anweisen zu müssen. Dies trifft gerade für den Sportunterricht zu. Einen großen Unterschied stellt es jedoch dar, ob dies zum einen das Überwiegende und Grundsätzliche ist, oder ob dies zum anderen aus der Sache heraus geschieht. Dies gilt beispielsweise bei der Hilfestellung beim Turnen an Geräten, wo die Schüler zupacken müssen, was in der Notwendigkeit der Sache – Unfallverhütung, Kooperation usw. – und nicht in der autoritären Festsetzung des Lehrenden begründet liegt.

3.2.5   Die besondere Bedeutung der Sprache im Erziehungsgeschehen

Eine herausragende Bedeutung im Erziehungsgeschehen kommt der Sprache des Lehrenden zu. Unter den vielfältigen Aspekten der Sprachphilosophie, die im Anschluss an HEIDEGGER angeführt werden könnten – v.a. sind seine Ausführungen darüber, dass nicht der Mensch über die Sprache verfügt, sondern dass er in ihr steht, wesentlich (vgl. z.B. HEIDEGGER 1993, HEIDEGGER 1978, HEIDEGGER 1980) –, sei hier lediglich auf den Bereich der Sprache verwiesen, der die Kommunikation zwischen Erzieher und Zu-Erziehendem prägt. Hierbei scheinen hinsichtlich einer Leibes– und Bewegungserziehung folgende Aspekte wichtig: die Rhetorik, die emotionale Kompetenz in der gesprochenen Sprache und die vermittelte Botschaft in der nonverbalen Kommunikation.

Da die Sprache sicherlich eines der wichtigsten Medien – wahrscheinlich *das* wichtigste Medium – des Lehrenden ist, ist zunächst darauf zu verweisen, dass eine sprachliche Schulung aller Lehrer selbstverständlich sein müsste – in weit größerem Umfang, als dies in kurzen, oft fakultativ zu belegenden Veranstaltungen für ein Lehramtsstudium vorgesehen ist. Zwar gilt es mit ROMBACH festzuhalten, dass es – in direkter und expliziter Ablehnung der WITTGENSTEINschen Forderung einer exakten Sprache und über das Schweigen in allen anderen, nicht objektivierbaren Bereichen (vgl. HOFMEISTER 1991, 258) – eine exakte Sprache nicht geben kann, da zwischen sprachlichem Ausdruck und gemeinter Sache nicht die Beziehung der Gleichheit, sondern lediglich die einer Entsprechung besteht (vgl. ROMBACH 1994b, 59).

Dennoch gelingt es bisweilen, diese Entsprechung zu finden, ja es gibt gewisse Gesetzmäßigkeiten einer entsprechenden Rede, wenn der unverwechselbare Bedeutungsraum der Begrifflichkeit festgelegt ist: „Rhetorik" – die Gabe, eine klare, nachvollziehbare, verständliche, „gute" Sprache in einem gemeinsamen Bedeutungsrahmen sprechen zu können. Rhetorik bedeutet dann: der Mensch „beherrscht", er „verfügt über", die Sprache. In diesem Sinne ist Rhetorik positiv verstanden – im Gegensatz zu einer Rhetorik im negativen Sinne, die auf das Verführen der Zuhörer durch die Wirkung der Sprache in gezielter Absicht angelegt ist.

In der positiven Bedeutung von Sprachgewandtheit findet der Sprechende die richtigen Worte. Er gewinnt die Aufmerksamkeit, das Interesse des/der Zuhörenden für seinen Gedankengang und kann so den Zugang zu einer Sache durch die Sprache eröffnen. Die Sprache wird hier bewusst als Medium eingesetzt – auch und gerade im Erziehungsgeschehen im Allgemeinen und im Sportunterricht ebenso. Rhetorische Fähigkeiten sind etwa dort vonnöten, wo es darum geht, bestimmte Gesetzmäßigkeiten der Mitteilung zu kennen, beispielsweise in der Frage: wie spreche ich *verständlich?* Hierfür gilt beispielsweise:

Einfachheit	versus	Kompliziertheit
Gliederung und Ordnung	versus	Unübersichtlichkeit, Zusammenhanglosigkeit
Kürze, Prägnanz	versus	Weitschweifigkeit
Zusätzliche Stimulanz	versus	keine zusätzliche Stimulanz

(vgl. SCHULZ VON THUN 1998, 142ff.).

Ein solches Sprachvermögen scheint für einen Lehrenden unverzichtbar, denn wie soll er mit den Zu-Erziehenden kommunizieren können, wenn er nur stammelt? Er muss in der Lage sein, Gesagtes und Gemeintes in seiner Sprache so zu formulieren, dass eine Entsprechung, die verständlich und nachvollziehbar ist, gegeben ist.

In Weiterführung zu dem, was zuvor schon über die emotionale Kompetenz des Erziehenden ausgeführt wurde, gilt gerade hinsichtlich des Erziehungsgeschehens, dass hier keine objektive Wirklichkeit zwischen Erziehendem und Zögling anzunehmen ist, dass vielmehr die jeweilige Wirklichkeit allererst geschaffen wird – und dies nicht zuletzt durch Kommunikation (vgl. WATZLAWIK 1998, 7).

Wesentlich an der Kommunikation im Erziehungsgeschehen ist nun, dass jede gesprochene Mitteilung über die bezeichnete Sache hinaus auch immer eine Beziehungsseite enthält. In jeder sprachlichen Mitteilung dem Anderen gegenüber kommt nämlich, ob gewollt oder nicht, auch die Beziehungsseite zum Ausdruck, die nicht nur eine gefühlsmäßige Augenblickswirkung hat, sondern langfristig ganz entscheidend zum Selbstkonzept und zum Selbstbild des Empfängers beiträgt (vgl. SCHULZ VON THUN 1998, 156). Und nicht zuletzt darum, dass dies möglichst positiv ausfällt, geht es in der Erziehung zu einem *gesunden* Menschen.

Kommunikation wäre jedoch zu eng gefasst, würde mit ihr allein das gesprochene Wort bezeichnet. Sie umfasst zusätzlich auch das Nonverbale: Unaussprechliches und „auch solches, was gar nie in den Bedürfnisbereich der Sprache hineinreicht und solches, was seine eigenen Bedeutungshorizonte hat und seine eigenen Mitteilungsmöglichkeiten herauführt, ohne auf Sprache angewiesen zu sein; vieles auch, was eine sprachliche Kommunikationsmöglichkeit nicht hat oder sie nur in Ansätzen und Andeutungen besitzt." (ROMBACH 1994b, 65f.). Ausdruck, Gestik, Mimik, Verhalten – alles das gehört zur Sprache.

Und gerade dieser Bereich ist es, der in der zwischenmenschlichen Kommunikation – und dies ist wiederum v.a. für das Erziehungsgeschehen von besonderer Bedeutung – gar nicht genug beachtet werden kann. So ist das *Wie*, die Art der Formulierung eines Sachinhalts, der Tonfall, die Gestik und Mimik „von außerordentlich großer Bedeutung in der zwischenmenschlichen Kommunikation. Ich kann nicht Sachinhalte vermitteln, ohne gleichzeitig den anderen als Menschen in irgendeiner Weise zu behandeln (oder misshandeln). Allein dadurch, dass ich überhaupt das Wort an ihn richte, zeige ich, dass er nicht ‚Luft' für mich ist!
(...)
Die Bedeutung der Beziehungsseite wurde in den letzten Jahrzehnten zunehmend auch für die Pädagogik und für das Arbeitsleben betont. Nach heutiger Auffassung vollzieht sich die Persönlichkeitsbildung weniger nach Maßgabe dessen, was gelehrt wird (,sachlicher' Lehrstoff), sondern nach Maßgabe der Zigtausend von Beziehungsbotschaften, die das Kind und der Schüler zu seiner Person empfängt. Dass Unterricht und Erziehung immer gleichzeitig stattfinden, ist direkt an der Quadratur der Nachricht ablesbar. Zu beachten ist hier, dass solche Beziehungsbotschaften nicht nur aus dem Munde von Menschen kommen, sondern auch – anonym und unterschwellig – von institutionellen Gegebenheiten ausgehen." (SCHULZ VON THUN 1998, 156f.).

So finden Unterricht, Unterweisung, Vermitteln, Wissen, Fähig– und Fertigkeiten usw. einerseits und Erziehung andererseits immer gleichzeitig statt, was sowohl die Auffassung des „Erziehenden Unterrichts" als auch den strukturpädagogischen Ansatz auch von dieser Seite her noch einmal bestätigt. Gesprochenes Wort, nonverbale Kommunikation und auch institutionelle Gegebenheiten vermitteln solche Beziehungsbotschaften.
Mit Letzterem bestätigt SCHULZ VON THUN das, was von FUNKE-WIENEKE im Anschluss an BETTELHEIM als „erziehliches Milieu" (FUNKE-WIENEKE 1999, 20) und von TREML als „strukturelle Erziehung" bezeichnet wird. Diese stimmt zwar darin mit dem hier skizzierten strukturpädagogischen Verständnis überein, dass in allen anthropologischen Fragen, wie ROMBACH ausdrücklich betont, sowohl der Individual- als auch der Sozialaspekt zur Sprache gebracht werden müssten, da Autogenese immer nur im Zusammenhang mit Soziogenese zu denken sei (vgl. ROMBACH 1994b, 11). Dies bedeutet: Auch die Umgebung und die Umwelt sind Erziehungsfaktoren. Insofern besteht Übereinstimmung zwischen TREMLs „struktureller Erziehung" und ROMBACHs Strukturpädagogik. Wesentliche Unterschiede ergeben sich aber in zweierlei Hinsicht: Zum einen ist die Bedeutung, die den personalen Aspekt des Erziehungsgeschehens betrifft, unterschiedlich. Während TREML einen „weiten Erziehungsbegriff" vertritt, der die funktionalen Erziehungseinflüsse als weitaus stärker und nachhaltiger sieht als die intentionalen und personalen (vgl. TREML 1982, 104f.), wird im strukturpädagogischen Ansatz ROMBACHs an der unersetzlichen und zentralen Rolle des Erziehers festgehalten. Es soll nicht geleugnet werden, dass auch Strukturen erziehen, dennoch kann, dem strukturalen Erziehungsverständnis ROMBACHs folgend, nichts das personale Engagement im Erziehungsgeschehen, die vorausschauende, Anteil nehmende, begleitende „Führung zur Eigenheit" ersetzen. Auch

FUNKE-WIENEKE will in seinem Erziehungsverständnis trotz der Berücksichtigung des „erziehlichen Milieus" auf den personalen Aspekt nicht verzichten: „Daher scheint es mir plausibel, Erziehung als Selbsterziehung in einem erziehlichen Milieu zu bestimmen, in das die personalen Bezüge als zentrales Moment einbezogen sind, das andererseits aber weiter ausgreift und die gestaltbare Umgebung und die gestaltbaren Lebensumstände in Reichweite mit einbezieht." (FUNKE-WIENEKE 1999, 20).
Betrachtet man TREMLs Ansatz einer „Theorie struktureller Erziehung", die auf „*die Veränderung von Situationen,* genauer: auf die Veränderung jener erziehenden Strukturen" zielt, „die unseren industriellen, technisch-wissenschaftlichen Fortschritt blind und bewusstlos steuern" (TREML 1982, 194), näher, so wird zum anderen deutlich, dass er – im Gegensatz zum hier dargelegten ontologischen Strukturdenken – weitgehend dem Ontischen verhaftet bleibt. Dies zeigt sich beispielsweise darin, wenn TREML Strukturen als „*Sachverhalte*", „*Sozialverhalte*" und „*Organisationsverhalte*" bezeichnet, die v.a. durch ihre Ausschließungen erzögen, d.h. dadurch, was zeitlich, sachlich und sozial *nicht* sei (vgl. TREML 1982, 135f.). Wenngleich er betont, dass Strukturen prinzipiell offen seien, dass sie sich historisch laufend wandeln würden, an ihren Rändern immer in Bewegung seien und in den seltensten Fällen eine bestimmte Grenze besäßen (vgl. TREML 1982, 148), so erreicht sein Strukturbegriff die grundsätzliche Offenheit und die differenzierte Betrachtung der Strukturphilosophie ROMBACHs nicht, die alles Natürliche, alles Lebendige und alles Menschliche in ständigen Konstitutionsprozessen, unbestimmt, offen, stets in Situationen, darstellt.

Gerade für den Sportunterricht haben die Überlegungen zu den Auswirkungen der nonverbalen Kommunikation besondere Bedeutung: Gilt ganz allgemein, dass sich in der Sprache im Sport ein eigener Stil ausgeprägt hat, der sich an unterschiedlichen stilistischen Merkmalen in lexikalischer, syntaktischer und phonetischer Hinsicht dokumentieren lässt (vgl. DIGEL 1976, 109), so trifft sicherlich ebenso zu, dass die Kommunikation zwischen Lehrer und Schülern im Sportunterricht eine andere ist als in anderen Fächern. Im Sportunterricht herrscht häufig eine Reduzierung der Sprache auf Anweisungen, kurze Erklärungen, nonverbale Schiedsrichterzeichen usw. vor – kaum etwas ist ja für die Schüler langweiliger als ein Sportlehrer, der zu lange redet. Deshalb erscheint es zum einen umso notwendiger, durch den Sprachgebrauch eventuell bestehende Barrieren, z.B. Angst, nicht auf–, sondern abzubauen; und zum anderen ist es nötig, nach Anlässen zu suchen, mit den Schülern „ins Gespräch zu kommen". Erziehung, ohne miteinander zu sprechen, ist ein Unding. Erziehung ohne Dialog ist nicht vorstellbar. „Dialogisches Prinzip" BUBERs, Dialog als Tiefenstruktur! Im Umfeld einer Leibes– und Bewegungserziehung gibt es hierfür vielfache Möglichkeiten: Stundenanfang, –ende, Erfüllen der Aufsichtspflicht in der Umkleidekabine, Spielpausen etc. geben immer wieder Anlässe für ein Gespräch, die vom Erziehenden gesucht und genutzt werden müssen, soll Erziehung im eigentlichen Sinn stattfinden.

Das, was BUBER den *Dialog* zwischen Lehrendem und Lernendem nennt, muss gerade in der Erziehung seinen festen Platz haben. BUBER bezeichnet den Dialog auch als *Umfassung,* womit er jenes Verhältnis zwischen zwei Personen bezeichnet, bei dem der Erziehende einen gemeinsamen Vorgang mit dem zu Erziehenden sowohl von sich selbst aus, als auch vom Heranwachsenden aus erlebt. Ein solches Verhältnis wird sich in der Echtheit des Gesprächs äußern,. Auch das Miteinanderschweigen zweier Personen ist ein Dialog, ebenso die potentielle Gegenwart des einen für den anderen. Diese *Umfassung* als grundsätzlich dialogisches Verhältnis konstituiert, so BUBER selbst, das erzieherische Verhältnis (vgl. BUBER 1962, 802f.).

Die Bedeutung des Dialogs für den Menschen in all seinen persönlichen, menschlichen Belangen hat BUBER als ein Grundphänomen des Menschen aufgewiesen (z.B. die Unterscheidung von Ich-Es- und Ich-Du-Beziehung des Menschen zu Gott im Gebet – vgl. BUBER 1984, 133f.). Da BUBER erst in der Erfüllung des dialogischen Prinzips als Existenzweise menschliches Leben und Lieben ermöglicht sieht, ist für ihn die Weckung und Entfaltung von Dialogbereitschaft und -fähigkeit die höchste Aufgabe des Erzieherischen (vgl. RÖHRS 1979, 16). *Solcher* Dialog geht über bloßes Mitteilen hinaus: Er meint nämlich nicht Anweisung, Zurechtweisung, bloß sachliche Information, sondern er zielt auf „Gespräch", in dem jeder der Gesprächsteilnehmer *selbst* – nicht eine Sache – gefragt ist (vgl. ROMBACH 1988b, 32ff.); er meint echte Kommunikation zwischen Lehrendem und Lernendem, geprägt von gegenseitigem Respekt, von Stimmigkeit, von gegenseitigem Interesse!

3.2.6 Erziehung als „Findung"

Über die bisher angesprochenen Aspekte von Erziehung in strukturphilosophischer Betrachtung hinaus gewinnt Erziehung weiterhin Konturen, wenn sie in erster Linie als *Findung* verstanden wird. Als Finden des je eigenen Weges. Wer ihn gefunden hat, geht stimmig in das Ganze ein. Dieser Weg eröffnet *eigentlichen* Zugang zu allem umweltlich Begegnenden: „Ein unfehlbarer Weg, leicht zu gehen; zu gehen nur in Leichtigkeit. Aber wohl nur dann, wenn wir die Dinge gefunden haben, die unser Weg sein können. Niemand sollte gezwungen werden; aber jeder sollte geführt werden, an einer beliebigen Stelle den ‚Weg' zu gehen. Wichtiger als alle ‚Bildung' ist der ‚Weg'. Es gibt keinen Sinn abseits des ‚Weges'. Es wäre schön, wenn sich wenigstens die sogenannte Kunsterziehung in unseren so unwegsamen Schulen des ‚Weges' annehmen würde." (ROMBACH 1983, 121). Warum nur die Kunsterziehung? Wenn mit diesem Finden des eigenen Weges die Autogenese steht und fällt, muss er die Intention eines *jeden* Unterrichtsfaches sein – auch einer Leibes- und Bewegungserziehung, die unter den vielfachen Möglichkeiten des Sich-Bewegens den je eigenen Weg bahnen soll. Dies ist kein unverbindliches Geplänkel, vielmehr beinhaltet es, dass genauso wie z.B. im Fremdsprachenunterricht das Erlernen von Wortschatz und Grammatik unerlässlich ist, auch in einer Leibes- und Bewegungserziehung beispielsweise auf das Erarbeiten von motorischen Grundlagen, auf das Vermitteln von Fähig- und Fertigkeiten – insgesamt: auf ein gewisses „Können" – nicht verzichtet werden kann (hierzu im dritten Kapitel mehr). Der hier verfolgte strukturpädagogische Ansatz ist sicherlich an unseren Schulen noch weit von seiner Verwirklichung entfernt. Zu stark wirken noch jene curricularen Bestrebungen der 70er Jahre nach, wo der Lehrende Fragen an die Schüler nur in der Weise richten durfte, dass die „erwartete Schülerantwort" bis in den Wortlaut hinein von ihm vorformuliert war. Eine solche Auffassung von Erziehung und Unterricht, die den Idealen der Plan- und Objektivierbarkeit huldigte, steht in diametralem Gegensatz zu strukturpädagogischen Überlegungen, weshalb ROMBACH sie bereits Mitte der 60er Jahre als Manipulation entlarvte (vgl. ROMBACH 1966, 271f.), handelt es sich hier doch um einen vom Lehrenden im Voraus und in feinster Vorplanung schon festgelegten Ablauf (fast ist man versucht, von einem Dressurakt zu sprechen), der den individuellen Entfaltungsmöglichkeiten, der Kreativität der Lernenden, dem intersubjektiven Geschehen keinerlei Raum lässt. Der „programmierte Unterricht" und die „Lernprogramme", die sog. „geschlossenen, weitgehend lehrerunabhängigen Curricula" (BÖHM 1982, 120), die auf die subjektive Lehrerpersönlichkeit zugunsten eines objektivierten Lernvorgangs verzichten wollen, haben hier ihren Ursprung; sie sind als „‚Industrialisierung' der Schule" (CARLGREN 1983, 313) in ihrer Ausrichtung allein auf das Vermitteln von Lerninhalten unter Verzicht jeden erzieherischen Wir-

kens in ihrer Einseitigkeit bereits zu Beginn der 80er Jahre in Frage gestellt und durch die sog. „offenen Curricula" relativiert worden und inzwischen durch die Einsicht in die Notwendigkeit einer sozialen, emotionalen, menschlichen Zuwendung längst überholt.
Mehr noch: Die in jüngerer Zeit lauter werdende Forderung nach „persönlicheren" Unterrichtsverfahren, nach Möglichkeiten, die Spontaneität und Kreativität im Unterricht zuzulassen, ja zu provozieren, zeigt sich ganz deutlich in den Forderungen nach Partner– und Gruppenarbeit an Stelle des Frontalunterrichts; ebenso auch nach Projektarbeit, nach schülereigenem Forschen, nach Suchen und Finden statt lehrerzentriertem Vorgeben und Nachbeten. Von den Lehrenden wird damit mehr soziale, emotionale Kompetenz verlangt. Zurecht vom strukturphilosophischen Erziehungsverständnis her: Zwischenmenschliche Lebendigkeit statt vorgegebener erstarrter Strukturen, denn das Eigene hervorzubringen kann nur auf kreativem, je eigenem Weg, nicht aber in objektivierter und in „tausendfach erprobter" Weise erfolgen.

Und nicht nur der Unterricht, sondern die Schulen als Institution sollen offener werden – und so den jeweiligen Bedürfnissen der dort Lehrenden und Lernenden, ihren jeweiligen Ausrichtungen und Zielsetzungen gerechter werden. Diese aktuellen Ansätze unter den Begriffen „Schulentwicklung" oder „Schule machen" sind vom strukturpädagogischen Ansatz her zu begrüßen, wenngleich Maßnahmen wie die Budgetierung der Lehrerstunden die Gefahr birgt, zu einer weiteren Kürzung des schulischen Sportunterrichts beizutragen.

3.2.7 Autodidaxie

In völligem Gegensatz zu einer „Paukschule", in der Wissen und Bildung „gemacht" werden sollen, stehen auch Überlegungen zum Lernen, das ROMBACH als *Autodidaxie* umschreibt, womit er die *Selbsterzeugung des Wissens*, *selbst* erarbeitetes Wissen, meint und davon spricht, dass nur ein *selbst* erworbenes Wissen Wissen sei (vgl. ROMBACH 1969, 19). „Wen man etwas ‚lehrt', der muss das an ihn Herangetragene in eine eigene Hervorbringung verwandeln, um es erst ‚lernen' zu können. Lehre ist in gewisser Weise der Feind des Lernens. Jedenfalls dann, wenn Lehre unmittelbar und naiv geschieht (sog. Einpauken). Eigentliche Lehre ist Provokation der Erzeugung eines Wissensgehaltes aus dem bereits bestehenden Wissen, freilich unter Anleitung und in vorgebahnter Weise. Eigentliches Wissen (gelerntes Wissen) ist *genetische Wissensform*, d.h. Wissen, dem seine Entstehung wesentlich ist, weil es seinen Gehalt nur aus den Bedingungen seines Entstehens zu begreifen vermag. Der gute Lehrer lehrt gegen sich selbst. Er respektiert die Autodidaxie als Wesen des Lernens. Er *gibt* das Wissen nicht, sondern er *provoziert* es im Schüler (...). Die Provokation des Wissens und der genetischen Wissensform wird vom Schüler als ‚Lebendigkeit' des Unterrichts erlebt. Lebendigkeit ergibt sich nicht aus ‚Betrieb machen' und didaktischen Tricks, sondern aus dem prinzipiell provokatorischen Charakter der Wissensvermittlung, die geradezu eine Wissensvorenthaltung heißen könnte." (ROMBACH 1969, 19f.). Für eine Leibes– und Bewegungserziehung bedeutet dies: der Sportlehrer soll Kenntnisse, motorisches Können, Erleben und Erfahrung der Leiblichkeit und des Sich-Bewegens über eigene, wenngleich von ihm provozierte und gebahnte Erfahrungen ermöglichen. Sicherlich stellt dies nicht nur eine Frage der vermittelten Inhalte, sondern auch eine Frage der Art und Weise der Erziehung dar. Hierzu später mehr.
Auch in diesem wichtigen Aspekt der Autodidaxie kann auf bereits Dargestelltes zum „Erziehenden Unterricht" und darüber hinaus bei BENNER verwiesen werden. Für ihn stellt nämlich die Selbsttätigkeit des Lernenden ein grundlegendes Prinzip des pädagogischen

Arbeitens dar. In Anknüpfung an HERBART sieht er in der Bildsamkeit des Zöglings und in seiner Selbsttätigkeit zwei grundlegende Prinzipien pädagogischen Handelns. Der Zu-Erziehende kann „seine Bestimmung zur produktiven Freiheit, Geschichtlichkeit und Sprache – und, so könnte man hier ergänzen: zur Leiblichkeit (der Verf.) – nur finden, wenn er durch die pädagogische Interaktion zur selbsttätigen Mitwirkung an seinem Bildungsprozess ausdrücklich aufgefordert wird." (BENNER 1996, 64). Pädagogische Praxis besagt also, „dass der Zu-Erziehende ohne eine entsprechende Aufforderung noch nicht selbsttätig sein kann, dass er dies auch nicht aufgrund einer solchen Aufforderung wird, sondern nur vermittels seiner eigenen Mitwirkung werden kann." (BENNER 1996, 71).

3.2.8 Erziehung als sinnvoll erlebtes Tun

Einen weiteren ganz wichtigen Aspekt der Strukturpädagogik stellt in diesem Zusammenhang die Frage nach dem *Sinn* dar, der erzieherischem Handeln zugrunde liegt und der dem Schüler möglichst „vermittelt", erschlossen werden muss.

Hier ergibt sich ganz unmittelbar ein Berührungspunkt mit zuvor Gesagtem, wenn nämlich der Terminus „Sich-Bewegen" eben jenes lebendige, zielgerichtete, sinnerfüllte menschliche Bewegen bezeichnen soll.

Sinn kann man jedoch nicht anordnen, die Einsicht in die Sinnhaftigkeit eines Tuns lässt sich nicht erzwingen. Sinn lebt nur als ganze Struktur in der Weise, dass viele Einzelsinne zusammen einen Gesamtsinn ausmachen. So entsteht ein Sinnfluidum, das alle Einzelbedeutungen in einem fließenden Gesamtgeschehen hält (vgl. ROMBACH 1998, 39). „Sinn ist" also „weder einfach vorhanden noch kann er von irgendwoher übernommen oder gar vorausgesetzt werden. Sinn, als Sinnwelt, muss entwickelt und aus eigener Konsequenz hervorgetrieben werden." (ROMBACH 1998, 42).

Für das Erziehungsgeschehen bedeutet dies, dass die Einsicht in die Sinnhaftigkeit eines Unterrichtsinhalts, einer Methode, eines Tuns usw. nicht befohlen werden kann, dass der Heranwachsende vielmehr Schritt für Schritt an die eigene Entdeckung der Sinnhaftigkeit – z.B. der Ausprägung einer Bewegungskultur – herangeführt werden muss. Dies soll nun nicht heißen, dass es gar keinen allgemeinen Sinn geben könne, „aber wenn er in lebendiger Weise ergriffen und gelebt werden soll, muss er doch noch einmal durch den eigenen Sinnaufbau hindurch, muss gleichsam nachgebaut, nachentwickelt, nachempfunden werden und kann nur darin den unverwechselbaren Charakter der persönlichen Geltung gewinnen. Diese Geltung kann nicht gesetzt, gefordert, behauptet werden, sondern sie muss aus dem Sinn selbst erwachsen, und das tut sie nur, wenn dieser Sinn selbst gewachsen ist, gewachsen in eigener Verantwortung und durch die Kraft und den Einsatz des Einzelnen." (ROMBACH 1998, 42).

Noch genauer: „Sinn kann weder selbst geschaffen, noch fremd geleistet, noch angenommen werden. Er muss aus einer entscheidenden Situation heraus in der fruchtbaren Wechselseitigkeit und Wechselbedingtheit von Vorgabe und Rückmeldung sowohl sozial wie real erfolgen." (ROMBACH 1998, 44). In dieser Gleichzeitigkeit von Eigenbeitrag und Getragensein liegt das Ursprüngliche des Sinngeschehens – und *diesen* Sinn entstehen zu lassen, macht auch das Geheimnis der Erziehung aus, auch und gerade dann, wenn es etwa in einer zeitgemäßen schulischen Leibes- und Bewegungserziehung darum geht, zu Bewegung, Sport und Spiel zu motivieren oder wenn es darum geht, zur „Gesundheit" erziehen zu wollen (siehe zu diesen Punkten das dritte Kapitel).

Schließlich ist auch jene Position als Gegenpol zum hier vertretenen Verständnis von Erziehung anzusprechen, das den zu Erziehenden sich selbst überlassen will – in der Annahme, er werde seinen Weg dann schon alleine finden. Diese naturoptimistisch-gesellschaftskritische Variante von Erziehung (vgl. BÖHM 1985, 82) scheint gerade in der heutigen Zeit an ihre Grenzen gekommen, wie etwa die häufig beklagte Orientierungslosigkeit von Jugendlichen oder der oft zitierte Wertezerfall (vgl. v. HENTIG 1993, 11f.) deutlich belegen. Wäre dem nämlich so, dass auf Erziehung am besten ganz verzichtet werden sollte, müssten ja gerade die „Schlüsselkinder", die Kinder, die sich weitgehend selbst überlassen sind, weil die Eltern keine Zeit für sie haben, diejenigen sein, deren Selbstgestaltung am überzeugendsten gelänge. Die Lehrer, die Mitglieder der Disziplinarausschüsse und die Leiter der Schulen wissen hiervon jedoch ein anderes Lied zu singen. „Soziale Kälte", „Wohlstandsverwahrlosung" oder „innere Verwahrlosung" (LÖSSL 1997, 10f.) sind Begriffe, die die Realität auffälligen oder gestörten Verhaltens von Kindern und Jugendlichen umschreiben, denen von ihren Eltern zwar alles materiell Erdenkliche geboten wird, denen aber die Zeit, die Zuwendung, das Verständnis ihrer Eltern und die Erziehung durch sie fehlt.

3.2.9 Parallelen zum strukturpädagogischen Ansatz in der aktuellen Sportpädagogik

Besonders interessant ist nun, dass diese strukturpädagogischen Überlegungen zur Erziehung in ihren Grundzügen in der derzeitigen sportpädagogischen Diskussion ebenfalls auftauchen. In etwas anderer Wendung lehnen angesehene Sportpädagogen in einer Standortbestimmung ihrer pädagogischen Position „Laisser-faire", „Aufdrängen" und „So tun, als ob" ab und fordern statt dessen „sinnbestimmtes Erziehen":
„Die Aufforderung zur Selbsterziehung, die mit dem Respekt vor der Würde der kindlichen Persönlichkeit und der Selbstbestimmung begründet wurde, könnte dahin missverstanden werden, dass die sich selbst Erziehenden auch ganz und gar sich selbst überlassen bleiben sollten, weil es ja ihre Sache ist, was aus ihnen wird. Solches Laisser-faire ist deshalb fatal, weil dann nicht sichergestellt werden kann, dass die Schülerinnen und Schüler überhaupt außerhalb von bloßen Zufällen Aufforderungen zur Selbsterziehung erfahren. Diese ergeben sich nicht von selbst, sondern durch die Tätigkeit der Erzieher, ihre Hinweise, Perspektiven, Einladungen und begründeten Widerstände. Laisser-faire heißt letztlich, den Dialog zu verweigern, weil es bequemer ist oder weniger an Emotion und Enttäuschung kostet.
Genauso kann aber die gute Überzeugung der Lehrkraft, ihre Bereitschaft, in Dialoge zu treten und darin etwas zu vertreten, was dem Kind aller Einsicht und Erfahrung nach nützlich sein könnte, dazu führen, bei der Gratwanderung auf die andere Talseite zu rutschen: das Kind nicht mehr aufzufordern, sich zu erziehen, sondern ihm etwas *aufzudrängen*, ja durch es hindurch handeln zu wollen. Wo dies legitimerweise geschieht, in extremen Notlagen z.B., sind jedenfalls die Grenzen dessen überschritten, was noch als Erziehen begriffen werden kann.
Schließlich führt kein Weg daran vorbei, dass Lehrkräften bewusst sein soll, was sie tun, und dass sie es verantworten können. Jedoch liegt auch hierin eine Gefahr, die erkannt sein muss. Je mehr sich die Erzieher über ihre Wirkungen und Wirkungsmöglichkeiten klarmachen, desto weiter können sie eigene Grenzen des Umgangs überschreiten. Aber wer sich selbst besser beobachten kann, dem ist es auch möglich, wie ein Schauspieler zu handeln, nicht zu tun, was nötig ist, sondern eine Rolle zu spielen, von der er sich Wirkung auf sein

‚Publikum' verspricht. Darin liegt die Gefahr der Selbstentfremdung und Selbstinszenierung. Man ist also z.B. nicht wirklich betroffen, sondern *tut nur so, als ob*. Dann aber handelt man schon nicht mehr im lebendigen pädagogischen Bezug, d.h. mit stimmigen, zur Situation passenden Gefühlen, sondern man führt etwas auf, das Kinder beeindrucken und bei ihnen bestimmte Reaktionen und Emotionen auslösen soll. Und dies wird von den Partnern des Dialogs nur zu bald durchschaut." (BALZ/BRODTMANN u.a. 1997, 17).

3.2.10 Zusammenfassung
Um es auf den Punkt zu bringen: Allem dem gegenüber steht das hier erarbeitete struktur-philosophische Verständnis von Erziehung als *„Führung zur Eigenheit"*. Es beinhaltet: auf den Erzieher kann nicht verzichtet werden; er ist derjenige, der die Eigenheit der ihm anvertrauten Heranwachsenden erkennt – oft besser und viel früher als sie dies selbst können; er ist derjenige, der erahnt, was der Einzelne vermag, weil er ihn mag; er ist derjenige, der dem Zu-Erziehenden in seinen individuellen Anlagen positiv gegenübersteht, sie provoziert, d.h. aus sich selbst herausruft; er ist derjenige, der dem Zu-Erziehenden den Sinn seines Handelns zu erschließen sucht, ihn auf seinen Weg bringt und ihn auf diesem fordert und fördert. Dies gilt für Erziehung im Allgemeinen – und dies trifft ebenso, wie im dritten Kapitel zu zeigen sein wird – für eine schulische Leibes– und Bewegungserziehung zu.
Eine idealistische Sicht von Erziehung? Zugegebenermaßen eine anspruchsvolle, die auf den Menschen in seiner Individualität und Ganzheitlichkeit ausgerichtet ist. Doch auch eine durchgehend positive, die die Stärken der Heranwachsenden sucht, sie zu bestätigen und zu fördern trachtet und so die Lebensgestaltung der Heranwachsenden in konkreativen Prozessen auf den Weg zu bringen sucht. Und eine Auffassung, die öfter anzutreffen ist.
So schreiben etwa die Waldorf-Schulen die individuelle Förderung jedes einzelnen Kindes ganz groß auf ihre Fahnen: „Individuelle Begabungen zu fördern und sozial fruchtbar werden zu lassen – nicht das Heranziehen des Nachwuchses für die gradlinige Fortsetzung schon festgelegter technisch-wirtschaftlicher Entwicklungsbahnen – ist die wichtigste Aufgabe des Erziehers." (CARLGREN 1983, 24).
Oder WILD, die von der „aktiven Schule" fordert, das Kind als Individuum in den Mittelpunkt zu stellen, dem Grundsatz folgend: alle Kinder sind verschieden (vgl. WILD 1995, 230).
Oder SUTTON-SMITH, der von der Schule der Zukunft v.a. die Förderung der kreativen Kräfte des Menschen fordert: „Die Schule der Zukunft täte deshalb gut daran, Spiel und Kunst mehr in den Mittelpunkt zu stellen und die Formen zur Entwicklung der Fertigkeiten aus ihnen hervorgehen zu lassen. Unter einem solchen System hätten wir bessere Gewähr dafür, dass das Kind nicht durch die Prozesse der Verschulung systematisch seinen eigenen Erfahrungen entfremdet wird, sondern dass die ihm mögliche Expressivität und Erfindungsgabe eine primäre Rolle im Leben an der Schule spielt. Die Massenkultur der Zukunft mit ihrer gewiss unumgänglichen Reglementierung des öffentlichen Verhaltens kann schwerlich überdauern, wenn sie nicht Bürger hervorbringt, die innovativ genug und genügend spielfähig (*playful*) sind, um ständig neue Lösungen zu formulieren und den Unabänderlichkeiten einer solchen Kultur die Mannigfaltigkeit hinzuzufügen" (SUTTON-SMITH 1978, 209).
Schließlich kann auch v. HENTIG als Zeuge solchen Erziehungsverständnisses angeführt werden, der den freiwilligen „Sokratischen Eid" der Pädagogen – analog zum Hippokratischen Eid der Mediziner – fordert. In ihm finden sich viele der zuvor geäußerten Gedanken wieder, so dass es wie eine Zusammenfassung klingt, wenn es darin heißt:

„Als Lehrer und Erzieher verpflichte ich mich,
- ➤ die Eigenart eines jeden Kindes zu achten und gegen jedermann zu verteidigen;
- ➤ für seine körperliche und seelische Unversehrtheit einzustehen;
- ➤ auf seine Regungen zu achten, ihm zuzuhören, es ernst zu nehmen;
- ➤ zu allem, was ich seiner Person antue, seine Zustimmung zu suchen, wie ich es bei einem Erwachsenen täte;
- ➤ das Gesetz seiner Entwicklung, soweit es erkennbar ist, zum Guten auszulegen und dem Kind zu ermöglichen, dieses Gesetz anzunehmen;
- ➤ seine Anlagen herauszufordern und zu fördern;
- ➤ es zu schützen, wo es schwach ist, ihm bei der Überwindung von Angst und Schuld, Bosheit und Lüge, Zweifel und Misstrauen, Wehleidigkeit und Selbstsucht beizustehen, wo es das braucht;
- ➤ seinen Willen nicht zu brechen – auch nicht, wo er unsinnig erscheint; ihm vielmehr dabei zu helfen, seinen Willen in die Herrschaft seiner Vernunft zu nehmen; es also den mündigen Verstandesgebrauch und die Kunst der Verständigung wie des Verstehens zu lehren;
- ➤ es bereit zu machen, Verantwortung in der Gemeinschaft und für diese zu übernehmen;
- ➤ es die Welt erfahren zu lassen, wie sie ist, ohne es der Welt zu unterwerfen, wie sie ist;
- ➤ es erfahren zu lassen, was und wie das gemeinte gute Leben ist;
- ➤ ihm eine Vision von der besseren Welt zu geben und die Zuversicht, dass sie erreichbar ist;
- ➤ es Wahrhaftigkeit zu lehren, nicht die Wahrheit, denn ‚die ist bei Gott allein'.

Damit verpflichte ich mich auch,
- ➤ so gut ich kann, selber vorzuleben, wie man mit den Schwierigkeiten, den Anfechtungen und Chancen unserer Welt und mit den eigenen immer begrenzten Gaben, mit der eigenen immer gegebenen Schuld zurechtkommt;
- ➤ nach meinen Kräften dafür zu sorgen, dass die kommende Generation eine Welt vorfindet, in der es sich zu leben lohnt und in der die ererbten Lasten und Schwierigkeiten nicht deren Ideen und Möglichkeiten erdrücken;
- ➤ meine Überzeugungen und Taten öffentlich zu begründen, mich der Kritik – insbesondere der Betroffenen und Sachkundigen – auszusetzen, meine Urteile gewissenhaft zu prüfen;
- ➤ mich dann jedoch allen Personen und Verhältnissen zu widersetzen – dem Druck der öffentlichen Meinung, dem Verbandsinteresse, der Dienstvorschrift –, wenn diese meine hier bekundeten Vorsätze behindern.

Ich bekräftige diese Verpflichtung durch die Bereitschaft, mich jederzeit an den in ihr enthaltenen Maßstäben messen zu lassen." (v. HENTIG 1993, 258f.).

Das strukturpädagogische Verständnis von Erziehung bringt, wie in diesem Kapitel gezeigt wurde, eine ganze Reihe wichtiger Aspekte zur Sprache.
Auf dem Fundament, Erziehung in angemessener Weise als Grundphänomen zu verstehen, wurde Erziehung als „Führung zur Eigenheit" gekennzeichnet, wobei das Erziehungsgeschehen sowohl als „Fremd–", als auch als „Selbst-Erziehung" alle Lebensbereiche umfasst.

Daran schließen sich konsequenterweise Überlegungen und Beobachtungen zum Erziehungsgeschehen an, die v.a. das *Wie* des Lehrens und Lernens, z.B. durch Vorbilder, Begeisterung und Faszination, Autodidaxie etc. herausstellen. Auch die emotionale Kompetenz und ein bewusster, sorgsamer Sprachgebrauch gehören wesentlich mehr der Art und Weise des Erziehens und Unterrichtens an als Überlegungen zu seinen Inhalten.

Der strukturpädagogische Ansatz zu allgemeinen Fragen der Erziehung schwebt dabei nicht im luftleeren Raum. Er verfolgt sicherlich ein anspruchsvolles, vielleicht sogar idealistisches Erziehungsverständnis, das aber, beispielsweise durch wichtige Vertreter der Kommunikationswissenschaft (WATZLAWIK, SCHULZ VON THUN), namhafte Pädagogen (BENNER, v. HENTIG) oder renommierte Sportpädagogen (BALZ/BRODTMANN u.a.) gestützt wird. Das, was in diesem Kapitel in allgemeiner Weise zu Erziehen und Lehren bzw. Lernen dargelegt wurde, lässt sich in allen seinen Punkten auf den schulischen Sportunterricht übertragen. Bisweilen wurde dies bereits angedeutet; die weiterführende Auseinandersetzung hierzu wird – auf dem Fundament des hier Gesagten aufbauend – im dritten Kapitel erfolgen.

Ein weiterer Aspekt ergibt sich aus dem oben Angedeuteten: Nimmt man das „entsprechende" Verhältnis von Sprache und Wirklichkeit, von Begriff und Bezeichnetem ernst, muss der Terminus „Sportunterricht" für das in einer Leibes– und Bewegungserziehung Intendierte fraglich erscheinen. Im Vorangegangenen wurde herausgestellt, dass es für den Menschen in seiner Leiblichkeit und seinem Sich-Bewegen um ein je eigenes, sinnerfülltes Gestalten der Leiblichkeit und des Sich-Bewegens als Zugang zur Welt und im Umgang mit ihr geht. Sind Leiblichkeit und Sich-Bewegen dann aber nicht weiter zu fassen als das, worum es im „Sport" geht? Kann „Sport" allein das Ziel dieser Erziehung sein?

Betrachtet man den Sport in seinem heutigen Erscheinungsbild näher, was im folgenden Kapitel geschehen soll, wird schnell offensichtlich, dass er sich in den letzten Jahren tief greifend verändert hat. Sport ist zum einen zu einem engen Sportartenbegriff geworden und steht immer mehr für eine ganz bestimmte Erscheinung des ursprünglich weiten Sportbegriffs (vgl. GRÖSSING 1997, 24); zum anderen begegnet er in vielfachen instrumentalisierten Formen, so dass seine Übertragung auf eine Erziehung zur Leiblichkeit und zum Sich-Bewegen als schulischer Pflichtveranstaltung fragwürdig geworden ist. Sport als Leitbegriff für den Schulsport ist seit Beginn der 90er Jahre in die Kritik geraten, da sich immer mehr die Einsicht durchsetzt, dass der Schulsport zu sehr unter den Einfluss der Verbände geraten ist, dass der moderne Sport dem Leib oftmals nicht wohlgesonnen ist und Sportarten einseitige und unsinnige „Körpererfahrungen" vermitteln (vgl. GRÖSSING 1997, 25). So tauchen denn in den neueren Veröffentlichungen immer öfter, wenn auch keineswegs häufig, „Bewegung" und „Bewegungserziehung" statt „Sport" und „Sportunterricht" (vgl. GRÖSSING 1997, 5) auf. Die strukturphilosophischen Überlegungen legen nahe, sich dem von GRÖSSING gewiesenen Weg anzuschließen, der „Bewegungserziehung" fordert – ja, sie gehen mit der Bezeichnung: „Leibes– und Bewegungserziehung" über ihn hinaus, indem zusätzlich zur Notwendigkeit der Bewegungserziehung die Notwendigkeit der Pflege der Leiblichkeit betont wird. Dadurch soll auch die Abkehr von der „‚Versportlichung' der Leibeserziehung" (GRÖSSING 1997, 24) angezeigt und die eigene Struktur eines pädagogisch geleiteten Erziehungsgeschehens zur Leiblichkeit und zum Sich-Bewegen in Abhebung von anderen Bereichen sportlicher Aktivität benannt werden. Der Begriff „Leibes– und Bewegungserziehung" knüpft dabei bewusst an die Terminologie vor den 70er Jahren an, als das Fach noch „Leibeserziehung" hieß und nicht etwa von „*Körper*-Erziehung" die Rede war.

Denn Leibsein steht, wie bereits dargelegt wurde, für eine gleichursprüngliche Beziehung von Mensch und Welt und für eine sinnvoll konzipierte Begegnung mit der Welt über die Bewegung. In dieser Sichtweise erhält die Frage nach Sport und Umwelt eine tiefere Bedeutung und in diesem Verstehen ist auch die Leibhaftigkeit des Menschen etwas ganz anderes als eine empirisch-analytische Betrachtungsweise der menschlichen Motorik, die den Leib nach objektiven Gesetzmäßigkeiten eines „toten Körpers" vermessen und berechnen will, wie dies im Zugang der Biomechanik, Bewegungslehre, Trainingslehre etc. geschieht. Auch das Phänomen eines instrumentalisierten Körperverständnisses, wie es gerade heute als gesellschaftliches Phänomen zunehmend anzutreffen ist (siehe auch hierzu das zweite Kapitel), scheint Bezeichnungen wie „Körpererfahrung", „Körperpflege" etc. für eine pädagogisch motivierte Bewegungskultur zu verbieten. Dies soll der Terminus *„Leibes– und Bewegungserziehung"* zum Ausdruck bringen – und auf diese Abhebung vom Sport sollen im Folgenden die Anführungszeichen zu „Schulsport", „Sportunterricht", „Sportlehrer" hinweisen. Eine ausführlichere Begründung dessen, was das Eigentümliche einer Leibes–und Bewegungserziehung ausmacht, soll im nächsten Kapitel dadurch vorbereitet werden, dass der Sport als gesellschaftliches Phänomen unserer Zeit kritisch betrachtet wird. Von der dann erreichten Position aus soll es anschließend möglich werden, eine Leibes– und Bewegungserziehung als schulisches Unterrichtsfach abzuheben.

Kapitel 2:
„Sport" als Gegenstand und Ziel eines schulischen Unterrichtsfachs?

1 Vorüberlegungen

1.1 „Den" Sport gibt es nicht mehr

Auf die Frage nach dem, was „Sport" eigentlich ist, kann nicht exakt mit einer klaren Definition geantwortet werden. Bereits vor knapp zwei Jahrzehnten stellt DIGEL fest, dass die Frage nach dem „Wesen" des Sports alles andere als eindeutig sei: „Die Frage nach dem Wesen des Sports, danach, was den Sport von anderen gesellschaftlichen Phänomenen unterscheidet, was sein 'Spezifisches' ist, hat eine lange Tradition, und die Antwortversuche sind ebenso vielfältig wie kontrovers. Dies hängt einmal mit der Vielfalt des Sports zusammen. Der Sport hat für die verschiedensten gesellschaftlichen Gruppen die unterschiedlichsten Bedeutungen (Broterwerb, Kompensation, Gesundheit, nationale Repräsentation etc.), und als Aktivität gliedert er sich in eine Vielfalt von Einzelaktivitäten und Erlebnisse auf. Zum anderen liegt dies daran, dass der Sport früher anders war als der Sport von heute, der sich wiederum von dem der Zukunft unterscheiden wird." (DIGEL 1982, 7).

Auch HAAG hebt Mitte der 80er Jahre bereits die Weite und die Komplexität des Begriffs „Sport" hervor, wenn er die folgende Eingrenzung vornimmt: „Sport ist eine besondere Ausprägungsform menschlichen Bewegungsverhaltens. Zielsetzung, die am Sport beteiligten Personenkreise, Zeit und Ort zeigen eine große Vielfalt, womit die zentrale gesellschaftliche Bedeutung dieser Erscheinung gekennzeichnet ist. Sport ist ein Ausdruck kultureller Leistung des Menschen. Er unterliegt daher den für kulturelle Leistungen typischen Tendenzen der Ideologisierung, Professionalisierung, Organisierung, Pädagogisierung und Verwissenschaftlichung. Sport ist ein Kulturgut internationaler Prägung, wobei entsprechend der soziokulturellen Verschiedenheit spezifische geographische Ausprägungsformen die Vielfalt dieser Erscheinung zusätzlich erhöhen. Konkretisierung erfährt Sport in zahlreichen Sportarten, denen je nach dem Handlungsfeld unterschiedliche Bedeutung zukommt." (HAAG 1986, 30f.).

In sportsoziologischer Betrachtungsweise stellt sich für BETTE und HEINEMANN am Ende des 20. Jahrhunderts Sport „als ein soziales Konstrukt" (HEINEMANN 1998, 34) dar, der in vielfacher Weise in Wirtschaft, Politik, Wissenschaft, Recht, Erziehung und Massenmedien verschränkt ist (vgl. BETTE 1999, 11). Dies bewirkt, dass gesellschaftliche Entwicklungen und Veränderungen sich auch auf den Sport niederschlagen und ihn verändern. Der Sport ist dabei jedoch nicht als bloßer Spiegel der Gesellschaft zu sehen, er stellt vielmehr als eigenständiger Bereich „gleichzeitig sowohl ein Gegen– als auch ein Entsprechungsmodell der modernen Gesellschaft" (BETTE 1999, 11) dar. Die Tendenz moderner Gesellschaften zu starker Ausdifferenzierung in allen ihren Bereichen hat sich auch auf den Sport ausgewirkt, so dass die Probleme immens sind, will man bestimmen, was heute unter Sport verstanden wird. Offensichtlich ist es nicht eine äußerlich be-obachtbare Handlung alleine, die sofort als Sport zu definieren wäre, vielmehr ist es ein ganzes Bedeutungsfeld von – häufig subjektiver – Rezeption und Bedeutungszuweisung, das ein Bewegungshandeln als sportliche Aktivität interpretiert (vgl. HEINEMANN 1998, 33f.). Differenzierung, Komplexität, Pluralität, ja Gegensätzliches und Widersprüchliches kennzeichnen so *den* Sport heute – und es herrscht der Eindruck vor, diese Vielfalt, Buntheit, Unschärfe, Wider-

sprüchlichkeit und Uneinheitlichkeit des Sports sei gesellschaftlich nicht nur notgedrungen akzeptiert, sondern sogar ausdrücklich erwartet und erwünscht (vgl. ALTENBERGER 1994, 19). Ja mehr noch: „Gerade diese Unübersichtlichkeit und Widersprüchlichkeit ist das Spezifische der neuen Sportkultur". (HEINEMANN 1999, 18).
So bleibt festzustellen, dass es *den* Sport nicht mehr gibt (vgl. VOLKAMER, 1997, 116), dass die Einheit des Sports allenfalls noch als Ideal – beispielsweise in Funktionärsreden – erscheint (vgl. DIGEL 1997, 47). Dies muss nicht nur mit Bedauern zur Kenntnis genommen, sondern kann auch als Chance gesehen werden, neuen Bevölkerungsschichten sportliche Aktivitäten zu erschließen – oder einem „alten" Klientel, z.B. im Schulsport, Bewegung, Sport und Spiel neu zu vermitteln.

Wie stellt sich der Sport – in Ermangelung eines Plurals ist diese Bezeichnung trotz der angedeuteten Vielfalt seiner Erscheinungsweisen unvermeidbar – heutzutage genauer dar? Wo lassen sich Veränderungen feststellen? Wie lassen sich diese Veränderungen erklären und dadurch z.B. für den „Schulsport" besser nutzbar machen?

Im Folgenden werden auf diese Fragen Antworten gesucht, indem der Blick zunächst kurz in die Geschichte auf die Wurzeln des Sports und anschließend auf die Erscheinungsweisen sportlicher Betätigungen im Breitensport in unserer gegenwärtigen Gesellschaft gerichtet wird. Dabei wird sich zeigen, dass dieser seine traditionelle Bindung an die Vereine und Verbände zunehmend verliert und sich in neuen Ausrichtungen v.a. der Freizeitgestaltung immer weiter ausdifferenziert. Im „Freizeitsport" spiegeln sich dabei bestimmte gesamtgesellschaftliche Entwicklungen wie eine zunehmende Individualisierung oder ein neuer „Körperkult" wider, die in den letzten beiden Jahrzehnten eine neue „Sportszene" auf den Plan gerufen haben, die den Sport zu einer boomenden Wirtschaftsbranche werden ließen.
Auch im Bereich des Spitzensports haben sich wesentliche Veränderungen vollzogen, die sich nicht zuletzt in seiner stark gestiegenen gesellschaftlichen Bedeutung niederschlagen. Medien und Wirtschaft haben zunehmend Interesse am Spitzensport gefunden, was sich in einer ausgedehnten Sportberichterstattung in den Massenmedien ebenso wie im Sportsponsoring niederschlägt. Die Entwicklung des Spitzensports zur Unterhaltungsbranche eröffnet ihm Möglichkeiten, birgt jedoch auch eine Reihe von Gefahren in sich, die ihn – v.a. in der Dopingproblematik – in seiner Existenz gefährden.
Diese Darstellungen sind für die Frage nach einer schulischen Leibes- und Bewegungserziehung insofern von größtem Interesse, als sie sich den gesellschaftlichen Entwicklungen nicht verschließen kann. Geht man davon aus, dass sich das gesellschaftlich vielfältige Phänomen Sport auch auf den schulischen „Sportunterricht" auswirkt, sind die Erscheinungsweisen des Sports, seine Veränderungen und deren Ursachen sowohl hinsichtlich des Freizeitsports als auch des Spitzensports kritisch daraufhin zu hinterfragen, wie sich der schulische „Sportunterricht" ihnen gegenüber verhalten soll.

1.2 Ein kurzer geschichtlicher Abriss

Wann und wo in unserer Menschheitsgeschichte lässt sich ein Phänomen feststellen, das als „sportliche Betätigung" bezeichnet werden könnte? Wie weit reichen sportliche Bewegungsmuster in Bewegungsabläufe längst vergangener Kulturen hinein? Wo, wann, warum spaltet sich „sportliche" Betätigung, z.B. Laufen oder Werfen als freiwilliges, überflüssiges Handeln, von der Existenzsicherung der Menschheitsgeschichte der Jäger und Sammler ab?

Ein Blick zu den ersten Hochkulturen unserer abendländischen Welt nach Ägypten und Griechenland wird hier Antworten bringen.

Auch wenn die Ägypter in der Ausübung ihrer sportlichen Aktivitäten Meister des Improvisierens gewesen sein müssen – dem König war für seine Ausfahrten mit dem Pferdegespann kein Hippodrom, den Ballspielern kein Spielfeld gebaut –, so gibt es in Ägypten doch eine der bedeutendsten Sportanlagen der Weltgeschichte: Die Laufbahn in der Totenanlage des Djoser (2600 v.Chr.), auf der der Pharao beim „Jubiläumsfest" sein Laufritual vollzog, ist vermutlich die älteste Sportanlage der Weltgeschichte (vgl. DECKER 1987, 23). Das „Jubiläumsfest" wurde ursprünglich 30 Jahre nach Herrschaftsbeginn des Königs gefeiert, wenn die Kräfte des alternden Königs allmählich nachließen. Danach konnte das Fest alle drei Jahre wiederholt werden. Das Laufritual, das bei diesem „Jubiläumsfest" im Mittelpunkt stand, sollte den König verjüngen, ihm neue Kraft geben. Es war jedoch kein sportlicher Wettkampf, sondern es war allein die rituelle Demonstration einer einzigen Person: des Königs. Ein symbolischer Vollzug der Zeremonie mit einer Andeutung der körperlichen Anstrengung genügte (vgl. DECKER 1987, 32f.).

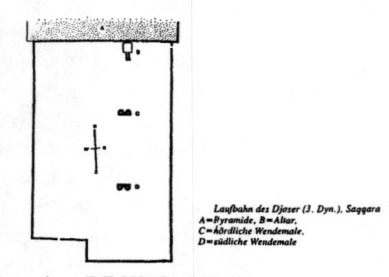

Abb. 1: Die Totenanlage und Laufbahn des Djoser (aus: DECKER 1987, 37)

Es scheint so, als ob in Anlehnung an K. JASPERS der Begriff der „Achsenzeit" (JASPERS 1972, 77) sich nicht nur auf die Errichtung der Pyramiden als Totenhäuser der gottgleich verehrten Könige in Ägypten und Mittelamerika anwenden ließe, sondern dass er vielmehr auch für frühe sportliche Betätigungen der Menschheit zuträfe. So gibt es Hinweise auf Ballspielplätze der Mayas und Azteken (vgl. DECKER 1987, 23). Erst kürzlich fand eine kanadisch-englische Forschergruppe eine 3400 Jahre alte Sportanlage in Mexiko. Der Kern dieser Anlage besteht aus einer schmalen 80m langen Bahn, auf der wohl Ballspiele durchgeführt wurden, die tief im politischen, religiösen und sozialen Leben der damaligen Gesellschaft verankert waren (vgl. MB vom 30.03.98).

Es steht also außer Frage, dass es „Sport" schon lange vor der griechischen Kultur gab – eine Ansicht, die der Ägyptologe STADLER belegt: „Nur eines wird man nicht länger verbreiten können, dass der Sport seine Wurzeln in Griechenland habe." (STADLER 1996, 141). Aus bildlichen und schriftlichen Quellen Ägyptens lässt sich nachweisen, dass es dort bereits im 2. Jahrtausend v.Chr. sportliche Wettkämpfe – Ringen, Stockfechten, Boxen, Laufen, Bogenschießen, Wassersport und Wagenrennen – gab. Sogar die ägyptischen Könige – siehe oben – stellten ihre physischen Kräfte und athletische Leistungsfähigkeit konkret auf dem Sportfeld unter Beweis (vgl. STADLER 1996, 138ff.). Die sportlichen Wettkämpfe fanden allerdings nicht isoliert statt, vielmehr scheint es „bereits in Ägypten so gewesen zu sein wie es später für Griechenland nachgewiesen ist: die Wettkämpfe waren in bestimmte Feste eingebettet (vgl. STADLER 1996, 141).

Fragt man nach dem, was Sport ist, so kann man in der Menschheitsgeschichte spätestens im antiken Griechenland genauere Betrachtungen anstellen. Von besonderer Bedeutung erscheint dabei, dass Sport sich bereits hier in zwei Bereiche aufteilt: den Sport im Dienste der Erziehung einerseits und den Sport als „Berufsathletentum" andererseits. Ersterer hatte in den „Gymnasien" seinen Platz. Er nahm einen so hohen Stellenwert ein, dass diese staatlichen Erziehungseinrichtungen sogar ihren Namen von der sportlichen Betätigung ableiteten: „gymnos" = nackt – so, wie man die sportliche Bewegung im Rahmen der Erziehung betrieb.

Abb. 2: Gymnasion in Olympia (aus: SINN 1996a, 107)

Sport in einem Gymnasion war eingebettet in die Ausbildung der Gesamtpersönlichkeit der Jünglinge wohlhabender Eltern: Körper *und* Geist sollten gleichermaßen gebildet werden. Die Römer kleideten dieses Erziehungsideal, von griechischen Statuen auf eindrucksvolle Weise tausendfach bezeugt, später in die kurze Formel: mens sana in corpore sano (ein gesunder Geist in einem gesunden Körper). Dass dieses ganzheitliche Ideal konkrete Auswirkungen auf den Alltag und die Lebensgestaltung insgesamt hatte, ist dem Hinweis von ELIAS zu entnehmen, dass in der griechischen Gesellschaft physische Kraft, physische Schönheit, Haltung und Ausdauer als Determinanten den sozialen Status eines Mannes wesentlich prägten. Einem Mann mit schwachem oder missgebildetem Körper war es nahezu unmöglich, ein angesehenes soziales oder politisches Amt zu erreichen oder zu behaupten (vgl. ELIAS 1975, 94).

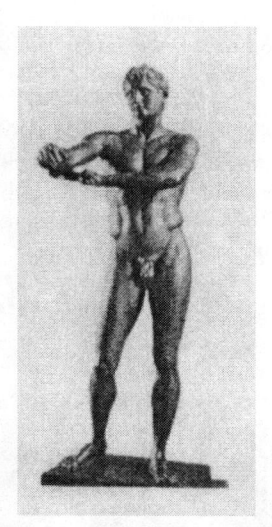

Abb. 3: Griechischer Athlet (aus: SINN 1996a, 91)

Diesem Ideal des harmonisch allseitig gebildeten Menschen verlieh bereits Sokrates im 5. Jahrhundert v. Chr. unmissverständlich Ausdruck: „In *Platons* Schrift ‚Der Staat' unterhalten sich Sokrates und Gauklon ausführlich über das Verhältnis von Leibesertüchtigung und musischer Bildung im weitesten Sinne: die gymnastische Erziehung sei eine Schwester der musischen; die Musik schaffe Besonnenheit der Seele, während die Gymnastik die körperliche Gesundheit hervorrufe. Wer sich ausschließlich der Leibesertüchtigung verschreibe – wie die Athleten in Olympia – und dadurch den Bildungstrieb seiner Seele verkommen lasse, fühle sich subjektiv zwar stärker, verwildere jedoch im Geist. Wer andererseits nur die musische Seite in sich pflege ohne zugleich auch den Körper zu stärken, werde schlaff und ungenießbar. Der mutvolle Teil seiner Seele werde ausgemerzt. Für den Staat sei es erforderlich, dass die in ihm lebenden und ihn gestaltenden Menschen gleichermaßen in Musik und Sport ausgebildet seien." (JOHANNING 1996, 51).

Daneben bildete sich im antiken Griechenland der Wettkampfsport aus: körperlicher Wettstreit nach festen Regeln, beispielsweise beim Fünfkampf, Faustkampf, Pankration, Wagenrennen oder beim Stadionlauf über ein Stadion, zwei oder 20 Stadien, wobei die Länge eines „Stadions" nicht genormt war, sondern sich nach der Länge des jeweiligen Stadions bemaß: in Olympia beipielsweise 192,25 Meter, in Delos dagegen nur 167 Meter (vgl. VALENZUELA-MONTENEGRO 1996, 31).
Die sportlichen Wettkämpfe der alten Griechen waren eng verbunden mit religiösen Festen in Delphi, Nemea, Athen, Istmia, Olympia usw. Ihre Blüte hatten beispielsweise die Spiele von Olympia, die den heutigen Olympischen Spielen ihren Namen gaben, vom 7. bis zum 4. Jahrhundert v. Chr., als Zehntausende in die religiösen Stätten auf der Peloponnes pilgerten – 40.000 Zuschauer nahm das Stadion auf (vgl. FRIEDRICH 1996, 71) – um dem Fest beizuwohnen.

Abb. 4: Die Stadien von Olympia (eigene Aufnahme) und Delphi (aus: Sinn 1996a, 73)

Wohl wurde Olympia in seiner Blütezeit im 5. Jahrhundert v. Chr. zu einem Symbol der Eintracht der griechischen Staatenwelt – es taucht tatsächlich das Wort vom Gottesfrieden im Zusammenhang mit den Wettkämpfen von Olympia auf –, doch konnte Olympia diese Rolle nicht lange wahrnehmen: zu zerstritten waren die griechischen Stadtstaaten untereinander (vgl. SINN 1996b, 42f.). Die idealisierte Vorstellung, dass die Kriegswaffen in der Zeit der antiken Olympischen Spiele geschwiegen hätten, ist also nicht länger haltbar. Olympia als Gemeingut aller Griechen, das alle griechischen Bürger in Frieden zum Kultfest in das Zeusheiligtum eingeladen hätte, ist ein Traumbild, eine Idee, die mit der rauen Wirklichkeit nicht übereinstimmte (vgl. SINN 1996b, 9).
Doch dies tut dem Mythos „Olympia" keinen Abbruch. Genauso wenig wie das Berufsathletentum, das die Griechen – vergleichbar dem heutigen Profitum – hervorbrachten. Den Siegern der Spiele von Olympia, Delphi usw. winkten reicher materieller Gewinn, Steuerfreiheit, hohes Ansehen – ähnlich etwa heutzutage einem russischen Athleten bei den Olympischen Winterspielen 1998 in Nagano, der sich mit seiner Goldmedaille 65 Jahre Arbeit (dies entspricht der umgerechneten Siegesprämie von 180.000 Mark) erspart (vgl. MB vom 28.01.98).

Schon bald ging es jedoch bei den sportlichen Wettkämpfen in Olympia und andernorts bei weitem nicht mehr so fair zu, wie es das olympische Ideal PIERRE de COUBERTINs heute im olympischen Eid fordert: Verbote, wie dem Gegner beim Faustkampf die Finger zu brechen, ihm beim Pankration (=Allkampf) mit dem Finger in die Augenhöhle zu stechen oder den Gegner zu beißen (vgl. WURNIG 1996, 25), weisen darauf hin, dass die Athleten bisweilen mit harten Bandagen zur Sache gingen (vgl. ELIAS 1975, 89f.). Auch Betrug, Bestechung, Täuschung oder der Kauf eines Sieges war den alten Griechen bereits bekannt (vgl. RODENKIRCHEN 1996, 53). Kein Wunder also, dass schon damalige Zeitgenossen dem Berufsathletentum eher skeptisch gegenüberstanden, wie dem folgenden Text zu entnehmen ist, der sich angesichts der heutigen Situation im Spitzensport mit den dort auftretenden Begleiterscheinungen brandaktuell anhört: „Wie ein roter Faden zieht sich durch die Literatur der nachfolgenden Jahrhunderte immer wieder der Vorwurf an die Athleten, dass sie sich durch ihre egozentrische Lebensweise den Gemeinschaftsaufgaben entzögen. Der Unmut entzündete sich an der Sonderrolle der Athleten. Von jedem Bürger werde verlangt, das Gemeinwohl zu stützen. Den Athleten aber werde es gestattet, sich allein auf das Training und die in dichter Folge abgehaltenen Wettkämpfe zu konzentrieren. All dies werde nicht nur geduldet, sondern von politisch Verantwortlichen sogar noch ausdrücklich gefördert und überreich belohnt. Die Verlockung des Sieges – Reichtum, Einfluss

und Ruhm – seien so groß, dass darüber alle ethischen Normen in Vergessenheit gerieten. Die Liste der Kritiker enthält viele prominente Namen der griechischen Geisteswelt: Xenophanes, Euripides, Isokrates, Platon, Aristoteles, Xenophon, Philostrat." (SINN 1996a, 95f.).
Sport war im antiken Griechenland also fester Bestandteil des öffentlichen Lebens – in zweifacher Hinsicht: als Leibeserziehung des allseitig gebildeten Menschen und als Berufsathletentum, das das sportliche Beiprogramm der politisch-religiösen Feste der Griechen bestritt. In beiderlei Hinsicht war der Sport als ein Teil der Kultur fest verankert.

Richtet man den Blick in den nachfolgenden Jahrhunderten auf unser heutiges Gebiet, so muss man wohl von der Annahme ausgehen, dass die Bedeutung des Sports zunächst erst einmal verloren ging. So geriet durch leibfeindliche Strömungen des Christentums der Sport im Mittelalter vorübergehend ins Hintertreffen. Von der vorindustriellen Gesellschaft kann behauptet werden, dass es in ihr keine sportliche Bewegungskultur gegeben hat, die gesellschaftlich anerkannt das Bewegungsleben weiter Bevölkerungskreise dominiert hätte. Es gab zwar sportliche Elemente, beispielsweise in den Wettspielen der Ritter, die v.a. in der „Tjost", dem ritterlichen Zweikampf zu Pferde, bereits ganz fest normiert waren (vgl. RÜHL 1997, 39f.). Insgesamt aber waren systematische Leibesübungen, war eine Bewegungskultur einer Minderheit, nämlich privilegierten gesellschaftlichen Kreisen, vorbehalten (vgl. dazu auch MOEGLING 1997, 13f.). Ähnlich wie in der Antike war sportliche Betätigung auf die sozialen Schichten beschränkt, deren Existenzsicherung gewährleistet war; und parallel zur Antike bedeutete in vorindustriellen Gesellschaften ein Sieg im Wettkampf mehr als nur eine rein körperliche Leistung, „er wird interpretiert als Beweis dafür, dass der Sieger in jeder Hinsicht ein hervorragendes Mitglied der Gesellschaft ist." (RITTNER 1976, 52). Für die „kleinen Leute", die Leibeigenen und Bauern, gab es keine Möglichkeit – und wohl auch gar nicht das Bedürfnis – nach zusätzlicher körperlich-sportlicher Betätigung: der Kampf ums Überleben war „bewegend" genug – er ließ für Sport weder Zeit noch Raum.

Ähnliches gilt auch für die Zeit, als die Industrialisierung im 19. Jahrhundert aufkam. Der Kampf um das tägliche Brot bei 12 – 14-stündiger Arbeitszeit an sechs Tagen der Woche ließ keinen Raum für sportliche Betätigung. Erst das fortgeschrittene Stadium der Industrialisierung eröffnete für größere Bevölkerungsschichten die Möglichkeit, regelmäßig Sport zu treiben, erst hier bildete sich besonders durch die Zunahme von Verwaltungstätigkeiten die Voraussetzungen für größere Bevölkerungsgruppen heraus, an regelmäßigen Leibesübungen teilzunehmen.

In dieser geschichtlichen Situation entstand in Deutschland die Turnbewegung, die sich als politisch motivierte Bewegung auch an die nichtprivilegierten sozialen Schichten wandte. Sport wurde damit jedermann zugänglich. Und er hielt, von hier ausgehend, nach fast zwei Jahrtausenden wieder Einzug in die Stundenpläne der öffentlichen Schulen. Sport wurde als Bildungsmittel und –inhalt für die staatliche Schulbildung wiederentdeckt (vgl. dazu auch MOEGLING 1997, 14ff.).
In den letzten Jahrzehnten des 19. Jahrhunderts trat neben die deutsche Turnbewegung, die bereits bei den Philanthropen und bei JAHN durch militärischen Drill, genaue Zergliederung der Übungsinhalte, exakte Leistungsmessung und eine streng methodische Orientierung charakterisiert war, und die bei SPIESS noch zergliedernder und mechanistischer war (vgl. MOEGLING 1997, 16), eine andere Auffassung von Sport, die mit der Industrialisie-

rung v.a. in England einherging und von dort auch nach Deutschland ausstrahlte. Den industriellen Begriffen von Leistungssteigerung und –optimierung entsprach eine „Versportlichung" der Bewegungskultur, die durch Normierung und Objektivierung sportlicher Leistungen nach dem C-G-S-System, nach Zentimetern, Gewicht und Sekunden – entsprechend den Leitbegriffen citius, altius, fortius – gekennzeichnet war.
Auf dieser Basis wurde um die Jahrhundertwende die Voraussetzung dafür geschaffen, sportliche Wettkämpfe zu internationalisieren. Die ersten Olympischen Spiele der Neuzeit von 1896, an denen zunächst nur vier Nationen teilnahmen – neben den Griechen waren nur Sportler aus Amerika, Ungarn und Deutschland vertreten (vgl. SINN 1996a, 150) – traten ebenso ihren Siegeszug an wie Europa– und Weltmeisterschaften in den unterschiedlichsten Sportarten: Leichtathletik, Fußball, Skifahren usw. Voraussetzung hierfür war ein völlig normierter Sport, der sich in seinem Selbstverständnis als objektivierter Sport mit international allgemein gültigem Regelwerk weltweit durchgesetzt hat.

Auch wenn in der deutschen Arbeiterbewegung und bei den ökologisch ausgerichteten „Naturfreunden" diese Versportlichung zunächst ganz strikt abgelehnt wurde (vgl. MOEGLING 1997, 20ff.), hielt sie doch auch bei uns spätestens im nationalsozialistischen Deutschland Einzug, als der Sport sowohl als Breiten– als auch als Hochleistungssport unterstützt und gepflegt wurde: ersterer mit dem Ziel der Wehrertüchtigung, letzterer im Dienste der Repräsentation des Dritten Reiches mit dem Höhepunkt der Olympischen Spiele 1936.

Nach dem Ende des Zweiten Weltkrieges mit der Teilung der „ersten" Welt in Ost und West, in der Zeit des „Kalten Krieges", kam dem Sport eine neue Bedeutung zu: Sport und Politik gingen eine untrennbare Beziehung ein, eine Verbindung, in der die Politik teilweise stärker war als der Sport (vgl. DAUME 1980, Vorwort). So boykottierte bei den Olympischen Spielen 1980 zunächst die „westliche Welt" die Olympischen Spiele in Moskau, dem ersten Austragungsort in einem kommunistischen Land; und vier Jahre später, 1984 in Los Angeles, verweigerte die kommunistische Welt ihre Teilnahme. Mit Hilfe des Sports, genauerhin anhand der Erfolge bei bedeutenden internationalen Sportereignissen (Europa–, Weltmeisterschaften, Olympischen Spielen) oder durch sprunghaft nach oben geschraubte neue Höchstleistungen (Rekorde auf internationaler Ebene) sollte das bessere, leistungsfähigere Gesellschaftssystem bewiesen werden. Die „kommunistisch-sozialistische" Welt des Ostens trat in Konkurrenz zu den „kapitalistisch-freiheitlich-demokratischen" Staaten des Westens. V.a. im geteilten Deutschland unternahmen die Verbände und Funktionäre spätestens ab 1968, als es erstmals keine gemeinsame Olympiamannschaft beider deutscher Staaten gab, Riesenanstrengungen. Neben systematisch betriebenem Breitensport in Vereinen bzw. Betriebssportgemeinschaften wurde in der DDR eine systematische Sichtung und Förderung von Sporttalenten betrieben. Deren zielgerichtete Ausbildung in Sportschulen nach neuesten Erkenntnissen einer aufblühenden Sportwissenschaft – auch mit entsprechender medizinischer Unterstützung (zum Dopingproblem im zweiten Kapitel mehr) – machten das relativ kleine Land der DDR innerhalb kürzester Zeit zu einer der erfolgreichsten Sportnationen der 70er und 80er Jahre. Die Bundesrepublik zog nach. Sowohl der Sport als Erziehungsmittel als auch das Berufs-athletentum waren in beiden Teilen Deutschlands wiederentdeckt, allerdings unter dem Monopol des Sports, d.h.: „Der Sport wurde zum durchgehenden bewegungskulturellen Prinzip und saugte alle für ihn verwertbaren Inhalte und Methoden auf, überzog sie mit seinen Werten und Ritualen und machte sie

zum Sport." (MOEGLING 1997, 31). Selbst die Bewegungskultur an unseren Schulen unterstand diesem Sportverständnis, was nicht zuletzt die Änderung der Terminologie dokumentiert: die Bezeichnung „Leibeserziehung" wurde nunmehr durch „Sportunterricht" ersetzt. Nomen est omen!
Seit dem Fall der Berliner Mauer im Jahre 1989 und den leerer gewordenen Staatskassen in Ost und West wurde das durch den Sport ausgetragene Prestigeduell zwischen Ost und West hinfällig. Gleichwohl haben die Staaten, so auch Deutschland, immer noch das Interesse der nationalen Repräsentation durch sportliche Leistungen und Erfolge, z.B. mit Titeln bei internationalen Meisterschaften oder einem guten Platz im Medaillenspiegel. Die Sportentwicklung im Spitzensport in Deutschland verlief in den 90er Jahren nicht unproblematisch: zwischen den Sportsystemen der ehemaligen DDR und der Bundesrepublik kam es zu keiner Synthese –, für das ehemalige DDR-Sportsystem gab es keine Überlebenschancen, es wurde vom gesellschaftlichen System des Westens aufgesogen (vgl. DIGEL 1997, 18).

Auch die Situation des Schulsports hat sich in den letzten beiden Jahrzehnten stark verändert. Seine Vertreter mussten ein Wechselbad der Gefühle hinnehmen. Der DSB, der den „Schulsport" zunächst stark gefördert hatte, hatte sich als dessen Anwalt vorübergehend zurückgezogen (vgl. KURZ 1993, 8), bevor er sich nun mit seinem Präsidenten in den letzten Jahren wieder verstärkt zu Wort meldet. Er äußert beispielsweise unmissverständlich seine Enttäuschung darüber, wie Politiker mit dem „Schulsport" umgehen und berichtet sogar von Überlegungen seitens des DSB zu Beginn der 90er Jahre, die Vereinbarungen zum Zweiten Aktionsprogramm für den „Schulsport" aufzukündigen (vgl. v. RICHTHOFEN 1999, 358). Selbst für Sportpädagogen und Sportwissenschaftler schienen Probleme des schulischen „Sportunterrichts" zwischenzeitlich keine lohnenden Themen mehr zu sein. So äußerte BALZ Anfang der 90er Jahre: „Sportpädagogik und Sportwissenschaft haben sich aus der Verantwortung für den Schulsport zurückgezogen. (...). Die Sportpädagogik entdeckte eine Reihe außerschulischer Anwendungsfelder, die neu, unverbraucht und weniger pädagogisch belastet schienen als die Institution Schule. (...) Grundlagenorientierte und metatheoretische Beiträge von Sportpädagogen boomen, erhöhen auch offenbar den Reputationsgewinn (...); praxisbezogene Schulsportarbeit gilt eher als Schmuddelei und naive Tätigkeit unverbesserlicher Pädagogen." (BALZ 1992a, 2).
Aufgeschreckt durch die bereits zu Beginn erwähnten Beschneidungen des schulischen „Sportunterrichts" anfangs der 90er Jahre rückte dieser in den letzten Jahren wieder stärker in den Mittelpunkt sportpädagogischer Betrachtungen, wobei dessen Vertreter deutlich spüren, dass sich die gesellschaftlichen Rahmenbedingungen so stark verändert haben, dass die Antworten der letzten 20 Jahre nicht mehr ohne weiteres gelten können. Neue Rechtfertigungen und Orientierungen für den „Schulsport" als Schulfach sind in der heutigen Situation nötig – und sie werden nach den didaktisch weitgehend stummen 80er Jahren nunmehr auch wieder verstärkt in Angriff genommen (vgl. KURZ 1993, 7ff.).

Auch die hier vorliegende Abhandlung verfolgt eben dieses Ziel, eine Legitimation und eine Orientierung des schulischen „Sportunterrichts" zu leisten.
Wie aber soll der „Schulsport" mit dem gesellschaftlichen Phänomen Sport umgehen, wenn es *den* Sport gar nicht mehr gibt? Mit welchen Tendenzen Entwicklungen und Veränderungen des Sports in der Gesellschaft sieht sich der „Schulsport" konfrontiert? Wie soll er sich ihnen gegenüber angemessen verhalten?
Hierfür reicht ein bloßes Feststellen des Ist-Zustandes nicht aus, vielmehr müssen darüber hinaus auch die Ursachen dieser Wandlung erklärt werden. Auch wenn noch keine abge-

schlossene soziologische Theorie des Sports vorgelegt werden kann, die die gesellschaftlichen Entwicklungen im Hinblick auf den Sport angemessen erfasst, soll im Folgenden doch ein Überblick über den derzeitigen Diskussionsstand gegeben werden, inwieweit einige gesellschaftliche Veränderungen sich auf den Sport auszuwirken scheinen (vgl. HEINEMANN 1999, 21).

2 Sport heute – ein schillerndes Phänomen

2.1 Körperverdrängung und Körperkult

Folgt man den Analysen der Sportsoziologen BETTE und HEINEMANN, hat sich im Prozess gesellschaftlicher Entwicklung von archaischen über hochkulturelle bis hin zu modernen Gesellschaften Schritt für Schritt eine „Entkörperlichung", eine „Körperverdrängung" – beide Begriffe werden hier synonym verwendet – vollzogen, worunter zu verstehen ist, dass Identität, sozialer Rang, das Funktionieren sozialer Systeme – im Gegensatz zur Antike und zu vorindustriellen Gesellschaften, wie bereits gezeigt – unabhängig von körperlichen Merkmalen werden; außerdem bedeutet „Entkörperlichung", dass expressive Körperkontrollen, z.B. über emotionale Regungen, zunehmen. (Vgl. HEINEMANN 1998, 144f.). In fast allen Bereichen des gesellschaftlichen Lebens läuft das menschliche Handeln zunehmend unabhängig vom Körper ab, mit wenig physischer Belastung und Muskelanstrengung oder unter weitgehender Stilllegung der Physiologie in Arbeitswelt und Freizeit (vgl. HARNOS 1997, 3). BETTE führt hierzu die moderne Wirtschaft, die Politik und das Recht, den Strafvollzug, die Technisierung und Individualisierung an, die das Verhältnis von Körper und Arbeit immer mehr entkoppeln. So ersetzen z.B. Computerentwicklungen den Körper durch Simulationsmodelle und ermöglichen neue körperdistanzierte Subjekterfahrungen. Fiktive Körper werden durch virtuelle Räume bewegt und treffen dabei auf andere fiktive Körper. Direkte Sinneserfahrungen und Primärerlebnisse gehen dabei verloren – der moderne Mensch bewegt sich in einer Welt aus zweiter Hand. Die Entkörperlichung geht sogar so weit, dass selbst beim Zeugungsakt – dank der Entwicklungen in der Gentechnik – eine gleichzeitige körperliche Anwesenheit von Mann und Frau nicht mehr nötig ist. (Vgl. BETTE 1999, 115ff.).

Mit der zunehmenden Körperverdrängung treten jedoch immer häufiger Funktionsstörungen und pathologische Reaktionen auf, die deutlich machen, dass die Menschen in modernen Gesellschaften nur noch bedingt in der Lage sind, mit und durch ihren Körper zu leben. (Vgl. HEINEMANN 1998, 146). Mit anderen Worten: wir werden von unserem vernachlässigten, in seinem Eigenwert überrumpelten Körper als „Schmerzkörper" (BETTE 1999, 122) schmerzlich daran erinnert, dass wir nicht nur einen Körper haben, sondern – und dies primär – Leib sind.

Die Distanz des modernen Menschen zu seinem eigenen Körper wird jedoch wiederum „zu einer wichtigen Bedingung der Möglichkeit einer zunehmenden Körperaufwertung in körperverdrängenden Gesellschaften." (BETTE 1999, 118).

So ermöglicht der Rückgriff auf die Körperlichkeit eine Sicherheits- und Erlebnisgrundlage, die dem modernen Menschen in anderen Lebensbereichen abgeht, die es dem Einzelnen ermöglicht, durch seinen Körper bestimmte Erfahrungen zu machen und bestimmte Mitteilungen auszusenden, die von anderen durch die Einbeziehung des Körpers deutlich wahrgenommen werden können.

In dieser Logik hat das Jugendlichkeitsideal seinen Platz. Ein muskulöser, straffer, schöner – eben ein jugendlicher Körper – erweckt nicht nur die Erwartung besonderer Attraktivität, sondern er assoziiert ebenso Leistungsfähigkeit, Spontaneität, Vitalität, Unbekümmertheit. Körperthemen, wie Krankheit, Altern und Tod werden von den Jugendlichkeitsbestrebungen verdrängt.

Im Zusammenhang mit dem Jugendlichkeitsideal ist nun hier der Punkt, an dem der Sport zum Tragen kommt, denn durch ihn können am Körper die gewünschten Effekte – zumindest eine Zeit lang – erzielt werden. Die Anpassungsreaktionen, die der Körper auf systematische Trainingsreize zeigt, ermöglichen nicht nur gutes – gemeint ist jugendliches – Aussehen, sie erzeugen auch Machbarkeits– und Authentizitätsgefühle. Diese sind insofern von großer Bedeutung, als der Einzelne den konkreten Bezugspunkt, seinen Körper – in all den anderen gesellschaftlichen Unsicherheiten und traditionellen Sinnverlusten – im Griff zu haben glaubt. Systematische sportliche Betätigung nährt die Illusion, das Wissen um die eigene physische Begrenztheit und um die Irreversibilität der Zeit zum Verschwinden bringen zu können (vgl. BETTE 1999, 134ff.), „den alternden und prinzipiell endlichen Körper nicht als unausweichliches Schicksal zu erleben, sondern als eine Instanz hinzunehmen, die dem eigenen Handeln noch zugänglich ist." (BETTE 1999, 136).

Der sportlich jugendliche Körper wird zur Schau gestellt – was besonders bei Bodybuildern zu beobachten ist, bei denen sich die Zunahme der Muskulatur zu einer Art Statussymbol zu entwickeln scheint (vgl. HONER 1999, 69) – und mit ihm Symbole des Sports, wie Kleidung, Sportgeräte usw. (dazu später mehr).

Was dabei oftmals übersehen wird, ist zum einen, dass es durch ein auch noch so intensives Trainieren des Körpers nicht möglich ist, die Entkörperlichung und Körperdistanz moderner Gesellschaften aufzuheben. Diese Art von Körperkult erscheint als eine Art „gesellschaftliches Sonderprogramm zur Behandlung des Körperthemas." (BETTE 1999, 120).

Zum anderen wird wohl meist kaum wahrgenommen, dass ein solcher „Körperboom", der ein spezielles Phänomen der westlichen Industriegesellschaften ist (vgl. BETTE 1999, 119), dass ein solcher Jugendlichkeits– und Körperkult, der den Körper in der Absicht auftrainiert, etwas in der Gesellschaft darzustellen, ein höchst instrumentalisiertes Körperverständnis signalisiert. Von hier aus ist es zu chirurgischen Eingriffen, die mit dem Absaugen von Fettgewebe oder mit Silikon-Implantaten in Busen, Bauchdecke oder Gluteus maximus jene Spuren beseitigen, begradigen oder straffen wollen, die der Zahn der Zeit am Körper hinterlassen hat, nur ein kleiner Schritt (vgl. BETTE 1999, 135).

Über diese Anmerkungen hinaus fällt der Sprachgebrauch auf, den sowohl BETTE als auch HEINEMANN in ihren soziologischen Analysen zu diesen dargestellten Punkten pflegen. Es ist ausschließlich vom „Körper" die Rede, die Leiblichkeit des Menschen kommt in diesen soziologischen Beschreibungen des Ist-Zustandes überhaupt nicht in den Blick. Nicht einmal von „einer ganzheitlichen Nutzung des Körpers" (BETTE 1999, 143) kann die Rede sein – geschweige denn von einer angemessenen Pflege der Leiblichkeit.

Eine schulische Leibes– und Bewegungserziehung kann demnach das gesellschaftliche Vorbild des „Körperkults" nicht übernehmen; hier gilt es ganz offensichtlich, andere Wege zu gehen.

2.2 Die Ausdifferenzierung des Sports

2.2.1 Ausdifferenzierung der Sportarten und Disziplinen im Breitensport

Mit dem Versuch, sich durch das Jugendlichkeitsideal ein bestimmtes Outfit zu geben, geht auch das Bestreben nach Individualisierung einher. In unmittelbarer Anknüpfung an das dargestellte strukturanthropologische Menschenbild im ersten Kapitel stellt auch BETTE heraus, dass das moderne Subjekt zwischen diversen Lebensstilen und verschiedenen Aus-

drucksformen der eigenen Identität zu wählen hat. Diese Selbstbestimmung und Abgrenzung von anderen wird vom Einzelnen erwartet (vgl. BETTE 1999, 154).
Überdies geht mit der Differenzierung von Gesellschaften das Bedürfnis nach Individualisierung einher, wobei wiederum dem Sport eine besondere Rolle zukommt, da es gerade in ihm gut möglich scheint, die eigene Individualität – sowohl nach innen als auch nach außen – markieren und sozial wirkungsvoll vorführen zu können (vgl. BETTE 1999, 162). „Der Prozess der zunehmenden Individualisierung hat seit Anfang der siebziger Jahre auch den Sport erfasst und in den Strudel der Pluralisierung und Veränderung mit hineingerissen. Inzwischen ist dieser körperorientierte Sozialbereich zu einem nicht unwesentlichen Motor für die Durchsetzung von Individualisierungshoffnungen geworden. Die Karriere neuer Sportarten deutet zumindest darauf hin. Diese Entwicklung ist nur zu verstehen vor dem Hintergrund einer breiten Streuung des Wohlstandes, einer durchgesetzten Wohlfahrtsstaatlichkeit und eines Zuwachses an bezahlter Freizeit. Auch die Bildungsexpansion und die massiven Versuche, die Geschlechtsrollen neu zu definieren, brachten immer mehr Menschen dazu, den Sport als Betätigungsfeld zu entdecken." (BETTE 1999, 157 f.).
Dem Bedürfnis nach Individualisierung entspricht das reichhaltige Sportangebot – hier soll zunächst nur der Breiten– bzw. Freizeitsport betrachtet werden – wie es sich seit zwei Jahrzehnten entwickelt hat. Es hat zu einem hohen Maß an Differenzierung und Pluralisierung von Sportmöglichkeiten geführt, die von traditionell anerkannten Sportarten – in einer Befragung der Sportvereine wurden 240 Sportarten genannt, die Vereine in Deutschland anbieten und nach der Liste des Bundesinstituts für Sportwissenschaft sind für die Sportstättenplanung bereits mehr als 150 verschiedene Sportarten und Sportaktivitäten zu berücksichtigen (vgl. HEINEMANN 1998, 290) –, von kommerziellen Anbietern oder auf völlig unorganisierter Ebene verlaufen. „Für jeden ist etwas dabei!" könnte deshalb ein Motto lauten, wollte man wieder einmal zum Sporttreiben animieren.
Eine kurze Betrachtung von Sportarten und Disziplinen verdeutlicht dies. Fuhr man vor wenigen Jahrzehnten noch schlicht und einfach mit dem Fahrrad (ein Rennrad zu besitzen war nur wenigen vorbehalten), so hat man heute ein Trekkingbike, ein City–, Mountain–, BMXbike und/oder ein Rennrad zur Auswahl – dazu noch ein Einrad, für Fortgeschrittene ein Hochrad, will man auch bei den Bewegungskünsten „in" sein. Je nachdem, was man unternehmen möchte: für alles gibt es das passende, jeweils ein bisschen anders geartete Fahrrad.
Ähnliches ist auch vom Wintersport zu sagen: Reichte vor 20 Jahren noch ein Paar Skier zum Winterurlaub, so ist einem heute mit Alpin-Skiern allein kaum mehr gedient. Da kommen Tourenskier, Carvingskier ebenso noch dazu wie ein Snowboard und eine Ski-Langlauf-Ausrüstung. Was heißt „eine"? Ein Paar Schuppenskier für das Laufen im klassischen Stil ohne große Vorbereitung, ein Paar Wachsskier, will man im klassischen Stil sportlich laufen, und ein Paar Skatingskier, um sich „auszupowern". Die geeignete Ausrüstung für das jeweilige Wintersportvergnügen für jedermann – und dies in breiter ästhetischer Palette: „Skier in einer unübersehbaren Vielfalt des Designs, Stiefel in allen Farbvarianten, Sportkleidung für jeden Geschmack und Geldbeutel " (HEINEMANN 1998, 291).
Eine weitere Beobachtung zur Vielzahl und Vielgestalt der Sportarten: Altbekannte Sportarten erhalten oft einen neuen Namen, werden leicht modifiziert und/oder mit einem „new styling" versehen: aus „Waldlauf" wird „Jogging", aus den „Kleinen Spielen" werden „New Games", aus „Spazierengehen" wird „Walking" oder gar „Power-Walking", aus „Konditionsgymnastik" wird „Aerobic" usw. Und mehr noch: wem das nicht reicht, der macht heute „stepping", morgen „spinning", übermorgen ... Der Sportmarkt wird immer größer und präsentiert stets etwas Neues.

In diesem Zusammenhang ist auch noch auf die ganz neuen Sportarten hinzuweisen, die meist aus den USA, wie schon allein die Bezeichnungen verraten, zu uns kommen: da wird im „Strong-Men-Competition" ein Omnibus eine schräge Ebenen hinaufgezogen, zentnerschwere Steine Treppen hinaufgetragen, Autos umgeworfen usw. – alles im „sportlichen Wettkampf". Beim „Dirt Jump" im „Bicycle Stunt" werden Salti und Schrauben mit BMX-Rädern gedreht, da rast man mit dem „Mountain-Bike" „Down-Hill"-Rennen hinab, da geht man mit den „Kangoo-Jumps" zum „Klangrobic", und was uns sonst noch so alles als „Sport" angeboten wird. Die Fun–, Trend–, Modesportarten neuer Sportanbieter und Sportorientierungen scheinen unerschöpflich und bedingen seit den 80er Jahren eine deutlich zu beobachtende Pluralität und Differenzierung der Sportlandschaft. Die Grenzen zwischen Sport, Show und Unterhaltung verwischen dabei zunehmend. „In" ist, was „cool" ist. Und umgekehrt.

So fächert sich das Sportangebot im Dienste der Individualisierung des Einzelnen immer weiter auf. Dass dies nicht nur immer für den Sporttreibenden selbst Gewinn bringt, dass vielmehr auch wirtschaftliche Interessen und Kräfte an der Entstehung und Verbreitung sog. „Sportinnovationen" maßgeblich beteiligt sind (vgl. ALTENBERGER 1994, 21), steht außer Frage. BETTE bringt dies auf den Punkt: Innovationen im Sport ergeben sich immer weniger urwüchsig. „Sie sind vielmehr das Resultat gezielter kommerzieller Überlegungen" (BETTE 1999, 174). Die Sportindustrie macht sich somit das Bedürfnis des Einzelnen, seine Individualität durch Symbole des Sports auszudrücken, zu Nutze: Das teure Mountainbike, das neue Surfboard auf dem Autodach, Bretter und Segel, die jährlich erneuert werden „müssen" (vgl. TAAKS 1999, 217), der Tennisschläger auf der Hutablage im Auto, ja die Briefmarken mit Sportmotiven im Allgemeinen oder zur Würdigung des Deutschen Fußball-Meisters im Besonderen:

Der moderne Mensch greift auf Symbole des Sports zurück, um mit ihnen seine Aktualität, seine Jugendlichkeit und Individualität zu demonstrieren (vgl. BETTE 1999, 131 – dieser Aspekt wird später, wenn es um die Sportmode geht, noch einmal eine Rolle spielen).

Das Sporttreiben unter der Prämisse der Individualisierung hat die Sportlandschaft völlig verändert: „Typisch für den Sport der achtziger und neunziger Jahre ist der Umstand, dass die Zahl derjenigen gewachsen ist, die ganz im Sinne einer frei flottierenden Bindungsfähigkeit zwischen verschiedenen Körperbetätigungen hin und her wechseln, ohne jene Identifikation mit einer Disziplin zu erreichen, wie sie im überlieferten Sport noch anzutreffen ist. Immer mehr Sportler lassen sich immer weniger durch die Vorgaben der traditionellen Sportarten fesseln. Das Programmatische scheint gegenwärtig darin zu bestehen, kapriziös und unprogrammatisch zu entscheiden. Zweifellos folgt die Majorität der Sporttreibenden nach wie vor den überlieferten Kernangeboten, aber diese Fixierung auf Überliefertes ist deutlich im Umbruch begriffen." (BETTE 1999, 167). Im Klartext bedeutet dies: der indivi-

dualisierte Sportler frönt einer Sowohl-als-Auch-Mentalität, er partizipiert am Pool schnell fluktuierender Körpermoden. Er klopft das Sportangebot auf schnelle und durchaus kontroverse Sinngebungen ab – und nimmt heute hier und morgen da, übermorgen wieder an einer anderen Sportart teil. Beweglichkeit und Anpassungsfähigkeit sind gefragt – das Reizvolle, und das, was den Einzelnen profiliert und von anderen absetzt, ist die individuelle Mischung der Sportarten. (Vgl. BETTE 1999, 168 ff.).
Dem traditionell geprägten, an Bindungs– und Treueideal orientierten Vereinssportler ist dies ein Gräuel, kann er sich doch des Eindrucks der Oberflächlichkeit einer solchen Sporteinstellung nicht erwehren. Und in der Tat bringt BETTE selbst den Vergleich mit dem zappenden Fernsehzuschauer, „der auf der Suche nach spannungsgenerierenden Ereignissen mit Hilfe seiner elektronischen Fernbedienung gelangweilt zwischen den diversen Sendern flaniert: montags T'ai Chi, dienstags Jogging im Wald, mittwochs Fußball und am Wochenende Bauchtanz in der Männergruppe." (BETTE 1999, 168).

Kann diese Individualisierung gelingen? Es scheint so, dass der Sport sein gegenwärtiges Größenwachstum und seine Variationsgeschwindigkeit u.a. dieser Suche nach Einzigartigkeit verdankt. Und doch ist auch sie eine Illusion, scheitert doch der Versuch, sich von anderen zu unterscheiden, daran, dass auch andere diese Versuche unternehmen. So kann jede individuelle Mischung von anderen eingeholt werden, ist jeder Sportkörper einer bestimmten sportlichen Spezialisierung ein in vielerlei Hinsicht nivellierter Körper – wie am Beispiel der Gleichförmigkeit der Körper im Bodybuilding gut sichtbar wird (vgl. BETTE 1999, 171).

Von der Tendenz zur Individualisierung profitieren gerade auch die kommerziellen Sportanbieter. Im Gegensatz zu Vereinen bieten sie ihr Sportangebot als ein Dienstleistungsangebot an, womit sie eine breite Palette von asiatischen Kampfsportarten über Tanzschulen, spezialisierte Sportschulen für Reiten, Segeln, Boxen, Tauchen etc. bis hin zu Sport-Reise-Unternehmen abdecken. Sporttreiben nach Lust und Laune, nach individuell ausgewähltem Angebot und vor allem nach selbst eingeteilter Zeit scheint für viele Menschen immer wichtiger zu werden. Dies trifft nicht zuletzt für kommerzielle Sportanbieter zu, die sich speziell an diesen Bedürfnissen ausrichten (vgl. KOSINSKI/SCHUBERT 1999, 147 ff.).

2.2.2 Individualisierungstendenz und traditionelle Sportvereine
Für die Tendenz zur Individualisierung im Sporttreiben spricht sowohl die Beobachtung, dass etwa zwei Drittel der Münchner Bevölkerung aktiv Sport treiben, wobei jedoch lediglich 22% in Vereinen organisiert sind (vgl. ALTENBERGER 1994, 21), als auch die Tatsache, dass sich die Zahl der Mitglieder in Fitness-Studios in Deutschland seit 1990 auf 3,56 Millionen mehr als verdoppelt hat und der Deutsche Sportstudio Verband bis zum Jahr 2000 das Erreichen der 5 Millionen Mitgliedergrenze erwartet (vgl. MB von 03.08.98).

Obwohl viele die Vorteile des „Zwanges" fester Sporttermine durchaus sehen, überwiegt letztlich doch bei immer mehr Menschen der Wunsch nach freier, eigener, spontaner Verfügbarkeit über ihre Zeit, v.a. ihrer Freizeit – und das betrifft eben auch das Sporttreiben immer stärker. Hierin liegt sicherlich auch eine Ursache für die oben bereits erwähnte enorme Zunahme der Fitness-Studios. Es ist gewiss nicht nur die Atmosphäre der Studios, es sind nicht nur die guten Sportgeräte, es ist nicht allein der spezielle Service (z.B. Kleinkinderbetreuung) usw., sondern es ist eben dieses Angebot für die individualisierten Menschen nach lockerer und ungezwungener Geselligkeit und Entfaltung der Subjektivität (vgl. BETTE 1999, 184), dieses Kommen-und-Gehen-Können, wann immer man will, was so viele Menschen diese Studios aufsuchen lässt und ihnen einen neuen Boom prophezeit – sie also offensichtlich interessanter erscheinen lässt als das grundsätzlich anders organisierte Sportangebot der traditionellen Sportvereine.

In dieses Bild passen auch die Veränderungen in den vergangenen Jahren, die Individual- und Mannschaftssportarten betreffen: Die Tendenz: weg von Mannschaftssportarten, hin zu Individualsportarten, ist ungebrochen. Ein Blick in die Verbände bestätigt dies: Zwar nahm die Gesamtzahl der am Spielbetrieb teilnehmenden Jugendmannschaften beim Bayerischen Fußballbund von 1978 bis 1997 von 12.332 auf 17.798 zu. Eine genauere Betrachtung dieser Zahlen weist jedoch keine Zunahme aus, die alle Jugendbereiche gleichermaßen beträfe, vielmehr steht einem fast kontinuierlichen und sehr starken Anstieg bei den jüngeren und jüngsten Mannschaften (F- bis D-Junioren), eine Abnahme um ca. ein Drittel bei den A- und C-Junioren-Mannschaften in den letzten 20 Jahren gegenüber (vgl. Bayerischer Fußballverband, Entwicklung der Jugendmannschaften im BFV von 1978 bis 1997, Statistik 98, unveröffentlicht). Diese Zahlen entsprechen der Beobachtung kleinerer Sportvereine in ländlichen Gebieten, die zwar einen regen Spielbetrieb in den jüngeren Altersklassen betreiben, spätestens ab der B-Jugend jedoch keine Mannschaft mehr stellen können, weil ihnen die Spieler fehlen. Ähnliches gilt auch für den Bayerischen Volleyball Verband, wo beispielsweise die Zahl der gemeldeten Männermannschaften von 867 im Jahre 1984 nach dem Höchststand von 891 Mannschaften des Jahres 1986 auf 687 im Jahre 1997 zurückgegangen ist (vgl. Bayerischer Volleyball-Verband, Entwicklung der Vereins- und Mannschaftszahlen seit 1984, Statistik 1997, unveröffentlicht). Die Entwicklung im Jugendbereich des Bayerischen Volleyball-Verbandes ist alarmierend: so konnte etwa bei den Südbayerischen D-Jugend-Meisterschaften männlich 2001 nicht einmal mehr ein komplettes Feld mit 16 Mannschaften zusammengestellt werden. Lediglich der Deutsche Basketball-Bund bildet in diesem Trend eine Ausnahme: Der Boom des Streetballs hat sich positiv auch auf die Mitgliederzahlen des DBB ausgewirkt, die von 142.869 im Jahre 1992 auf 201.105 (1996) (vgl. „adidas" Press Info 1996) angestiegen sind. Wie lange dieser Boom anhalten wird, bleibt freilich abzuwarten, denn es ist hinreichend bekannt, dass die Streetball-Turniere von „adidas" veranstaltet werden. Und sie sind ja nicht nur als sportliche Wettbewerbe aufgezogen, sondern als „Events", als „Sport-Show-Veranstaltungen" mit entsprechender öffentlichkeitswirksamer Aufmachung. Stars wie Detlef Schrempf wurden von „adidas" für diese „Events" verpflichtet, gesponsert und gezielt eingesetzt (vgl. SZ vom 17.07.98), was sich für „adidas" in puncto finanziellem Engagement sicherlich gerechnet hat (siehe dazu den Punkt 2.5 in diesem Kapitel). Ob diese Kampagne dem DBB in Deutschland letztlich zum Durchbruch verholfen hat, oder ob das Streetball doch nur eine Modesportart bleiben wird, muss sich erst noch erweisen.

Und mehr noch als die Vereine ist der „Schulsport" von dieser gesellschaftlichen Entwicklung betroffen. Denn gerade er läuft, wie kein anderer Sportbereich, der heutigen Tendenz des individuellen Sporttreibens in seiner ganzen Struktur mit den Vorgaben von Zeiten, Inhalten, Teilnehmern, pflichtmäßiger Teilnahme usw. (siehe dazu das dritte Kapitel) diametral entgegen. Der so strukturierte „Schulsport" kann dem Zeitgeist des nach Individualisierung strebenden Menschen, der in lockerer und ungezwungener Geselligkeit nach der Entfaltung seiner Subjektivität strebt, somit nicht entsprechen. Ein zeitgemäßer schulischer „Sportunterricht" kommt sicherlich nicht umhin, sich diesen Problemen zu stellen, seinen Standpunkt hinreichend begründen und nach neuen Formen suchen zu müssen – ohne dabei, dies sei bereits hier ausdrücklich betont, seine spezifische Aufgabe der Leibes- und Bewegungs*erziehung* aufzugeben.

Dies kann m.E. nur durch ein Herausarbeiten seiner ihm eigenen Struktur geschehen, die ihn weder als Vorbereiter des Hochleistungssports noch als Seitenarm des Freizeitsports begreift, die ihn vielmehr auf seine eigenen Füße stellt, ihm seine eigenen Aufgaben, Zielsetzungen, Inhalte, Führungsstile usw. zuweist. (Siehe dazu das dritte Kapitel).

2.2.3 Ausdifferenzierung in den Motiven des Sporttreibens bis hin zum „Spaßsport"

Es ist jedoch nicht nur das Sportangebot, dem man heute in ausdifferenzierter Form begegnet – auch die Einstellungen und Motive des Sporttreibens sind höchst unterschiedlich. Auf den ersten Blick mag man die Beschreibung der Vielfalt des Teilnehmerfeldes, wie SCHULKE sie anlässlich des Berlin-Marathons 1987 schildert, teilen: „Rund 14.000 Aktive versammelten sich auf dem Gelände vor dem Reichstagsgebäude auf engstem Raum. In dieser Masse befinden sich ganz junge ebenso wie in Ehren ergraute Aktive, Männlein und Weiblein ebenso wie Einheimische und Ausländer, sportliche Höchstleister neben Behinderten, selbstständige Manager neben lohnabhängigen Schichtarbeitern, Polizisten neben Demonstranten und Arbeitslose neben ABM'lern, asketisch-ausgezehrte Typen neben (diese deutlich in der Minderzahl) solche mit ansehnlicher Leibesfülle." (SCHULKE 1999, 104f.). Diese Einheitlichkeit geht beim genaueren Hinschauen jedoch sehr schnell verloren, verfolgen die Einzelnen doch sehr unterschiedliche Ziele und differieren ihre Motive doch sehr stark.

War mit dem traditionellen Sporttreiben das grundlegende Leistungsmotiv untrennbar verbunden (vgl. BETTE 1999, 182), begegnet nunmehr ein vielschichtiges Motivbündel: Nicht mehr das Streben nach Leistungssteigerung und Leistungsvergleich im Wettkampf steht im Mittelpunkt des Sportinteresses, vielmehr werden Formen von Sport, Spiel und Bewegung gesucht, die nicht an diszipliniertem Training mit langfristiger Leistungssteigerung ausgerichtet sind (vgl. HEINEMANN 1999, 22).

Ein Motiv sticht dabei besonders hervor: Sporttreiben soll „Spaß" machen. Dieser Begriff, der für die moderne Erlebnisgesellschaft charakteristisch ist (vgl. HEINEMANN 1998, 290), hat in den letzten Jahren förmlich eine Karriere durchlaufen. „Die selbstverständliche Belegung unseres Handelns mit dem Begriff Spaß – fast schon aus sozialer Verpflichtung, nicht notwendigerweise als Ausdruck unserer tatsächlichen Erlebnisform – ist Beleg dafür, dass nicht mehr zukunftsorientiertes Leisten, sondern gegenwartsbezogene Selbstbeglückung Sinnorientierung des Menschen in unserer Zeit zu sein hat." (HEINEMANN 1998, 290).

Mit dieser Spaßorientierung gehen mehrere (Neben–)Effekte einher. Zum einen ist es der, dass Sporttreiben nach Lust und Laune ausgeübt wird – ohne dafür etwas z.B. in eine Vorbereitung investieren zu müssen. Der Aspekt des Könnens, das man sich durch längeres Üben oder Trainieren angeeignet hat, fällt weg. Sporttreiben soll quasi aus dem Stegreif gelingen. Sobald es keinen Spaß mehr macht – weil es etwa zu anstrengend wird –, hört man auf. Der Verlust sportlichen Niveaus scheint bei dieser Einstellung unausweichlich.

Diese Art von sportlicher Betätigung soll völlige Gegenwärtigkeit vermitteln, d.h. ohne Ausrichtung auf ein zukünftiges Ereignis soll der „Genuss", der „Kick", unmittelbar einsetzen. „Spaß im Hier und Jetzt wird zum modernen Apriori in langweiligen und zukunftsoffenen Zeiten." (BETTE 1999, 170).

Weiterhin ist mit dieser Spaß-Orientierung ganz offensichtlich eine starke Egozentrik verbunden; beim Spaß denkt doch die Mehrheit erst einmal an das eigene Vergnügen. So verwundert es nicht, dass OPASCHOWSKI 1999 durch diese Einstellung bei 14 – 29-Jährigen das soziale Engagement gegenüber den Ergebnissen seiner Studie von 1990 zunehmend verkümmern sieht, weshalb er mit deutlichen Worten fordert, die Spaßgesellschaft abzuschaffen. Eine Trendwende hat hier möglicherweise bereits eingesetzt: nach OPASCHOWSKI zeichnet sich bereits ein Rückgang der egoistischen Lust auf Spaß ab (vgl. MB vom 11.04.2001).

Schließlich bringt die Spaßeinstellung eine Oberflächlichkeit mit sich, die einerseits oben bereits im Niveauverlust angedeutet wurde, die andererseits sehr deutlich mit dem Streben nach Jugendlichkeit und Individualisierung zusammenhängt. Es ist hauptsächlich wichtig, sportlich zu *scheinen*; ob man es tatsächlich ist, bleibt offen (vgl. BETTE 1999, 131). So erhält die Ausrüstung plötzlich sehr starkes Gewicht – eine Beobachtung, die Kennern beispielsweise der Bikeszene am Gardasee geläufig ist. „Auffällig ist in diesem Zusammenhang eine Entwicklung, die als eine ‚Ästhetisierung des Erlebnisses' bezeichnet werden kann. Funktionalität und Nützlichkeit werden zum Accessoire, modisches Design, Produktimage, Verpackung, Markenbezeichnung und Ästhetik zur Hauptsache; sie nämlich begründen die unmittelbare Erlebnisfunktion der Produkte. Neue Produkte verdrängen die alten, auch wenn sie funktionell noch nicht veraltet sind." (HEINEMANN 1998, 290f.).

Diese Entwicklungen im Sport, die BETTE als eine Reaktion der Gesellschaft auf sich selbst, z.B. auf ihre Abstraktheit, Routinisierung, Futurisierung usw. begreift (vgl. BETTE 1999, 123), beeinflusst inzwischen auch die Sportpädagogik stark. Dieser Tendenz steht DIGEL, in unmittelbarer Nähe zur hier verfolgten Leibes– und Bewegungserziehung, völlig ablehnend gegenüber. Für ihn ist es schlichtweg nicht zulässig, Spaß mit dem Freizeitsport gleichzusetzen, und so zu tun, als ob es im Wettkampf– bzw. Leistungssport keinen Spaß gebe. Er wirft dem Spaßsport vor zu übersehen, dass er als Konsumsport in erster Linie von der finanzstarken Konsumindustrie erzeugt worden sei. Die pädagogisch getarnte Animationskultur dringe, als Freizeitpädagogik vorgetragen, auch in die Sportpädagogik ein, die dann zur bloßen Entertainment-Pädagogik – als Teil einer umfassenden Unterhaltungsindustrie – verkomme (vgl. DIGEL 1991, 15ff.).

Die kritische Auseinandersetzung mit dem Spaßsport soll an dieser Stelle genügen; in der Darstellung einer Leibes– und Bewegungserziehung wird an späterer Stelle darauf noch einmal zurückzukommen sein.

2.2.4 Sport ohne Leisten? – der „nicht-sportliche Sport"

Die inhaltliche Gestaltung und die organisatorische Struktur des Spaßsports haben einige Autoren dazu veranlasst, vom Wandel des traditionellen Sports zum „nicht-sportlichen Sport" (so der Titel von DIETRICH/HEINEMANN (Hrsg.) 1999) zu sprechen, eine Bezeichnung, die für die „never-never games" zutreffen mag (vgl. HEINEMANN 1999, 16). Generell kann man die traditionelle Auffassung des Sports gegen die heutigen Tendenzen sicherlich in vielerlei Aspekten abgrenzen, wie beispielsweise SCHULKE dies vornimmt:

- **Spezialisierung** auf eine bestimmte Sportart versus ➤ **Vielfalt** in den sportlichen Aktionsformen
- **Auslese** der Leistungsstärksten versus ➤ **Integration** aller am Sport Interessierten
- **International** in der Organisierung der sportlichen Beziehungen versus ➤ **Lokal** in der organisatorischen Reichweite der Sportaktivität
- **Bewegungskunst** versus ➤ **Alltagskultur**, usw.

(vgl. SCHULKE 1999, 108)

Dennoch scheint unangemessen, etwa angesichts des Joggings (vgl. MRAZEK 1999, 117ff.), des Tanzens (vgl. FRITSCH 1999, 87ff.) oder gar des Marathonlaufens (vgl. SCHULKE 1999, 103ff.) von nicht-sportlichem Sport zu sprechen. M.E. ist es in jedem Fall eine sportliche Leistung, beispielsweise die Strecke von 42.195 Meter laufen zu können – unabhängig davon, ob dies innerhalb der Organisation eines Verbandes geschieht oder nicht.

In der Frage der Abgrenzung dessen, was Sport ist oder nicht, hilft hier wohl eine kurze Reflexion über das Leisten als menschlichem Grundphänomen weiter.

LENK spricht vom Menschen als dem leistenden, dem eigenleistenden Wesen (vgl. LENK 1983, 40) im Sinne einer anthropologischen Grundkategorie. Dieses Leisten beinhaltet aber ganz Unterschiedliches:

Der deutsche Zehnkämpfer Frank Busemann holte bei den Weltmeisterschaften 1997 in Athen im abschließenden 1500m-Lauf – obwohl er die Bronzemedaille so gut wie sicher hatte – auch noch das Letzte aus seinem Körper heraus, verausgabte sich derart, dass ihm auch noch Minuten nach Beendigung des Laufs beim Fernsehinterview die Knie zitterten. Demgegenüber stellt der berühmte Sportreporter Harry Valerien, jenseits seines 6. Lebensjahrzehnts, bei einem Radiointerview heraus, dass es für ihn das Wichtigste bei seinen sportlichen Aktivitäten sei, gelernt zu haben, auf seinen Körper – seinen Leib – zu hören, Schmerzen als Signale des Körpers – der Leiblichkeit – wahrzunehmen, um dann, wenn nötig, langsamer zu machen und einen Gang zurückzuschalten – und sein Rad, wenn es denn sein müsse, den Berg ein Stück hinaufzuschieben. Für beide Sportler spielt das Grundphänomen des Leistens in körperlicher Aktivität in der Ausübung ihres Sports eine große Rolle – und doch ist dieses Leisten ganz unterschiedlich ausgeprägt.

Wir sind so sehr gewohnt, Leistung nur noch objektiviert zu sehen, dass wir kaum mehr gewahr werden, dass dies nur eine ganz bestimmte Auffassung von „Leisten" ist, nämlich die, die mit der Versportlichung des Sports zusammenhängt. Hier geht es darum, Leistung objektiv zu vergleichen und zu verzeichnen – auch wenn sich die „Objektivität" in Bereichen abspielt, die wir mit unseren Sinnesorganen längst nicht mehr wahrnehmen können, beispielsweise tausendstel Sekunden beim Schwimmen oder beim Rodeln wie bei den Olympischen Spielen in Nagano '98, als es nach vier Läufen über insgesamt 4776 Meter um zwei tausendstel Sekunden ging, was umgerechnet 4,6874 cm (!) entspricht (vgl. MB vom 12.02.98). Wer kann hier ernsthaft „objektiv" von einem Sieger und einem Zweiten sprechen? Es scheint, es geht bei einer solchen objektivierten Leistungsbetrachtung gar nicht mehr um die Leistung des Sportlers, sondern vorrangig um das Resultat, d.h. es geht nur noch darum, einen Ersten zu ermitteln.

Dem steht die subjektive Leistungsbeurteilung gegenüber, die jemand beim Sporttreiben als *seine* Leistung erbringt – gleich, ob sie nun 35% der Leistung eines Weltklasse-Athleten entspricht, ob sie 80% oder 82% des eigenen Leistungsvermögens darstellt, ob sie die Verbesserung einer eigenen (bescheidenen) Leistung oder vielleicht auch „nur" die Erhaltung eines Leistungsvermögens im Älterwerden ist. Auch diese subjektive Leistung, die ein Sportler bei seiner sportlichen Aktivität erbringt, *ist* eine *Leistung*. Ob sie nun in der Bewältigung mehrerer hundert Höhenmeter beim Überqueren eines Alpenpasses mit dem Fahrrad alleine oder in einer Gruppe mit geübten Radfahrern besteht, ist hier gleich. Dies ist *seine* Leistung, bedingt durch seine Konstitution, Kondition, sein Alter, seinen Trainingsaufwand etc. – auch wenn sie für die Rekordbücher alles andere als erwähnenswert ist. In diesem Sinne äußerst auch LENK: „Sport ist expressive Eigenleistung im Vergleich mit Anderen, mit Wettkampfgegnern oder dem eigenen früheren Könnensstand." (LENK 1985, 69). Und mit HAAG lässt sich ergänzen: „Leistung ist eben nicht zu trennen vom Sporttreiben insgesamt" (HAAG, 1995, 83) – auch wenn dieses Leisten in tausendfachen Schattierungen, Abstufungen, Nuancierungen und Bedeutungen im organisierten Wettkampfsport oder im individualisierten Breitensport auftritt.

Die subjektive Leistungsauffassung ist für die meisten Bereiche v.a. des Breiten- und Schulsports das richtige und angemessene Verständnis. Denn objektive, absolute Leistungen sind an ganz andere Voraussetzungen geknüpft als die, die beispielsweise dem Schulsport zu Grunde liegen (dies wird später noch zu zeigen sein). Und dieses Verständnis von Leistung ist – auch hier sei noch einmal kurz auf einen sportgeschichtlichen Aspekt verwiesen – nicht neu. Bereits zur Hochzeit der Olympischen Spiele im antiken Griechenland ging es nicht um „objektive" Leistung, weshalb sich auch kaum Aufzeichnungen über die Siegesleistungen finden. Und wenn es sie gibt, dann scheinen sie so übertrieben, dass sie kaum glaubwürdig sind. Bei den antiken Olympischen Spielen ging es „nur" um „relative" Leistung insofern, als es „nur" das Ziel des jeweiligen Athleten war, ein bisschen besser als sein Konkurrent zu sein – ähnlich den heutigen Tennisturnieren.

Wenn heute die zum Sport gehörende Leistung kritisiert wird, dann erfolgt dies meist wegen der einseitigen Orientierung am objektiven, absoluten Leistungsbegriff des Hochleistungssports. Diese Sichtweise verengt jedoch das Leisten als menschlichem Grundphänomen und wird ihm nicht gerecht, weshalb sie der näheren Betrachtung auch nicht standhalten kann (vgl. dazu auch HAAG 1995, 88).

Eng mit diesem Phänomen des Leistens im Sport ist über das Gesagte hinaus verbunden, dass Sporttreiben immer in Verbindung mit Bewegung zu sehen ist. Die Pflege der Leiblichkeit braucht von medizinischer Seite betrachtet beim Sport eine Herz-Kreislauf-Belastung. Ebenso muss eine aktive Belastung des Gelenk- und Muskelapparates erfolgen. Dass darüber hinaus in einer Leibes- und Bewegungserziehung auch andere Erfahrungen der Leiblichkeit ermöglicht werden sollen, steht außer Frage. Hier zeigt sich erneut eine fließende Grenze des Sports – etwa zu Meditations- und Entspannungstechniken, die durchaus ihren Platz in einem zeitgemäßen „Sportunterricht" haben. In Abhebung davon sollen jedoch geistig-psychische Anstrengungen wie etwa beim Schach- oder Kartenspiel oder rein passive „Körpererfahrungen" wie etwa Bungeespringen hier nicht als Sport bezeichnet werden.

Die sportsoziologischen Ausführungen lassen sich dergestalt auf den Punkt bringen, dass eine tief greifende „qualitative und quantitative Veränderung der Sportlandschaft" (BETTE 1999, 147) stattgefunden hat. Sporttreiben ist heute „in", es ist sozial anerkannt – und so ist es auch zur Massenbewegung geworden. So erfreulich diese Entwicklung einerseits ist, so bringt sie andererseits doch auch erhebliche Probleme mit sich, die eine kurze Betrachtung des Themenkreises „Sport und Umwelt" zeigt.

2.3 Sport und Umwelt

2.3.1 Ökologische Probleme durch Spitzen- und Freizeitsport

Geht es darum, große nationale oder internationale Meisterschaften auszutragen, werden beispielsweise für Skirennen oder Schanzenspringen immer wieder Eingriffe in die Natur vorgenommen, indem etwa Rennstrecken planiert oder Aufsprunghänge verlängert werden. Die Ursachen für solche Eingriffe in die Natur für Veranstaltungen des Spitzensports werden im nächsten Kapitel dargestellt werden. Obwohl solche Eingriffe in die Natur sicherlich lokal begrenzt sind, kommt ihnen, da sie über die Medien einem breiten Publikum bekannt werden, eine gewisse Symbolwirkung im Umgang mit der Natur zugunsten des Sports zu.
Gleiches gilt m.E. für die Maßnahmen, die nötig sind, um ein reguläres Skirennen durchführen zu können wie z.B. der Einsatz von chemischen Mitteln zur Präparierung des Schnees, um den Läufern die gleichen Wettkampfbedingungen zu gewährleisten, wozu jedoch – in Deutschland – ausschließlich Düngemittel verwendet werden, die auch in der Landwirtschaft Anwendung finden (vgl. LAUTERWASSER/ROTH 1995, 35). Kann jedoch ein Rennen nur durch den Einsatz hunderter Hubschrauberflüge, die Schnee herbeischaffen, stattfinden (vgl. Frankfurter Allgemeine vom 14. März 1990), scheint dies in ökologischer Hinsicht kaum mehr gerechtfertigt werden zu können.

Von solchen speziellen Problemen des Winter-Spitzensports abgesehen, scheinen infrastrukturelle Probleme bei sportlichen Großveranstaltungen immer mehr zuzunehmen, so dass sie kaum mehr organisierbar und umweltpolitisch verantwortbar scheinen. Können hunderttausende Fußballfans jedes Wochenende wenigstens teilweise auf öffentliche Verkehrsmittel zurückgreifen, löst die Anreise Zehntausender zu sportlichen Großveranstaltungen in ländlichen Gebieten, z.B. zur Vier-Schanzen-Tournee, ein Verkehrschaos aus. Angesichts der Verkehrssituation bei den Olympischen Spielen in Atlanta 1996 kommt DIGEL gar zu dem Schluss, dass die Organisierbarkeit solcher Großveranstaltungen des Sports an ihre Grenzen gestoßen sei (vgl. DIGEL 1997, 105f.), was indirekt auch eine deutliche umweltpolitische Aussage beinhaltet.
Gravierender als durch einzelne sportliche Großveranstaltungen ist die Belastung der Umwelt durch den Freizeit-Sport. Freilich kann jedes individuelle Sporttreiben in der Natur zur ökologischen Schädigung führen – der Jogger, der kreuz und quer durch Wald und Wiese läuft, der Paddler, der im geschützten Biotop an Land geht usw. Dennoch scheint kein Gebiet in Deutschland die ökologischen Folgen des Freizeit-Sports so stark zu spüren wie der „Spielplatz Alpen" (DIGEL 1997, 29). 60 Millionen Tages- und Wochenendgäste und ca. 40 Millionen Feriengäste jährlich im gesamten Alpenraum – die Massen von Erholungssuchenden sind es, die den eigentlichen Kern des Problems bilden (vgl. LAUTERWASSER/ROTH 1995, 23f.). Und dieses Problem beginnt, ähnlich wie bei sportlichen Großveranstaltungen, auf den Straßen, wo vor allem an den Winterwochenenden und jeweils zu Ferienbeginn Autoschlangen die Umwelt verpesten.
Am Beispiel des Skilaufens lässt sich die weitere Problematik gut skizzieren: Wurde das Skilaufen u.a. durch staatliche Entwicklungspläne initiiert, um wirtschaftlich unterentwi-

ckelte Gebiete für den Fremdenverkehr zu erschließen (vgl. DIETRICH 1999, 42), stellt der alpine Skilauf heute einen Komplex unterschiedlicher Maßnahmen dar, der den Freizeitsportlern Erlebnis– und Erholungswert bietet. So entwickelte sich „einerseits ein Bündel wechselseitig abhängiger hochspezialisierter Wirtschaftszweige, wie Ski–, Skibindungs–, Skischuhindustrie, der Liftanlagenbau, Produktionen für Pistengeräte und –fahrzeuge, Schneekanonen, u.ä.; andererseits entstand ein eigener Tourismusmarkt, auf welchem ein spezialisiertes Gastgewerbe, Fremdenverkehrsverbände und Reiseagenturen das Gut ‚skisportorientierter Bewegungsraum' oder besser: ‚Nutzungsrecht am skisportlichen Milieu' in vielen Varianten anbieten." (BÖKEMANN 1999, 232).

Die Probleme, die sich für die Umwelt mit der intensiven Nutzung der Alpen durch den Wintersport ergeben, sind vielfältig und hinreichend bekannt. Sie sind beispielsweise in der DSV-Umweltreihe Band 5 „Spurenwechsel" oder im „DSV Umweltplan 2000" sehr gut dargestellt. Zusammenfassend lassen sie sich aus den Zielen des „Umweltplans 2000" ablesen:

„- Die Sicherung der ökologischen Grundlagen
  - Die Erhaltung einer artgerechten Tier- und Pflanzenwelt
  - Die Erhaltung des Landschaftsbildes
  - Die Umweltverträglichkeit technischer Neuerungen
  - Mehr Forschung
  - Mehr Information
  - Mehr Kooperation" (DSV 1993, 9)

Fasst man die Problematik von Sport und Umwelt zusammen, so wird deutlich, dass die Zunahme des Sporttreibens Folgen und Nebenfolgen mit sich bringt, die den Bestand des gesamten Sportsystems in Frage stellen: „Einige Folgen kann jeder von uns beobachten, so z.B. die ökologische Belastung der Alpen durch Bergwanderer, Wildwassersport, Drachen– und Motorflug und vor allem durch den Massenskilauf. Solche Folgen legen die Frage nahe, ob sich der Sport selbst zu begrenzen hat, ob alles zugelassen sein darf, was Lust und Freude macht, oder ob nicht die Einführung bestimmter Taburegeln zwingender ist als die Planung weiterer Maßnahmen zur Aktivitätssteigerung. Sportpolitisch zentral wird somit die Frage, ob auch heute und in der nächsten Zukunft wachstumsauslösende Impulse gegeben werden dürfen. Immerhin könnte ja die Folge eintreten, dass sich auf Dauer das Gesamtsystem des Sports als steuerungsunfähig erweisen könnte." (DIGEL 1997, 99).

In der Tat scheint hier – dies wurde ja gerade durch die Tendenz der Individualisierung des Sporttreibens so deutlich – ein großes Problem zu bestehen: „Immer deutlicher wird die Einsicht, dass gesellschaftlicher Wandel kaum planbar und schon gar nicht von nachgeordneten Institutionen steuerbar sein wird. Dies gilt auch für den Sport und vor allem in Bezug auf die Frage, inwiefern der Sport sich gegenüber Veränderungen in der Gesellschaft sperren oder gar entgegenstellen könnte." (DIGEL 1991, 10).

Im Klartext bedeutet dies: Die Entwicklung des Sporttreibens verläuft von Politik, Verbänden etc. unbeeinflusst, was zu Nebenfolgen führen könnte, die auf den Sport selbst zerstörend zurückwirken. So stellt sich die Frage nach dem „Grenznutzen des Sports", d.h.: „Sport ist wohl nötig, immer mehr Sport könnte aber immer weniger nützlich sein." (DIGEL 1997, 99). So ist das Bedürfnis des Menschen nach Bewegung, Sport und Spiel auch an jenem Ethos zu messen, das dem Menschen auch Verantwortung gegenüber seiner Umwelt aufgibt (vgl. DIGEL 1997, 99).

2.3.2 Lösungsansätze

Wie kann der Sport dieser Verantwortung gerecht werden? Ein wichtiger Aspekt hierfür ist „der sanfte Tourismus", womit ein umweltverträglicher und sozialverantwortlicher Tourismus bezeichnet wird (vgl. LAUTERWASSER/ROTH 1995, 23). Da es sicherlich nicht möglich und auch gar nicht wünschenswert ist, dem Einzelnen vorzuschreiben, welcher Sportart er nachgehen darf, ist die Umorientierung, die der „sanfte Tourismus" umschreibt, ein Schritt in die richtige Richtung. Dass er grundsätzlich möglich ist, belegen beispielsweise die Schriften des DAV zu Klettern und Naturschutz. Mögliche räumlich oder zeitlich gesperrte Bereiche oder auch der Totalverzicht auf einzelne Felsen oder Felsbereiche (vgl. DAV 1999, 20) ebenso wie differenzierte Betreuungs- und Kletterregelungen, die auf die ökologischen Bedingungen des jeweiligen Standorts abgestimmt sind (vgl. DAV 1998, 22f.), sind Arrangements, die durchaus sinnvoll und praktikabel erscheinen.

Auch die Forderung nach Regionalisierung des Sports ist in diesem Zusammenhang bedenkenswert, scheint es doch unter ökologischen Gesichtspunkten höchst widersinnig, mit dem Fahrrad auf dem Autodach zuerst eine größere Entfernung zurückzulegen, bevor man auf das Fahrrad steigt. Voraussetzung für eine Regionalisierung des Sporttreibens ist allerdings, neue Räume für Bewegung, Sport und Spiel in den Städten und in ihrem unmittelbaren Umland zu schaffen, so dass die städtische Bevölkerung nicht mehr die Notwendigkeit verspürt, der urbanen, parzellierten und gepanzerten Sportarchitektur in die freie Natur entfliehen zu müssen (vgl. DIGEL 1997, 29).

Neben restriktiven Maßnahmen, wie beispielsweise dem Einbehalten der Skipässe von sog. „Variantenfahrern", ist mit dem optimistischen Ansatz des DSV jedoch in erster Linie auf Erziehungsarbeit zu setzen. Letztlich scheint nur der Weg der eigenen Einsicht bei den Betroffenen erfolgreich sein zu können, ist die Kontrolle der Alpen – so man eine solche überhaupt für erstrebenswert hält – spätestens bei Tourengehern ohnehin nicht mehr praktikabel.

Erzieherische Möglichkeiten sind sicher den Verbänden gegeben, wofür die Schriften und Veranstaltungen des DSV und DAV gute Beispiele sind; sie erreichen die Individualsportler jedoch kaum. Hier besteht ein Zugriff allein durch die Erziehung im schulischen „Sportunterricht", dem im Hinblick auf Sport und Umwelt somit eine ganz entscheidende Rolle zukommt. Die Verankerung dieses Erziehungsbereiches in den Lehrplänen reicht allein noch nicht aus. Gerade hier sind Engagement und Vorbild der Sportlehrer besonders gefragt, die auch in einer Zusammenarbeit von „Schulsport" und Sportverbänden bestehen könnte.

Überhaupt ist die Kooperation auf nationaler und internationaler Ebene in diesem Punkt unerlässlich, weshalb es auch wünschenswert wäre, dass der DSB als Dachorganisation der organisierten Sportverbände mit jenen Institutionen eine Partnerschaft einginge, die sich für die dringendsten ökologischen Erfordernisse in unserer Gesellschaft einsetzen – ein Weg, der von DIGEL jedoch nicht sehr optimistisch beurteilt wird, käme der DSB doch dann häufig in Konflikte mit jenen Wirtschaftskräften und Medien, die ihn finanziell unterstützen (vgl. DIGEL 1997, 41).

Probleme zeichnen sich für den Sport jedoch nicht nur im Hinblick auf ökologische Fragen durch seine enge Bindung an Wirtschaft und Medien ab – auch in anderen Bereichen sind diese Verhältnisse nicht immer unproblematisch, wie die folgende Darstellung zu „Sport und Medien" erweisen wird.

2.4 Sport und Medien

Ein weiterer Aspekt, den es in einer kritischen Beurteilung des Sports als gesellschaftlichem Phänomen zur Jahrtausendwende anzusprechen gilt, ist das Verhältnis von Sport und Medien. *Was* wird von den Medien über „den" Sport berichtet? Und: *Wie* wird das getan? Diese Fragen sind auch für eine Leibes- und Bewegungserziehung von Interesse, da man davon ausgehen muss, dass sowohl die Inhalte als auch die Art und Weise der Sportberichterstattung in den Medien (auch) bei den Heranwachsenden eine bestimmte Vorstellung vom Sport erzeugen, die diese in den schulischen „Sportunterricht" mitbringen und die sie mehr oder – meist – weniger kritisch übernehmen. Auch für den Umgang mit den Medien zeichnet sich somit eine erzieherische Aufgabe ab – und wo sonst, wenn nicht im schulischen „Sportunterricht" soll sie stattfinden? Diese (Sport-) Medienerziehung ist um so nötiger, als man wohl davon ausgehen muss, dass die Sportdarstellung in der Medienwelt in Zukunft eine noch größere und zentralere Rolle spielen wird (vgl. DIGEL 1997, 29).

2.4.1 Die veränderte Sportberichterstattung der Medien

Die tief greifenden Wandlungen des Sports betreffen zum einen den Breitensport, von dem bisher in erster Linie die Rede war; sie haben aber auch den Hochleistungssport gravierend verändert (vgl. DIGEL 1997, 80). Die Ursachen hierfür werden einerseits in einem engen wechselseitigen Verhältnis zu gesellschaftlichen Veränderungen gesehen; dem Sport kommt andererseits für diese Entwicklung sicherlich auch eine gewisse Eigendynamik zu; schließlich gibt es noch eine Reihe von Beobachtungen zur Darstellung sportlicher Ereignisse in der Öffentlichkeit durch die Medien, die zu dieser Veränderung des Stellenwerts des Sports in unserer gegenwärtigen Gesellschaft wesentlich beigetragen hat. Die unmittelbare Verwiesenheit von Medien und Sport kommt im Titel einer Veröffentlichung HACKFORTHs treffend zum Ausdruck: „Sportmedien & Mediensport" (1987). Da das „magische Dreieck" von Sport, Medien und Wirtschaft inzwischen so untrennbar verwoben ist (vgl. HUBER 1994, 189), dass bestimmte Erscheinungen nicht isoliert betrachtet werden können, werden hier bereits einige wirtschaftliche Aspekte zur Sprache kommen, die ebenso gut erst im folgenden Punkt angesiedelt sein könnten.
Zunächst einige allgemeine Beobachtungen zur medialen Sportberichterstattung in Printmedien, Hörfunk und Fernsehen.

In den Printmedien füllt die Sportberichterstattung einen großen Teil der Tageszeitungen – eine solche ohne „Sportteil" ist nicht vorstellbar. Darüber hinaus gilt es hier auf die vielen Sportzeitschriften zu verweisen, die wöchentlich oder monatlich in millionenfacher Auflage – von „Sportbild" über „Kicker" bis zu den Zeitschriften der Verbände, beispielsweise der „Deutschen Volleyball-Zeitschrift" usw. – von Sportereignissen berichten, sie analysieren, kommentieren etc.
Auch am Rundfunk geht kein sportliches Ereignis mehr unkommentiert vorbei. Ob Torerfolge, Zwischenstände oder Direktübertragungen in entscheidenden Phasen: der Rundfunk ist ebenfalls bei wichtigen Sportereignissen – oder bei solchen, die als wichtig erachtet werden – dabei. Ebenso fehlt das „Drumherum" in der Berichterstattung des Rundfunks nicht, das alle möglichen Leute zu einem Ereignis oder einem Sportstar befragt, wofür das Inter-

view mit „dem Sportlehrer des Skifliegers Martin Schmitt" am Dienstag, 05.01.99, im Bayerischen Rundfunk vor dem abschließenden Springen der Vierschanzen-Tournee in Bischofshofen ein gutes Beispiel ist.
Stets abrufbare aktuelle Sportinformationen über Handy oder Internet ergänzen diese Informationsquellen.

Gab es bis vor ca. 20 Jahren nur ARD und ZDF, die Sportereignisse in Ausschnitten oder – selten genug – in Direktübertragungen ausstrahlten, so findet man heute ein vermehrtes Sportangebot in den öffentlich-rechtlichen Fernsehsendern vor. Hinzu kommen seit einigen Jahren mehrere Privatsender, die Sportveranstaltungen übertragen – ja es gibt mit „DSF" und „Eurosport" zwei Privatsender, die ausschließlich mit Sportsendungen den ganzen Tag über ihr Programm bestreiten. Freilich kann hier kritisch gefragt werden, ob die Vielzahl der Kanäle tatsächlich eine Vielfalt der Inhalte bringt, oder ob sie nicht in Folge der Knappheit des Angebots an hochkarätigen Sportveranstaltungen lediglich ein „more of the same" mit steigender Tendenz zur Zweitauswertung anbieten kann (vgl. HACKFORTH 1994b, 26). Auch das, was in den Sportprogrammen als „Sport" angeboten wird (Strongmen-Wettbewerbe, Wrestling etc.) sei hier nun nicht näher diskutiert - die Grenzen zwischen Show– und Sportveranstaltungen zerfließen zunehmend. Hauptsächlich aber sind es einige wenige Sportarten, mit denen die Sportsender den Großteil ihres Programms bestreiten (vgl. HACKFORTH 1994b, 32). Wichtig ist hier zunächst die Feststellung, dass dieses Sportangebot für den TV-Konsumenten bedeutet, dass er nicht (mehr) darauf warten muss, bis eine Sportsendung beginnt, sondern dass er sich jederzeit in eine solche einschalten kann. Der Sport hat damit an Unterhaltungswert gewonnen – aus Infotainment ist Entertainment geworden (vgl. HACKFORTH 1994a, 19) –, der ähnlich dem der Musik oder dem von Krimis, „Reality-Soaps", Actionfilmen usw. gleich geschaltet ist. Sport als reine Unterhaltungsware ist jederzeit und von jedermann abrufbar: „Im vermarkteten Wettkampfsport entwickelt sich eine neue Massenkultur, in der für einen gleichbleibenden Geschmack eine konstante Ware für den Konsum einer breiten Masse produziert wird – nach dem Prinzip von Denver Clan, Schwarzwaldklinik, Big oder Mac." (HEINEMANN 1999, 18).

Die gestiegene Bedeutung der Sportberichterstattung in den Medien zeigt sich in mehreren Beobachtungen:
Der 20.00 Uhr-Beginn der „Tagesschau" in der ARD schien jahrzehntelang unumstößlich. Als jedoch wichtige Sportereignisse ebenfalls um 20.00 Uhr begannen, wurden die Nachrichten in die Sport– bzw. Spielpause verdrängt.
Ergebnisse vom Sport wurden, wenn überhaupt, am Ende der Nachrichten gebracht. Seit einigen Jahren jedoch werden Sportergebnisse sogar an erster Stelle gemeldet: Tennissiege von Boris Becker oder Steffi Graf, Siege deutscher Sportler bei Olympischen Spielen. Die Meldung: „Michael Schumacher gewinnt großen Preis von Großbritannien" stand beispielsweise am Sonntag, 12.07.98, in den 17.00-Uhr-Nachrichten im Programm Bayern 1 an erster Stelle. Und selbst die Nachricht, dass ein Fußballprofi in den WM-Kader für Frankreich '98 berufen wurde, war es den verantwortlichen Redakteuren wert, am Montag, 11.05.98, in den 15.00-Uhr-Nachrichten in Bayern 1 an erster Stelle gemeldet zu werden: „Lothar Matthäus für die Fußball-WM nominiert!"
Die gestiegene Bedeutung des Sports in unserer Gesellschaft, die sich wohl kaum deutlicher dokumentieren lässt, hat mehrere Ursachen. So entsprechen die Medien in ihrer Berichterstattung über den Spitzensport genau dem, was zuvor als Bedürfnis nach Körperlichkeit für den Breitensport dargestellt wurde: „Der Körper ist auch passiv als wahrnehmbare Instanz

ein Thema, das die Massen begeistert und Emotionen hervorruft. Der Sport bietet ein Refugium für die Beobachtung bewegter Körper. Er repräsentiert damit das Konkrete in einer Welt der zunehmenden Abstraktion und Virtualisierung. Wo die Unübersichtlichkeit zunimmt und die Erfahrung des Fragmentarischen immer mehr um sich greift, entsteht offensichtlich ein Evidenzbedarf. Im Sport steht der Faktor Mensch als eine greif- und beobachtbare Größe im Vordergrund. In der Flut der massenmedial transportierten Bilder und Informationen bemüht sich der Sport, eine Welt der Einfachheit, Nachvollziehbarkeit und Eindeutigkeit zu inszenieren. Im Gegensatz zur Kompliziertheit und Intransparenz beispielsweise politischer, wirtschaftlicher oder wissenschaftlicher Prozesse ist der Sport aufgrund seines Körper- und Personenbezugs auf eine erfrischend andere Weise lesbar und verstehbar. Er ist gleichsam ein Bollwerk in einer Welt der zunehmenden Nichtlesbarkeit und Orientierungslosigkeit." (BETTE 1999, 125). So sind Spitzenathleten in besonderer Weise für eine moderne Heldenverehrung geeignet, da sie durch ihre Medienpräsenz das Authentische, das Echte, das Reale verkörpern (vgl. BETTE 1999, 126). Da auch dies dem Bedürfnis vieler Menschen entspricht, fällt es den Medien relativ leicht, aus erfolgreichen Sportlern Stars zu machen – man denke nur an die oben bereits erwähnten Sportgrößen der vergangenen Jahre.
Aus den USA kennt man das ja länger schon, wie z.B. an Carl Lewis, Mark Spitz, der Basketball-Legende Michael „Air" Jordan gut zu sehen ist.

Das Aufbauen von „Sport-Legenden" ist die eine Sache der Medien; die „Skandal-Berichterstattung" die andere. Ob es nun der „Nachtschwärmer Mario Basler", der „Promille-Sünder Stefan Effenberg", der „Skifahrer Lothar Matthäus" oder der „wiederholte Gelbsünder" Giovane Elber ist, die Medien saugen solche Meldungen gierig auf, schlachten sie aus und tragen so zur Unterhaltung der Konsumenten der Sportwelt bei. „Sport"-Berichterstattung umfasst deshalb inzwischen viel mehr als die Übertragung eines sportlichen Ereignisses; sie ist umfassend geworden, bezieht auch das Privatleben der hochdotierten Stars schonungslos mit ein. Freilich muss man mit solchen Darstellungen vorsichtig sein, ist doch die mediale Präsentation von Einfachheit und Sensationsgehalt geprägt. Differenziertheit der Darstellung ist der medialen Präsenz eher abträglich, so dass Einseitigkeiten, Verzerrungen etc. bewusst in Kauf genommen werden (vgl. THIELE 1999, 144).

Hinsichtlich der Berichterstattung in den Printmedien wurde bei den Olympischen Spielen in Atlanta ein spezifisches Problem der Skandalberichterstattung ganz offensichtlich: Die Gefahr der manipulierten Sportberichterstattung ist für die Printmedien besonders groß, da sie nahezu kein Korrektiv haben. Informationen aus zweiter Hand über Personen oder Ereignisse, die zu vernichtenden Urteilen führten, wurden zu bundesweiten Nachrichten. Einmal in die Welt gesetzt, wurden die Meinungen als angebliche Tatsachen weiter gegeben, ohne sie hinreichend recherchiert und geprüft zu haben. Im Sinne einer kompetenten Berichterstattung ist deshalb zu fordern, dass nicht jeder ohne Qualifikation, ohne Ausbildung und ohne verbindliches journalistisches Ethos über (Spitzen-)Sportler und Sportereignisse schreiben darf (vgl. DIGEL 1997, 119f.).

2.4.2 Verzerrungen der sportlichen Realität durch die medialen Berichterstattungen

Auch die Art und Weise der Berichterstattung der Medien über Sportveranstaltungen selbst hat sich in den letzten Jahren stark verändert und führt, von kommerziellen Interessen geleitet, zu einer Wettbewerbsverzerrung. Hierfür ist ein Blick in die Berichterstattung von der Fußball-Bundesliga aufschlussreich: Auch ohne „englische Woche" wird von einem Spieltag über mehrere Tage berichtet. Fanden bis vor wenigen Jahren die Begegnungen der Fußball-Klubs einmal nicht samstags statt, war das eine Ausnahme. Heute jedoch ist die Streuung eines Spieltages von Freitag bis Sonntag das Normale, was bedeutet: das ganze Wochenende über wird der interessierte Fußball-Fan mit dem aktuellen Spiel, mit den neuesten Ergebnissen und Informationen versorgt – und damit auch drei Tage lang an das Sport-Fernsehen gebunden. Das sichert zwar Einschaltquoten, verzerrt jedoch den sportlichen Wettbewerb dadurch, dass die eine Mannschaft im Kampf um Meisterschaft, Platzierungen für internationale Wettbewerbe oder Abstieg bereits weiß, wie der Konkurrent gespielt hat. Mit der Initiative „Pro 15.30 Uhr" in den Stadien am 31.03.2001 protestierten die Fußball-Fans gegen diese Wettbewerbsverzerrung – ohne Erfolg: der Einfluss der Medien, v.a. des Fernsehens, hat durch die enormen Summen, die für die Übertragungsrechte bezahlt werden (hierzu später mehr), mehr Gewicht.

An einem ganz normalen Spieltag kann sich der Fußball-Fan über Stunden hinweg mit Berichterstattungen, Analysen und Meinungen zum Spieltag versorgen. Dies beginnt mit den Vorberichten in den Regionalprogrammen am Freitag, geht weiter mit der Direktübertragung im Radio (z.B. Bayern 1: „Heute im Stadion"), gefolgt von über zwei Stunden „ran" bei SAT 1 von 18.30 bis 20.15 Uhr, um im „Aktuellen Sportstudio" im ZDF ab 22.00 Uhr aus anderer Perspektive und mit Studiogästen noch einmal präsentiert zu werden. Ein bisschen überzeichnet könnte man sagen: samstags, ab 15.00 Uhr, ist der Tag für den Fußball-Fan gerettet – flankiert von „ran-extra" Freitagnacht und „ranissimo" Sonntagabend.

Doch damit nicht genug. Am Montag kann alles in den Printmedien ausgiebig nachgelesen werden, abends gibt es im Regionalfernsehen (z.B. in BR 3 für die bayerischen Zuschauer) u.a. eine Nachlese zum Abschneiden der (bayerischen) Fußballvereine in der 1. und 2. Bundesliga. Spitzensportler und Sportmanager sind somit in den Medien ständig präsent und erreichen dadurch eine Popularität, die die von Politikern oder Künstlern teilweise übertrifft.

Weitgehend unbemerkt vollzieht sich in der Kurzberichterstattung v.a. durch das Fernsehen eine weitere Verzerrung der sportlichen Realität. Das, was dem TV-Konsumenten im Zusammenschnitt eines Sportereignisses angeboten wird, der Fallrückzieher, das perfekte Kurzpassspiel, die Torwartparade, das schwere Foul, wirkt sensationell, spektakulär, aufregend. Die auf diese Weise dargebotene Güte der Medienrealität existiert in der Wirklichkeit des sportlichen (Gesamt-)Ereignisses aber gar nicht, die Realität des sportlichen Ereignisses wird völlig verzerrt (vgl. VOM STEIN 1988, 39). Die dramaturgische Aufbereitung dieser Einzelszenen in extremer Zeitlupe, in Großeinstellung und vielfachen Wiederholungen aus unterschiedlichen Perspektiven verstärkt dies noch, was dazu führt, dass eine medial aufbereitete Realität entsteht, die sich vom tatsächlichen Ereignis bisweilen krass unterscheidet (vgl. TEWES 1991, 43).

Mehr noch: In einem weiteren Punkt findet im Mediensport eine Verzerrung der Wirklichkeit, ja sogar eine bewusste Manipulation, statt. DIGEL berichtet darüber von seinen eigenen Erfahrungen von Atlanta 1996: „So wie Berichterstattung im Allgemeinen, so ist die Olympia-Berichterstattung im Besonderen zu einem Quantitäts- und Qualitätsproblem geworden. Olympische Spiele sind heute im Wesentliche das, was die Medien aus ihnen machen. Nirgendwo wurde dies deutlicher als bei den Olympischen Spielen von Atlanta. Wer sie live vor Ort erleben und seine eigenen Erlebnisse mit der Berichterstattung über diese

Spiele vergleichen konnte, dem wurde auf eindrucksvolle Weise vor Augen geführt, wie die Welt des Sports von Sportjournalisten konstruiert wird, wie ein Betroffenheitsjournalismus die Meinung der Rezipienten prägt und wie ein Bild von Olympia geschaffen werden kann, das nur wenig mit der eigentlichen Wirklichkeit gemeinsam hat. In Atlanta war jeglicher Manipulation Tür und Tor geöffnet. In der Fernsehberichterstattung kam es bei NBC zu einem fortlaufenden Life-Betrug. Bandaufzeichnungen von bereits stattgefundenen Wettkämpfen wurden den Zuschauern als Life-Ereignisse vorgegaukelt; eine Methode, die leider immer häufiger auch in der deutschen Sportfernsehberichterstattung ihre Nachahmer findet. Bei NBC waren immerhin 40% der Berichte ‚tape-delayed'." (DIGEL 1997, 119).

Auch die Direktübertragungen „wichtiger" Sportereignisse verdienen eine eingehendere Betrachtung. Als Beispiel kann das Länderspiel Deutschland gegen Armenien am 10. August 1997 dienen. Fast drei volle Stunden (genau: zwei Stunden 50 Minuten) räumt die ARD für die Direktübertragung dieses Spiels ein – für ein Spiel, das dem Kampf Davids gegen Goliath gleicht. Vor Anpfiff des Spiels wird der Zuschauer fast eine ganze Stunde lang durch das Gespräch des Reporters mit einem „besonders kompetenten Studiogast" auf das Spiel eingestimmt: auf die Bedeutung des Spiels, seine Schwierigkeiten, die mögliche Taktik, die wahrscheinliche Mannschaftsaufstellung, die Chancen, die Konsequenzen bei Sieg und Niederlage usw. In der Halbzeit und am Ende des Spiels werden die wichtigen, spielentscheidenden Szenen noch einmal zusammengestellt – möglichst mit dem Kommentar eines beteiligten Spielers, eines Torschützen oder verantwortlichen Trainers versehen. Ein Resumée, ein Abschlusskommentar darf ebenfalls nicht fehlen: der Zuschauer soll umfassend informiert und mit einem „kompetenten" Urteil über das Spiel ausgestattet entlassen werden.

Von Sportereignissen wird inzwischen eigentlich nicht mehr nur „berichtet", sie werden nicht mehr bloß „übertragen" – sie werden regelrecht „zelebriert". Kein Wunder! Das, was hier geschieht, ist ja viel mehr als bloß „die schönste Nebensache der Welt". Es geht um Geld. Viel Geld. Und je mehr Geld, z.B. als Siegprämie im Tennis, auf dem Spiel steht, desto bedeutsamer erscheint ein Sportereignis. So wurden für den Gewinner der US Open 1997 im Tennis bei den Männern immerhin 650.000 Dollar ausgeschüttet. Pete Sampras hat seit seinem Profidebut im Jahre 1988 mehr als 31 Millionen Dollar Siegprämien kassiert; allein für 1997 belief sich sein Jahrespreisgeld auf 5.664.978 Dollar (vgl. SZ vom 17.11.97) – ein enormes Plus, wenn man die gut 2,7 Millionen Dollar des „reichsten" Tennisprofis des Jahres 1992, Michael Stich, dagegen hält (vgl. MB vom 09.12.97). Und diese Tendenz geht weiter nach oben: für die Tennisturniere des Jahres 1998 soll von der WTA das Rekordpreisgeld von 39 Millionen Dollar ausgeschüttet worden sein (vgl. MB vom 19.11.97). Je höher die Preisgelder desto bedeutender scheint das Sportereignis – desto größer ist jedoch zugleich die Gefahr, dass es bei „der schönsten Nebensache der Welt" eben doch nicht nur um den sportlichen Sieg oder die Niederlage, sondern um große Summen geht, was – als strukturelles Problem des Spitzensports in sich – bisweilen große Aggressivität und Gewaltbereitschaft aufkommen lässt (vgl. DIGEL 1997, 64).

Auch die Fans sind Teil dieses Zeremoniells sportlicher (Groß–)Ereignisse: ihre Bemalung, ihre Gesänge, ihre Rituale, das Hinfiebern auf das nächste Ereignis, die Anfahrt teilweise quer durch Deutschland bzw. den Kontinent, die Ankunft z.T. schon vormittags am Austragungsort des Sportereignisses, die deutlich zur Schau und zu Gehör gebrachte Identifikation mit einer Mannschaft, einem Star, einer größeren Gemeinschaft, die finanziellen Opfer, insgesamt: der Stellenwert des Sports im Leben eines „echten" Fans – all das erinnert bisweilen an traditionelle religiöse Feiern, was im ersten Kapitel bereits anklang und was BETTE aus soziologischen Beobachtungen vom „Festverlust" (BETTE 1999, 206) in unserer

Gesellschaft ergänzt. Feste stellen ja, wie in den strukturphilosophischen Ausführungen angedeutet wurde, immer auch die Sehnsucht nach Gemeinschaftserleben dar. Durch das Verblassen der religiösen Feste in der modernen Gesellschaft entsteht ein Vakuum, das u.a. durch die Großveranstaltungen des Sports, auch wenn die meisten dies sicherlich nicht bewusst so erleben, ausgefüllt werden soll (vgl. BETTE 1999, 208). So verwundert es nicht, wenn SCHULKE die Marathon-Events tausender Läufer als „Fest" bezeichnet (vgl. SCHULKE 1999, 115f.), oder wenn DIGEL von den Olympischen Spielen sagt, sie seien viel mehr eine „Feier" und ein „Festival" als ein auf das Agonale reduzierter Wettkampf. Nicht zuletzt deshalb sei das teuerste Ticket für die Eröffnungszeremonie zu zahlen, die mehr einer „Liturgie" gleiche (vgl. DIGEL 1997, 123).

Auch das Phänomen der Fan-Artikel passt in dieses Bild. Zu keiner Zeit vorher konnte sich ein Sport-Fan, v.a. ein Fußball-Fan, in seinem täglichen Leben so völlig mit den Farben seines Vereins umgeben wie heutzutage. Der Fan-Artikel-Katalog zur Saison 1997/98, z.B. des FC Bayern München, bietet alles, damit sich der Fan in seinem alltäglichen Leben auf Schritt und Tritt mit FC Bayern München-Präsenz umgeben kann. Auf insgesamt 124 Seiten wird quasi alles in Bayern München-Aufmachung geboten: Mütze und Schal, Bettwäsche, Armbanduhr, Weinetikett, Sekt etc. (vgl. FC Bayern Meister-Katalog 97/98); auch Blazer, Krawatte, Bundfaltenhose, Golfbälle, „Grappa Chardonnay in mundgeblasener Flasche", Goldschmuck usw. (vgl. FC BAYERN Fankatalog 98/99) – jeweils mit FC Bayern-Emblemen versehen – sind Artikel, die darauf hinweisen, dass das Fansein eine lebens(er)füllende, quasi religiöse Dimension erhält.

Abb. 5: Fans in ihren Vereinstrikots (eigene Aufnahme)

Betrachtet man diese mediale Präsenz und die „große Welt des Sports", die durch sie vermittelt wird, scheint der „Schulsport" dagegen völlig klein und unbedeutend. Von der Öffentlichkeit kaum registriert, fristet er ein Mauerblümchendasein. Er findet tagtäglich in den Schulen statt, von den Medien selbst dann unbeachtet, wenn er innerhalb weniger Jahre um die Hälfte reduziert wird.
Zumindest vom Sensationsgehalt und wirtschaftlichen Standpunkt aus gesehen, scheint diese dem „Schulsport" zugewiesene Rolle verständlich, denn seine finanziellen Mittel und die dort erbrachten subjektiven Leistungen sind sehr begrenzt und eignen sich nicht für eine sensationelle, kommerzialisierte Berichterstattung. Keine Siegprämien, keine zehntausende Zuschauer, keine (stundenlangen) TV-Übertragungen, keine (seitenlangen) Berichterstattun-

gen in den Printmedien usw. stellen seinen gesellschaftlichen Wert dar. So kommt es denn, dass er – und dem Breitensport ergeht es ebenso – in den Medien kaum eine Rolle spielt. Dies aber wirkt sich in unserer medial geprägten Welt verheerend aus, denn: „Ein sportliches Ereignis, über das nicht berichtet wird, hat für die Öffentlichkeit gar nicht stattgefunden." (BINNEWIES 1983, 121 – zit. nach TEWES 1991, 42). In seiner einseitigen und ausschließlichen Konzentration auf den Spitzensport – es ist vielleicht 1%, des organisierten Sports, das der Spitzen– und Showsport ausmacht (vgl. FREUDENREICH 1986, 74 – zit. nach TEWES 1991, 8), vom individualisierten Sport ganz zu schweigen – , wird der Mediensport der gesellschaftlichen Komplexität des Sports nicht gerecht (vgl. TEWES 1991, 44), stellt die mediale Präsentation des Spitzensports eine weitere Verzerrung des Gesamtphänomens Sport dar.

Wenn man davon ausgeht, dass unser Bild von der Wirklichkeit sich immer mehr aus massenmedialen Quellen speist (vgl. THIELE 1999, 144), dann ist die Feststellung unausweichlich, dass der Öffentlichkeit lediglich *ein* bestimmter Bereich des Sports, nämlich der Spitzensport, vermittelt wird, was zwangsläufig zu einem verengten Verständnis des Sports insgesamt führen muss. In ihm wird zudem das Bild des Sportlers geprägt, das mit Attributen wie „egozentrisch", „geistig etwas minderbemittelt", „muskelbepackt" usw. in der Öffentlichkeit assoziiert wird, weil die massenmediale Präsentation den „typischen Leistungssportler" über Jahre hinweg so dargestellt hat (vgl. BINNEWIES 1981, 42) – und auch heute noch, wenigstens teilweise, so darstellt. Einige Bilder aus der Presse veranschaulichen dieses Bild von Sportlern und vom Sport in den Medien.

Abb 6: aus MB vom 18.01.99 und 07.12.98

Abb 7: aus MB vom 01.02.99; 23.03.99, 08.12.98 und 26.02.99

Doch ist diese Darstellung des Hochleistungssport in den Medien noch zu grob und bedarf einer weiteren differenzierten Betrachtung. Da nämlich der Medienerfolg und mit ihm die Refinanzierung durch Werbung und Programmsponsoring an den Einschaltquoten und Marktanteilen gemessen wird, bestimmen sie zunehmend sowohl die Programmleitlinien der privaten Sender als auch die von ARD und ZDF mit der Folge, dass beide zur Selbstkommerzialisierung neigen. Dies beinhaltet: Die Sportsendungen bieten in ihrem Programm bevorzugt das an, was die Mehrheit des TV-Publikums sehen will. Dadurch verdrängt das marktwirtschaftliche Rundfunkmodell mehr und mehr das am Gemeinwohl orientierte Medienmodell. Für den medienwirksamen Sport bedeutet dies: er wird nicht (mehr) als Volkssport und Kulturgut, sondern als Ware gehandelt. „Das Fernsehen fabriziert die Ware Sport. Und danach wiederum definiert sich der Preis dieser Ware durch die Einschaltquote." (HACKFORTH in: SZ vom 15.06.96). Die vorderen Plätze der TV-Hitlisten des Jahres 1992 verdeutlichen zum einen die herausragende Bedeutung des Sports für die Medien im Allgemeinen und die Rolle einzelner Sportereignisse, z.B. die Olympischen Spiele 1992, im Besonderen (vgl. HACKFORTH 1994b, 25).

Was die Sportarten betrifft, ist der Fußball in Deutschland unbestritten die Nummer 1. Man spricht vom „Bestseller" (SZ vom 15.06.96) und vom „Quotengiganten" Fußball (MB vom 03.01.96). Um die finanziellen Dimensionen, um die es hierbei geht, zu veranschaulichen, seien noch einige Informationen gegeben:
Wenn z.B. ein Champions-League-Spiel von Borussia Dortmund oder die erfolgreiche Teilnahme von Schalke 04 im UEFA-Cup-Wettbewerb 97 spätestens ab Erreichen des Viertelfinales in aller Munde ist, wofür nicht zuletzt die Medien selbst durch die Art und Weise ihrer Vorankündigungen Sorge tragen, sind die Einschaltquoten hoch. Sie lagen beim Champions-League-Finale von Borussia Dortmund gegen Juventus Turin bei 15,28 Millionen TV-Zuschauern, das UEFA-Cup-Finale mit Schalke 04 verfolgten 13,69 Millionen, das Elfmeterschießen gar 14,44 Millionen TV-Zuschauer.
Nicht nur wegen dieser „Großereignisse" war 1997 „Fußball die beliebteste Fernseh-Sportart", was 17 Fußballsendungen in der „TV-Quotenliste des Sports" unter den ersten 20 eindrucksvoll belegen (vgl. MB vom 27./28.12.97).

Spielt die deutsche Fußball-Nationalmannschaft, sitzen bei einem Länderspiel selbst gegen einen krassen Außenseiter wie Armenien 13,38 Millionen vor den Bildschirmen. Erreicht die deutsche Mannschaft, wie bei der EM 96, ein Finale, verfolgt fast die halbe Nation – genau waren es 32,86 Millionen – das Golden Goal von Oliver Bierhoff (MB vom 27./28.12.97); bei der WM 98 in Frankreich soll die Einschaltquote beim Viertelfinalspiel gegen Kroatien bei 23% gelegen haben (Nachrichten, Bayern 1 vom Sonntag, 05.07.98). Noch schlimmer als eine deutsche Fußball-National-Mannschaft außer Form scheint nur noch zu sein, wenn die Fernsehzuschauer während der Übertragung ihr TV-Gerät abschalten! So verweigerten 1,03 Millionen Zuschauer (die Zahl sank von 8,10 auf 7,07 Millionen) die zweite Halbzeit des Spiels gegen die USA nach dem 0 : 3 Halbzeit-Rückstand im Februar 1999, wodurch sich die Marktanteile der Einschaltquoten von 30,3 auf 22,5% verringerten (vgl. MB vom 08.02.99).
Dies war eine bisher kaum gekannte Situation für den deutschen Fußball. Denn ansonsten sind die Fußball-Übertragungen feste Quoten-Garanten, die – zumindest im Jahre 1997 – nur von einem Sport-Ereignis noch übertroffen wurden: „Michael Schumachers Kollision war der TV-Hit 1997!" 15,41 Millionen Deutsche sahen das entscheidende Formel 1 Rennen am Bildschirm (vgl. MB vom 27./28.12.97). Insgesamt sollen es mehr als 50 Milliarden Menschen gewesen sein, die die Übertragungen der 17 WM-Rennen der Formel 1 weltweit am Fernsehapparat verfolgt haben, was einer Steigerung von 20% gegenüber 1996 entspricht. Bei einem Rekordumsatz von 2 Milliarden Mark ist der Grand-Prix-Zirkus inzwischen zu einem weltweiten Wirtschaftsunternehmen geworden, das in den EU-Ländern 50.000 Menschen die Arbeitsplätze sichert (vgl. MB vom 08.06.98).
Die letzte Anmerkung über Michael Schumacher und die Formel 1 weist auf den zweiten wichtigen Faktor hin, der bei Sportsendungen Einschaltquoten sichert: die Beteiligung nationaler Stars. Bei erfolgreicher Teilnahme deutscher Sportler schnellen die Einschaltquoten rasant in die Höhe, wie das Beispiel Jan Ullrich bei seinem Tour de France Sieg eindrucksvoll belegt (vgl. Focus Nr. 35, August 97, 176). Auch die Erfolge des Skispringers Martin Schmitt in der Saison 1998/99 beweisen dies. Sie bewirkten, flankiert von entsprechenden allgegenwärtigen Darbietungen in den Medien nicht nur, dass 40.000 Zuschauer zum Springen nach Garmisch-Partenkirchen kamen (vgl. SZ vom 02.01.99), sondern auch, dass das deutsche Fernsehpublikum sich plötzlich im Schanzenfieber befand. Mehr als neun Millionen Zuschauer in der Spitze verfolgten das Springen von Innsbruck, was einem Marktanteil von 45,1% entsprach (vgl. MB vom 05./06.01.99). Die hohen Einschaltquoten – und dies

dokumentiert die finanzielle Abhängigkeit der Athleten von den Medien besonders eindrucksvoll, die noch weitere Probleme nach sich zieht (siehe 2.6) – wirkten sich direkt auf die Athleten aus: „Dank der umfangreichen TV-Übertragung konnte die Siegprämie in Innsbruck auf immerhin 305.000 Mark verdoppelt werden" (MB vom 05./06.01.99). Damit sah der Bundestrainer Hess allerdings auch die Verpflichtung seiner Athleten verbunden, alles dafür zu tun, „den Boom der neuen Sportart Nummer drei hinter Fußball und Formel 1 mit 25 Millionen TV-Zuschauern und 150.000 Fans an den Schanzen bei der Tournee durch Erfolge fortzusetzen" (MB vom 08.01.99), was auch gelang. Auch das Springen von der Normalschanze bei der Nordischen WM in Ramsau war mit 7,03 Millionen Zuschauern (Marktanteil 24,3 %) der Fernseh-Renner, der sogar die Fußball-Quoten dieses Wochenendes übertraf (vgl. MB vom 01.03.99). Um die Telegenität des Skispringens zu erhöhen, werden immer ausgefallenere, spektakulärere Wege gegangen: Der TV-Zuschauer sollte das Gefühl bekommen, live dabei zu sein, ja direkt selbst zu springen, weshalb er in den Genuss von spektakulären Bildern aus der Aktiven-Perspektive dadurch kommen sollte, dass eine an zwei Führungsseilen hängende Spezialkamera die Springer vom Anlaufturm bis in die Auslaufzone begleitete (vgl. MB vom 05./06.01.99).

Die gegenseitige Verwiesenheit von Athleten und Medien und das dadurch implizierte besondere Interesse der Medien an deutschen Spitzensportlern (dieser Aspekt wird im nächsten Punkt noch einmal wichtig sein) zeigt sich auch darin, wie schnell das Publikumsinteresse nachlässt, wenn keine deutschen Topstars (mehr) in den Wettbewerben vertreten sind. Der Absturz der Einschaltquoten lässt sich seit 1997 am Beispiel Tennis durch den Rücktritt von Michael Stich, den Teilrückzug von Boris Becker und die Verletzungsserie von Steffi Graf oder des Boxens nach dem Rücktritt von RTL-Quotenbringer Henry Maske treffend nachweisen (vgl. MB vom 27./28.12.97).
Ob nun Fußball und Tennis – beide zusammen haben Anfang der 90er Jahre 70% der Fernseh-Sportberichterstattung eines Jahres ausgemacht (vgl. HACKFORTH 1994b, 32) – oder mehr Skispringen und Formel 1: die breite Palette der Sportarten wird auf die sogenannten telegenen Sportarten reduziert, wodurch die reale Erscheinungswelt des Sports durch die mediale Präsentation ein weiteres Mal verengt und reduziert wird.

2.4.3 Riesensummen der Medien für den Spitzensport
„Erst mit der Entwicklung der Massenkommunikationsmittel ist der Leistungssport zum Schausport geworden, der sich nicht in erster Linie durch die Höhe der Leistung als vielmehr durch die Menge der Zuschauer definiert. Erst durch die Vermittlung der Massenkommunikationsmittel wird der Leistungssport zur Konsumware für einen großen Konsumentenkreis. Er bekommt damit eine neue Qualität, wird zu einem eigenen Industriezweig. Der moderne Sport ist nicht denkbar ohne Massenmedien – der moderne Schausport!" (VOLKAMER 1981, 18 – zit. nach TEWES 1991, 54).
Die Medien, v.a. das Fernsehen, spielen diese Rolle für den Spitzensport in zweifacher Hinsicht: zum einen sind sie über den Kauf der Übertragungsrechte Sponsoren des Hochleistungssports, zum anderen sind sie das Medium, über das Werbeinhalte von Sponsoren der Wirtschaft einem breiten Publikum übermittelt werden (vgl. HEINEMANN 1999, 184).
Die finanziellen Gewinne für den Hochleistungssport aus der medialen Präsentation sind an die Höhe der Einschaltquoten gebunden. In Erwartung hoher Einschaltquoten werden von den Medien immense Gelder an den Spitzensport bezahlt, wie die Summen verdeutlichen, die für die Übertragungsrechte von Sportveranstaltungen vereinbart wurden: So sind

es beispielsweise 42,2 Millionen DM, die ARD und ZDF jährlich für die Kurzberichterstattung der Fußball-Bundesliga zu zahlen haben. Genauerhin: 18,4 Millionen DM zahlt die ARD für die Übertragungsrechte in der „Tagesschau", die maximal vier Minuten von drei Spielen, höchstens aber 90 Sekunden pro Spiel umfasst; das ZDF lässt sich den Fußball in seinem „Aktuellen Sportstudio" 24 Millionen kosten (vgl. SZ vom 12.11.97). Diese Zahlen lesen sich noch relativ bescheiden, vergleicht man sie mit denen, die inzwischen durch den Eintritt der privaten TV-Sender erzielt werden, wie die folgende Grafik veranschaulicht. Durch den 800 Millionen Mark teuren Einstieg von TM 3 für die Übertragungsrechte der Fußball-Bundesliga werden die Kosten für die Übertragungsrechte noch weiter steigen.

Was kosten die Fernsehrechte der Fußball-Bundesliga?

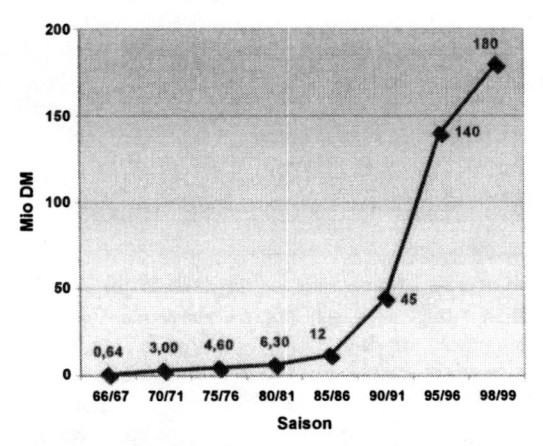

Saison	Mio DM
66/67	0,64
70/71	3,00
75/76	4,60
80/81	6,30
85/86	12
90/91	45
95/96	140
98/99	180

Abb. 8: Entwicklung der Kosten für die Übertragungsrechte der Fußball-Bundesliga (vgl. Focus 1997, 202)

Angesichts solcher Zahlen wird zum einen erkennbar, warum die europäischen Fußball-Spitzenklubs die „European Football League" (EFL) so sehr wollen: Nicht unbedingt wegen des sportlichen Vergleichs, sondern v.a. wegen des Geldes aus den Übertragungsrechten, die sie sich – unabhängig von der UEFA – selbst sichern wollen. Kalkuliert sind Anfangserlöse durch die TV-Vermarktung – fast ausschließlich im Pay-TV – und Sponsoren von 2,3 Milliarden Mark pro Saison (vgl. SZ vom 08.09.98); zum andern wird offensichtlich, um welche Summen es geht, die hinter dem monatelangen Tauziehen um die Übertragungsrechte (freier Zugang oder Pay-TV) zu sportlichen Großveranstaltungen, beispielsweise den Fußball-Weltmeisterschaften 2002 und 2006, stehen.

Auch der Vorstoß des FIFA-Präsidenten BLATTER zu Beginn des Jahres 1999, alle zwei Jahre eine Fußball-WM stattfinden zu lassen, ist doch letztlich – neben der eigenen Machterhaltung durch die Stärkung der Nationalmannschaften gegenüber den immer stärker werdenden Großvereinen – finanzieller Art. Zwar verweist BLATTER vordergründig auf das Unvergleichbare eines Fußball-WM-Spektakels: die letzte WM in Frankreich hätten kulminiert 40 Milliarden Zuschauer verfolgt. Hintergründig geht es in erster Linie jedoch um den Kommerz: Immerhin hat die WM 1998 einen Gewinn von über 96 Millionen Mark vor Steuern, was einen Reinerlös von gut 56 Millionen Mark bedeutet, verbuchen können (vgl. MB vom 09./10.01.99). Die FIFA wird aus dem Verkauf der Fernsehrechte für die nächste

Fußball-WM 2002 in Japan und Südkorea 1,6 Milliarden, für die folgende WM 2006 1,8 Milliarden erlösen (vgl. SZ vom 04.01.99). Offen bleibt, ob die Rechnung, alle zwei Jahre Fußball-WM erbringt doppelt soviel Geld, aufgeht, oder ob nicht durch zuviel Angebot eine Übersättigung der TV-Zuschauer erreicht wird.

Parallel zur Vermarktung des Fußballs ist auch die kommerzielle Entwicklung der Olympischen Spiele zu sehen. Auch für sie spielen die Gelder aus den TV-Übertragungsrechten eine immer größere Rolle, wie der Darstellung SCHERERs zur Entwicklung der Fernsehhonorare seit 1960 für die Olympischen Sommer- und Winterspiele für Europa und die USA, sowie global unschwer zu entnehmen ist (vgl. SCHERER 1995, 262 – vgl. auch DIGEL 1996, 70).

Ohne Zweifel eröffnen die Riesensummen für die Übertragungsrechte sportlicher (Groß-) Ereignisse dem Sport bestimmte Möglichkeiten, doch sie haben auch „ihren Preis" für den Sport. Bevor jedoch darauf eingegangen werden kann, muss zunächst erst das Engagement der Wirtschaft im Sport zur Sprache gebracht werden, denn dieses wiederum stellt einen wesentlichen Faktor dar, warum die immensen Summen der Medien für die Übertragungsrechte des Spitzensports bezahlt werden können.

2.5   Sport und Wirtschaft

Während viele Bereiche der Wirtschaft stagnieren, boomt die Sport-Industrie seit vielen Jahren. Im Sport, durch den Sport und mit dem Sport lässt sich viel Geld verdienen, und ein Teil dieses Geldes fließt in den Sport, v.a. in den Spitzensport, zurück. Das System insgesamt scheint sich als ein gegenseitiges Geben und Nehmen zu tragen. Doch ganz so einfach ist das nicht: das Geflecht von Sport, Staat, Wirtschaft und Massenmedien wird zunehmend undurchsichtiger (vgl. DIGEL 1997, 9), der Sport läuft Gefahr, von der „Dynamik des Marktes" (DIGEL 1997, 16) erfasst und fremdbestimmt zu werden. Die „Durchökonomisierung des Sports" (DIGEL 1997, 28) ist auch im vergangenen Jahrzehnt weiter fortgeschritten und hat der Sportindustrie im Bereich des Breitensports goldene Zeiten beschert. Die tief greifenden Veränderungen des Breitensports, die mit Differenzierungen, Pluralisierung, Komplexität usw. im zweiten Kapitel umschrieben und mit gesamtgesellschaftlichen Veränderungen in Zusammenhang gebracht wurden, spielen hier nun noch einmal in ihren ökonomischen Auswirkungen eine Rolle.

2.5.1   Sportindustrie und Breitensport
Anhand einiger Beispiele zu Sportgeräten, Sportschuhen und Sportbekleidung lässt sich gut verdeutlichen, wie sich die Sportindustrie das veränderte Körperbewusstsein zunutze macht (vgl. DIETRICH 1999, 41). In die kommerzialisierte Fitness-Szene investieren die Menschen viel Geld. Auch wenn dieser Markt durch eine hohe Fluktuation gekennzeichnet ist, sind doch zweistellige prozentuale Zuwachsraten, z.B. in Hamburg, zu verzeichnen (vgl. KOSINSKI/SCHUBERT 1999, 155f.). Für die Kosten der Kraftmaschinen eines solchen modernen Fitness-Studios dürfte eine fünfstellige Investition nicht zu hoch angesetzt sein.
Allein durch den Verkauf von Sportzubehör wie Bälle (für Fußball, Beach-Volleyball etc.), Schläger (z.B. für Tischtennis, Tennis, Squash), Skier, Fußball-, Hallen-, Joggingschuhe, Taschen usw. erzielen die Sportfirmen jährlich Millionenumsätze – „adidas" z.B. 241 Millionen DM im Jahre 1997 (vgl. „adidas" Geschäftsbericht 97, 6).

Auch die Entwicklung des Verkaufs von Sportschuhen von 1993 – 1998 bei „adidas" und „puma" bestätigt, dass die Sportartikelindustrie ein wachsender Wirtschaftszweig ist:

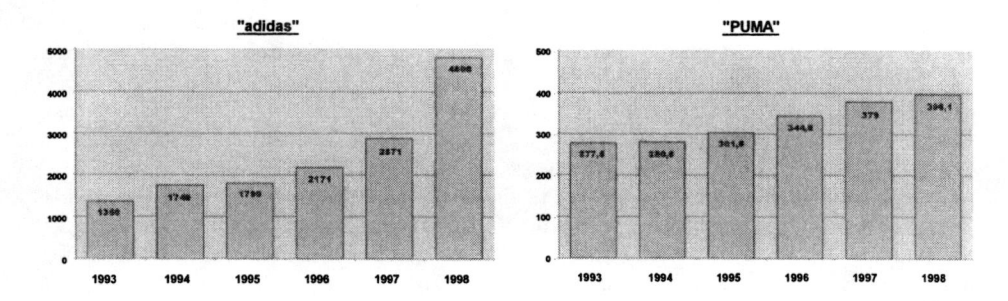

Diagramm 1: Verkaufsentwicklung von Sportschuhen von 1993 – 1998 (vgl. „adidas" Geschäftsberichte 1996, 2; 1997, 5; 1998, 11 und „puma" Geschäftsberichte 1996, 8; 1997, 23; 1998, 10; Angaben in Millionen DM)

Die unterschiedlichen Arten von Sportschuhen verteilen sich bei „adidas" und „puma" wie folgt:

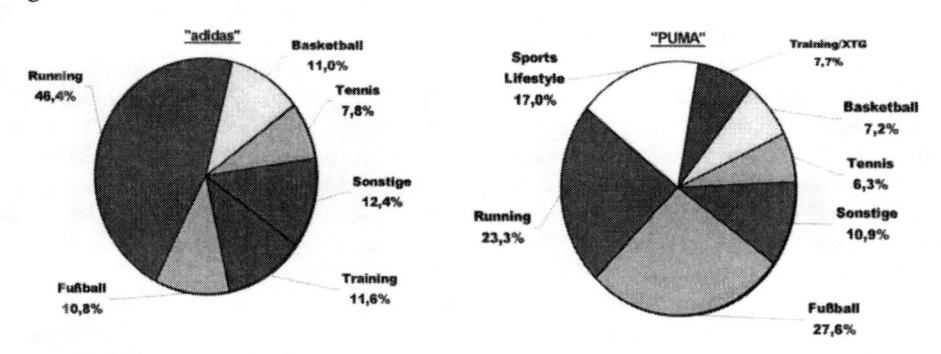

Diagramm 2: Verkauf von Sportschuhen 1998 (vgl. „adidas", Geschäftsbericht 1998, 11 und „puma", Geschäftsbericht 1998, 10)

Dass in der Sportbranche zunehmende Umsätze erzielt werden, trifft auch für den Sportbekleidungssektor zu. Sportmode wird zwar auch zum Sporttreiben selbst getragen, sie ist darüber hinaus jedoch auch als Freizeit– und Berufsbekleidung (vgl. DIETRICH 1999, 107) salonfähig geworden. Die Karriere sportlicher Kleidung, z.B. von Sportschuhen, ist darauf zurückzuführen, dass der, der sie trägt, seiner Umwelt signalisieren will, was er mit sich selbst und seinem Körper anfängt. Freilich kann man auch Sportschuhe in der Öffentlichkeit tragen, ohne wirklich sportlich zu sein. Dennoch lassen sich Attribute, die dem Sport (auch) zugeschrieben werden, z.B. individuelle Leistungsfähigkeit, Vitalität, Jugendlichkeit,

Lockerheit etc., durch Sportkleidung symbolisieren (vgl. BETTE 1999, 131f.). Ruft man sich ins Gedächtnis zurück, wie stark das Bedürfnis nach Jugendlichkeit und Sportlichkeit in unserer Gesellschaft zugenommen hat, ist es nicht verwunderlich, dass die Gewinne eines einzigen Konzerns im Sportbekleidungssektor jährlich viele Millionen ausmachen, wie wiederum die Nettoumsatzerlöse der Firmen „puma" mit 142,9 Millionen DM und „adidas" mit 3.586 Millionen DM für das Jahr 1997 beweisen (vgl. „puma" bzw. „adidas" Geschäftsberichte 1997, 23 bzw. 6).
Mit der Sportmode im Allgemeinen wird also viel und immer mehr verdient:
Insgesamt hatte beispielsweise die Firma „adidas" im Jahre 1996 bei den Nettoumsatzerlösen ein Plus von 35% bei einem Gesamtergebnis von über 4,7 Milliarden DM zu verzeichnen (vgl. „adidas" Geschäftsbericht 1996, 2). Die Gesamtbilanz 1997 weist bei „adidas" einen Gesamtumsatz von 6.698 Millionen DM mit einem Gewinn von 677 Millionen DM aus (vgl. „adidas" Geschäftsbericht 1997, 4), womit „adidas" erstmals auf den dritten Platz der weltgrößten Sportartikelhersteller vordringen konnte; unangefochtene Nummer 1 ist nach wie vor „Nike" mit einem Umsatz von rund 16,6 Milliarden DM im Jahre 1997 (vgl. SZ vom 05.08.98).

Die deutlichen Umsatzsteigerungen beziehen auch die speziellen Sportmoden ein, d.h. die Sportbekleidung, die man für eine bestimmte Sportart trägt. So haben die „Aerobic"-Teilnehmerinnen ihr Outfit ebenso wie Tennisspieler, Beach-Volleyballer, Radfahrer oder Inline-Skater, um nur einige Beispiele anzuführen. Dass es dabei nicht nur, ja manchmal gar nicht mehr, um die Funktionalität der Sportbekleidung, sondern um andere Motive geht (vgl. BETTE 1999, 177), ist offensichtlich: „Der sexuelle Aspekt der Körperkultur wurde lange unterschlagen. Heute steht er im Zentrum. Seine Flagge ist die Bekleidung. Das Fitnessstudio wird zum Laufsteg, das Trainingsgerät zum Requisit. Ein jeder verkleidet sich als eigenes Wunschbild. Das Entlein wandelt sich zum Schwan, der Hase zum Löwen.
Die Geste der Bekleidung steht oft in merkwürdigem Gegensatz zum Wesen der Bekleideten. Männer mit Stirnbändern oder Piratenkopftüchern, breiten Ledergürteln und engen Leggins markieren eine Wildheit, die ihnen tagsüber im Anzug am Bankschalter völlig abgeht. Und an den Frauen materialisiert sich dreidimensional jene Sinnlichkeit, wie man sie sonst nur vom Vierfarbendruck von Modemagazinen her kennt. An diesem Maskenball mag die Textilindustrie gesunden." (KIESER 1998, 146f.).
Die Beschreibungen treffen genau die sportsoziologischen Beobachtungen BETTEs, der in der Sportinszenierung des Einzelnen, die sich ja nicht nur auf das von KIESER ironisch dargestellte Verhalten im Fitnessstudio bezieht, den Versuch sieht, seine Individualität unter Beweis zu stellen: „Teure Rennräder, Mountainbikes, Sportschuhe und Trainingsanzüge zeugen von dem Anliegen, sich dem Uniformen und Mittelmäßigen zu entziehen. Neben dem Gebrauchs- und Tauschwert kommt dem jeweiligen Produkt offensichtlich auch ein hoher Individualisierungs- und Distinktionswert zu. (...).
Sportive Luxusgüter haben vornehmlich Repräsentationsaufgaben. Ihre Wirkungen entfalten sie primär im Bereich des Symbolischen. Ein Rennrad zum Preis eines Kleinwagens signalisiert den Willen, Exklusivität und distinktive Überlegenheit im Geldmedium auszudrücken. Zumindest wird die Bereitschaft erkennbar, für eine derartige ‚symbolische Politik' einen hohen Preis zu zahlen. Die anfangs für reine Funktionszwecke vorgesehenen Objekte werden ästhetisch entdeckt und als Unterscheidungsvehikel genutzt. Der ursprüngliche Grund geht verloren oder tritt in den Hintergrund." (BETTE 1999, 176f.).

Dass die Sportartikelindustrie darüber hinaus auch längst die neue Konsumentengruppe der Heranwachsenden entdeckt hat und sie nicht mehr bloß mit sportiven Lebensstilaccessoirs versorgt, sondern neue Fitness für Kids und Outfit konsumgerecht feilbietet (vgl. THIELE 1999, 146f.), lässt sich recht gut an der Modekleidung der Snowboarder aufweisen. Die dafür kreierte Mode mit „Scooter-Hosen", speziell geschnittenem Anorak und Käppi wird ja längst nicht mehr nur auf der Skipiste getragen: diese Kleidung wurde zum Ausdruck des individuellen, „freien" Lebensgefühls der jüngeren Generation, die sich mit diesem Outfit nicht nur auf der Skipiste gegenüber dem Traditionellen deutlich absetzt. Für die Hersteller von Sportmode eine Riesensache, die sich in der Streetball-Szene, v.a. für „adidas", in ähnlicher Form wiederholt. Mehr als 600.000 „Kids" und Jugendliche sollen es inzwischen sein, die Streetball spielen – 36.000 Spieler sollen 1996 bei den „Mega-Events" der „Street-Challenge" vor insgesamt 500.000 Zuschauern gespielt haben. (Vgl. „adidas" Press Info 1996). Auch diesem „neuen Sport" gehört ein bestimmtes Outfit an. Ob die Heranwachsenden ihre Lebensführung diesbezüglich wirklich selbst und aktiv gestalten, ob sie ihre Teilnahme am Markt– und Konsumgeschehen tatsächlich bewusst und als gleichberechtigte Partner gestalten (vgl. SCHULZ 1999, 162), scheint gegenüber den manipulierenden Werbestrategien der Sportartikelindustrie jedoch sehr fraglich.

Nicht selten geht mit der neuen Sportmode auch eine neue soziale Differenzierung einher. Die Schere öffnet sich zwischen dem neuen Reichtum und einer neuen Armut immer weiter; eine Armut, die zwar nicht hungern muss, die am Prestigewettkampf des Konsums jedoch nicht teilnehmen kann. Sozialer Status wird gerade von den Jugendlichen durch Kleidung und Konsum definiert: „Neben dem, was man leisten kann, gewinnt immer mehr an Bedeutung, was man sich leisten kann. Dieser Prestigekampf wird auch in den Schulen offen ausgetragen, und die Sportartikelindustrie hat beachtliche Teilerfolge beim Bestreben, ihn auch in den Sport hineinzutragen." (KURZ 1993, 9).

Welches Motiv für die Sportmode auch das ausschlaggebende sein mag: für die nächsten Jahre ist zu erwarten, dass das Geschäft mit Sportartikeln und Sportbekleidung ein Wachstumsmarkt bleibt: Ein Umsatz von 290 Milliarden Mark in Deutschland ist für das Jahr 2001 prognostiziert (vgl. MB vom 03.08.98).

2.5.2 Werbung und Sponsoring der Wirtschaft im Sport

Nicht allein die Medien, sondern auch die Wirtschaft investiert viel Geld in den Sport. Sie tut dies deshalb, weil dem Sport durch seine Entwicklung in den letzten Jahrzehnten unübersehbare soziale Bedeutung (vgl. BETTE 1999, 10) zukommt und weil es Medien gibt, v.a. das Fernsehen, die ihn tagtäglich einem Millionenpublikum ins Haus bringen.

Die Wirtschaft investiert zum einen deshalb, weil der Sport in seinen sämtlichen Facetten vom individuellen zweckfreien Tun bis zum Bereich als „kommerzialisierter Schausport" (HEINEMANN 1999, 182) tief in sämtliche Lebensbereiche des Menschen eingedrungen ist. Das Engagement der Wirtschaft für den Sport geht zum anderen darauf zurück, dass Sport – auch – mit positiven Attributen wie Leistungsfähigkeit, Chancengleichheit usw. assoziiert wird (vgl. DIGEL 1991, 13 f.). Da der Mediensport aber, wie im vorangegangenen Punkt gezeigt, ausschließlich am Hochleistungssport interessiert ist und die Medien positive Attribute, die mit dem Sport verbunden sind, fast ausschließlich über den Hochleistungssport vermitteln, erstreckt sich auch das Interesse der Wirtschaft (fast) ausschließlich auf diesen.

Die relevanten Aktivitäten von Wirtschaftsunternehmen im und mit dem Sport bezeichnen die Begriffe Marketing, Sponsoring und Werbung. Im Gegensatz zum traditionellen Mäzenatentum, das eine finanzielle Unterstützung ohne weitere Erwartungen gibt, oder einer gesellschaftspolitischen Förderung des Sports – in Deutschland in Form der „Sporthilfe" – spielt beim Sponsoring die „wirtschaftlich relevante Gegenleistung" (ROTH 1990, 44) die vorrangige Rolle. Für sein Engagement in Form von Geld, Sachmitteln, know-how oder organisatorischen Leistungen erwartet ein Wirtschaftsunternehmen durch das Kommunikationsinstrument Sponsoring Effekte in der Öffentlichkeit, z.B. Steigerung bzw. Festigung des Bekanntheitsgrades, Verbesserung bzw. Pflege des Images, Aktualisierung einzelner Produkte, Kontaktpflege mit Kunden, Händlern oder Partnern, Beeinflussung des Kauf- und/oder Sozialverhaltens usw. Im Idealfall stellt das Sponsoring eine Partnerschaft dar, in der die Wirtschaft dem Sport finanzielle Mittel bereitstellt und der Sport im Gegenzug seine Ereignisse, Akteure und mediale Attraktivität zur Verfügung stellt, damit der Sponsor die o.g. Ziele erreichen kann (vgl. HACKFORTH 1994b, 21 ff.).

Verwunderlich im Sportsponsoring ist, so HACKFORTH, dass Wirtschaftsunternehmen selten danach fragen, welche Wirkung sie mit den hohen finanziellen Investitionen erzielen (vgl. HACKFORTH 1994b, 23). Diese sind v. a. dann erfolgreich, wenn sich zum einen Marketing- , Sponsoring- und Werbeaktivitäten im positiven Assoziationsfeld Sport einander ergänzen und bis ins kleinste Detail aufeinander abgestimmt sind. Die einzelnen Maßnahmen, z.B. Werbespots in Sportübertragungen im TV, Trikotwerbung, Bandenwerbung etc. (siehe dazu die Tabelle: „Präsentationskontakte einzelner Werbeformen", in: HACKFORTH 1994b, 33) müssen sich wie Mosaiksteine zu einem Gesamtbild ergänzen. Einen solchen Mosaikstein stellt auch das Auftreten von Testimonials, d.h. von prominenten Sportlern, beispielsweise in Fernsehspots dar: „Gemäß der Bedeutung des Sports in der heutigen Gesellschaft treten dabei regelmäßig auch populäre und erfolgreiche Sportler und Sportlerinnen als Werbe- und Sympathieträger für Produkte auf. Genutzt werden dabei das Image des Sports und die Popularisierung der erfolgreichen Spitzensportler, denen längst Idolfunktion zukommt. Auf der Wertebene ‚schneller – höher – weiter' verkörpern sie Erfolg, Leistung und Dynamik und symbolisieren damit nicht nur sportliche, sondern allgemein gesellschaftliche Werte, kurz: sie werden zu Leitbildern". (KLEY 1994, 233f.). Den Testimonials kommt die Aufgabe der Steigerung der Aufmerksamkeit, der Verbesserung der Wiedererkennbarkeit und der Identifikation mit der Werbebotschaft zu (vgl. KLEY 1994, 233)

Für eine erfolgreiche Wirkung des Sportsponsorings ist zum anderen der Faktor Kontinuität wichtig. Nicht kurzfristige und punktuelle Engagements, sondern nur langfristig durchgeführte Maßnahmen können sich im Bewusstsein der Bevölkerung durchsetzen. Weiterhin ist die Uniformität der Aktivitäten – Logogramme, Slogans etc. – wichtig. Schließlich hat sich gezeigt, dass universelle Kampagnen mit internationaler Verbreitung höhere Effekte erzielen (vgl. HACKFORTH 1994b, 68 f.).

Hinsichtlich der Werbung im Fernsehen stellt sich für Werbestrategen zunehmend das Problem, dass sich über die Hälfte der TV-Rezipienten den Informationen und Suggestionen der Werbespots durch Umschalten auf andere Programme entzieht (vgl. HACKFORTH, 1994b, 53). Es gibt, so lässt sich mit HACKFORTH noch weiter verdeutlichen, „seit einigen Jahren neue Sportarten auf der häuslichen Fernbedienung, das ‚Zapping' und das ‚Grazing'. Mit dem Einblenden von Werbespots ‚zappelt' man sich aus dem laufenden Programm und nach nur geringer Verweildauer wird auf einem anderen Kanal ‚gegrast' (Hasebrink/Krotz 1993). Je mehr Kanäle, desto geringer ist die Verweildauer bei ein und demselben Kanal – wir wissen/kennen/glotzen immer mehr Inhalte parallel, aber sehen immer seltener Programme von Anfang bis Ende – auch und gerade Sportprogramme (Tennis)." (HACKFORTH 1994a, 20).

Das Sportsponsoring stellt sich insgesamt gesehen als ein Bereich dar, der noch bei weitem nicht professionell betrieben wird. Sportsponsoring erfolgt nur selten aufgrund gesicherter Daten, Analysen und Konzepte, nach Wirkung und Erfolg wird nur unzureichend geforscht. So erweist sich, dass das vermeintlich rationale System wirtschaftlichen Handelns allzu häufig von intuitiven, subjektiven und unsystematischen Entschlüssen geprägt ist (vgl. HACKFORTH 1994b, 69).

Eine Ausnahme stellt allerdings der Autokonzern Opel dar, der bereits 1989 mit einem mit 15 Millionen DM dotierten Werbevertrag mit dem FC Bayern München für Aufsehen sorgte, womit das Automobilunternehmen plötzlich in aller Munde war (vgl. SCHAFFRATH 1994, 73). Doch dieser Coup ist nur Teil eines umfassenden Sport-Sponsoring-Konzepts, innerhalb dessen sich Opel auf die „dynamischen Ballsportarten" (LOOSEN 1994, 278) konzentriert. Neben Tennis, Handball, Tischtennis (und Motorsport) erstreckt sich das Engagement Opels v.a. auf den Fußball, da das Unternehmen davon ausgeht, über diese Sportart alle sozialen Schichten der Bevölkerung erreichen zu können (vgl. LOOSEN 1994, 278). Das Sport-Sponsoring-Konzept von Opel scheint aufzugehen, denn: „Opel, und das ist ohne jeden Zweifel, vereinigt die höchste Medienpräsenz auf sich und erreicht besonders im Leitmedium Fernsehen hervorragende Werte. Hinter den einzelnen Positionen in den Ranglisten steht ein langfristiges Konzept, welches zu dem besten Wert bei der Bevölkerung führt. Der intensive und kumulative Werbe– und Sponsoringdruck, der von Opel seit Jahren ausgeübt wird, zeigt Wirkungen in der medialen Präsenz, individuellen Aufmerksamkeit und Wahrnehmung sowie den intendierten Effekten." (HACKFORTH 1994, 60).

Wie wichtig – trotz der noch ausbaufähigen Effektivität – der Sport für die Wirtschaft geworden ist, belegen einige weitere Zahlen:

=> „Bitburger" investierte 1995 12 – 16 Millionen DM für das Formel 1-Sponsoring (vgl. SZ vom 15.06.96);

=> die Tabakkonzerne, die durch eine Sonderregelung in den EU-Ländern noch bis 2006 für ihre Produkte in der Formel 1 werben dürfen, zahlen dafür 800 Millionen DM (vgl. MB vom 08.06.98);

=> auf 1,5 bis 2,0 Milliarden DM wurden die Sportsponsoringmaßnahmen für das Jahr 1993 geschätzt – ein Wert, der nach Meinung HACKFORTHs noch zu gering angesetzt ist (vgl. HACKFORTH 1994b, 24);

=> 1995 wurde das gesamte finanzielle Engagement der deutschen Wirtschaft für den Sport auf 2,2 Milliarden DM geschätzt (vgl. SZ vom 15.06.96);

=> bei der Fußball-WM 1994 in den USA standen nicht nur das Organisations-Komitee und der Fußball-Weltverband, sondern auch die amerikanische Wirtschaft als die großen Gewinner fest: weltweit haben rund 32 Milliarden Menschen die WM 94 am Fernsehapparat verfolgt. „Für die Werbung ein Dorado. Coca Cola zum Beispiel ist eine von 19 Firmen, die zwischen zwölf und 46 Millionen Mark bezahlt haben für das Recht, sich ‚Marketing-Partner' oder ‚Corporate-Sponsor' nennen zu dürfen. Insgesamt geben die Sponsoren 1,25 Milliarden Mark aus, um sich per TV-Promotion darzustellen." (MB vom 09.06.94);

=> das „Merchandising vor und während der Olympischen Spiele (Atlanta 1996 – der Verf.) hatte einen Wert von einer Milliarde US $ (vgl. US today, 1.8.1996), wobei bereits vor Beginn der Eröffnungsfeier Merchandisingartikel im Wert von 650 Millionen US $ verkauft wurden. 700 Millionen US $ mussten 50 Firmen allein für ihre Werbezeiten bei NBC bezahlen. Dies wiederum bewirkte, dass NBC einen Profit von 70 Millionen Dollar aufzuweisen hatte, was einer 25%igen Steigerung im Vergleich zu Barcelona gleichkommt. NBC hatte während der 17 Übertragungstage der Spiele durchschnittlich einen Marktanteil von

22%. Allein mit der Eröffnungsfeier wurden 3,5 Milliarden Zuschauer in aller Welt erreicht." (DIGEL 1997, 109);
=>General Motors investiert eine Milliarde Dollar für das Sponsoring des amerikanischen Sports – und erhält im Gegenzug dafür als einziger US-Automobilkonzern die olympischen Vermarktungsrechte der Spiele zwischen 1998 und 2008 in den USA (vgl. Handelsblatt vom 30.07.97).
Diese Zahlen belegen eindrucksvoll, dass das Sportsponsoring Umfänge erreicht hat, die für einen Normalbürger kaum mehr nachvollziehbar sind.

2.5.3 Beeinflussung des Sports durch das Sponsoring

Angesichts dieser Zahlen und der finanziellen Entwicklung, die sich darin ausdrückt, ist es nicht verwunderlich, wenn von der „Kommerzialisierung" (HEINEMANN 1999,187), ja sogar von einer „Überkommerzialisierung" (DIGEL 1997, 109) des Sports gesprochen wird. Diese Entwicklung ist, so DIGEL, spätestens seit den Olympischen Spielen von Atlanta an einem Punkt angekommen, an dem die Notwendigkeit der Selbstbegrenzung des Sportsponsorings erstmals seitens der Wirtschaft diskutiert wurde. Eine grenzenlose Ausweitung des Werbemarktes Olympia, in dem der Sport nurmehr als leere Hülse für die Werbung fungiert – und dies gilt für andere Großveranstaltungen des Sports sicherlich in gleicher Weise – erweist sich zunehmend als kontraproduktiv (vgl. DIGEL 1997, 110). So muss Marktversagen „auch bei einer Kommerzialisierung des Sports in Rechnung gestellt werden: Die Gleichheit der Wettbewerbs- und Leistungschancen ebenso wie die Vielfalt des Sports werden durch Kommerzialisierung beeinträchtigt." (HEINEMANN 1999, 192).
Diese Äußerungen belegen, wie sehr der Sport zunehmend unter das Diktat der Wirtschaft gerät, wie er zum „Tummelplatz kommerzieller Interessen" (HEINEMANN 1999, 24) wird. Eine solche Entwicklung ist für den Sport gefährlich, bringt sie doch entscheidende Eingriffe in die Struktur des Sports auf unterschiedlichen Ebenen. So ist z.B. auf organisatorischer Ebene seit einigen Jahren zu beobachten, dass viele sportliche Großveranstaltungen nicht mehr von traditionellen Sportverbänden, sondern von weltweit operierenden kommerziell ausgerichteten Unternehmen organisiert und durchgeführt werden (vgl. HEINEMANN 1999, 20). Hierbei wird der Sport immer mehr vermarktet: Showelemente z.B. bei Leichtathletikveranstaltungen werden bewusst inszeniert (vgl. BERNETT 1999, 256). Auch Rekorde werden professionell produziert – die Terminologie ist hier selbstredend! – und müssen teuer bezahlt werden (vgl. HEINEMANN 1999, 22).
Auf der ethischen Ebene stellt HEINEMANN zwar immer noch die traditionellen Werte eines Sportethos fest, die allerdings durch den Einfluss der Wirtschaft einem tief greifenden Funktionswandel unterliegen: „Sport ist ein Geschäft, nur der Fan darf dies nicht merken. Dazu werden sportliche Ideale – Freude an körperlicher Bewegung, Spaß, ‚schönste Nebensache der Welt', Eigenwelt – zu Ideologien, die das Geschäftsmäßige des Tuns verdecken sollen und damit zu Marketinginstrumenten, mit denen sich Kommerzialisierung um so besser betreiben lässt. Der ‚Funktionswandel' einer Sportethik folgt den Interessen der Wirtschaft. Die nämlich erwartet einen ‚sauberen' Sport. Nur solange die Ideale des Sports wie Fairness, Kameradschaft, Idealismus, persönliches Engagement, Unbestechlichkeit, Gleichheit etc. verwirklicht erscheinen, nur solange der Sport sein positives Image als ‚schönste Nebensache der Welt' behält, besitzt Sport für die Wirtschaft einen besonderen Werbewert. So dringt die Wirtschaft auf die Einhaltung eines ‚code of ethics' – allerdings ist dieser ‚code of ethics' mit zunehmender Kommerzialisierung nicht mehr Eigenwert des Sports, sondern

wird zur Marketingstrategie, mit der sich für einige Produkte besonders gut werben und Imagetransfer erwarten lässt." (HEINEMANN 1999, 187 f.).

2.5.4 Direkte Eingriffe von Medien und Wirtschaft in den Sport

Das Sportsponsoring stellt viel Geld zur Verfügung – und nimmt dafür, was den meisten Sportinteressierten verborgen bleibt, kräftig Einfluss auf die Gestaltung einzelner Wettkämpfe ja auf den Sport insgesamt. So sollen Sponsoren und Fernsehanstalten beispielsweise bei den Olympischen Spielen in Atlanta 1996 massiv in das Programm eingegriffen haben, in dem sie den Zeitplan der Leichtathletikwettbewerbe mitbestimmt haben. Maßstab der Entscheidungen war dabei weniger die günstigen Startzeiten für Athleten als vielmehr Überlegungen, welche Disziplinen und Entscheidungen für die Direktübertragungen besonders attraktiv schienen und hohe Einschaltquoten versprachen. Solche Eingriffe hält das IOC-Mitglied TRÖGER aufgrund der hohen finanziellen Leistungen der NBC für legitim (vgl. TRÖGER 1996, 19) – eine Position, über die sich streiten lässt. Kann für die Zukunft des Sports wirklich gelten, was PREISING, der Generalsekretär des DSB, so auf den Punkt bringt: „Wer ins Fernsehen will, müsse tun, was das Fernsehen will" (MB vom 03.01.96).
Tatsächlich befindet sich der Mediensport auf diesem Weg:
Die von RTL ab der Saison 1999/2000 für drei Jahre für 45 Millionen DM erworbenen TV-Rechte des Wintersports (vgl. SZ vom 22.06.98) gehen mit Überlegungen seitens des DSV einher, einzelne Wintersportarten in ihrem Austragungsmodus zu verändern, in der Absicht, sie telegen zu machen. Die Einführung des Massenstarts beim Biathlon, der in der Saison 1998/99 eingeführt wurde, weist bereits in diese Richtung: Die besten 25 Athleten der Welt-Cup-Wertung beginnen das Rennen gemeinsam. Der Massenstart sorgt für ein größeres Spektakel, für direkte Duelle am Schießstand, für Kopf-an-Kopf-Rennen in der Loipe. Der unmittelbare Vergleich der Konkurrenten an Stelle der früheren Rechnereien der Zwischenzeiten soll mehr Dramatik – und höhere TV-Quoten bringen.
Solange solche Neuerungen bei den Athleten auf Zustimmung stoßen, sind sie vertretbar. Werden aber schwer wiegende Eingriffe gegen den Willen der Athleten durchgesetzt, wie beispielsweise das Springen nach dem K.-o.-System im ersten Durchgang beim Schanzenspringen, sind sie bedenklich. Über die o.g. Neuerung, die die Spannung der (TV-)Zuschauer, aber auch die Nervenbelastung der Springer wesentlich erhöht, sagt der Skispringer THOMA, Athletensprecher der FIS: „Wir wollen kein K.-o.-System, aber das Fernsehen bestimmt, was gemacht wird." (SZ vom 04.01.99).
Noch zweifelhafter wird der Eingriff des Fernsehens, wenn es um wesentliche Entscheidungen geht, die die Sicherheit der Athleten betreffen, z.B. die Festlegung der Anlaufflänge beim Skispringen. Trainer und Springer sind von dieser Entscheidung ausgeschlossen – sie wird von den Managern des Fernsehens getroffen! „Manchmal habe ich den Eindruck, dass die Belange des Fernsehens wichtiger sind als die Interessen und die Sicherheit der Sportler" (MB vom 05./06.01.99), sagt THOMA, der deshalb als Athletensprecher beim Internationalen Skiverband zurücktrat. Er steht mit dieser Äußerung nicht alleine. Der Co-Trainer STEIERT pflichtet ihm bei: „Es kann nicht sein, dass das Fernsehen bestimmt, weil die Sensationen sehen wollen." (SZ vom 04.01.99).
Dass all dies nicht aus der Luft gegriffen ist, bestätigt auch der Renndirektor HOFER: „Wir haben unglaubliche Probleme, alle Springer wegen der riesigen Leistungsunterschiede und der wechselnden Wetterbedingungen gut runterzubringen. Die Anlaufflänge wird natürlich nach Martin festgelegt – aber trotzdem ist sie für ihn manchmal zu lang und für viele andere zu kurz." So stehen die Verantwortlichen ständig im Spannungsfeld, die Gesundheit der

Athleten schützen zu müssen, gleichzeitig jedoch den Zuschauern, vor allem den TV-Zuschauern, einen attraktiven Wettkampf bieten zu müssen, „bei dem die Schanze ausgesprungen wird." In der Qualifikation auf der Innsbrucker Schanze wurde dies mehr als deutlich: „Während einige Athleten wie der Este Juoko Hein bei knapp 50 Metern abstürzten, bezahlte Martin Schmitt seinen Sprung trotz ‚Bremsen' in der Luft mit einem gefährlichen Sturz beim Schanzenrekord von 120,5 Metern." Dazu SCHMITT selbst: „Ich habe wirklich mein Bestes gegeben, aber kürzer ging's einfach nicht. Totaler Irrsinn." (MB vom 04.01.99).

Doch nicht allein die sportlichen *Leistungen* werden vermarktet, sondern die Sportler, ihre Körper, selbst. Dem gesellschaftlichen Verlangen nach dem „Kultobjekt Körper" (BETTE 1999, 106) entsprechend lassen sich berühmte Sportler wie Lars Riedl oder Sportlerinnen wie Katarina Witt oder Tanja Szewczenko in Nacktfotos ablichten.
Doch das Zur-Schau-Stellen des Sportlerkörpers beginnt schon viel früher, wie z.B. der Wandel zur körperfixierten Sportmode von den 60er zu den 80er belegt (vgl. BETTE 1999, 183) und wie der internationale Volleyballverband seinen Mannschaften auf internationaler Ebene durch die hautenge Bekleidung vorschreibt:

Abb. 9: Damen-Volleyball-Nationalmannschaft Kuba – vorschriftsmäßig gekleidet (vgl. MB vom 09.11.98)

Bereits vorangegangene Maßnahmen des IVB-Präsidenten, Volleyball telegen zu machen – er führte die fernseh- und zuschauergerechte Verkürzung der Sätze ein, sorgte für einen planbaren Spielverlauf durch die Tie-Break-Zählweise, wagte die Einführung einer Weltliga, die nach eigenen, dem TV und der Wirtschaft angepassten Regeln ausgespielt wird (vgl. KOENEN 1994, 159) – erscheinen durch die aufgezeigte Entwicklung des Mediensports sehr fraglich; erst recht zweifelhaft aber ist die „Kleiderverordnung", die unter Androhung einer 3.000 Dollar Geldstrafe befolgt werden muss (vgl. SZ vom 07.11.98) deshalb, weil die Medien es so verlangen. Denn nicht allein die sportlichen Leistungen sollen für hohe Einschaltquoten sorgen, sondern ganz offensichtlich auch das Äußere der Spieler und Spielerinnen – eine gezielte Mischung von sportlicher Leistung und Erotik. Wie anders kann es verstanden werden, dass die Schrittlänge der Hosen der Frauen nur noch 5 cm, die der Männer maximal nur noch 10 cm betragen darf? Frei nach dem Motto: „Viel Haut und wenig Stoff". (MB vom 10.11.98).

Auf den Punkt gebracht bedeutet dies: „Im Kampf um mehr Popularität, mehr TV-Übertragungen und damit mehr Geld in der Verbandskasse ist Ruben Agosta fast jedes Mittel recht. Nachdem der Volleyball-Weltverband FIVB unter Anleitung des Präsidenten bunte Bälle ins Spiel brachte, (...), hat sich die Funktionärs-Riege um den Mexikaner bei der Frauen WM in Japan vorgenommen, die Körper der Spielerinnen mit ‚heißen Höschen' und engen Einteilern als Blickfang besser in Szene zu setzen." (MB vom 10.11.98).
Betrachtet man alle diese Phänomene des heutigen Spitzensports und seiner Vermarktung, so liegt es doch nahe, eben gerade von dem zu sprechen, was KASPER, der FIS-Präsident, so sehr vermeiden will: die „Prostituierung" des Sports: „Es ist ein Balanceakt zwischen Show und Sport. Aber wir wollen den Sport nicht prostituieren. Er darf auf keinen Fall zur Show werden, sonst werden wir unglaubwürdig." (MB vom 30./31.01.99).
Genau in diese Richtung aber geht der Mediensport – und die Vision von Funktionären wie KASPER leisten dem Vorschub: „Es soll Skifestivals geben, das heißt eine Konzen-tration von Bewerben an einem Ort wie 2000 in Bormio. Da finden alle Ski-Disziplinen innerhalb einer Woche statt. Das ist dann eine Miniolympiade in einem Jahr ohne WM, ohne Olympia. Die Siegerehrung wird auf dem Petersplatz in Rom stattfinden und der Papst wird Trophäen überreichen." (MB vom 30./31.01.99).

Wenn Letzteres sicherlich auch nur als Scherz verstanden werden kann, so scheint die Verknüpfung von Sport und Medien, die Grenze zwischen Sport und Show, die Entscheidung, ob Sport Kulturgut oder Konsumgut in der Unterhaltungsbranche sein soll, eine der wesentlichen Fragen der Zukunft des Spitzensports zu sein.

Die Darlegungen haben die ursprüngliche Äußerung über die enge Verflechtung von Sport, Medien und Wirtschaft bestätigt.
Die Sportindustrie hat es einerseits in den Branchen Sportgeräte und Sportmoden geschickt verstanden, den neu entstandenen Körperkult im Breitensport aufzunehmen und gewinnbringend zu nutzen; andererseits hat die Sportindustrie den Hochleistungssport als Ware entdeckt, den sie als Unterhaltungsbranche in Kooperation mit den Medien gewinnbringend vermarktet. Schließlich hat der Spitzensport auch eine gesteigerte Bedeutung für die Wirtschaft erhalten, die ihn einerseits mit enormen Summen sponsort, die ihn jedoch andererseits als Medium für ihre Werbe– und Marketingstrategien instrumentalisiert. Wie die angeführten Beispiele belegen, läuft der Meidensport durch den Einfluss von Medien und Wirtschaft große Gefahr, seine Autonomie zugunsten der totalen Kommerzialisierung zu verlieren. Für Menschen der Wirtschaft ist das eine klare Angelegenheit: „Der Sport ist eine Branche – mancher versteht dies nur langsam. Und er ist eine Branche der Zukunft – manche verstehen dies schneller als Andere." (FIEDLER 1998, 3).
Die Riesensummen, die die Wirtschaft in den Sport investiert, kommen freilich dem System des Hochleistungssports zugute. So scheint es, dass es für Spitzenathleten eine Menge Geld im Sport zu verdienen gibt.

2.5.5 Riesensummen für die Hochleistungssportler?
Durch immer wiederkehrende Meldungen in den Medien über die Einkünfte von Sportlern entsteht der Eindruck, Spitzenathleten würden generell horrende Summen verdienen.

Tab. 1: Jahres-Einkünfte deutscher Spitzensportler (vgl. MB vom 28.12.1995, 06./07.12.1997 und 09.12.1998)

			1995	1997	1998
1.	Michael Schumacher	Formel 1	28,0 Mio	60 Mio	75 Mio
2.	Steffi Graf	Tennis	16,0 Mio	8,0 Mio	9 Mio
3.	Boris Becker	Tennis	15,0 Mio	15,0 Mio	13 Mio
4.	Michael Stich	Tennis	12,0 Mio	9,5 Mio	
5.	Detlef Schrempf	Basketball	10,0 Mio	10,5 Mio	8 Mio
6.	Bernhard Langer	Golf	7,0 Mio	13,0 Mio	11 Mio
7.	Henry Maske	Boxen	5,0 Mio	-	
8.	Bernd Schuster	Fußball	4,5 Mio	-	
	Jürgen Klinsmann	Fußball	4,5 Mio	5,0 Mio	7,93 Mio
10.	Lothar Matthäus	Fußball	4,0 Mio	5,0 Mio	7,6 Mio
	Matthias Sammer	Fußball	4,0 Mio	-	-

Man kann sicherlich darüber streiten, ob Steffi Graf, die 377 Wochen lang die Nummer 1 der Damen-Tennis-Welt war, ob Michael Schumacher als mehrmaliger Formel 1-Weltmeister oder ob die o.g. Fußball-Nationalspieler die Millionen zu Recht verdienen (vgl. COAKLEY 1984, 176f.). Diese Frage wurde schon bald nach der Gründung der Fußball-Bundesliga gestellt, als die Spieler noch 1.200 DM verdienen durften (FISCHER 1984, 53). Für DIGEL ist eine Begrenzung der inflationären Einkünfte von Spitzensportlern in der Weise, dass sie in gerechter Relation zur Honorierung menschlicher Leistungen stehen, unbedingt nötig (vgl. DIGEL 1997, 69). Für andere, wie für den Chefredakteur der Zeitschrift SPORTS, FIEDLER, stellt sich diese Frage gar nicht, denn: „Ob ein Sportler wie Effenberg seine Millionen zu Recht macht, ist eine Frage, die sich so nicht mehr stellt. Auch im Spitzensport gilt das Prinzip der Marktwirtschaft: Weil er es bekommt, hat er es verdient. Ein Michael Schumacher ist jede einzelne seiner 75 Millionen Mark im Jahr wert – weil unser Land ohne ihn ärmer wäre, weil er mit seinem Traumjob Träume in den Alltag bringt, weil er neue Jobs nach sich zieht. Die strukturschwache Eifelregion um den Nürburgring erwirtschaftete 1996 mit dem Rennsport netto fast 28 Millionen Mark und schaffte damit 350 Arbeitsplätze." (FIEDLER 1998, 3).
Unter marktwirtschaftlichen Aspekten also eine eindeutige Antwort. Kann und soll sich aber der Sport im Allgemeinen und der Spitzensport im Besonderen allein an diesen Kriterien messen lassen? Und: In welchem Verhältnis steht der „Schulsport" zu diesem Sport, in dem es um so viel Geld geht? Wie soll sich er ihm gegenüber verhalten?

Auch die Ablösesummen für Spieler bewegen sich in schwindelerregenden Höhen, die die menschliche Leistungsfähigkeit nicht mehr angemessen ausdrücken und die nur noch der marktwirtschaftlichen Logik: „je höher die Summe desto höher das Interesse" zu folgen scheinen. Bis zu 25 Millionen DM wurden schon für wechselnde Spieler in der Fußball-Bundesliga bezahlt. Aus dem Ausland hört man von „Rekordsummen" für Spielerwechsel wie z.B. die 52 Mill. DM für Ronaldo (vgl. SZ vom 23.12.97), für den inzwischen schon 200 Millionen Mark von einer brasilianischen Heimatbank (vgl. MB vom 24.06.98) geboten worden sein sollen.
Einzelne Spieler, ja ganze Mannschaften „gehören" einem reichen Menschen, einem Verein, Instituten oder Firmen. Demzufolge werden Spieler und Mannschaften gekauft und verkauft – Sport und Sportler werden als Ware mit unvorstellbaren Summen gehandelt. Ein Beispiel hierfür: Für 1,6 Milliarden Mark wollte der Medien-Mogul Rupert Murdoch Besit-

zer von Manchester United werden – für 1.795 Milliarden Mark soll er den Verein dann erstanden haben. Nicht nur, dass nun täglich sechs Stunden lang weltweit ausschließlich über den englischen Traditionsverein in einem eigens gegründeten Fernsehsender berichtet wird, sondern auch, dass die Börsenkurse des weltweit profitabelsten Klubs (1997: rund 80 Millionen Mark Gewinn) durch die Übernahme von Murdoch gestiegen sind – und dass Murdoch mit seinem Fernsehsender BSkyB nun praktisch die totale Kontrolle über den englischen Fußball erlangt hat (vgl. MB vom 07.09.98 und 10.09.98).

Wichtiger als die Beantwortung der Frage, ob diese Summen irgendwie gerechtfertigt werden können, scheint die Erkenntnis, dass die hohen Verdienstmöglichkeiten nur wenigen Sportlern in ganz bestimmten Sportarten möglich sind. Und diese Sportarten hängen ab von ihrer Telegenität, von ihrer Medienwirksamkeit, vom Interesse, das ihnen die Wirtschaft entgegenbringt.
Diese Ungleichheit stellt eine der Ursachen dar, die den Hochleistungssport in Deutschland gefährden. Hinzu kommt noch, dass es dem Hochleistungssport, der ohnehin mit Legitimationsproblemen zu kämpfen hat (vgl. DIGEL 1997, 51), an Nachwuchstalenten fehlt, da in unserer Konsumgesellschaft kaum ein junger Athlet mehr bereit ist, sich den Strapazen und Entbehrungen eines jahrelangen Trainings zu unterziehen (vgl. DIGEL 1997, 62).
Dabei stehen die sportlichen Höchstleistungen in Sportarten, in denen es nicht viel zu verdienen gibt, den hochdotierten Sportarten nicht nach: Die Leistungen der Kunstturner, Mehrfachschrauben, Salti, Halteteile usw. beim entscheidenden Wettkampf in den Punkt zu turnen; die unsäglichen Qualen im Rennen der Rad-Profis über hunderte von Kilometern; der unglaubliche Mut der Skispringer, mit Geschwindigkeiten von 100 km/h und mehr vom Schanzentisch abzuspringen und bis auf über 200 m hinabzufliegen; die bisweilen wahnsinnig anmutenden Leistungen der Skifahrer bei der Abfahrt mit bis zu 140 km/h auf extra für ihr Rennen vereisten Pisten, ein Marathonlauf in gut zwei Stunden – alles das sind faszinierende Leistungen an den Grenzen des Menschenmöglichen, die nur
dann erbracht werden können, wenn der Sport zum Beruf wird. Die Verdienstmöglichkeiten – selbst bei größten Erfolgen – bleiben aber sehr beschränkt. Ein Weltmeister wie Andreas Wecker im Kunstturnen, ein dreifacher Olympiasieger wie Georg Hackl im Rodeln oder ein Olympiasieger wie Udo Quellmalz (Judo) tauchen in der Liste der bestverdienenden Sportler selbst in den Jahren ihrer Erfolge nicht auf. Auch die 60.000 DM Siegprämie für einen Weltmeistertitel bei den Leichtathletik-Weltmeisterschaften 1997 in Athen nehmen sich gegenüber den Spitzenverdienern des Sports eher bescheiden aus. Gleichwohl sind ihre Leistungen nicht weniger trainingsintensiv und bewunderungswürdig. Doch ihre Sportarten finden an den wichtigen Geldquellen nicht das notwendige Interesse: So gehen viele erfolgreiche Sportler leer aus – die Wirtschaft konzentriert sich im Wesentlichen auf die wenigen populären Sportarten.

Den bescheidenen finanziellen Möglichkeiten vieler sehr erfolgreicher Sportler steht beispielsweise ein Einkommen von Jürgen Klinsmann schon vor einigen Jahren von 105.000 DM pro Woche bei Tottenham Hotspurs (vgl. MB vom 23.12.97) gegenüber, was einem Jahresgehalt von 5,46 Millionen DM und einem Tagesverdienst von 15.000 DM entspricht. Die Ungleichheit der Einkommensverhältnisse von Spitzensportlern verschärft sich noch, wenn man zur Kenntnis nimmt, dass in der Fußball-Bundesliga-Saison 1996/97 86 Spieler – 50 mehr als noch vor zwei Jahren – mit Millionenverträgen (vgl. Sport-Bild Nr. 14 vom 02.04.97) ausgestattet waren. Unter ihnen sind auch Weltmeister des Jahres 1990 und Europameister 1996 zu finden, die sicherlich herausragende Fußballer mit großen Erfolgen sind.

Aber unter diesen Millionären findet man auch einige, die diese Titel nicht errungen haben, deren Namen auch der Fußballfachmann kaum kennt, man denke etwa an Friis-Hansen oder Silooy – und die, da sie in der „richtigen" Sportart ihr Geld verdienen – dennoch Millionenverträge haben.

Man kann sicherlich mit DIGEL in dieser ungleichen finanziellen Behandlung von Spitzensportlern eine Schlüsselfrage für den Fortbestand des Hochleistungssports sehen: „Derzeit neigt das Sportsystem dazu, inflationäre Bezahlung zugunsten weniger Athleten zu akzeptieren und die Mehrheit der Athleten von einer Bezahlung auszuschließen. Sollte diese Lösung beibehalten werden, so wird das System des Hochleistungssports als Ganzes kaum eine Überlebenschance haben. Die Leistungsgesellschaft als demokratische Gesellschaft wird dadurch in Misskredit gebracht. Vergütungen, wie sie derzeit z.B. Michael Schumacher oder Boris Becker für ihre sportlichen Erfolge erhalten, stehen in krassem Widerspruch zu einer gerechten Honorierung menschlicher Leistungen. Unter dem Aspekt der sportlichen Gerechtigkeit muss gefragt werden, ob es akzeptabel ist, dass in jenen Sportarten, die nicht in der Gunst der Medien und des IOC stehen, Athleten hohe materielle und menschliche Risiken einzugehen haben, wollen sie Höchstleistungen erbringen, in den medien– und IOC-begünstigten Sportarten hingegen sich die Risiken für die Athleten als relativ gering erweisen. Es muss auch gefragt werden, ob es weiter erlaubt sein kann, dass die sportliche Höchstleistung eines Athleten vom Übungsleiter, von Betreuern und vom Verein gleichsam genossenschaftlich vorbereitet und ermöglicht wird, hingegen der erfolgreiche Athlet mit der Unterstützung von Managern und der Wirtschaft seinen sportlichen Erfolg privatwirtschaftlich vermarktet." (DIGEL 1997, 69).
Ob die Forderung nach einer „Solidaritätsabgabe" (HENZE 1996, 79) wirklich Gehör findet, und ob sie die aufgewiesenen eklatanten Differenzen tatsächlich ausgleichen würde, ist m.E. sehr zweifelhaft.
Auch wenn die finanziellen Entwicklungen im Hochleistungssport durch die vorausgegangenen Darstellungen zu Medien– und Wirtschaftsinteressen erklärbar sind, darf man sich nicht wundern, wenn internationale Erfolge z.B. bei Olympischen Spielen ausbleiben werden. Dies ergibt sich schlichtweg aus der „Knappheit an der Ressource ‚Athlet'" (DIGEL 1997, 62), v.a. in den Sportarten, in denen es nichts zu verdienen gibt. Schon jetzt ist zu beobachten, dass in einer Reihe von Sportarten eingedeutschte Athleten an den Start gehen, und selbst in Profiligen, z.B. im Eishockey, Basketball, Volleyball, Fußball usw., sind Spieler mit deutschem Pass teilweise schon in der Minderheit. Mit der Mannschaft von Energie Cottbus lief am 06.04.2001 sogar zum ersten Mal eine Mannschaft in der ersten Fußball-Bundesliga ganz ohne deutsche Spieler auf.
Findet der Spitzensport keine Lösungsmöglichkeiten für eine gerechtere Verteilung der Verdienstmöglichkeiten – in der Entwicklung der letzten Jahre hat sich diesbezüglich nichts abgezeichnet, im Gegenteil: gerade im Fußball werden europaweit immer noch höhere Gehälter, noch höhere Siegprämien und noch höhere Transfergelder bezahlt –, ist zu befürchten, dass in Zukunft in vielen Sportarten interessante und erfolgversprechende nationale Athleten fehlen werden und die Sportlandschaft in Deutschland verarmen wird – und wenige Sportarten, die von Medien und Wirtschaft mit reichlich Geld ausgestattet werden, als Ware völlig instrumentalisiert werden.

Alleine mit diesem Problem hätte der Hochleistungssport in Deutschland schon ausreichend zu tun. Doch damit nicht genug. Das Problem, das ihn am meisten beschäftigt, weil es ihn in seinen Grundfesten erschüttert und ihn grundsätzlich in Frage stellt, ist das Problem des

Dopings im Sport. Auch hierzu gilt es noch einige Gedanken anzustellen, denn auch von diesem Problempunkt aus wird sich die Ausrichtung einer schulischen Leibes- und Bewegungserziehung deutlich abheben lassen.

2.6 Das Dopingproblem im Spitzensport

Eine Auseinandersetzung mit dem Dopingproblem im Sport stellt sich sehr schwierig dar, da dieses zum einen sehr komplex ist und unter ganz verschiedenen Aspekten betrachtet werden kann: aus wissenschaftlicher Sicht spielen medizinische, juristische, pädagogische, pharmakologische, philosophische, biologische, politische oder soziologische Aspekte eine Rolle (vgl. DIGEL 1997, 285); eine besondere Schwierigkeit besteht zum anderen darin, dass das Dopingproblem recht undurchschaubar ist: man weiß zwar, dass im Sport gedopt wird, doch geschieht dies versteckt und wohl immer noch wie in den 70er und 80er Jahren unter einer speziellen Semantik, die das Wort Doping vermeidet oder mit Ersatzbegriffen umschreibt (vgl. TREUTLEIN 2001, 253ff.).Über das Ausmaß des Dopings können somit nur Vermutungen angestellt werden.
Soziologische Hinweise darauf, dass Medikamentenmissbrauch und Drogenkonsum ein Phänomen unserer Gesellschaft seien (z.B. „Die Kokain-Gesellschaft" in: Der Spielgel vom 30.10.2000, 146ff.), helfen nicht weiter. Auch wenn der Sport ein Stück weit ein Spiegel der Gesellschaft ist, verfügt er doch über ein klares Regelwerk, das Doping als Betrug bezeichnet (vgl. DIGEL 1997, 286ff.) und es ausschließt.
Geht man vom öffentlichen Meinungsbild über den Hochleistungssport aus, DIGEL umschreibt es mit den Attributen „unglaubwürdig", „heuchlerisch", „verlogen", „unfähig" wird offensichtlich, dass der Hochleistungssport in Deutschland an Glaubwürdigkeit verloren hat, was DIGEL in erster Linie auf das noch immer ungelöste Dopingproblem des Hochleistungssports auf nationaler und internationaler Ebene zurückführt (vgl. DIGEL 1997, 64 f.). BETTE/SCHIMANK sehen dies ganz ähnlich: Man muss in der Tat davon ausgehen, dass es im modernen Hochleistungssport schon lange eine extensive Dopingpraxis, v.a. in den professionellen Ausdauersportarten, gibt. Durch immer wiederkehrende Skandalberichte in den Massenmedien wird die Öffentlichkeit mit dem Dopingproblem konfrontiert (vgl. BETTE/SCHIMANK 1995, 7f.). Man musste sich daran gewöhnen, „dass der vormals mit positiven Werten behaftete Sport nunmehr dauerhaft mit Konnotationen wie Betrug, Täuschung, Krankheit und sogar Tod in Zusammenhang gebracht wird.
Doping hat so dem guten Ruf des Sports massiv geschadet. Es veränderte sowohl sein soziales Binnenklima als auch das Verhältnis des Sports zu seinem gesellschaftlichen Umfeld. Doping zerstörte nicht nur das Vertrauen in die Aufrichtigkeit der Athleten und ihrer Betreuer, es katapultierte diesen körper- und personenorientierten Sozialbereich in ein Glaubwürdigkeitsdefizit hinein, das in seinen Auswirkungen überhaupt noch nicht abzusehen ist." (BETTE/SCHIMANK 1995, 8).
Die Haltung von Athleten, Trainern, Funktionären, Sponsoren, Politikern zum Dopingproblem ist sehr unterschiedlich. Einerseits entsteht der Eindruck, es solle alles so weiterlaufen wie in den letzten Jahrzehnten, andererseits gibt es Initiativen, das Dopingproblem aktiv anzugehen und einen „sauberen" Sport nicht nur zu propagieren, sondern auch zu gestalten. Die hier anzustellenden Überlegungen zum Dopingproblem, die nicht zuletzt auf die enge Verknüpfung des Spitzensports mit der Wirtschaft und den Medien zurückgehen, sind pädagogisch ausgerichtet. Die wesentliche Frage, um die es hier geht, ist die, welche (Vorbild-) Funktion dem Hochleistungssport für eine Leibes- und Bewegungserziehung angesichts der

ihm anhaftenden Dopingvorwürfe noch zugebilligt werden kann. Dabei wird auf entsprechende sportwissenschaftliche Literatur, aber auch auf Darstellungen des Dopingmissbrauchs in den Medien – trotz aller Vorbehalte, die zum kritischen Umgang mahnen kann auf sie zur Dokumentation der jüngeren Entwicklung nicht verzichtet werden – zurückgegriffen werden.

2.6.1 Ein kurzer Blick in die Entwicklung des Dopings

Das Phänomen des Dopings – des Versuchs der Leistungssteigerung durch die Gabe verbotener Substanzen im Wettkampf oder im Training (zu den verschiedenen Definitionen des Dopings siehe BERENDONK 1992, 22 f.; LÜSCHEN 1994, 8 ff. oder FRANKE 1994, 71 f.) – ist schon seit rund 100 Jahren belegt. Bereits in den ersten Jahrzehnten des 20. Jahrhunderts wurden Studien über Stimulanzien und Aufputschmittel in ihrer Auswirkung auf die sportliche Leistungsfähigkeit betrieben. Zu Beginn der 50er Jahre hielten dann, vor allem von den USA ausgehend, anabole Wirkstoffe Einzug in den Sport, die wegen ihrer Wirkung auf den Muskel- bzw. Kraftzuwachs in bestimmten Disziplinen und Sportarten bereits 1964 bis 1968 – trotz des Wissens um gesundheitsschädigende Nebenwirkungen – flächendeckend verwendet wurden (vgl. TREUTLEIN 2001, 177ff.). Folgt man den Recherchen BERENDONKs und TREUTLEINs zum Anabolikadoping in den Jahren bis zum Fall der Mauer 1989, ist davon auszugehen, dass die Einnahme von Anabolika – trotz ihrer Klassifizierung als Doping durch den internationalen Leichtathletikverband (IAAF) und den deutschen Leichtathletikverband (DLV) im Jahre 1970 – im Hochleistungssport sowohl in Deutschland als auch weltweit verbreitet war (vgl. BERENDONK 1992, 28 ff.; vgl. TREUTLEIN 2001, 315): „In fast allen Staaten und Disziplinen wird gedopt, vor allem mit anabolen Steroiden (Anabolika).

(....) Seit den 60er Jahren ist in den meisten Sportarten Doping mit Anabolika die Grundlage des Erfolges gewesen. Das gilt vor allem für die von der Maximal- und Schnellkraft abhängigen Sportarten und für den Frauensport im Allgemeinen.

(...) Die ersten fünf des olympischen Kugelstoßwettbewerbs 1988 der Männer zum Beispiel sind heute alle als Anaboliker entlarvt und können mit Fug und Recht sportliche Betrüger genannt werden." (BERENDONK 1992, 29). Die Möglichkeit, mit der Weltspitze, ja selbst nur im nationalen Bereich mitzuhalten, hatte nur der, der „'Unterstützende Mittel' – (u.M. oder UM abgekürzt) war die Sprachregelung für Dopingmittel in der DDR" (BERENDONK 1992, 53 Anm. 1) – nahm, die teilweise auch als therapeutische, regenerative oder substitutive Maßnahmen (vgl. TREUTLEIN 2001, 308) kaschiert wurden. So bringt z.B. der deutsche Hammerwerfer RIEHM die „therapeutischen" Anabolikamaßnahmen direkt mit seinen erzielten Weiten, auch den Weltrekorden, in Verbindung: „Denn mehr als 78 Meter konnte man damals nicht ‚ohne' werfen." (FAZ vom 15.05.1999 – zit. nach TREUTLEIN 2001, 287).

Vom Anabolikadoping sind auch die Athleten beider deutscher Staaten nicht auszunehmen, wenngleich sich die staatlich verordnete, systematisch und straff organisierte Dopingpraxis der DDR von der der Bundesrepublik, in der die Dopingszene ein wesentlich differenzierteres und komplexeres Erscheinungsbild zeigte, deutlich unterscheidet. Doping „fand in der Bundesrepublik auf höchst verschiedene Weise statt: individuell im Rahmen privater Initiativen; in subkulturellen Kleingruppen; auf Vereinsebene; in Kooperation mit Verbandtrainern und/oder Ärzten (‚kontrolliert') – und anscheinend sogar bis hin zu Formen des sportmedizinisch organisierten Verbandsdopings." (TREUTLEIN 2001, 314).

War das Anabolikadoping zunächst auf die männlichen Athleten beschränkt, wurde es bald – v.a. in den Staaten des Ostens – auf Frauen ausgeweitet, ohne Rücksicht auf physische oder psychische Veränderungen, wie z.B. Akne, Ausbleiben der Menstruation, Bartwuchs und männliche Körperbehaarung, Vergrößerung der Klitoris etc. (vgl. BERENDONK 1992, 49) zu nehmen. Auch Minderjährige, z.B. 13 – 17-jährige Mädchen, wurden dem systematischen Doping unterzogen. Im gezielten Anabolikadoping Minderjähriger sieht BERENDONK die Erfolge des Jugendsports und der Nachwuchskader der DDR in Wirklichkeit begründet (vgl. BERENDONK 1992, 50).
Spätestens nach dem Tod der Siebenkämpferin Birgit Dressel im Jahre 1987, der Überführung des kanadischen Olympiasiegers Ben Johnson 1978 und der Veröffentlichung eines Teils der Staatsakten der DDR zum staatlich befohlenen und staatlich organisierten Doping mit anabolen Steroiden nach Staatsplanthema 14.25 (vgl. TREUTLEIN 2001, 315f.), kann man die Augen davor, dass in bestimmten Sportarten und Disziplinen ohne Doping kein Sportler die Weltspitze mehr erreichen kann, nicht mehr verschließen. So gilt wohl auch heute noch: „Natürlich wird weitergedopt, in deutschen Landen wie anderswo, aber im vereinigten Deutschland mit seinem fusionierten Betrugs-Know-how nun sicherlich besonders effektiv." (BERENDONK 1992, 301f.).
Dem aufmerksamen Beobachter der Szene des Hochleistungssports entgeht dabei nicht, dass über das Doping mit Anabolika hinaus – in der letzten Zeit häufig mit dem Präparat Nandrolon – auch andere Dopingmittel immer wieder begegnen, z.B. EPO, das in Ausdauersportarten, wie z.B. Radfahren, Langstreckenlauf, Skilanglauf, offensichtlich eine enorme Rolle spielt. Nimmt man das sportliche Großereignis des Jahres 2000, die Olympischen Spiele von Sydney, als Maßstab, wurden allein hier 10 von insgesamt 58 Athleten seit 1968 bei Olympischen Spielen des Dopings überführt. Ob dies als Indiz dafür zu werten ist, dass mehr gedopt wird oder aber dafür, dass strenger kontrolliert wird, sei dahingestellt. Sicher ist, dass mit 1946 Wettkampf- und 404 Trainingskontrollen, sowie 313 erstmals durchgeführten EPO-Tests ein neuer Doping-Kontroll-Rekord zu verzeichnen ist. Bedenkt man allerdings, dass ca. 11.000 Athleten in Sydney am Start waren, sind nur ca. 20 % der Olympiateilnehmer kontrolliert worden. Und eine nicht unerhebliche Anzahl von Sportlern – über 50 sollen es gewesen sein – blieb ja bereits in den vorolympischen Kontrollen hängen Allein aus China verzichteten 27 Aktive – 7 Ruderer, 14 Leichtathleten, 4 Schwimmer, 2 Kanuten, die allesamt Medaillenanwärter waren – auf die Reise nach Sydney, nachdem bekannt geworden war, dass zwei neue Kontrollverfahren eingesetzt werden würden, um der EPO-Seuche Herr zu werden (vgl. SZ vom 30. 09./01.10.2000).

2.6.2 Ursachen des Dopings

Wenn Doping einen klaren Verstoß gegen die Regeln des Sports darstellt, drängt sich die Frage auf, „aus welchen Gründen es in der Entwicklung des Spitzensports gerade in den vergangenen zwei Jahrzehnten zu einer Häufung der Regelverstöße und damit zum eigentlichen Doping-Problem kommen konnte." (DIGEL 1997, 287).
Die Beantwortung dieser Frage enthält sicherlich so viele Aspekte wie das Problem in seiner Komplexität selbst. Einige Überlegungen hierzu – mit DIGEL soll vorsichtig von „Vermutungen" (DIGEL 1997,288) gesprochen werden – gilt es dennoch anzustellen.
Eine erste Ursache ist in der Logik des Sports selbst zu suchen, der stets auf Leistungssteigerung ausgerichtet ist. Wie sehr der Sport davon beseelt ist, zeigt sich u.a. darin, dass selbst

im Seniorensport (vgl. DIGEL 1997, 293), ja sogar bei den Paralympics gedopt wird, in Sydney gab es elf Dopingfälle (vgl. MB vom 31.10./01.11.2000). Dennoch stehen nicht diese Fälle, sondern der Hochleistungssport im Mittelpunkt des Dopinginteresses – und das mit gutem Grund: Das Erreichen der Grenzen des Menschenmöglichen im Spitzensport ist nahezu ausgereizt, was bedeutet, dass ein immer größerer Trainingsaufwand nötig ist, um die von anderen erreichten Leistungen auch nur erreichen oder gar überbieten zu können. Das Doping erweist sich somit als ein strukturelles Problem des Sports selbst, wie DIGEL treffend ausführt: „Der Grenznutzen des sportlichen Trainings wurde immer weiter verringert. Bei immer größeren Trainingsaufwändungen sind nur noch geringe Leistungssteigerungen erreichbar. Insbesondere in jenen Sportarten, die im Sinne der olympischen Maxime ‚citius', ‚altius', ‚fortius' auf die Steigerung oder Minimierung von Zentimetern, Gramm oder Sekunden ausgerichtet sind, besteht deshalb zunehmend die Gefahr der unerlaubten Grenzmanipulation. Doping ist deshalb nicht in erster Linie ein individuelles moralisches Problem, es ist vielmehr ein Problem, das im Wesentlichen durch den Code des Systems Hochleistungssport selbst angelegt ist." (DIGEL 1997, 61).

Auch daran, dass der (Spitzen–)Athlet selbst nicht nur für sich alleine trainiert, sondern in ein ganzes System von Trainern, Betreuern, Funktionären, Verbänden etc. eingebettet ist, weist darauf hin, dass Doping ein strukturelles Problem darstellt. Es ist ganz offensichtlich, dass an (Spitzen–)Athleten seitens der Politik und der Sportverbände bestimmte Erwartungen herangetragen werden, die sich nicht nur verbal, sondern ganz konkret, z.B. in finanziellen Zuwendungen, äußern. Wenn etwa die Olympia-Qualifikationsnormen an der internationalen Spitze ausgerichtet werden, so dass die eigentliche Norm die „Endkampfchance" (BRAND 1996, 133) ist, besteht für den Athleten nur die Alternative, diese Norm mit allen ihm zur Verfügung stehenden Mitteln zu erreichen – oder aber auf den großen sportlichen und finanziellen Erfolg zu verzichten. Mit dieser Grundentscheidung musste bereits die Diskuswerferin Liesel Westermann vor den Olympischen Spielen in Montreal 1976 kämpfen. Auf ihren Einwand, dass die vom DLV gesetzte Norm nur durch die Einnahme von Anabolika zu schaffen sei, habe ihr ein verantwortlicher Verbandsfunktionär lapidar erwidert, sie sei selbst schuld, wenn sie die Olympianorm deshalb nicht schaffe, weil sie keine Anabolika nehme (vgl. PILZ 1994, 56). Nach den Olympischen Spielen in Atlanta 1996 wurden deutsche Olympiateilnehmer als Touristen bezeichnet, weil sie in Disziplinen, die in hohem Maße von Doping beeinträchtigt sind, nicht konkurrenzfähig waren (vgl. DIGEL 1997, 67). So macht es sich der Staat mit seiner ausschließlich am Erfolg orientierten Spitzensportförderung, die sich nach der Medaillenflaute bei den Olympischen Spielen in Sydney noch mehr auf die Förderung einiger weniger Spitzenathleten beschränken soll, zu einfach. Der Ruf nach mehr Medaillen zum nationalen Prestige bedarf auch der Aussagen, wie sie erreicht werden sollen – und v.a. unter welchen Bedingungen sie nicht errungen werden sollen (vgl. TREUTLEIN 2001, 317).

Da aber nicht der Athlet allein vom Erfolg abhängig ist, sondern auch seine Trainer, die Funktionäre usw. entsteht ein Beziehungsgeflecht, in dem eine Hand die andere wäscht. Bereits im Fall Ben Johnson wurde deutlich, was sich bei den finnischen Skilangläufern 2001 bestätigte, nämlich wie stark die jeweiligen Verbände in diese Affären verstrickt waren, weshalb nicht nur die gedopten Athleten, sondern auch Funktionäre in die Verantwortung genommen wurden (vgl. LÜSCHEN 1994, 13). Ruft man sich ins Gedächtnis zurück, dass ganze Mannschaften, z.B. die Festina-Mannschaft bei der Tour de France 1998, die Gewichtheber-Mannschaft Bulgariens bei den Olympischen Spielen in Sydney 2000 oder die Hälfte der finnischen Skilangläufer bei der Ski-WM 2001 des EPO-Dopings unter Zugabe von HES überführt wurden, wird ersichtlich, wie sehr Doping nicht allein als individuelles

Fehlverhalten gesehen werden kann, sondern wie sehr es maßgeblich durch soziale Strukturen mitgeprägt wird (vgl. BETTE/SCHIMANK 1994, 29): *„Das individuelle Handeln der Akteure im Hochleistungssport ist damit deutlich sowohl system– als auch umweltbedingt.* In einem komplexen System wie dem Hochleistungssport laufen die individuellen Handlungen also nicht voraussetzungslos, sozusagen in einem strukturlosen Raum, ab. Die in den einzelnen Trainings– und Förderungseinrichtungen beobachtbaren sozialen Interaktionen strukturieren sich vielmehr nicht nur in sich selbst nach Vorgaben, die in den jeweiligen Situationen entstehen, sondern sie werden von außen durch Normen, Erwartungen, Handlungsmuster und Selektionen mit– und vorstrukturiert. Dies bleibt den in der Interaktion stehenden Akteuren, z.B. den Trainern, Athleten oder Sportfunktionären, typischerweise verborgen." (BETTE 1984, 11f.).

Immer mehr Einfluss kommt im Dopingproblem, vor allem im Umgang mit „Dopingsündern", der rechtlichen Seite zu. Wie gerade der aktuelle Fall Dieter Baumann zeigt, ist bereits die Rechtsprechung auf der Ebene der Sportverbände – des DLV und der IAAF – nicht einheitlich. Der langwierige Streit darüber, ob Baumann starten darf oder nicht, welche Folgen es für ihn und andere Athleten hat, die bei einem Rennen starten, in dem auch Baumann mitläuft etc., verdeutlicht dies. Noch schwieriger wird die Rechtslage, wenn z.B. Verbandsrecht und Verfassungsrecht kollidieren, wie dies etwa im Rechtsstreit Breuer/Derr/Krabbe gegen IAAF/DLV offenbar wurde, als die Dopingsperre von vier Jahren als Urteil der IAAF vom Münchener Gericht aus arbeitsrechtlichen Gründen auf zwei Jahre reduziert wurde (vgl. DIGEL 1997, 338).

Nimmt man darüber hinaus genauer unter die Lupe, wie einzelne nationale und internationale Verbände mit dem Dopingproblem umgehen, werden weitere Ursachen des Dopings deutlich. Bereits auf nationaler Ebene gibt es Verbände – Fußball, Radsport, Tennis –, die der Forderung nach Trainingskontrollen nur mit Schwierigkeiten nachkommen (vgl. WALDBRÖL 1996, 142). Noch gravierender sind die Differenzen auf internationaler Ebene. Manche Länder, z.B. Rumänien, Ungarn, Kuba, werden als weiße Flecken auf der Weltkarte des Dopings bezeichnet (vgl. TRÖGER 1996, 35). Für DIGEL ist dies ein untragbarer Zustand: „Auf internationaler Ebene ist die Situation noch viel bedenklicher. Hier ist zu erkennen, dass sich der Kampf gegen Doping oft nur in öffentlichen Reden ereignet. Die alltägliche Praxis der internationalen Verbände wird hingegen von solchen Reden nicht erreicht. Von den olympischen Sportarten weist nur eine kleine Minderheit Doping-Kontrollsysteme auf, die den Namen verdienen und nach wie vor treten bei Olympischen Spielen Athleten an den Start, die in ihren Sportarten nicht kontrolliert werden, wobei teilweise nicht einmal Wettkampfkontrollen durchgeführt worden sind." (DIGEL 1997, 66f.).
Aber wie sollen kleinere Staaten z.B. der Dritten Welt zum Kampf gegen Doping motiviert werden, wenn selbst an eine der führenden Sportnationen wie die USA immer wieder der Vorwurf ergeht, Dopingfällen nicht nachzugehen? So wurde den USA konkret von der IAAF vorgeworfen, in den Jahren 1998 bis 2000 mehr als 26 positive Dopingproben unterschlagen bzw. nicht, wie in den internationalen Bestimmungen vorgeschrieben, an den internationalen Weltverband gemeldet zu haben (vgl. MB vom 22.09.2000). Diese Situation ist im Sinne einer Chancengleichheit und einer Gleichbehandlung der Athleten auf internationaler Ebene so unhaltbar, dass selbst der IOC-Vizepräsident Thomas Bach die USA auffordert, ihre Spitzenposition in der Nationenwertung nicht länger durch unlauteren Wettbewerb zu behaupten (vgl. SZ vom 30.09./01.10.2000). Voll in dieses Bild passt, dass das NOK der USA – eines der reichsten der Welt – die Einführung strenger Dopingkontrollen

auf das Jahr nach den Olympischen Spielen 1996 mit der Begründung verschob, hierfür kein Geld zu haben (vgl. TRÖGER 1996, 26). Dass Athleten und Verbände, die sich um die Bekämpfung des Dopings mühen, dies nur als „Skandal" (DIGEL 1996, 35) und als einen „Schlag ins Gesicht, der heftiger eigentlich nicht sein könnte" (BRAND 1996, 134) werten konnten, scheint verständlich. Unverständlich jedoch ist, dass das IOC unter dem Hinweis auf die bestehenden Regelungen (vgl. TRÖGER 1996, 150) tatenlos zusah..

Erklärbar wird die Haltung des IOC – und dies gilt für andere internationale Dachverbände gleichermaßen – im Grunde nur dadurch, dass man seine Rolle im Zusammenspiel von Macht, Geld und Wirtschaft sieht. Ginge das IOC nämlich gegen das Doping verschärft vor, indem es beispielsweise die Zulassung nationaler Verbände zu den Olympischen Spielen an Dopingkontrollen knüpfte, liefe es Gefahr, „dass wesentliche Teilnehmer zu Hause bleiben, z.B. die Amerikaner oder die Briten, weil sie die Doping-Regeln, die strengen Zulassungsregeln, nicht erfüllen, und somit für das IOC finanzielle Defizite entstehen. Da fließt kein Geld mehr von seiten der Fernsehanstalten." (FELDHOFF 1996, 150).

Eben dies, dass das IOC in offiziellen Stellungnahmen Doping zwar verurteilt, im Grunde aber viel zu wenig dagegen unternimmt, ist auch der Vorwurf, den der mehrfache Olympiasieger von 1972 im Schwimmen, Mark Spitz, dem IOC wiederholt macht: „Sie sind sich bewusst darüber, welche Drogen im Handel sind und welche genommen werden. (...) Aber es gibt einen ungeheuren Druck von den Anstalten (...). Es geht nur um Einschaltquoten, Kommerz und Geld." (MB vom 31.07.2000).

In dieser Richtung haben Begnadigungen für gedopte Leichtathletikstars wie Sotomajor oder Ottey durch die IAAF eine gewisse Logik – denn so konnten sie in Sydney starten. Und bekannte Namen sorgen für hohe Einschaltquoten.

Mit seiner Einschätzung steht Mark Spitz nicht alleine. BETTE und SCHIMANK sehen in der expandierenden Instrumentalisierung leistungssportlicher Erfolge durch wirtschaftliche und politische Instanzen sowie durch die Massenmedien eine wesentliche Bedingung für das Doping im Spitzensport (vgl. BETTE und SCHIMANK 1994, 29). PILZ umschreibt den Zusammenhang von Spitzensport, Kommerz und Doping wie folgt: „Die geradezu hemmungslose Vermarktung, Kommerzialisierung und Professionalisierung der Olympischen Spiele, einschließlich der erfolgssportlich konsequenten Überlegung, schwächere Athleten sogenannter exotischer Nationen nur noch zur Eröffnungs– und Schlussveranstaltung zuzulassen, ansonsten aber nur die besten Athleten zu den olympischen Wettkämpfen zuzulassen, sind so besehen geradezu kontraproduktiv bezüglich der Bemühungen des IOC im Kampf gegen Doping, Gewalt und Unfairness im Sport." (PILZ 1994, 55).

Ein Ende der Entwicklung der völligen Kommerzialisierung der sportlichen Leistung ist nicht abzusehen. Diese Tendenz kann kaum deutlicher zum Ausdruck kommen als mit einem Blick in die Zukunft: Der Schwimmverband der USA hat für die Schwimmerin, die bei den Olympischen Spielen 2004 die 800 Meter Freistil gewinnt und einen neuen Weltrekord aufstellt, eine Siegprämie von 2,2 Millionen DM ausgesetzt (vgl. MB vom 23./24./25./26.12.2000).

2.6.3 Wege aus der Dopingkrise?

Von den o.g. Autoren, die sich mit dem Dopingproblem des Sports intensiv beschäftigen, werden unterschiedliche Lösungswege im Kampf gegen Doping reflektiert und favorisiert. DIGEL z.B. führt 15 Punkte unter der Überschrift „Waffen im Doping-Kampf (Lösungsinstrumente)" (DIGEL 1994, 148) an, u.a. das Einsetzen von Kommissionen, Veröffentlichung von Kommissionsberichten, Satzungsänderungen, Entwicklung eines Kontrollsys-

tems usw. Verfolgt man die zahlreichen Äußerungen DIGELs zum Dopingproblem, wird deutlich, dass er in erster Linie auf Letzteres setzt, das alle Spitzenathleten mit Dopingkontrollen im Wettkampf und im Training erfassen soll (vgl. DIGEL 1997, 65). Ob dies aber tatsächlich ein erfolgversprechender Weg ist, mag bezweifelt werden. Zu unterschiedlich sind die politischen und wirtschaftlichen Interessensverknüpfungen mit dem weltweiten Spitzensport und es gibt zu viele Wege, die Dopingkontrollen zu umgehen. Die Ankündigung von Kontrollterminen, die Abgabe fremden Urins oder eigenen „sauberen" Urins, der in einem Kondom oder Vaginalsäckchen aufbewahrt wurde usw., sind Methoden, die sich hier bestens bewährt haben (vgl. BERENDONK 1992, 265). Auch die Kosten eines solchen Kontrollsystems wären so immens, dass einzelne Verbände sie kaum tragen könnten (vgl. DIGEL 1997, 307). Das wichtigste Argument gegen diesen Lösungsansatz ist jedoch, dass er fast ausschließlich den Athleten im Visier hat – und sein soziales Umfeld weitgehend vernachlässigt wird. Dieses aber beeinflusst die Situation, in der der Athlet steht, wesentlich, sodass genauere Dopinglisten und bessere Dopingkontrollen lediglich noch raffiniertere Methoden hervorbringen werden, sie zu umgehen (vgl. WAGNER 1994, 109).
Diese Einschätzung teilen BETTE/SCHIMANK. Ganz abgesehen davon, so argumentieren sie, dass es möglicherweise in Zukunft Dopingsubstanzen geben könnte, die für längere Zeit nicht nachweisbar sind, ist das Kontrollproblem logistisch und finanziell kaum lösbar. Zusätzlich stößt die Intensivierung der Dopingkontrollen auf moralische Bedenken und rechtliche Grenzen, weshalb der Erfolg durch eine Intensivierung der Dopingkontrollen insgesamt eher skeptisch einzuschätzen ist (vgl. BETTE/SCHIMANK 1995, 323ff.).

Vorschläge, wie der einer „strukturellen Offensive" (PILZ 1994, 61), die dem Fair-Play einen höheren Stellenwert als dem Siegen beimessen, sind sicherlich honorabel. Ob sie jedoch das Dopingproblem in seinen vielfältigen Ursachen wirklich treffen können, ist sehr fraglich. Praktikabler scheint jener Vorschlag, nicht nur den Athleten, sondern sein gesamtes soziales Umfeld mehr in die Verantwortung zu nehmen, d.h. die Sportverbände mit Funktionären und Trainern, die Sportjournalistik, aber auch die Politiker, die Industrie und die Sponsoren stärker als bisher mit Fragen der Verantwortlichkeit zu konfrontieren (vgl. PILZ 1994, 63).
Die besten Möglichkeiten, eine neue Wettkampfkultur ohne Doping zu entwickeln, haben jedoch m.E. die Initiativen, die von Spitzensportlern selbst ausgehen, wie z.B. die Initiative der deutschen Zehnkämpfer, die 1990 das „Zehnkampf-Team e.V." gründeten. Sie verfolgen – auch auf eine für die Öffentlichkeit erkennbare Weise – den Nachweis, dass ein dopingfreier Spitzensport möglich ist. Dopingkontroll- und Medikamentenpass sowie die Steroidprofilanalyse sind einige jederzeit einsehbare Dokumente, die belegen, dass die 22 deutschen Zehnkämpfer dieses Teams absolut „clean" sind. 166 Kontrollen, d.h. 7 bis 10 Dopingkontrollen pro Athlet in fünf Monaten, bestätigen dies eindrücklich.
„Mittlerweile gibt es Bemühungen um Selbstbeschränkungsabkommen auch in anderen Sportarten – etwa im deutschen Biathlon (SZ vom 23.10.1992), im Triathlon, im Hochsprung und in den leichtathletischen Wurfdisziplinen. Das Modell des ‚Zehnkampf-Teams' entfaltet also durchaus gewisse Nachahmungseffekte." (BETTE/SCHIMANK 1995, 342).
Dem Beispiel der Zehnkämpfer, glaubwürdiges Handeln und positive Selbstdarstellung durch die Transparenz lückenloser, freiwilliger und gegenseitiger Kontrolle den Prinzipien des dopingbelasteten Hochleistungssports – Abschottung, Verschweigen, Abstreiten, Unterlassen und Lügen – gegenüber zu stellen, folgen inzwischen also auch Athleten anderer Sportarten (vgl. TREUTLEIN 1994, 163).

Trotz der unbestreitbaren Vorzüge dieser von Athletenseite kommenden Initiative hegen BETTE/SCHIMANK auch hier große Zweifel hinsichtlich des Erfolgs. Zum einen führen sie rechtliche Bedenken bei solch intensiven Kontrollen an, was den Datenschutz angeht. In den USA z.B. wären die vom „Zehnkampfteam" praktizierten umfangreichen Kontrollen rechtlich gar nicht zulässig. Zum anderen sehen sie ein finanzielles Problem, da solch umfangreiche Dopingkontrollen die erforderlichen Finanzmittel bei weitem übersteigen würden, würden sie auf alle dopinggefährdeten Sportarten ausgedehnt – selbst bei einer Bereitschaft der Sponsoren aus Wirtschaft und der staatlichen Förderer, sich Dopingkotrollen etwas kosten zu lassen. Schließlich verweisen sie darauf, dass der langfristige Erfolg dieser Selbstbeschränkungsinitiative davon abhängt, dass sich auch die anderen Athleten auf nationaler und internationaler Ebene anschließen. Wenn HAAS, einer der Mitbegründer des „Zehnkampf-Teams" herausstellt, dass Weltklasseleistungen auch ohne Doping möglich seien, wie Paul Meier mit über 8.400 Punkten bewiesen habe – er jedenfalls könne als einziger Athlet der Welt für sich in Anspruch nehmen, der erste Zehnkämpfer zu sein, der über 8.400 Punkte nachweislich ohne Doping erzielt habe (vgl. HAAS 1994, 168ff.) – dann schließt das zwischen den Zeilen wohl die Aussage ein, dass solche Leistungen bisher nur von gedopten Athleten erbracht wurden, und es bleibt in der Tat ein schaler Beigeschmack bei der Vorstellung, dass es im Endeffekt dann doch solche Zehnkämpfer sind, bei denen bei der bisherigen Dopingkontrollpraxis kein Doping nachgewiesen wurde, die mehr Punkte erzielen, die dadurch Titel und Medaillen erringen und Rekorde erzielen (vgl. BETTE/SCHIMANK 1995, 345).

Abzuwarten bleibt außerdem, ob nicht der Druck gegen Doping im Sport von außen her, v.a. seitens der Wirtschaft, wächst, indem sie ihr Sponsoring an die Bedingung eines „sauberen Sports" knüpft; denn allein dann, wenn die positiven Assoziationen, die mit dem Sport verbunden sind, geweckt werden, kann sich ein Wirtschaftsunternehmen in der Verbindung mit dem Sport oder einem Testimonial langfristig positiv darstellen. Ob dies ein Ausweg aus der Dopingkrise sein wird, bleibt abzuwarten, stehen ihm doch die Interessen der Massenmedien im Kampf um Einschaltquoten – und damit verbunden die Möglichkeit, durch das Sponsoring ein möglichst breites Publikum zu erreichen – entgegen.

Obwohl also das Selbstbeschränkungsabkommen der Athleten also grundsätzlich den aussichtsreichsten Lösungsansatz im Kampf gegen Doping darstellt, ist auch dieser Weg skeptisch zu beurteilen, da sich eine international flächendeckende Ausbreitung des Selbstbeschränkungsabkommens – zumindest in der derzeitigen Situation – noch nicht abzeichnet und eher unwahrscheinlich ist (vgl. BETTE/SCHIMANK 1995, 345).

Auch wenn BETTE/SCHIMANK auf der Basis ihrer Untersuchungsergebnisse zum Doping im Sport fünf Ratschläge für diejenigen geben, die ernsthaft gegen Doping vorgehen wollen, nämlich (1) Kontinuität der Aufklärung und weiter raumgreifende öffentliche Skandalierung der Abweichung, (2) stärkere Beachtung der strukturellen Zwänge für Doping, (3) komplexe Gegenmaßnahmen (4) intelligente Kombination einander wechselseitig flankierender Maßnahmen, (5) konzertierte Aktion aller am Problem Beteiligter (vgl. BETTE/SCHIMANK 1995, 387ff.), bleibt am Ende doch die eher resignative Feststellung, dass sich derzeit kein wirklich Erfolg versprechender Weg im Kampf gegen Doping abzeichnet. Auch die völlige Freigabe des Dopings, die bisweilen als Konsequenz aus der derzeitigen Dopingpraxis gefordert wird, kann nicht als Weg aus dieser Krise angesehen werden. Die Athleten würden schnell zum Experimentierfeld für noch verwegenere Dopingpraktiken werden, was sich mit der medizinischen Standesethik ebenso wenig vereinbaren ließe wie mit dem, was mit den Athleten passierte. Hochleistungssport würde zum riskanten Beruf,

zum Tummelplatz biographischer Hasardeure, wohin keine verantwortungsbewussten Eltern ihre Kinder geben könnten. Ob das Publikum tatsächlich eine derartige frivole und verantwortungslose Entwicklung: „Menschenopfer – um nichts anderes ginge es" (BETTE/SCHIMANK, 1995, 357) – akzeptieren würde, ist überdies äußerst fraglich (vgl. BETTE/SCHIMANK 1995, 350ff.). Aus medizinischer Sicht ist diese Frage ohnehin nicht diskutabel, da die meisten Dopingmittel, so der Sportmediziner GEIGER im Gespräch, Gesundheitsrisiken bergen.
Im Interesse des Sports und der Athleten ist also eine Dopingfreigabe ebenso kein Weg wie der, den BERENDONK vorschlägt, nämlich den einer Trennung des Weltsports in zwei Sportwelten mit je eigenen Veranstaltungen und Rekorden. Auf der einen Seite die hormonell und anderweitig Gedopten – die „Hormis" – und auf der anderen Seite die normalen Sportler – die „Normis". (Vgl. BERENDONK 1992, 334).

Es ist so offensichtlich, dass es im Grunde keiner Erwähnung mehr bedarf: Ein solch extrem instrumentalisiertes Körperverständnis, das selbst vor der Manipulation des Körpers mit chemischen Mitteln mit dem Risiko gesundheitsschädlicher Wirkungen, nicht haltmacht, kann dem Leitbild einer Pflege der Leiblichkeit nicht entsprechen. Ohne die Faszination sportlicher Bewegungen in Vollendung schmälern zu wollen, ist doch festzuhalten, dass sich das Leibsein im Hochleistungssport sehr oft zu einem geschundenen, gequälten, manipulierten Körperhaben entwickelt hat.

2.7 Zusammenfassung

Die Betrachtung des Sports an der Wende zum 21. Jahrhunderts hat gezeigt, dass zurecht davon gesprochen wird, dass ihm in unserer Gesellschaft eine stark gestiegene Bedeutung zukommt. Dem zunehmenden Bedürfnis nach Körperlichkeit entspricht nicht nur das aktivsportlich gestaltete und sportmodisch präsentierte Verhalten in Freizeit und Beruf, ihm entspricht ebenso eine gesellschaftlich gesteigerte Nachfrage nach sportlicher Höchstleistung, die durch die Massenmedien als Unterhaltungsindustrie vermarktet tagtäglich einem Millionenpublikum ins Haus gebracht wird.
Unter den zunehmenden Einflüssen von Politik, Medien und Wirtschaft gerät der Spitzensport dabei zunehmend in die Gefahr, durch Professionalisierung und Kommerzialisierung zu einem „grenzenlosen Zirkussport" (DIGEL 1997, 72) zu verkommen, der, in einem völlig instrumentalisierten Körperverständnis das Bedürfnis eines Millionenpublikums nach Unterhaltung, Spannung, Sensation und Show befriedigt.
Was zwischendurch immer wieder kurz angedeutet wurde, muss hier noch einmal auf den Punkt gebracht werden: mit diesem Hochleistungssport hat der „Schulsport" nichts mehr gemeinsam. Wohl könnte man DIGEL zustimmen, der bei einer idealtypischen Betrachtung des Hochleistungssports dessen pädagogischen Wert darin sieht, dass er das Leistungsprinzip, worauf unsere Gesellschaft gründet, symbolisiere (vgl. DIGEL 1991, 13). Aber dieses Ideal ist von der Realität der Welt des Mediensports durch Trainingsaufwand, inflationäre Verdienste der Stars, Vermarktung, Verstöße gegen das Fairplay durch Aggression und Doping soweit entfernt, dass er mit der Welt des Breitensports – ohne diesen nun seinerseits idealisieren zu wollen – nichts mehr gemeinsam hat.
Dennoch sind die gesellschaftlichen Entwicklungen des Sports für den „Schulsport" von großer Wichtigkeit. Denn: „Durch Schulsport wird diese schillernde Sportwirklichkeit eigens nachgebildet, gebrochen, sogar korrigiert. Jedenfalls scheint Sport in der Schule wesentlich

vom Wesen des ‚großen' Sports (...) geprägt." (BALZ, 1992a, 2). Dies bedeutet: Die Schüler „kennen" den Sport in seiner breiten Palette und sie bringen die durch die Massenmedien vermittelten Bilder von Körperkult, von dem, was gerade „in" ist, das Neueste vom Sport und seiner Stars, in den „Sportunterricht" mit.
Wie also soll sich der „Schulsport" dem gegenüber verhalten? Soll er auf diesen Sport ausgerichtet sein, ihn zur Leitlinie seiner Inhalte machen, oder soll er sich von ihm klar abgrenzen?
Die Meinungen hierüber gehen weit auseinander.
Befürworter der ersten Position, SCHULZ beispielsweise, erheben die Forderung, bereits Grundschulkindern sollten sportliche Fähig- und Fertigkeiten vermittelt werden, um an der Gestaltung sportlicher Situationen autonom teilnehmen zu können. Dies gelte v.a. für jene Schüler im „Schulsport", die von der Versportung bis dahin wenig betroffen waren (vgl. SCHULZ 1999, 164). Dass diese Schüler eine besondere Zuwendung im Rahmen einer Leibes- und Bewegungserziehung brauchen, ist unbestritten. Ob der Weg über den Sport mit seinen teilweise hohen koordinativen und konditionellen Anforderungen der richtige ist, oder ob nicht gerade jene Kinder in der Versportlichung des „Schulsports" in die Außenseiterrollen gedrängt werden, sei hier dahingestellt; dies sollen die Darstellungen im folgenden Kapitel erweisen.
Auch für GRUPE/KRÜGER stellt der Sport das wesentliche Bezugsfeld für den „Schulsport" und die „Sportpädagogik" dar (vgl. GRUPE/KRÜGER 1997, 41). Sie verweisen auf den Sport als Bildungs- und Kulturgut, so dass in einem Unterrichtsfach Sport die Grundlagen sportlich-körperlicher Bildung vermittelt, erfahren und erlernt werden müssten. Sie sollten sich aus dem Kern des Kulturgutes Sport ergeben, der es wert sei, in der Schule vermittelt, gepflegt und weiterentwickelt zu werden. „Der Begriff ‚Sport' steht für kulturelle Leistungen, für Wissen, Können, bestimmte Inhalte, Formen und Techniken von Bewegungen und Sportarten sowie für körperliche Fähigkeiten und Fertigkeiten, die nötig sind, um an diesem Kulturgut Sport teilhaben zu können, aber darüber hinaus auch noch emotionale, soziale und gesundheitsbezogene Fähigkeiten vermittelt werden, die für ein Leben in der modernen Welt wichtig sind." (KRÜGER/GRUPE 1999, 311). Die Vertreter dieser Position argumentieren, dass gerade in der derzeit zunehmend schwierigen Situation der Legitimation des „Schulsports" die Suche nach einem Profil des Unterrichtsfaches „Sport" erheblich erschwert würde, würde ein Paradigmenwechsel von „Sport-" zu „Bewegungspädagogik" vollzogen werden. Man könne sich ein Unterrichtsfach „Bewegung" nicht nur schwer vorstellen, sondern man könne noch weniger gegenüber einer kritischen Öffentlichkeit erklären, was Ziele und Inhalte eines solchen Unterrichtsfaches sein sollten (vgl. KRÜGER/GRUPE 1999, 310).

Demgegenüber mehren sich jedoch auch die Stimmen, die den Sport angesichts dessen, was mit ihm in seinen Verbindungen mit Politik, Wirtschaft und Medien einhergeht, – gerade im Hinblick auf den „Schul-" und auch auf den „Gesundheitssport" – sehr kritisch beurteilen.
Von medizinischer Seite her betont etwa KIESER bereits im Untertitel: „Die Seele der Muskeln. Krafttraining jenseits von Sport und Show" seine kritische Haltung v.a. gegenüber dem Mediensport, dem er Aussagen wie „‚entsportlichtes' Krafttraining" oder „Dies ist kein Sport-Buch" (KIESER 1998, 10f.) oder „Verwechslung von Training und Sport" (KIESER 1998, 96) folgen lässt. Auch die Äußerungen des Sportmediziners GEIGER liegen auf dieser Linie: „Unter dem Begriff Sport versteht man vielfach nur noch ausschließlich Leistungssport. Die medienwirksame Verbindung des Sports mit kaum mehr fassbaren extre-

men Höchstleistungen, die Vermarktung des Sports und die zunehmend verminderten Identifikationsmöglichkeiten führen einerseits in eine passive Konsumentenrolle (Sport als Gladiatorenspiel), andererseits zu einer Überforderungsangst bzw. Resignation. Außerdem weichen die modernen Sportinhalte nicht selten von gesundheitswirksamen Maßnahmen ab oder besitzen eine nicht trainingswirksame Kurzlebigkeit, was z.B. für viele ‚Fun-Sportarten' zutrifft." (GEIGER 1999, 7).

Unter den Sportpädagogen wendet beispielsweise SCHIERZ mit Bezug auf KURZ' „Handlungsfähigkeit im Sport" (KURZ 1993, 8) gegenüber einer sportimmanenten Legitimation des „Schulsports" ein, dass dieser in der Ausrichtung auf den Sport sein zeitgemäßes Bildungspotential kaum ausschöpfe (vgl. SCHIERZ 1997, 44). MOEGLING, der bereits im Untertitel seiner Veröffentlichung von 1997 „Zeitgemäßer Sportuntericht" von einem „ganzheitlichen Bewegungsunterricht im Schulsport" spricht (MOEGLING 1997), untermauert seine Position, indem er hinter der sportimmanenten Legitimation des „Schulsports" die normative Anpassung an vorgegebene Sportinhalte und -rituale sieht, die eine Beschränkung der schulischen Bewegungserziehung auf das, was als *sportlich* elementar erachtet wird, erkennt (vgl. MOEGLING 1999, 317). So vertritt er die These, die der Intention der vorliegenden Arbeit sehr nahe steht: „Eine Legitimation des Schulsports über die Handlungsfähigkeit im außerschulischen, normierten Vereins– und Leistungssport verkürzt den Bildungsaspekt des Leiblichen und des Bewegungsthemas in unnötiger Weise und belässt den Schulsport auf einer schwachen Position in der Auseinandersetzung um Stundendeputate und institutionelle Wertigkeit. Erst die Legitimation des Schulsports aus einer modifizierten bildungstheoretischen Sichtweise heraus, die das Leibliche und die Bewegung als essentielle und kulturell bedrohte Möglichkeiten zur Menschenbildung auffasst, kann dem Schulsport sein zeitgemäßes Gewicht in den bildungspolitischen Auseinandersetzungen geben." (MOEGLING 1999, 317).

So liegt es also in der Tat nahe, mit GRÖSSING ganz direkt zu fragen, „ob denn die Art des Sports, wie er heute praktiziert wird, mit Körper– und Bewegungskultur in Einklang zu bringen ist und die Aufnahme als Unterrichtsfach in die Schule weiterhin rechtfertigt. Die Hoffnung über die Sporterziehung in der Schule die verloren gegangene humane Sportkultur wieder herzustellen, ist trügerisch und wenig Erfolg versprechend, wenn man die starken wirtschaftlichen und politischen Kräfte ins Kalkül zieht, die den modernen Sport prägen." (GRÖSSING 1997, 42).

Mit anderen Worten: So wie sich das Gesamtphänomen Sport heute präsentiert, kann man, wie vielleicht noch in den 70er Jahren, nicht mehr davon ausgehen, dass es in der Regel für jeden und in jeder Form wertvoll sei, Sport zu treiben. Gegenüber den pädagogischen und humanen Chancen, die in sportlichen Aktivitäten liegen, sind die Gefahren des Sports zu offensichtlich: er kann die Gesundheit fördern und beeinträchtigen, er kann Gemeinsinn, aber auch Rücksichtslosigkeit fördern, er kann die Entwicklung des jugendlichen Selbstbewusstseins stärken, aber auch nachhaltig beeinträchtigen usw. Das veröffentlichte Bild des Hochleistungssports in den Medien unterstützt das ambivalente Erscheinungsbild des Sports (vgl. KURZ 1993 8). Demgegenüber muss der „Schulsport" „glaubwürdig darstellen, dass er ein besserer, vielleicht auch ein anderer Sport ist, in dem das, was jungen Menschen Sinn geben kann und förderlich für sie ist, von pädagogisch verantwortungsvollem Fachpersonal vermittelt wird – durchaus auch in Kontrast zu dem, was die Medien als den Sport präsentieren. Also nicht mehr einfach nur: Motivieren zu lebenslangem Sporttreiben. Was wir bei unseren Schülern ebenso zu fördern haben, ist die Fähigkeit, die Angebote des Sports kritisch auf ihre Sinnhaftigkeit zu prüfen." (KURZ 1993, 8).

In der Sache zieht KURZ hier, wie übrigens auch BALZ (vgl. BALZ 1992a, 2), einen klaren Trennungsstrich zwischen dem Sport, v.a. dem Mediensport, und dem „Schulsport". KURZ scheut sich jedoch, diese unterschiedlichen Bereiche auch unterschiedlich zu benennen: „Ich denke allerdings noch nicht daran, unserem Fach einen völligen Bruch mit seiner jüngeren Tradition zu empfehlen und es etwa (wie einige meiner Kollegen) auf Begriffe wie ‚Bewegung', ‚Körper' oder ‚Gesundheit' völlig neu zu begründen – weitgehend abgelöst von dem, was wir ‚Sport' nennen." (KURZ 1993, 10).
In Abhebung zu KURZ soll in dieser Arbeit mit der Bezeichnung „Leibes- und Bewegungserziehung" deutlich hervorgehoben werden, dass diese sich, im Gegensatz zur Meinung von SCHULZ, KRÜGER, GRUPE, vom Sport absetzen *muss* und auf ihn im Rahmen ihrer eigenen Möglichkeiten und Aufgabenstellungen in mehrfacher Hinsicht pädagogisch reagieren muss, ohne ihn freilich völlig aus den Augen zu verlieren. Sie soll ihn integrieren – ohne ihn jedoch einfach zu kopieren oder zu übernehmen. Die Voraussetzungen, das Umfeld, die Bedingungen, die Zielsetzungen – kurz: die Struktur des „Schulsports" – ist eine völlig andere als die des Sports. So ist die wesentliche Frage die: Wie kann aus der gängigen Vorstellung von Sport „aktive, selbst gestaltete Bewegung" werden, wie kann aus dem Sport tatsächlich „*Schul*sport" (BAUMANN 1997, 11), also pädagogisch ausgerichtete Leibes- und Bewegungserziehung werden? Sicherlich ist es schwierig und für manch Außenstehende verwirrend, wenn nach den „Turnschuhen", der „Turnhalle" usw. – Termini, die sich v.a. bei älteren Kollegen bis heute erhalten haben – und nach dem „Sportunterricht", dem „Sportlehrer" usw. wiederum eine andere Bezeichnung für ein Unterrichtsfach eingeführt werden soll. Dennoch ist dies nötig, soll die Sprache das Gemeinte entsprechend zum Ausdruck bringen. Und das Gemeinte ist m.E. in der Notwendigkeit einer ganzheitlichen Leibes- und Bewegungserziehung zu sehen, die eine grundsätzliche Umorientierung in der traditionellen Sportpädagogik erfordert (vgl. MOEGLING 1999, 322) – und nicht allein in einer Erziehung zum „Sporttreiben".

Zu dieser Sicht kommt auch WYDRA, der vor dem Hintergrund der Ergebnisse seiner Studie zur „Beliebtheit und Akzeptanz des Sportunterrichts" „auf die derzeit geführte Diskussion zur inhaltlichen Umorientierung im Sportunterricht und die damit verbundenen Überlegungen zur Umbenennung des Unterrichtsfachs" eingeht: „Ein Weniger an Sport und ein Mehr an anderen bewegungskulturellen Inhalten täte dem Unterrichtsfach aus meiner persönlichen Sicht sicherlich gut. Nicht der auf wenige Sportarten und Bewegungsformen reduzierte Sport sollte ausschließlicher Mittelpunkt des Unterrichtens sein, sondern das breite Spektrum der Bewegungs-, Spiel- und Sportmöglichkeiten, wobei auch keine Begrenzung auf die Bewegungsmöglichkeiten aus unserem Kulturkreis notwendig erscheint." (WYDRA 2001, 72).

Beantwortet man also am Ende dieses zweiten Kapitels die aufgeworfene Frage, welcher Sportbegriff für eine Sportpädagogik leitend sein soll, welcher Sport für einen schulischen „Sportunterricht" Vorbildcharakter haben kann, an welchem Sport sich eine Pflege der Leiblichkeit ausrichten soll, dann muss hier eindeutig festgestellt werden: die Vorstellung von Sport, die gegenwärtig im Hochleistungssport präsentiert wird, kann es ebenso wenig sein, wie das instrumentalisierte Körperverständnis in vielen Formen des Freizeitsports.

Da die Einheit des Sports ohnehin längst nicht mehr gegeben ist und das Pyramidenmodell des Sports, nach dem der Spitzensport mit dem Breitensport organisch verknüpft ist, nicht mehr haltbar ist (vgl. HEINEMANN 1999, 20), sind neue Modellentwürfe anzustellen.

Im Gegensatz zu DIGEL, der ein Zwei-Säulen-Modell der Sportorganisation erwägt, lieber jedoch an einer Einheitssportbewegung festhalten möchte (vgl. DIGEL 1997, 53f.), sieht HEINEMANN die künftige Entwicklung des Sports in unserer Gesellschaft zwischen den drei Polen „Freizeitsport", „kommerzialisierter Leistungssport" und „instrumenteller Sport" (vgl. HEINEMANN 1999, 15).

Ob man sich für zwei, drei oder mehr Bereiche des Sports entscheidet – die Grenzen sind immer fließend. So kann der Freizeitsport, wie gezeigt, ebenso wie der Mediensport immer auch instrumentalisierte Züge tragen, ist das Dopingproblem nicht nur im Hochleistungssport, sondern, wie angedeutet, auch im Freizeitsport anzutreffen, gehören Spaß und Freude nicht allein in den Bereich des Freizeitsports, sondern sind sicherlich auch im Spitzensport anzutreffen (vgl. DIGEL 1991, 15).

Fasst man den bisherigen Gedankengang zusammen, zeichnen sich zwei Bereiche des Sports ab: einerseits der Breitensport, der in organisierter und individualisierter Form einen wesentlichen Teil der Freizeitgestaltung ausmacht; andererseits der Mediensport, der als professionell betriebener und kommerzialisierter Sport auf das besondere Interesse von Politik, Wirtschaft und Massenmedien stößt – mit allen Möglichkeiten und Gefahren, die sich daraus und aus seinen eigenen Strukturen ergeben.

Zu diesen beiden großen Bereichen des Sports muss nach meiner Überzeugung ein anderer Bereich des Sports hinzukommen, der von den o.g. Autoren nicht erwähnt wird, der sich jedoch in seiner Struktur von den anderen Bereichen des Sports grundsätzlich unterscheidet: der „Schulsport".

So steht es nun an, diese eigene Struktur des „Schulsports" im Folgenden herauszustellen, denn sie spielt nicht allein für sein Selbstverständnis die tragende Rolle, sondern sie ist darüber hinaus für das allgemeine Verständnis von „Schulsport" in Gesellschaft und Politik, für seine Legitimation und Begründung wesentlich, was sich ja nicht zuletzt auf so wichtige Maßnahmen wie die Streichung von Schulsportstunden bzw. die Notwendigkeit der Rücknahme solcher Entscheidungen auswirkt bzw. auswirken sollte.

Im nächsten Schritt geht es nun also darum, den „Schulsport" in seiner eigenen Struktur darzustellen und daraus die Konsequenzen für die Gestaltung eines zeitgemäßen „Sportunterrichts" in theoretischer Begründung und praktischer Gestaltung zur Sprache zu bringen.

Kapitel 3:
Leibes– und Bewegungserziehung als schulisches Unterrichtsfach

Gelingendes Menschsein, so wurde im ersten Kapitel in strukturphilosophischem Zugang herausgearbeitet, ist jedem als Aufgabe gestellt. Vom ersten Augenblick seines Auftauchens an ist der Mensch in unzähligen Beziehungen mit seiner Umwelt verbunden und mit ihr in Kontakt – zunächst nicht über Reflexion, Verstand oder Vernunft, sondern zuallererst über seine Motorik. In konkreativem Umgang mit allem, was ihn an-geht, be*greift,* er*fasst* er seine Umwelt. Unsere Sprache hat diesen motorischen Zugriff der Welt längst in sich aufgenommen und bringt selbstredend zum Ausdruck, dass sich die ursprüngliche Begegnung des Menschen mit der Welt über seinen Leib in der Bewegung vollzieht. Leiblichkeit und Bewegung sind jedoch, genau so wie jedes andere Grundphänomen des Menschen, nicht einfach gegeben, vielmehr sind sie auf Erziehung angewiesen, die strukturphilosophisch als Hinführen zum Finden des je eigenen Weges dargestellt wurde. Soll Erziehung ganzheitlich sein, darf sie nicht einseitig, etwa nur auf das Fördern intellektueller Fähigkeiten ausgerichtet sein, muss sie vielmehr gleichermaßen die Leiblichkeit und das Sich-Bewegen berücksichtigen.

Das Ziel einer Erziehung zur Leiblichkeit und zum Sich-Bewegen kann in Übereinstimmung mit GRÖSSING als *Bewegungskultur* umschrieben werden, wenn man darunter bewegungskulturell geprägte menschliche Handlungen und geistige Objektivationen versteht, „die in sich zu differenzieren sind nach den Phänomenen Sportkultur, Spielkultur, Ausdruckskultur und Gesundheitskultur. Bewegungshandeln ist also mehr als Sportkultur aber weniger als das, was menschliches Bewegungshandeln insgesamt und in allen Lebensbereichen ausmacht. (...).

Deshalb lautet die Alternative für den pädagogischen, didaktischen und unterrichtlichen Bereich nicht: ‚industriekultureller Sport oder postmoderner Bewegungs– und Körperkult‘, sondern Rückbesinnung auf die Vielfalt der europäischen Bewegungskultur unter Einbeziehung der gegenwärtig dominanten Sportkultur." (GRÖSSING 1997, 42f.). Um es noch einmal hervorzuheben: eine Leibes– und Bewegungserziehung, die zu einer Bewegungskultur hinführen will, umfasst zwar *auch* eine Handlungsfähigkeit im Sport, aber zugleich noch mehr als diese, v.a. dann, wenn man unter Sport heute einerseits jenes gesellschaftliche Phänomen des kommerzialisierten und instrumentalisierten Sports und andererseits jenes Phänomen des organisierten Wettkampfsports versteht, das in den Medien in erster Linie als Hochleistungssport mit vielfachen Begleiterscheinungen präsentiert wird, wie im zweiten Kapitel gezeigt wurde. „Ein durch vielerlei erzieherische Maßnahmen bewegungskulturell geprägter Mensch ist mehr als sportlich handlungsfähig: er ist vielseitig interessiert, an Bewegungshandlungen teilzunehmen, sie zu erlernen und in vielfältigen sozialen Situationen auszuführen, er ist lebenslang neuen Bewegungserfahrungen aufgeschlossen ohne in oberflächlicher Weise allen Bewegungsmoden nachzulaufen, er integriert die Bewegung in seine alltägliche Lebensführung und verbindet die Bewegungskultur mit anderen kulturellen Aktivitäten und Interessen, und er entwickelt über ein durchdachtes und sinnhaftes Bewegungshandeln ein Körperbild (in der hier verwendeten Terminologie wäre es besser zu sagen: ein „Leibesbild" – der Verf.), ein körperliches („leibliches" – der Verf.) Gewissen und ein Körperhandeln („Leibhandeln" – der Verf.), in denen Bewegung mit Ernährung, Diätetik, Kleidung usw. zu einem Ensemble der Lebensführung verknüpft ist, was mit dem Wort *Körperkultur* (*„Leibeskultur"*– der Verf.) zu bezeichnen wäre." (GRÖSSING 1997, 43). In dieser Zielbestimmung einer Leibes– und Bewegungserziehung, so äußert auch DIETRICH in Übereinstimmung mit einigen anderen Sportpädagogen, wäre „der Begriff Bewegungskultur ohnehin die angemessenere Gegenstandsbezeichnung für unser Fachgebiet" (DIETRICH 1995, 46).

Um eine solche Leibes– und Bewegungserziehung mit dem Ziel der Ausprägung einer Bewegungskultur soll es im Folgenden in weiteren theoretischen Begründungen und praktischen Konsequenzen gehen. Genauer gesagt ist herauszuarbeiten, was die besondere Struktur einer schulischen Leibes– und Bewegungserziehung innerhalb der „Sport-Landschaft" ausmacht, welche Aufgaben auf sie in dieser ihr eigenen Struktur zukommen, welche Bedingungen sie braucht, um diese Aufgaben überhaupt übernehmen zu können. Dabei soll es in diesem dritten Kapitel immer darum gehen zu zeigen, wie die bisher grundgelegten Gedanken in die Praxis umgesetzt werden können, um so den Rahmen einer zeitgemäßen Leibes– und Bewegungserziehung abzustecken.

Hierfür ist im nächsten Schritt eine Analyse der Struktur des „Schulsports", der zuvor bereits als dritte, eigenständige Säule des Sports als gesellschaftlichem Phänomen neben Spitzen– und Breitensport bezeichnet wurde, unerlässlich.

1 Die Struktur des Schulsports

Die Darstellung der Struktur einer Leibes- und Bewegungserziehung kann in vielen Aspekten auf in Kapitel 1 und 2 bereits Gesagtes zurückgreifen bzw. sich davon abgrenzen.

1.1 Schulsport – fernab der Öffentlichkeit

Im Gegensatz zum Mediensport, der in seiner Vermarktung täglich einem breiten Publikum zugänglich gemacht wird, finden die vielen Millionen „Sportstunden" in jedem Schuljahr an den unterschiedlichen Schultypen von der Öffentlichkeit so gut wie unbemerkt statt.
Die im Schuljahr 97/98 an Bayerns Grund-, Haupt-, Realschulen und Gymnasien durchschnittlich erteilten 2,62 Sportstunden pro Woche (vgl. PAUL/WUTZ 1998, Beilage zum Schulreport, ohne Seitenangabe – zu diesen Zahlen an späterer Stelle mehr!) finden quasi unter Ausschluss der Öffentlichkeit statt. Zwar hört oder liest man hier und da von Ereignissen aus dem „Sportunterricht", von etwas, was vorgefallen oder passiert ist. Aber viel ist es nicht und wenn, dann sind es meist nicht die gut verlaufenen alltäglichen „Fälle" von „Sportstunden", sondern die „Un-Fälle". Im Großen und Ganzen jedoch findet der „Schulsport" hinter verschlossenen Türen statt, ohne Aufsehen zu erregen. Warum auch?
Als ordentliches Unterrichtsfach gehört der „Sportunterricht" (bisher) fest zum Fächerkanon unserer Schulen; er wird erteilt, soweit Lehrkräfte, Sportstätten, finanzielle Mittel zur Verfügung stehen. Er gehört zum „normalen" Schulalltag. Daran ist nichts Spektakuläres: keine Riesensummen, die an Gehältern, für Siegprämien, für Übertragungsrechte usw. bezahlt würden, kein Treffen der Insider aktueller Trendsportarten, keine Bühne zur Darstellung repräsentativer Sportsymbole. Im Gegenteil: Der „Schulsport" muss mit einem knapp bemessenen Etat auskommen. Stürze, wie z.B. die spektakulären Stürze bei den Skiprofis im Abfahrtslauf, sind tunlichst zu vermeiden, aufsehenerregende Crashs wie der „TV-Hit des Jahres 97" von Michael Schumacher können sich hier gar nicht ereignen – und wenn wirklich einmal „etwas passiert", dann nicht vor Dutzenden bereits laufender Kameras. Keine Interviews, kein Medienrummel.

1.2 Leistung im „Schulsport"

Auch die objektiven Leistungen, die im „Sportunterricht" tagtäglich erbracht werden, sind für das öffentliche Interesse viel zu gering, um Aufmerksamkeit erregen zu können. Die sportlichen Leistungen der Schüler sind viel zu durchschnittlich – ja: zu nehmend nicht einmal mehr das, folgt man dem früheren Hürdenläufer Harald Schmid, der feststellt, dass die sportlichen Durchschnittsleistungen der Schüler vor zehn Jahren die Spitzenleistungen heutiger Schüler seien (vgl. RUSCH/WEINECK 1998, 19). Mit diesen Leistungen der Schüler lassen sich im Alltag – verständlicherweise – gar keine, bei besonderen Veranstaltungen (Sport-, Schulfesten etc.) einige Zuschauer anlocken. Telegenität ist jedoch kein Thema (der „Olympiatag" der bayerischen Schulen einmal ausgenommen) – Einschaltquoten lassen sich mit dem „Schulsport" nicht erzielen.
Tatsächlich ist es so, dass es im „Schulsport" gar nicht um objektive Leistungsbeurteilung, um Rekorde gehen kann. Mit einem „Trainings"aufwand von 2,62 (Schul-)Stunden könnte auch das größte Sporttalent heutzutage nichts mehr erreichen, noch dazu, da diese Zeit ja nicht der Ausbildung eines Spezialistentums, vielmehr einem breitgestreuten Bewegungsler-

nen dient. Gibt es spezialisierte Schüler in einzelnen Sportarten, werden die „Sportlehrer" klugerweise die Kompetenz dieser Schüler in diesen ihren Sportarten nach Möglichkeit integrieren; es kann die spezialisierten Schüler jedoch nicht davon entbinden, sich auch in anderen Sportarten oder Disziplinen voll zu engagieren, um auch dort ihre subjektive Leistung zu erbringen.

Ist diese (fast) ausschließlich subjektive Leistungsbeurteilung, fernab davon, rekordverdächtig zu sein, aber eigentlich ein Manko des „Schulsports"? Nein. Denn er reiht sich in diesem Punkt nahtlos in die Qualität anderer Fächer ein. Wo wird in Musik, Kunst, Mathematik oder Deutsch in den Schulen solches geleistet, mit dem man ständig an die Öffentlichkeit gehen könnte? Und doch wird keiner behaupten, der Kunstunterricht, der nicht regelmäßig Ausstellungen bestücken könnte, oder der Deutschunterricht, der nicht ständig Schülerlesungen hervorbringen würde, seien schlecht, überflüssig, hätten keine Qualität oder würden keine Leistungen hervorbringen! Es ist wohl vielmehr ein wesentliches Merkmal pädagogischen Arbeitens, behutsam zu etwas hinzuführen, was im Dienste der Autogenese der Kinder und Jugendlichen steht. Als solche ist Pädagogik in erster Linie subjektiv, sie fördert *zunächst* den Einzelnen auf seinem Weg, um *dann* Leistungen zu fordern. Die Befürchtung von KRÜGER/GRUPE, eine Leibes- und Bewegungserziehung, die nicht mehr auf den Sport ausgerichtet sei, würde das Leisten vernachlässigen, ist völlig unbegründet: „Dazu gehört auch, dass von Lehrern und Schülern auch Leistungen abverlangt werden, die messbar und steigerungsfähig sind. Am Ende der Schulzeit müssen Schülerinnen und Schüler sportlich gesehen deutlich besser sein, mehr können und wissen als zu Beginn. Dies ist im gegenwärtigen Schulsport nicht der Fall. Mit Bewegung, Spiel, Ausgleich, Spaß und Gesundheit ist es deshalb nicht getan." (KRÜGER/GRUPE 1999, 311). Dem ist entgegenzuhalten: Auch und gerade in einer Leibes- und Bewegungserziehung müssen Leistungen abverlangt werden. Aber welche Leistungen – das ist doch die Frage! Ich stimme KRÜGER/GRUPE völlig darin zu, dass die Schüler am Ende ihrer Schulzeit deutlich besser sein, viel mehr Fertig- und Fähigkeiten haben und viel mehr um die Notwendigkeit und Grundlagen des Sich-Bewegens wissen müssen als zu Beginn ihrer Schulzeit – allerdings nicht auf den objektivierten Sport ausgerichtet, sondern auf ihre subjektive Bewegungstätigkeit in Bewegung, Sport und Spiel. Mit Bewegung, Spiel, Ausgleich, Spaß und Gesundheit ist es deshalb sehr wohl getan, versteht man diese Begriffe, im Gegensatz zum „harten" Sport, nicht als unverbindliche Tändelei, sondern im Horizont eines viel tiefer gehenden strukturalen Erziehungsgeschehens, versteht man den „Schulsport" in der Weise, dass er nicht allein auf die sportlich Talentierten ausgerichtet sein kann, sondern *alle* Schülerinnen und Schüler erfassen muss. Für eine Leibes- und Bewegungserziehung bedeutet dies: sie braucht nicht immer Sieger und Verlierer, Einzelleistung und gemeinsames Können stehen vielmehr in einem ausgewogenen Verhältnis, sie verfolgt nicht Rekorde und schon gar nicht in Dimensionen von tausendstel Sekunden, die mit einer normalen Ausstattung im schulischen „Sportunterricht" ohnehin nicht messbar sind. Solchermaßen verursachen die subjektiven Leistungen der Schüler beim Zuschauer nicht den Nervenkitzel, der vom Miterleben einer sportlichen Höchstleistung ausgeht, die um einen Wimpernschlag über Sieg oder Niederlage, über „Sekt oder Selters", über Riesengewinne oder leere Kassen entscheidet. Im pädagogischen Geschehen sind die subjektiven Leistungen jedoch unverzichtbar, denn eigene Aktivitäten haben eine besondere Bedeutung für jede Persönlichkeitsentwicklung. Und sie gewinnen in unserer zunehmend bewegungsarmen Welt immer mehr an Bedeutung, denn der Mensch ist kein bloßer Konsument, sondern letztlich ein handelndes Wesen, das sich in seinem subjektiven Leisten als Persönlichkeit dokumentieren und entwickeln muss (vgl.

LENK 1983, 48f). *Dieses* Leisten in Bewegung, Sport und Spiel ist konstitutiver Bestandteil einer Leibes- und Bewegungserziehung.

1.3 Die Notwendigkeit einer Leibes- und Bewegungserziehung

Die strukturanthropologischen Darlegungen im ersten Kapitel führten zu einem Verständnis des Menschen, der nicht nur seinen Leib *hat*, sondern ihn *ist*, und der nicht nur Bewegungen *ausführt*, sondern Bewegung *ist*. „*Bewegung* und damit Bewegungsverhalten als aktualisierter Leib wird in vielfältigen Bewegungsvollzügen zum Motor beim Sammeln von Erfahrungen. Bewegungsverhalten ist damit eine grundlegende Dimension menschlichen Verhaltens ähnlich wie Sprach-, Gefühls- und Denkverhalten." (HAAG 1995, 29). Sich bewegend erfährt der Mensch seine Umwelt, erschließt er sie sich Schritt für Schritt. Dies geschieht zunächst und zumeist in der Alltagsmotorik, die neben konditionellen Grundlagen v.a. auch koordinative Grundlagen erfordert (vgl. HAAG 1995, 31). Bereits sie braucht, wie jedes menschliche Grundphänomen, Erziehung. Gehen, Laufen, Springen, Rollen, rhythmisches Sich-Bewegen usw. usf. – alles das bedarf des Erlernens und der Verfeinerung.

Die Notwendigkeit der Bewegung für die Leiberfahrung der kindlichen Entwicklung wurde bereits im ersten Kapitel angesprochen. So erlebt das Kind im Spielen mit dem Ball die Qualität „rund" oder durch das Abtasten einer Kante die Qualität „eckig". Im „normalen" Alltag eines Erwachsenen ist die Erfahrung der Welt durch Bewegungsvollzüge selbstverständlich: durch gekonnte Bewegungen erobert er sich gleichsam die Welt (vgl. HAAG 1995, 28f.) – bis zu dem Zeitpunkt, wo das Können, z.B. durch einen Unfall oder durch Altern beeinträchtigt wird, eingeschränkt ist, neu erlernt werden muss, wo das Können in ein Nicht-mehr-Können umschlägt.

Über die Alltagsmotorik hinaus gilt es für den Menschen unserer Tage auch, eine Bewegungskultur auszuprägen, die zuvor bereits angesprochen wurde, um der gesellschaftlichen Tendenz der Entkörperlichung (siehe das zweite Kapitel) mit der Folge der Bewegungsarmut und den durch sie (mit-)verschuldeten Krankheiten in Schule, Beruf und Freizeit entgegenzuwirken. Das Ziel einer Bewegungskultur vor Augen gilt es jedoch nicht nur in allgemeiner Form das Bewegungsbedürfnis festzustellen, sondern das Bewusstsein der Menschen zu ändern, damit ihnen die Bedeutung der Bewegungskultur im Rahmen von Sport und Spiel klar wird (vgl. HAAG 1986, 9) und den Menschen unserer Gesellschaft die Möglichkeiten aufzuzeigen und die Grundlagen dafür zu schaffen, dass sie, ihren Anlagen entsprechend, in einer sogenannten Bewegungskultur leben können.

Dass dieses Bewusstsein noch nicht genügend ausgeprägt ist, belegen beispielsweise die folgenden Zahlen: 5 – 20% der Deutschen sind stark übergewichtig (vgl. KÖRTZINGER, MAST, MÜLLER 1996, 455), 1998 litten 40% der Deutschen unter Rückenschmerzen, was 219 Millionen Fehltage im Beruf, 131 Milliarden DM für Produktionsausfall und Lohnfortzahlung und 28 Milliarden Mark für Behandlung, Rehabilitation und Vorbeugung kostete (MB vom 04./05. 07.98). Die durch Adipositas verursachten Kosten werden – bei konservativer Schätzung – auf bis zu 11,5 Milliarden DM beziffert (vgl. SCHNEIDER, 1996, 372f.).

Nun kann man Krankheit bzw. Gesundheit freilich nicht an solchen finanziellen Angaben messen – dennoch scheinen diese Zahlen insofern wichtig, wird doch der „Sportunterricht" an den Schulen aus finanziellen Gründen so stark beschnitten. So sollen durch gestrichene

„Sportstunden" im „Schulsport" Kosten dadurch eingespart werden, dass 47.174 Stunden pro Woche, d.h. 1.886.960 Stunden pro Schuljahr allein in Bayern nicht erteilt werden, was etwa 1.900 Lehrerplanstellen im Gegenwert von fast 200 Millionen DM entspricht (vgl. IRLINGER 1999, unveröffentlicht).

Wenn nun aber der Mensch grundlegend auf seine Leiblichkeit und sein Sich-Bewegen angewiesen ist und wenn sie der Erziehung bedürfen, kommt dem „Schulsport" eine ganz wesentliche Rolle zu. Denn gerade hier soll doch zum „Sporttreiben" über den „Sportunterricht" hinaus erzogen werden (vgl. BAYERISCHES STAATSMINISTERIUM 1992a, 760). Freilich wird auch in Familien oder Sportvereinen zu Bewegung, Sport und Spiel erzogen, was jedoch – nimmt man die regelmäßig veröffentlichten Untersuchungsergebnisse zu Bewegungsmangel und seinen Folgen ernst – offensichtlich nicht ausreicht. Ein besonderes Problem scheint in diesem Zusammenhang v.a. für die unteren sozialen Schichten zu bestehen, ist doch das Sporttreiben in der gegenwärtigen Gesellschaft in erster Linie auf die soziale Mittel– und untere Oberschicht ausgerichtet (vgl. HEINEMANN 1998, 200ff.). So kommt dem schulischen „Sportunterricht" tatsächlich eine besondere Rolle zu, denn nirgendwo sonst können *alle* Kinder und Jugendlichen zu Bewegung, Sport und Spiel animiert, motiviert, erzogen werden, nirgendwo sonst kann *allen* Heranwachsenden das nötige Rüstzeug für ihr eigenes Bewegungstraining, für ihre Bewegung, für ihren Sport, für ihr Spiel mitgegeben werden. Und die Bedeutung dieser Aufgabe wird in nächster Zukunft noch zunehmen, folgt man den Prognosen OPASCHOWSKIs, der einen Anstieg derer, die „No Sports" sagen, von 35% im Jahre 2000 auf 45% im Jahre 2010 prognostiziert (vgl. OPASCHOWSKI 2001, 159). Wenn nun aber eine schulische Leibes– und Bewegungserziehung zu einer Bewegungskultur beitragen könnte, die zu einer Verringerung z.B. der Bewegungsmangelkrankheiten führen könnte, läge darin ein ganz wichtiger Aspekt der Legitimation einer Leibes– und Bewegungserziehung, denn letztlich kann eine Sache nur dann zum Gegenstand verbindlichen Unterrichts in der Schule werden, wenn er denjenigen, die das öffentliche Schulwesen letztlich tragen und bezahlen, den Bürgern und Steuerzahlern, wichtig und wert ist (vgl. KRÜGER/GRUPE 1999, 310).

Die Erziehung zu einer *Bewegungskultur* in einer schulischen Leibes– und Bewegungserziehung beinhaltet, so wurde oben bereits gesagt, mehr als Sportkultur. Für eine Leibes– und Bewegungserziehung bedeutet dies, dass sie auf eine breite Palette motorischer Leistungen ausgerichtet sein muss, die die Schüler für sich, für ihre Entwicklung, für das Hervorbringen ihrer Persönlichkeit erbringen. Vielfältige Körper–, Leibes– und Bewegungserfahrungen (z.B. mit dem Kopf nach unten hängen wie beim Sturzhang an den Ringen, Drehungen um die Breitenachse wie beim Salto vorwärts aus dem Minitramp, „Fliegen" wie z.B. beim Turnen am Trapez, Gleiten beim Schwimmen usw.), Verfeinerung der Koordination (z.B. bei Körper– oder Ballschule), Ausbildung von Grundfähigkeiten wie ausdauerndes Laufen oder Sprinten, Springen, Werfen, gegenseitiges Sichern und Helfen usw. sind für das Ausbilden eines „gesunden" Menschseins in ganzheitlicher Sicht unerlässlich. Nicht um eine Instrumentalisierung des Körpers wie häufig im Freizeitsport und erst recht im Hochleistungssport geht es, sondern um die Ausbildung von Bewegung als Kulturgut; denn dass Techniken des Laufens, Springens, Werfens, dass Wettkampf, Sieg und Niederlage kulturell geprägt sind, steht außer Frage (vgl. HEINEMANN 1998, 138). Eine so verstandene Leibes– und Bewegungserziehung an den allgemein bildenden Schulen ist um so nötiger, je mehr der natürliche Bewegungsraum durch die veränderten soziokulturellen Bedingungen abnimmt, je mehr Bewegung sich häufig auf Feinmotorik (Mouseclick, TV-Fernbedienung) beschränkt und das natürliche Bewegungsbedürfnis verarmt.

Die Frage nach der Legitimation einer schulischen Leibes- und Bewegungserziehung lässt sich auch noch einmal in anderer Weise stellen: Was ginge im Angebot der schulischen Bildung verloren, würde es keinen „Sportunterricht" mehr geben? Die Antwort hierauf ergibt sich aus dem Vorangegangenen: die Bildungsinhalte wären auf das Intellektuelle beschränkt, Erfahrungen der Leiblichkeit und von Bewegungsmöglichkeiten, die Ausbildung motorischer Fähig- und Fertigkeiten würden (noch) weniger Beachtung erfahren, Bewegung, Sport und Spiel hätten kaum mehr Raum im schulischen Alltag. Die ganzheitliche Erziehung würde einseitig rationalen Bildungsinhalten weichen.

Außerdem basiert eine Bewegungskultur auf dem Wissen um die Notwendigkeit des Sich-Bewegens und auf der Bereitschaft, diesem auch in der Lebensgestaltung nachzukommen.

Mit HAAG lässt sich das Gesagte zusammenfassen: „Der ‚Homo Movens' ist also durchaus eine Charakterisierung des menschlichen Seins, die für dieses bestimmend und kennzeichnend ist. In diesem anthropologischen Begründungszusammenhang ist die eindeutige Forderung zu sehen, neben den Kulturtechniken des Lesens, Schreibens und Rechnens auch die des Sichbewegens in das Zentrum schulischer und außerschulischer Bildungs- und Erziehungsprozesse zu stellen, insbesondere im Kindes- und Jugendalter, aber auch lebenslang im Erwachsenen- und Seniorenalter." (HAAG 1995, 33).

Die Notwendigkeit des „Schulsports" wurde und wird nun freilich immer wieder auch von offiziellen Stellen propagiert. So heißt es etwa im „Hohenheimer Memorandum zur Bildungs-, Wissenschafts- und Kulturpolitik im geeinten Deutschland", das die Ständige Konferenz der Kultusminister 1991 verabschiedete: „Der Sport ist ein eigenständiger Bildungsbereich und fester Bestandteil schulischer Erziehung. Schulsport soll Unterrichtsbelastungen ausgleichen, zu gesunder Lebensführung anleiten und zu aktiver Freizeitgestaltung führen" (Sekretariat der KMK 1991). Im Jahre 1997 konstatierte das DSB-Präsidium: „Kinder und Jugendliche haben ein Recht auf ganzheitliche Erziehung, und dieses Recht muss als Bildungsauftrag des Staates durch das staatliche Schulsystem gewährleistet werden. Unter dem pädagogischen Anspruch einer ganzheitlichen Erziehung ist Schule nicht nur für die Köpfe, sondern auch für die Körper, nicht nur für intellektuelle, sondern auch für die motorische Entwicklung verantwortlich." (DSB 1997, 2). Stellvertretend für viele Bundesländer sei die Verlautbarung Baden-Württembergs zitiert, wo es heißt: „Der Schulsport ist wesentlicher Bestandteil einer ganzheitlichen Bildung und Erziehung. Er leistet einen unverzichtbaren Beitrag für die körperliche, geistige und emotionale Entwicklung der Schüler/innen. Wichtigstes Ziel des Schulsports ist es, auf der Grundlage von vielfältigen Bewegungs-, Körper- und Könnenserfahrungen bei den Schüler/innen über die Schulzeit hinaus wirkende Interessen an Bewegung, Spiel und Sport zu wecken und vorhandene Neigungen und Begabungen zu fördern." (Bildungsplan für das Gymnasium Baden-Württemberg, 4/1994, 33 – zit. nach Kofink 1997, 189).

So wichtig solche Verlautbarungen für die grundsätzliche Forderung nach „Schulsport" hinsichtlich einer *ganzheitlichen* Erziehung *aller* Heranwachsenden auch sind, so sind sie doch sehr allgemein gehalten und es wird in ihnen nicht genauer festgelegt, welchen finanziellen und zeitlichen Rahmen, welches Stundenkontingent man von (finanz-)politischer Seite her dem „Schulsport" zugesteht. Der DSB fordert, ein Minimum von drei Stunden „Sportunterricht" für alle Schülerinnen und Schüler der allgemein bildenden Schulen in jedem Falle zu gewährleisten (vgl. DSB 1997, 4), was sich jedoch aus der Feder eines Politikers, beispielsweise MEYERs, Staatsminister Sachsens und derzeitiger Präsident der KMK, viel unverbindlicher liest: „Zum zeitlichen Umfang des Sportunterrichts weise ich darauf hin, dass entsprechende Regelungen in die alleinige Zuständigkeit der einzelnen Länder fallen" (MEYER 1999, 356). Im Klartext bedeutet dies: Äußerungen übergeordneter Gremien in Ehren, die tatsächlichen Entscheidungen fallen jedoch an anderen Stellen. Gerade in der derzeitigen Situation ist aber die Frage nach dem Umfang des „Sportunterrichts" eine der wesentlichsten Fragen des „Schulsports" überhaupt, denn mit ihr steht und fällt, ob er die hochgesteckten Erwartungen (noch) erfüllen kann. Hierzu später mehr (siehe Punkt 3).

1.4   Die Verpflichtung zum „Schulsport"

Der Einsicht, dass die Bewegung des Menschen Ausdruck seiner besonderen Beziehung zur Welt ist (vgl. GRUPE 1982, 68), die der Erziehung bedarf, versucht unser staatliches Bildungssystem dadurch zu entsprechen, dass es den „Schulsport" mit der allgemeinen Schulpflicht koppelt. In dieser Verpflichtung zum „Schulsport" ist sicherlich das wichtigste Strukturmerkmal der Leibes- und Bewegungserziehung zu sehen, das ihn von anderen Bereichen des Sports deutlich unterscheidet.
Tatsächlich ist der schulische „Sportunterricht" das einzige aktive „Sporttreiben", das der Prämisse Pflichtsport unterliegt. Jeder Bodybuilder kann sein Abonnement im Fitness-Studio ungestraft verfallen lassen, jeder Vereinssportler kann vom Training ohne weitere Konsequenzen wegbleiben, jeder Profi kann seinen Vertrag kündigen. Der Schüler kann alles das nicht. Die Teilnahme am „Sportunterricht" unterliegt der allgemeinen Schulpflicht, d.h.: von der aktiven Teilnahme kann nur ein Arzt durch die Bescheinigung schwerwiegender gesundheitlicher Beeinträchtigungen entbinden.
Im Klartext bedeutet dies nun, dass der Sportunterricht *Unterricht* ist. D.h.: der einzelne Schüler kann sich die Zeiten des Sporttreibens (Stundenplan), den Sportlehrer (von der Schulleitung einer Klasse zugewiesen), die anderen Teilnehmer (Klassenkameraden oder oft auch aus mehreren Klassen eigens zusammengesetzte „Sportklassen") nicht selbst aussuchen, sondern sie sind festgelegt. Bis zum Schuljahr 96/97 versuchte man seitens des Staates (zumindest in Bayern), dieses strenge Schema durch die 2 + 2 Stundenregelung, d.h.: zwei Pflichtstunden (Basisunterricht) und zwei Stunden Differenzierten Sportunterricht (DSU), der nach eigener Neigung gewählt werden konnte, etwas aufzulockern und sinnvoll zu ergänzen. Nach den endgültig greifenden Kürzungen des DSU ab dem Schuljahr 98/99 ist diese freie Wahlmöglichkeit den Schülern weitgehend genommen. Im Schuljahr 97/98, im ersten Jahr nach den Konsequenzen aus dem Kienbaum-Gutachten, wurden bereits – je nach Schultyp – gerade noch zwischen 0,26 und 0,92 Stunden DSU erteilt. Der DSU konnte zunächst von vielen Schulen noch über den allgemeinen Topf der Arbeitsgemeinschaften abgedeckt werden, doch bereits im darauf folgenden Schuljahr schlugen die Kürzungen mit Ausnahme der 3. und 4. Jahrgangsstufen der Grundschule voll zu Buche, was folgende Statistik zeigt:

Tab. 1: Die Entwicklung der durchschnittlichen Sportstundenzahl pro Woche von 1996/97 bis 1998/99 (vgl.: PAUL/WUTZ: Sport im Schulreport 5, März 1998 und Sport im Schulreport 7, März 1999; ohne Seitenangaben)

		1996/97	1997/98	1998/99
Grundschule	1./2. Klasse	2,00	2,00	2,00
	3. Klasse	3,59	3,61	3,67
	4. Klasse	2,92	2,92	2,94
Hauptschule		2,90	2,71	2,36
Realschule		2,31	2,26	2,19
Gymnasium		2,98	2,80	2,65

Die Befürchtung, dass sich bereits ab Herbst 98 die Zahl der DSU-Stunden noch einmal drastisch reduzieren würde und sich die durchschnittliche Sportstundenzahl im Wesentlichen auf die zwei Pflichtstunden beschränken würde, hat sich mit Ausnahme der 3. und 4. Klasse der Grundschule im Wesentlichen erfüllt. Die Entwicklung im „Schulsport" läuft damit der gesellschaftlichen Bedeutung des Sports diametral entgegen. Bayern rangiert damit im Vergleich mit den anderen Bundesländern inzwischen an vorletzter Stelle. Und das, obwohl Bayern noch vor zehn Jahren die Spitzenposition unter den deutschen Bundesländern mit 3,80 erteilten „Sportstunden" an den Hauptschulen, 2,90 an den Realschulen und 3,20 an den Gymnasien innehatte (vgl. IRLINGER 1999, 5f.). Auch die Schulsportwettkämpfe, z.B. „Jugend trainiert für Olympia", bleiben davon nicht unberührt. So starteten aus dem gesamten Stadt- und Landkreis Rosenheim gerade noch vier Teams aus drei Gymnasien in Leichtathletik; Volks-, Real- oder Berufsschulen waren gar nicht vertreten. Ein „absoluter Minusrekord im Schulsport" (MB vom 18.06.99). Und ein Drama überhaupt! Nicht nur wegen der wegfallenden Zeit für Bewegung in der Schule und wegen der deutlichen Verringerung der Möglichkeiten einer Leibes-und Bewegungserziehung, sondern auch wegen der nun nicht mehr existierenden Möglichkeit für die Schüler, einen Weg, ihren *je eigenen Weg* des Sich-Bewegens zu finden, was für Erziehung im strukturpädagogischen Verstehen so wichtig scheint.

Man könnte freilich einwenden, der „Sportunterricht" stehe mit zwei Pflichtstunden an fast allen Schultypen Bayerns in allen Jahrgangsstufen doch immer noch recht gut da, gibt es doch andere Fächer, z.B. Erdkunde, Biologie, Musik, die in einzelnen Jahrgangsstufen von der Stundentafel gar nicht oder nur einstündig vorgesehen sind.

Dennoch bleiben, zieht man die Zeiten für den Weg zu den Sportstätten, für das Umkleiden und die Hygiene nach dem „Sportunterricht" ab, von den 90 Minuten einer Doppelstunde kaum mehr als 75 Minuten übrig. Nimmt man zwei Einzelstunden, verringert sich die zur Verfügung stehende Zeit noch einmal um etwa 15 Minuten auf ganze 60 Minuten Zeit für aktive, angeleitete Bewegung. Vom zeitlichen Umfang her entschieden zu wenig, soll eine Leibes- und Bewegungserziehung fruchtbar sein! (Begründungen hierfür werden später folgen).

An dieser Stelle sei auf eine andere Beobachtung verwiesen, die die Notwendigkeit einer verpflichtenden Leibes- und Bewegungserziehung für alle Heranwachsenden im Sinne einer ganzheitlichen Erziehung begründet und die Forderung nach mehr verpflichtender „Leibes- und Bewegungserziehung" unterstützt. Wo, wenn nicht in der Schule, so muss gefragt werden, können Kinder und Jugendliche eine Vielfalt von Bewegungserfahrungen sammeln, ja,

wo – außer in der Schule – kommen sie überhaupt „in Bewegung", werden sie zu Bewegung angehalten, angeleitet, erzogen?
Stellt man die Gesamtschülerzahl Bayerns von 1.755.029 aus dem Jahre 1996 (vgl. BAYERISCHES LANDESAMT FÜR STATISTIK UND DATENVERARBEITUNG 1997, 3) der Gesamtzahl der im BLSV im selben Jahr gemeldeten Jugendlichen von 1.179.562 gegenüber, so ergibt sich rein rechnerisch, dass ca. zwei Drittel der Schüler außerhalb der Schule Sport treiben. Interessant dabei ist, dass der Anteil von Kindern mit 843.446 mehr als doppelt so hoch ist wie der der Jugendlichen mit 336.116 (vgl. Statistik des BLSV, Stand 31.07.97, unveröffentlicht). Stellt man diese Zahlen denen einer bayerischen Großstadt, einer Kleinstadt und eines ländlichen Gebietes gegenüber, so ergibt sich folgendes Verhältnis:

Tab. 2: Verhältnis der Gesamtzahl von Schülern und Jugendlichen zu Schülern und Jugendlichen im Verein (vgl.: Sport-Information Augsburg, Sportamt der Stadt Augsburg, Sport-Information Augsburg, Vereinsspiegel 1997/98, 3)

	Anzahl der Schüler und Jugendlichen	Schüler und Jugendliche in Vereinen	
Tuntenhausen	1.059	465	= 43,90%
Bad Aibling	1.754	1.194	= 68%
Augsburg	32.027	20.600	= 64,32%

Diese Angaben gehen auf mündliche Auskünfte der Gemeindeverwaltungen bzw. der Sportvereine zurück. Ob die hier erfassten Kinder und Jugendlichen der Jahrgänge 1979 –91 tatsächlich alle sportlich aktiv sind, inwiefern sie regelmäßig Sport in den Vereinen treiben oder ob sie überhaupt nur passive Mitglieder sind, und welche Kinder und Jugendliche evtl. in verschiedenen Abteilungen mehrfach erfasst sind, konnte nicht näher ermittelt werden. Ebenso gibt diese Auflistung keine Auskunft über die Individualsportler außerhalb einer Vereinsbindung.

Interpretiert man diese Zahlen, so scheint auffallend:
1. Ein Stadt– Landgefälle. Es kann nur vermutet werden, dass in den klein– und großstädtischen Vereinen mehr Kinder und Jugendliche erfasst werden, da hier evtl. ein breiteres Angebot an Sportarten gegeben werden kann. Außerdem sind möglicherweise weitere Anfahrtswege auseinander liegender kleinerer Dörfer in ländlichen Gebieten eine mögliche Erklärung, evtl. sind diese Beobachtungen aber auch auf mehr freie Bewegungsmöglichkeit für „Landkinder" zurückzuführen. Es sei nicht verschwiegen, dass andere Untersuchungen ein solches Stadt– Landgefälle nicht belegen (vgl. WYDRA 2001, 67).
2. Die Zahl der in Sportvereinen erfassten Kinder und Jugendlichen scheint mit knapp zwei Drittel relativ hoch, deckt sich jedoch mit anderen Angaben, z.B. von 71% Jungen und 57% Mädchen (vgl. WYDRA 2001, 67); bisweilen sollen sogar bis zu 80% einer Altersgruppe in den Vereinen erfasst sein (vgl. v. RICHTHOFEN 1999, 357).
Selbst wenn man davon ausgeht, dass sie alle regelmäßig sportlich aktiv sind, sind es jedoch bei diesen Zahlen immer noch ca. eine halbe Million Kinder und Jugendliche, die ohne den „Schulsport" wohl kaum zu regelmäßiger Bewegung angehalten werden würden. Es bleibt somit die Feststellung, dass in der Schule – und nur dort – *alle* Kinder und Jugendliche mit sportlicher Aktivität in Berührung kommen (vgl. BALZ 1997, 5). Auch hierzu noch einmal

v. RICHTHOFEN: „Alle Verweise, dass Sportunterricht ein disponibles Schulfach sein könnte, weil die Angebote und Leistungen der Sportvereine in Deutschland vielfältiger Natur und jederzeit verfügbar sind, macht uns natürlich stolz. Sie gehen jedoch entscheidend am Kern der Schulpflicht vorbei: Sportvereine halten freiwillige Angebote als Gemeinschaftsleistungen bereit; sie sind offen für alle, die sich darin einbringen wollen, doch niemand kann und soll zur Teilnahme gezwungen werden. Nach den Analysen in der Sportvereinsforschung sind das zwar zeitweise bis zu 80 Prozent einer Altersgruppe, aber eben nur 80 Prozent und auch dieser Anteil wird häufig nur zeitweise erreicht. Die Schule dagegen hat einen öffentlichen Auftrag, der sich an alle Schülerinnen und Schüler wendet." (v. RICHTHOFEN 1999, 357).

3. Aus den Angaben des BLSV liegt die Vermutung nahe, dass sich v.a. *Kinder* in den Vereinen engagieren, dass sich dagegen *Jugendliche* von dort zunehmend zurückziehen. Eine Vermutung, die die Statistik der Entwicklung der Jugendmannschaften im BFV bestätigt (vgl. BFV Statistik 1998, unveröffentlicht). Der schulische „Sportunterricht" stellt somit den hauptsächlichen Berührungspunkt mit Bewegung, Sport und Spiel für alle Heranwachsenden, v.a. für Jugendliche, dar.

In Ergänzung zu diesen Beobachtungen ist die Frage von Interesse, *welche* Kinder und Jugendlichen sich in den Vereinen engagieren. Es sind dies, parallel zu den sporttreibenden Erwachsenen, in erster Linie die Heranwachsenden der sozialen Ober- und Mittelschicht. Dies bedeutet für den schulischen „Sportunterricht": „Auch Kinder und Jugendliche aus einem sozial schwächeren Umfeld drängt es nicht in Sportvereine. Sie werden mit weiteren Kürzungen der Sportstunden zusätzlich benachteiligt, da der Schulsport für sie die einzige Möglichkeit ist, sich körperlich zu betätigen. Danach liegt die Wahrscheinlichkeit, Mitglied in einem Verein zu werden, bei Kindern und Jugendlichen der Oberschicht und oberen Mittelschicht mehr als doppelt so hoch (52% bzw. 54%) als bei Angehörigen der Unterschicht (26%) (BRINKHOFF 1995)." (SIEWERS 1997, 353). Im Klartext bedeutet dies, dass hinsichtlich einer Leibes- und Bewegungserziehung die Schere auseinandergeht: es gibt einen Teil von Heranwachsenden – die sozial Privilegierten –, die über den „Schulsport" hinaus vermehrt Bewegungsaktivitäten in den Vereinen wahrnehmen. Und es gibt einen anderen Teil von Kindern und Jugendlichen – zumeist aus sozial niedrigeren Schichten –, die sich mit weniger „Schulsport" noch weniger bewegen. Die Streichung von "Sportstunden" trifft also in erster Linie die sozial Schwächeren.

Diese Vermutungen werden von der kürzlich erschienenen WIAD-Studie 2000 bestätigt und ergänzt:

a) hinsichtlich des Geschlechts:

Während Jungen zwischen 12 und 18 Jahren zu ca. 20% angeben, Sport treiben sei für sie eine der wichtigsten Betätigungen, behaupten dies nur 10% der Mädchen; 44% der Jungen treiben mindestens sechs Stunden Sport pro Woche, wogegen nur 24% der Mädchen diesen Umfang angeben;

b) hinsichtlich des Alters:

Mit 13 und 14 Jahren geben noch 64% der Befragten an, vier Stunden und mehr pro Woche sportlich aktiv zu sein; mit 18 Jahren sind dies ca. nur noch 47%. Die Quote, die weniger als eine Stunde pro Woche Sport treiben, steigt von 2 – 3% bei den 13/14-jährigen Jungen auf ca. 15% der 18-Jährigen an;

c) hinsichtlich der sozialen Schicht:

Der Umfang des Sporttreibens nimmt mit der Zugehörigkeit zu höheren sozialen Schichten ganz offensichtlich zu. Hauptschüler treiben weniger Sport als Gymnasiasten oder Realschüler. So ist beispielsweise in der untersten Schicht mit 49% der Anteil derer, die noch nie

in einem Verein waren, verglichen mit der Quote der Früher-Mitglieder, auffallend hoch (vgl. KURZ et al 1996, vgl. BÜCHNER et a. 1996 – zit. nach KLAES u.a.: WIAD-Studie 2000, 9);
d) hinsichtlich der Beziehung zwischen Sporttreiben und „Sportunterricht":
Unabhängig vom Alter hat das Sporttreiben für 16% derjenigen, denen „Sportunterricht" in der Schule erteilt wird, sehr große Bedeutung gegenüber 11%, die keinen haben; die Quote derjenigen, die dem Sport nebensächliche Bedeutung beimisst, liegt, auf diese Gruppe bezogen, bei 30% ohne und 17% mit „Sportunterricht" (vgl. KLAES u.a.: WIAD-Studie 2000, 9ff.).

1.5 Benotung im „Sportunterricht"

Eng mit der Verpflichtung zum „Schulsport" ist die Verpflichtung der „Sportlehrer" verbunden, die sportlichen Leistungen der Schüler benoten zu müssen.
Im Unterschied zu den Gemeinsamkeiten, die der schulische „Sportunterricht" mit anderen Unterrichtsfächern teilt, kommt ihm eine Ausnahmestellung in der Benotung insofern zu, als sie in keiner Jahrgangsstufe (bis einschließlich Klasse 11) versetzungsrelevant ist, keine Bedeutung für einen eventuellen Notenausgleich oder für den –durchschnitt hat (die Regelungen für die Kollegstufe: Belegpflicht und die Möglichkeit, die „Sportnote" einzubringen, seien hier außer Acht gelassen). Wohl ist es so, dass Arbeitgeber bei Bewerbungen gerne auch auf die Sportnote schauen, so dass ihr etwa bei Schulabgängern der Haupt– oder Realschulen doch eine gewisse Bedeutung zukommt. Grundsätzlich hat sie jedoch rechtlich keine Relevanz. In diesem Spannungsfeld zwischen der Verpflichtung, erteilt werden zu müssen und rechtlicher Bedeutungslosigkeit, zwischen objektiven Vorgaben und subjektiver Beurteilung, zwischen Motivationshemmnis und Lernverstärkung usw. hat sich die „Sportnote" in den letzten Jahren zu einem „Dauerbrenner" (VOLKAMER 1998, 4) der sportpädagogischen Diskussion entwickelt. Dabei wurde die Sportnote bisweilen als kontraproduktiv, ungerecht, schlichtweg sinnlos bezeichnet, und deshalb ihre völlige Abschaffung gefordert (z.B. BRODTMANN 1996b, 60f.), was sicherlich eine mögliche Konsequenz aus ihrer vermeintlichen Bedeutungslosigkeit und ihrem pädagogischen Zwiespalt wäre. Es könnte aber auch sein, dass ihr eine andere Bedeutung zukommt, die jedoch erst an späterer Stelle zur Sprache kommen soll (siehe dazu den Punkt 4.3.2 in diesem Kapitel).

1.6 Ziele einer Leibes– und Bewegungserziehung

Das übergeordnete Ziel einer schulischen Leibes– und Bewegungserziehung ließ sich aus den vorangegangenen Darstellungen nicht ganz ausklammern. Vorwegnehmend wurde es bereits in der Ganzheitlichkeit der Erziehung und als „Vermitteln und Ausprägen einer Bewegungskultur" umschrieben. Was beinhaltet dies genauerhin?

Diese Frage soll und kann nun nicht durch eine Aufzählung einzelner inhaltlicher Aspekte beantwortet werden. Vielmehr geht es, folgt man weiterhin den strukturpädagogischen Grundlegungen, um eine grundsätzliche Ausrichtung einer Leibes– und Bewegungserziehung, die das Individuelle des Lernenden und auch des Lehrenden im Finden des je eigenen Weges stark herausstellten.
Wichtig für die Beantwortung der aufgeworfenen Frage ist zunächst noch einmal der Rückgriff auf die Verpflichtung zum „Sportunterricht". Nicht nur sein organisatorischer Rahmen,

sondern auch seine Inhalte sind durch die Lehrpläne größtenteils vorgegeben. Sie legen Wert auf eine vielseitige Leibes–, Bewegungs– und Sporterfahrung, was auch von sportbegeisterten Schülern eine immer wiederkehrende Unterordnung verlangt. Manchen Schülern fällt es schwer zu begreifen, dass „Sportunterricht" nicht *nur* Fußball oder *nur* Basketball oder *nur* Schwimmen beinhaltet (die Entgegnung einer Sportkollegin: „Ich habe Sport studiert, nicht Fußball" ist m.E. gegen einseitige Schülerwünsche sehr treffend) , sondern dass er *ein vieldimesionales Gesamt* an Bewegungserfahrungen, an Bewegungsmustern, an Einsichten in Bewegungsabläufe und ihre Auswirkungen auf den Leib vermitteln soll, um, in Anlehnung an DIGELs Buchtitel, das eigene Sich-Bewegen „verstehen und gestalten" (DIGEL 1982) zu können. Dies ist auch für solche Kinder wichtig, die in Vereinen Sport treiben. So lässt beispielsweise Ball– und Spielerfahrung einer Balletttänzerin oder das Gedehntsein von Spielern oft zu wünschen übrig.

Die grundsätzliche Ausrichtung einer schulischen Leibes– und Bewegungserziehung ist also eine völlig andere als etwa die einer bestimmten Sparte eines Sportvereins, in der eine ganz spezielle Sportart trainiert wird. Anders gewendet: Das Ziel des schulischen „Sportunterrichts" ist wesentlich auf die Handlungsfähigkeit des Menschen hinsichtlich Bewegung, Sport und Spiel ausgerichtet. Dies beinhaltet, wiederum in Anlehnung an DIGEL, wenngleich nicht in erster Linie auf den „Sport", sondern auf ein weiter gefasstes Sich-Bewegen bezogen, dass der Einzelne in die Lage versetzt werden soll, Aufgaben aktiver leiblicher Betätigung in eigener Regie zu bewältigen, beim motorischen Lernen Partnern zu helfen, als Jugendliche und Erwachsene bei Bewegung, Sport und Spiel mitzumachen, auch bei solchen, die es zum jetzigen Zeitpunkt noch nicht gibt bzw. die im „Sportunterricht" nicht unterrichtet wurden, sowie als Zuschauer am Sport als gesellschaftlichem Phänomen kompetenter teilnehmen und ihn kritisch bewerten zu können. Es sollen neben motorischen Grundlagen also auch wichtige soziale Fähigkeiten eingeübt werden, die ein aktives Sich-Bewegen mit anderen Partnern möglich machen, die helfen, die Welt der Bewegung und des Sports zu verstehen (vgl. DIGEL 1982, 7).

Freilich sind mit ALTENBERGER und VOLKAMER kritische Fragen aufzuwerfen, ob diese Handlungsfähigkeit im nachschulischen Leben durch den „Schulsport" bislang überhaupt gegolten habe, und wenn ja, ob sie noch aufrechtzuerhalten sei; ob sich die Rahmenbedingungen für die Schule und den Sport – und, so ist zu ergänzen für den „Schulsport" – nicht so sehr verändert hätten, dass dieser diesen Anspruch eventuell nicht mehr alleine und innerhalb zweier Schulstunden erfüllen könne; oder ob sich etwas am „Schulsport" ändern müsse, damit er jungen Menschen etwas für ihre aktive Bewegung nach ihrer Schulzeit mitgeben könne (vgl. ALTENBERGER/VOLKAMER 1997, 165). Sicherlich: Diese Fragen sind berechtigt und müssen gestellt werden.

Dennoch scheint es unbestreitbar, dass ein bestimmtes Fundament motorischer Fähig– und Fertigkeiten, ein „Rüstzeug", unverzichtbar ist, soll jemand zu seinem Sich-Bewegen befähigt werden. In dieser Hinsicht geht es in einer schulischen Leibes– und Bewegungserziehung – wie in jedem anderen Unterrichtsfach auch – zunächst darum, Grundlegendes in und über dieses Fach zu lehren und zu lernen, auf dessen Fundament die Selbst-Erziehung ansetzen kann, auf dem der je eigene Weg des Sich-Bewegens weiter ausgestaltet oder auch verändert werden kann. Freilich dürfen in der schulischen Leibes– und Bewegungserziehung Freude und Spass, die Leichtigkeit, das Lachen in NIETZSCHEs Sinn (vgl. HORN 1987, 90ff.) nicht fehlen, denn sie sind wesentliche Bestandteile motivierenden Lehrens und Lernens – und darum geht es doch, versteht man Erziehung strukturell. Dennoch zeigt es sich immer wieder – und immer mehr –, dass es weder für den schulischen „Sportunterricht" selbst noch im Hinblick auf eine nachschulische Handlungskompetenz für das je eigene Sich-Bewegen ausreicht, eine Leibes- und Bewegungserziehung allein unter die Prämisse von Spaß, möglichst noch mit häufigen „Wunschstunden" zu stellen, also im „Sportunterricht" „nur mehr das zu machen, was sich Schüler wünschen und immer wieder neu einfallen lassen." (ALTENBERGER 1997, 51). Vielmehr muss es im „Sportunterricht" darum gehen, die fundamentalen konditionellen und koordinativen Voraussetzungen ebenso wie bestimmte Fertigkeiten, die über die Alltagsmotorik hinausgehen, zu schaffen, damit Freude und Spaß aufkommen können. Wie soll ein Schüler Freude und Spaß am Tischtennis erleben, wenn er keinen Ball trifft, weil er dessen Flugbahn nicht vorausberechnen kann? Wie soll ein Schüler Freude und Spaß am Volleyballspielen haben, wenn er sich durch seine falsche Handhaltung die Finger beim Pritschen fortwährend verstaucht usw.? Leibes und Bewegungserziehung ist ein Erziehungsprozess, der eine „Hinführung", eine „Anleitung" dringend erfordert.

Die Notwendigkeit einer Leibes- und Bewegungserziehung umgreift darüber hinaus auch die Schulung der Sozialkompetenz der Kinder und Jugendlichen, so dass sie zum gemeinsamen Bewegen, Sport und Spiel befähigt werden. Sich helfen und sichern, die Kenntnisse von Regeln, die Notwendigkeit ihrer Einhaltung und mehr noch, die Grundhaltung der Fairness, sind nicht jedem Schüler selbstverständlich, weshalb es sie zu vermitteln gilt. Wesentliche Aspekte der Sozialerziehung ergeben sich dabei im „Sportunterricht" aus der Sache selbst, wo in Bewegung, Wettkampf und Spiel Emotionen und (zu kontrollierende) Aggressionen frei werden, die in einer Gemeinschaft bewältigt werden müssen.

Und noch eine Aufgabe kommt einer Leibes- und Bewegungserziehung zu, die durch die Art und Weise der Sportberichterstattung in den Medien immer mehr an Bedeutung gewinnt: Sie muss den Kindern und Jugendlichen eine kritische Haltung gegenüber dem gesellschaftlichen Phänomen Sport in allen seinen Bereichen (siehe das zweite Kapitel) vermitteln. Man muss sicherlich davon ausgehen, dass beispielsweise das Fernsehen besonders bei Kindern und Jugendlichen an der Sozialisation entscheidend beteiligt ist (vgl. SCHABER-MÜLLENDER 1988, 182), und dass die Heranwachsenden Bilder des Mediensports in den Unterricht mitbringen. So „kennt" jeder Schüler *den* Sport als Hochleistungssport aus den Medien. Dort aber werden sportliche Extremleistungen gezeigt und vermarktet, die der Heranwachsende aus seiner eigenen Erfahrung nicht im Entferntesten nachvollziehen kann. Leistungen wie beim einwöchigen Medienspektakel der Leichtathletik-Weltmeisterschaften 99 in Sevilla, z.B. 100m unter 10 Sekunden, 400m in 43 Sekunden laufen zu können, über 8,50 Meter weit springen oder die Kugel über 20 Meter weit stoßen zu können oder die Leistungen der Rad-Profis bei ihren Rundfahrten (inclusive den Bergetappen und dem Zeitfahren) oder allein die Aufschlaggeschwindigkeit des Balles bei den Tennis-Profis usw. usf.... – alles das sind Leistungen, zu denen Kinder und Jugendliche, die selbst nie Sport im Allgemeinen oder Leichtathletik, Radfahren, Tennis usw. im Speziellen, geschweige denn leistungsorientiert, betrieben haben, überhaupt kein Verhältnis haben, ja haben können. „Die gesamte Information dieser Art von Sport ist ausdrücklich und aggressiv auf Werbung in einem umfassenden Sinne angelegt. Die Vermarktung des gesamten Umfeldes von Sport belegt das mit gewaltigen Umsatzzahlen. Nur etwa die Hälfte aller Kinder und Jugendlichen können diese mediale Sportoffensive durch eigene Erfahrungen aus dem Sportverein ausbalancieren, die andere Hälfte ist ihr ohne eigene Kenntnisse und Erfahrungen ausgeliefert." (KOFINK 1997, 190).

Den Kindern und Jugendlichen zur kritischen Beurteilung von Medien- und Hochleistungssport, von Doping, Aggression und Gewalt im Sport, von Starrummel, von Sport und Show (z.B. Wrestling), von wirtschaftlichen Interessen z.B. bei Mode–, Trend– und Funsportarten, bei kommerziellen Interessen im Freizeitsport, z.B. bei Sportkleidung, –geräten, –angeboten usw. zu helfen, ist somit *auch* eine Aufgabe, die einer Leibes– und Bewegungserziehung zukommt.

1.7 Fairness in einer Leibes–und Bewegungserziehung

Schließlich ist für eine Leibes– und Bewegungserziehung von höchster Bedeutung, sich die Regeln ihres Sich-Bewegens in Modifikation zu den Sportverbänden selbst zu geben. Über einen pädagogischen Umgang mit der Schrittregel beim Basketball, Treffen des Absprungbalkens beim Weitsprung, im Umgang mit Mit– und Gegenspieler usw. hinaus wird die eigene Struktur des „Schulsports" in puncto Regelverständnis bzw. Fairness, die ihn tragen muss, besonders deutlich.

Gewisse Gepflogenheiten oder auch gewisse Praktiken einer Sportart auf Vereinsniveau haben im „Schulsport" nichts, aber auch gar nichts verloren. Es sei hier etwa auf die „gesunde Härte" bestimmter Sportarten verwiesen, auf die ein spezialisierter Vereinssportler bei mehrmaligem Training pro Woche eingestellt sein mag – ein Teilnehmer am „Schulsport" , der diese Sportart einige Male im Laufe des Schuljahres ausübt, jedoch überhaupt nicht. Der „Schulsport" braucht eine andere, viel sensiblere Fairness, eine Fairness, die bisweilen nicht einmal das im Regelwerk und seiner Auslegung Übliche zulässt (vgl. dazu HORN/PAUL 1999). So muss z.B. das Tackling, Grätschen, Durchziehen, Halten usw. beim Fußballspielen im „Sportunterricht" von dem, was in den Vereinen „Usus" ist – und erst recht von dem, was die Fußballprofis vorleben – meilenweit entfernt sein. So haben das Ziehen und Zerren am Trikot, das Halten und Schubsen des Gegenspielers, eine Kopfballtechnik, die den Ellbogencheck ins Gesicht des Gegners bewusst in Kauf nimmt usw. im „Schulsport" überhaupt keinen Platz. Auch die kleinen Vorteile, die sich „schlitzohrige" Profis (z.B. durch Zuhilfenahme einer Hand beim Fußball) verschaffen, gehören nicht in eine Leibes– und Bewegungserziehung. Darüber hinaus sinkt die Bedeutung erzielter Tore oder ausgelassener Chancen, die bei den Profis Millionen kosten können, im „Schulsport" lediglich zu der Bedeutung herab, dass sie allein innerhalb eines Spielgeschehens wichtig sind; ist dieses zu Ende, ist auch das Resultat bedeutungslos. Auch die aggressive Art und Weise, wie sich Profisportler bisweilen gegenüber Schiedsrichterentscheidungen verhalten und wie dieses im Vereinssport bereits auf unterster Ebene und schon in jüngsten Jugendmannschaften nachgeahmt wird, hat eigentlich schon hier keinen Platz – erst recht aber nicht im „Schulsport". Das Akzeptieren von Schiedsrichterentscheidungen ist in diesem Rahmen ein unbedingtes Muss. Mehr noch: ein Schiedsrichter sollte eigentlich im „Schulsport" überflüssig sein oder werden, da hier jeder Schüler (und der „Sportlehrer" auch) seinen touchierten Ball, sein versehentlich begangenes Foul (vorsätzliche oder sog. taktische Fouls darf es hier eh nicht geben) selbst zugeben muss.

Die Fairness, die beim „Schulsport" verlangt wird, ist also eine Fairness, die als menschliche Grundhaltung nie von geschriebenen Regeln ersetzt werden kann, die nicht nach dem Buchstaben, sondern nach dem Geist der Regeln handelt (vgl. v. WEIZSÄCKER 1992, 10). Als solche ist sie eine vordringliche Erziehungsaufgabe einer Leibes– und Bewegungserziehung – denn nur so kann gemeinsames Sich-Bewegen, können Spielen und Sporttreiben gelingen.

1.8 Zusammenfassung

Die Aspekte zur Struktur des „Schulsports" weisen diesen also als einen Bereich von Bewegung, Sport und Spiel ganz eigener Prägung aus: der „Schulsport" ist der einzige Bereich, der seine Teilnehmer zu Bewegung, Sport und Spiel verpflichtet, sie im Rahmen der Schulpflicht zum Gegenstand des Lehrens und Lernens macht, tagtäglich fernab des öffentlichen Interesses stattfindet, ein eigenes Leistungsprofil hat, besondere Anforderung an den Umgang miteinander, an die Fairness stellt, das Ziel verfolgt, einen Beitrag zur ganzheitlichen Erziehung der Heranwachsenden durch vielfältige und mehrdimensionale Möglichkeiten des Sich-Bewegens zu leisten und zu einer Bewegungskultur zu erziehen.
In Anlehnung an das, was über die Grundvoraussetzungen des Lernens dargestellt wurde, lässt sich die Zielsetzung einer schulischen Leibes– und Bewegungserziehung auch so umschreiben: sie will den Schülern den Horizont für die Notwendigkeit von Bewegung eröffnen und sie zur grundsätzlichen Befähigung führen, an einer Bewegungskultur teilzunehmen, in der sie in kritischer Distanz zum gesellschaftlichen Phänomen Sport ihre Art und Weise, sich zu bewegen, finden und selbstständig gestalten können.

Diese Ziele einer schulischen Leibes– und Bewegungserziehung gehen letztlich darauf zurück, was in der Strukturanthropologie im ersten Kapitel über die Autogenese dargelegt wurde: In immer neu zu leistenden Konstitutionsprozessen hat der Mensch die Aufgabe, seine Identität immer wieder hervorzubringen. Als Wesen, das sich „mit Leib und Seele" in der Welt bewegt, kommt dabei auch den Welterfahrungen durch und mit der Leiblichkeit grundlegende Bedeutung zu, weshalb für ein gelingendes Menschsein auch die Erziehung zur Leiblichkeit konstitutiv ist. Die Instrumentalisierung des Körpers, wie sie sich in gegenwärtigen Tendenzen der gesellschaftlichen Entwicklung von Freizeit– und Spitzensport abzeichnet, kann, wie im zweiten Kapitel gezeigt, nicht als Weg und Ziel einer Leibes– und Bewegungserziehung angesehen werden. Was aber dann?
In der strukturanthropologischen Darstellung wurde von der Autogenese im Konstitutionsgeschehen bereits davon gesprochen, dass der Mensch dieses als gelingend und sich dabei als „heil", als gesund erleben kann. Diese Erfahrung des Konstitutionsprozesses im Ganzen scheint auch die Richtung zu sein, in der nach einer gelingenden, gesunden Konstitution der Leiblichkeit gefragt werden muss.
Dies soll in einem ersten Schritt dahingehend geschehen, dass gefragt wird, was der Gesundheitsbegriff des strukturphilosophischen Denkens impliziert und wo er Gemeinsamkeiten und Unterschiede zur derzeitigen Diskussion von „Sport und Gesundheit" aufweist.
Die sportsoziologischen Beobachtungen BETTEs zur Körperverdrängung (vgl. BETTE 1999, 118) in unserer gegenwärtigen Kultur finden ihren Niederschlag in den vielfältigen medizinischen Beobachtungen von Bewegungsnotwendigkeit bzw. Bewegungsmangelerkrankungen, die es im nächsten Schritt darzustellen und zu diskutieren gilt, da sie wohl doch zumindest als Tendenz der gesundheitlichen Entwicklung für einen großen Teil der Heranwachsenden ernst genommen werden müssen. Aus diesen, v.a. sportmedizinisch begründeten, Beobachtungen lassen sich in einem dritten Schritt dann Konsequenzen daraufhin ableiten, *was* in einer schulischen Leibes– und Bewegungserziehung zu vermitteln ist, *wie* die Vermittlung einer Leibes– und Bewegungserziehung anzustreben ist, und *welcher zeitliche Umfang* ihr eingeräumt werden muss, wenn sie zur Gesundheit im umfassenden strukturphilosophischen Verständnis beitragen soll.

2 Leibes- und Bewegungserziehung und Gesundheit

Dass sportliche Aktivität, dass Sporttreiben, dass Sich-Bewegen zu einer Pflege der Leiblichkeit, zur Gesundheit des heutigen Menschen beiträgt, wird immer wieder formuliert, so z.B. von BALZ (vgl. BALZ 1992a, 3) oder: von ABELE/BREHM: „Sportliche Aktivität ist eine wichtige und unverzichtbare Voraussetzung für die Erhaltung von Gesundheit und Leistungsfähigkeit." (ABELE/BREHM 1990, 131). Selbst in den neuen Lehrplänen für das Fach „Sport" an den bayerischen Schulen stellt die Gesundheitserziehung im und durch den „Sportunterricht" einen der vier übergeordneten Lernzielbereiche dar (vgl. BAYERISCHES STAATSMINISTERIUM 1992a, 759).

Doch mischen sich in diese vermeintliche Selbstverständlichkeit der Gleichsetzung von Sport und Gesundheit seit einiger Zeit auch kritische Töne. So kritisiert DIGEL die überhöhten Erwartungen an den Sport, der Gesundheit garantieren solle, die zur irdischen Heilserwartung geworden sei (vgl. DIGEL 1997, 87) und BALZ bezeichnet den Glauben, „Sport sei eo ipso gesund" (BALZ 1992b, 258) als naiv und verweist auf die Ambivalenz, die dem Sporttreiben hinsichtlich der Gesundheitsförderung zukommt: „So gesund Sport auch sein mag, so ungesund kann er unversehens werden." (BALZ 1992b, 262). Eine Änderung der Terminologie scheint deshalb nicht nur für das schulische Unterrichtsfach angebracht, sondern für den gesamten Bereich des gesundheitsorientierten Sich-Bewegens überhaupt, in dessen Mittelpunkt das Leibsein in allen Formen von Bewegung, Sport und Spiel steht. Hier sei noch einmal auf den bereits zitierten Sportmediziner GEIGER verwiesen, der in seiner jüngsten Veröffentlichung „Gesundheitstraining" bezeichnenderweise nur noch von „Bewegungstraining", das er der Sportwelt bewusst gegenüberstellt, spricht (vgl. GEIGER 1999, 7).

Trägt Bewegungstraining, trägt das Sich-Bewegen nun also tatsächlich zu Gesundheit und Wohlbefinden bei? Welches Bewegungstraining und welches Sich-Bewegen? Zu welcher Gesundheit und inwiefern?

2.1 Zum Gesundheitsbegriff

Legt man einer Reflexion über Gesundheit die Definition der WHO zugrunde, die besagt, Gesundheit sei nicht nur das Freisein von Krankheiten und körperlichen Gebrechen, sondern der Zustand des völligen körperlichen, seelischen und sozialen Wohlbefindens (vgl. BAYERISCHES STAATSMINISTERIUM 1992b, 10), so werden drei Ebenen, die für Gesundheit offensichtlich wesentlich sind, herausgestellt: die physisch-organische, die psychische und die soziale. Während letztere mit den Bereichen Gemeinschaft, Gesellschaft, Umwelt usw. ein weites und vom Einzelnen nicht leicht zu gestaltendes Feld umfasst, ist die psychische Ebene, das Wohlbefinden, sehr subjektiv geprägt und deshalb mit objektivierbaren Parametern kaum zu fassen. Dennoch spielt diese Ebene in der Diskussion der Erziehung zur Gesundheit eine wichtige Rolle (siehe dazu Punkt 2.2.8 in diesem Kapitel). Im Gegensatz dazu steht die erste Ebene, deren Grenzen mit Hilfe medizinischer Erfahrungswerte abzustecken sind (vgl. z.B. GEIGER 1999, 10). Wenn mit ihnen auch noch nicht gesagt werden kann, dass der, der physisch-organisch im Bereich der Normalwerte liegt, sich auch gesund fühlt, so stellen diese objektivierbaren Werte doch für das öffentliche Meinungsbild hinsichtlich der Notwendigkeit des schulischen „Sportunterrichts" einen wichtigen Faktor dar.

Die grundlegende Verwiesenheit des Menschen auf seine Leiblichkeit und die Notwendigkeit seines Sich-Bewegens spielt in der gegenwärtigen Gesundheitsdiskussion eine große Rolle, indem in einer Reihe medizinischer Beobachtungen ein unmittelbarer Zusammenhang zwischen Bewegung und Gesundheit bzw. zwischen Bewegungsmangel und Erkrankungen in physisch-organischer und psychischer Hinsicht behauptet wird. Ein Überblick über den derzeitigen Diskussionsstand zu Bewegungsnotwendigkeit, Bewegungsmangel und deren Auswirkungen scheint bereits für die Legitimation einer Leibes- und Bewegungserziehung im Allgemeinen hilfreich. Erst recht ist ein solcher Überblick für die Fragestellung der vorliegenden Arbeit wichtig, in deren Mittelpunkt ja die Erziehung zur Leiblichkeit und die Notwendigkeit der Pflege der Leiblichkeit steht. Ist nämlich die gesellschaftliche Entwicklung der westlichen Industriegesellschaften einerseits durch zunehmende Entkörperlichung und andererseits durch die Entdeckung von Sport und Körperlichkeit in modischen Gegentrends gekennzeichnet (vgl. BETTE 1999, 158), so drängen sich doch förmlich die Fragen auf: wie wirkt sich die Entkörperlichung, die mit einer mangelnden Pflege der Leiblichkeit einhergeht, auf die Gesundheit aus, und: was lässt sich den aktuellen, industriegesteuerten Mode-, Trend- und Funsportarten hinsichtlich einer Pflege der Leiblichkeit entgegensetzen?

2.2 Die Notwendigkeit des Sich-Bewegens zur Pflege der Leiblichkeit in medizinischer Sicht

2.2.1 Bewegung und Bewegungsmangel

Folgt man dem Gedankengang des Sportmediziners GEIGER, so wird schnell einsichtig, dass der Mensch, dessen physisch-organische Anlage seit mindestens 40.000 Jahren unverändert ist, ganz auf Bewegung ausgerichtet ist: „Betrachtet man nun den menschlichen Körper unter dem Aspekt des evolutionären Überlebenskampfes, so wird man feststellen, dass die Anforderungen des früheren Jagens, Kämpfens, Kletterns usw. bis heute einen Organismus favorisiert haben, der – bezogen auf das Körpergewicht – 35% (Frau) bzw. 40% (Mann) aus Skelettmuskulatur besteht. Man wird weiterhin feststellen müssen, dass der weitaus größte Teil der Kapazität der inneren Organe (z.B. Herz, Lungen, Blut, Nervensystem usw.) dem reibungslosen Funktionieren der Muskelaktivität untergeordnet ist". (GEIGER 1999, 13).

Dem steht in unserer gegenwärtigen Kultur entgegen, dass dieses biologische System ständig unterfordert ist. So fährt GEIGER fort:

„Demgegenüber steht das Anforderungsspektrum der Jetztzeit:

Die Zeiten des Jagens, Kämpfens und schweren Arbeitens sind vorbei! Mit dem Beginn der ersten Industriellen Revolution (Maschinisierung) Anfang des 19.Jahrhunderts, vor allem aber mit der zweiten Industriellen Revolution (Automatisierung) Mitte des 20. Jahrhunderts setzte im biogeschichtlichen Sinn schlagartig eine Entlastung des Bewegungsapparates ein, die derzeit in der dritten Industriellen Revolution (Mikroprozessierung) ihren Höhepunkt findet." (GEIGER 1999, 13).

Diese körperliche Entlastung hat nun aber, so GEIGER weiter, im biologisch-medizinischen Sinn zur Problematik von (viel) zu wenig Bewegung und damit zu den Bewegungsmangelkrankheiten geführt, wenn man unter „Bewegungsmangel" eine muskuläre Beanspruchung versteht, „die permanent unterhalb einer kritischen Belastungsschwelle liegt, deren Überschreitung aber zum Erhalt oder zur Vergrößerung der funktionellen Organ-

Kapazität notwendig ist." (GEIGER 1999, 18). Die Belastung des Bewegungsapparates stellt somit eine biologische Notwendigkeit der Pflege der Leiblichkeit dar: wird er nicht oder zu wenig bewegt, verkümmert, atrophiert er, wird er krank (vgl. GEIGER 1999, 13). „Stark vereinfacht bedeutet dies, dass wir aufgrund unseres genetischen Erbgutes unseren Bewegungsapparat und die Organsysteme weiterhin belasten müssen, auch wenn es die Umwelt (z.B. Arbeitsprozess) nicht mehr von uns erfordert, da wir ansonsten krank werden können bzw. sich unsere Gesundheit nur in einem labilen (anfälligen) Gleichgewicht befindet. Wir müssen daher Bewegungskonzepte erarbeiten, anbieten und durchführen, die sich nicht an der umweltbedingten, sondern an der biologischen Notwendigkeit orientieren." (GEIGER 1999, 14).
Der hier verfolgte Aspekt von Gesundheit durch Bewegung und von Krankheit durch Bewegungsmangel wird auch von anderen Medizinern geteilt: „In den letzten Jahrzehnten lässt sich eine Verschiebung weg von den klassischen Infektionskrankheiten hin zu Erkrankungen des Herz-Kreislaufsystems und des Atemapparates feststellen (...). Als eine dominante Einflussgröße ist in diesem Zusammenhang die fortschreitende Bewegungsarmut zu nennen." (de MARÉES/WEICKER 1986, 211). Sie wurzelt in den zumeist sitzenden Tätigkeiten der Erwachsenen und der Heranwachsenden über viele Stunden des Tages hinweg – oft ohne entsprechenden Ausgleich. „Nachdem sich heute die Lebensweise vorwiegend auf der ‚Poebene' abspielt (12 Millionen Bundesbürger sitzen ganztags am Arbeitsplatz, 11 Millionen Schüler sitzen zumindest 35 Wochenstunden an ihrem Arbeitsplatz Schulbank, der Fernsehzuschauer schaut täglich über 3 Stunden sitzend fern), verkörpert das Wort ‚er sitzt' hintergründig eine körperliche Strafe. Voraus bemerkt: Nicht ohne Grund, denn zu langes Sitzen ist Strafe für den Körper." (REINHARDT 1995, 68). Und dieses unverhältnismäßig lange Sitzen wirkt sich auf einen großen Teil unserer Schüler so aus: „Durch den Sitzzwang in der Schule müssen die Kinder ihren natürlichen Bewegungsdrang unterdrücken. Die Folge davon ist, dass nach 2 Jahren Schule etwa 22% der Kinder fettleibig sind, während es bei der Einschulung nur 3% waren (mit zunehmender Schulzeit steigt der Prozentsatz auf 30% an!)" (REINHARDT 1995, 170). Ein ähnliches Bild zeigt sich im Haltungsbereich: Bei Schulbeginn wurden 52% der Schüler als „haltungsschwach", jedoch keiner als „haltungsverfallen" eingestuft; nach 2 Jahren waren nur noch 16% „haltungsschwach", aber 49% „haltungsverfallen" (vgl. WASMUND-BODENSTÄDT/BRAUN 1983, 17).
Warum gerade das Sitzen eine einseitige, bewegungsarme Tätigkeit ist, die für den Körper zur Belastung wird, veranschaulicht das folgende Bild sehr gut:

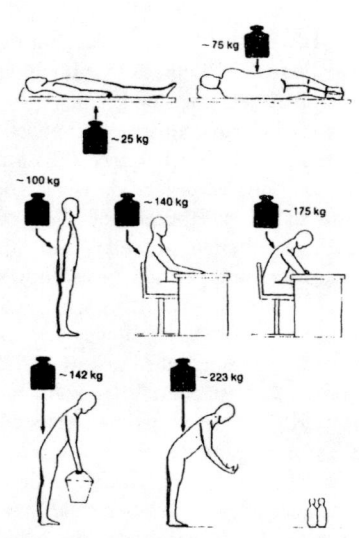

Abb. 1: Belastung der Wirbelsäule bei verschiedenen Haltungen und Tätigkeiten (aus: REINHARDT 1995, 28)

Wird nun aber für die einseitige bzw. zu geringe Belastung durch das (zu) viele Sitzen kein Ausgleich geschaffen, wird das Sich-Bewegen in unserer Gesellschaft zugunsten abstrahierter und digitalisierter Inanspruchnahme aus dem Alltagsleben immer mehr zurückgedrängt und werden spontane Äußerungen des Körpers und somit Haltung und Bewegung den gesellschaftlichen Zwängen immer mehr unterworfen (vgl. BREITHECKER 1998a, 12), kommt es zu jener körperlichen Inaktivität, die zu einem potentiell krankmachenden Faktor (vgl. de MARÉES/WEICKER 1986, 211) wird: Bewegungsmangel als Ursache für vielfältige Beeinträchtigungen der Gesundheit, was im Folgenden an Koordinationsschwächen, Übergewicht, Herz-Kreislauf-System und Hormonhaushalt dargestellt werden soll.

2.2.2 Gesundheit und koordinative Beeinträchtigungen

Betrachtet man die koordinativ teilweise sehr anspruchsvollen Formen tänzerischen Ausdrucks in anderen Kulturen – man denke etwa an griechische oder afrikanische Tänze –, scheint unsere Kultur ziemlich verarmt. Mit Modern Dance, Jazz-Dance, Afro-Dance usw. tritt man dem im „Sportunterricht" mit großem Aufwand entgegen.

Nun mag man einwenden, auf Tänze, v.a. auf recht schwierige und ungewohnte Bewegungen beim Tanzen, könne man doch getrost verzichten. Doch dieses Tanz-Beispiel zeigt nur einen Ausschnitt aus einem umfassenderen Bereich: Von 4753 untersuchten Erstklässlern hatten 14% koordinative Störungen (vgl. Die Zeit vom 14. 02. 97 – zit. nach RUSCH/WEINECK 1998, 15); der Mediziner REINHARDT beziffert die Zahl der Schüler mit Koordinationsschwächen auf 30 – 40% (vgl. REINHARDT 1995, 170). Auch wenn man den kritischen Einwand THIELEs ernst nehmen muss, dass die differierenden Prozentzahlen in diesen und auch in den folgenden Untersuchungen nicht kommentarlos aneinandergereiht werden können und dass sie auf ihre Vergleichbarkeit hin hinterfragt werden müssen (vgl. THIELE 1999, 142), so können sie doch wohl als Hinweise auf bestehende und zunehmende koordinative Defizite genommen werden – was ja nicht zuletzt durch die tägliche Erfahrung im „Sportunterricht" bestätigt werden kann, wenn etwa zwei von 30 Jungen einer 5. Klasse oder 20% der Mädchen einer 6. Klasse nicht mehr in der Lage sind, den Ball beim Badminton-Aufschlag zu treffen. Auch KLUPSCH-SAHLMANN weist auf ein verändertes Bewegungsverhalten der Kinder hin, das im Klassenzimmer häufig unkoordiniert, ungerichtet wirke. In den Pausen und in der Sporthalle sei darüber hinaus festzustellen, dass auch ganz einfache Aufgaben im Klettern, Springen, Balancieren, ja sogar Laufen nicht bewältigt werden (vgl. KLUPSCH-SAHLMANN 1995, 15). GEIGER bestätigt diese Beobachtungen und bringt sie mit dem in Verbindung, was zuvor als Bewegungskultur bezeichnet wurde: „Auch bei jüngeren Menschen lässt sich ein zunehmender Rückgang der körperlichen Gewandtheit beobachten. Dies dürfte einerseits die Folge der passiven Mobilität und eines damit verbundenen veränderten Körperbewusstseins sein, andererseits aber auch einer Resignation vor dem mit Sport verbundenen Leistungsgedanken.

Hier wird es die Aufgabe der Eltern, der Schule und der Sportvereine sein, ein Bewusstsein zu schaffen, das die Notwendigkeit einer geistig-körperlichen Synthese unabhängig vom sportliche Ergebnis anerkennt. Nirgends liegt eine Verbindung näher als bei einem Training der Koordination." (GEIGER 1999, 100). So geht es in den hier angestellten Überlegungen nicht um zusätzliche, „künstliche" Bewegungsmuster, sondern zunächst einmal um die Ausbildung solcher koordinativer Fähig- und Fertigkeiten, die für eine vielfältige und vielschichtige Begegnung mit der Umwelt schlichtweg unerlässlich sind und die deshalb insofern zu einem gesunden Menschsein einfach dazugehören, als sie für eine konkreative Auseinandersetzung mit der Welt konstitutiv sind. Hierfür ist in einem ersten Schritt die Entwicklung vorhandener Anlagen wichtig, um dann über ein möglichst breit angelegtes Angebot von Bewegung, Sport und Spiel ein Fundament auszubilden, das nicht nur präventive Aspekte berücksichtigt, das vielmehr grundsätzlich Gelegenheit bietet, alle wichtigen motorischen Eigenschaften zu üben und zu verbessern, so dass sich der Heranwachsende diejenigen Formen von Bewegung, Sport und Spiel aussuchen kann, die seinen Fähigkeiten, Bedürfnissen und Neigungen am besten entsprechen (vgl. HAAG/KIRSCH/KINDERMANN 1991, 301).

In der Tat: Hinsichtlich der individuellen Entwicklung unserer Kinder und Jugendlichen geht es in einer Leibes- und Bewegungserziehung zunächst und zumeist nicht um komplizierte Bewegungen anderer Kulturen, sondern um die grundsätzlichen Bewegungsmöglichkeiten des Menschen: Das richtige Ausdauer-Laufen beispielsweise ist ja längst kein Allgemeingut mehr, das bei Kindern und Jugendlichen vorausgesetzt werden könnte. Das Heben der Knie bei aufrechtem Oberkörper, die Bewegung der Beine in der Laufrichtung, die parallel zum Körper schwingenden Arme, das Aufsetzen des Fußes mit der Außenseite im Bereich des Mittelfußes, die flüchtige Berührung des Bodens mit der ganzen Sohle, das Abrollen des Fußes über die Großzehenballen (vgl. HABERKORN/PLASS 1992, 101) – all das ist alljährlich wiederkehrende Grundlagenarbeit eines „Sportlehrers" durch alle Jahrgangsstufen hindurch. Das Trainieren einer sportlichen Ausdauer-Laufleistung hat da noch lange nicht begonnen!

Werden die grundlegenden motorischen Fähigkeiten durch Anleitung des Elternhauses nicht ausgebildet, kommt diese Aufgabe den Schulen zu – speziell und in erster Linie einer Leibes- und Bewegungserziehung. Freilich sind auch die genormten Geräte der Sporthallen (ebenso wie übrigens auch die genormten Kinderspielplätze) künstliche, eigens geschaffene Möglichkeiten zum Hangeln, Klettern, Hängen etc., die keine natürlichen Gegebenheiten darstellen. So wird die Forderung nach so viel Bewegung, Sport und Spiel wie möglich im Freien unter natürlichen Bedingungen (siehe dazu z.B. BALZ 2001, 101ff. oder NEUMANN 2001 105ff. im Themenheft „Geländespiele in „Sportunterricht 4/2001) zurecht erhoben; auch spielt der Sicherheitsaspekt, die Unfallverhütung eine wichtige Rolle in der Vermittlung koordinativer Fertigkeiten, v.a. dann, wenn vielfältige, nicht genormte Bewegungserfahrungen in kreativem, teilweise auch „un-sportlichem" Umgang mit den genormten Sportgeräten ermöglicht werden soll. Bleibt nun für eine Leibes- und Bewegungserziehung durch die Kürzungen der „Sportstunden" nicht mehr genug Raum, diese Aufgaben zu übernehmen, besteht als Alternative häufig nur der Krankengymnast. Ob aber seine (Einzel-)Therapie sinnvoller und billiger ist, sei dahingestellt.

Gleiches ließe sich vom Sprinten, Werfen usw. darstellen, die diese Bezeichnungen bei vielen Kindern und Jugendlichen bisweilen kaum mehr verdienen. Dass jedoch die Koordination von Bewegungen nicht gleichgültig, dass sie vielmehr für die individuelle Entwicklung unverzichtbar ist, belegt beispielsweise die Pädagogische Kinesiologie, die in der Bewegung das „Tor zum Lernen" sieht, da durch die Motorik des Kindes die für das Denken notwendigen Nervenverbindungen entstehen. So betreiben Kinder, die sich viel bewegen, eine natürliche Vorbeugung gegen Lernstörungen (vgl. KONEBERG/FÖRDER 1996, 22f.).

Da die anatomische Reifung der koordinativen Systeme v.a. im „Goldenen Lernalter" (6 – 12 Jahre) ausgebildet wird und bis zum 13. Lebensjahr abgeschlossen ist, entwickelt sich, zusammen mit evolutiv-genetischer Vorgabe von Reflex- und Bewegungsprogramm-Grundlagen, die Qualität der individuellen Koordination um so höher, je größer die gestellten koordinativen Aufgaben im Schulkindalter sind (vgl. GEIGER 1999, 99). Und die Qualität der Koordination im Kindesalter ist von Bedeutung bis ins hohe Alter, wie das folgende Schaubild verdeutlicht:

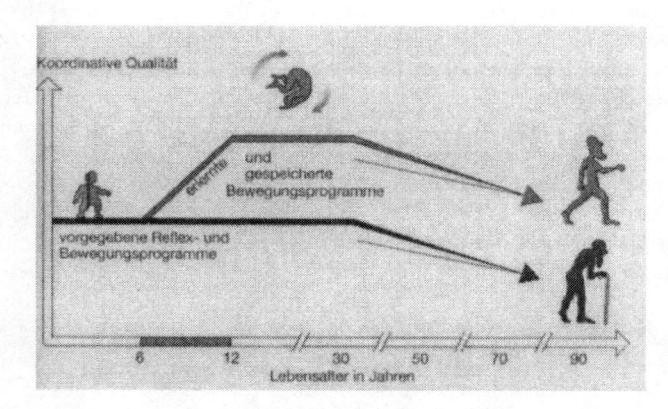

Abb. 2: Koordinative Fähigkeiten im Schulkindalter und ihr Einfluss auf die koordinative Leistungsfähigkeit im Alter (aus: GEIGER 1999, 99)

Sowohl FRÖHNE, die gerade in den ersten Schuljahren die Notwendigkeit vielseitiger motorischer Anforderungen an den kindlichen Organismus sieht (vgl. FRÖHNE 1998, 26), als auch GEIGER bringen diese Beobachtungen mit einer Leibes- und Bewegungserziehung in Verbindung: „Die koordinativen Fähigkeiten sind damit die Summe aus einer entwicklungsgeschichtlich-genetischen Anlage und einem Bewegungslernprozess. Nochmals sei hier an die fundamentale Bedeutung des Sportunterrichts an den Schulen erinnert." (GEIGER 1999, 99).

2.2.3 Gesundheit und Übergewicht

Als Faustregel für „Normalgewicht" kann gelten: Körpergröße in Zentimeter minus 100 entspricht dem Normalgewicht in Kilogramm. Wird dieser Wert um 10 – 15% überschritten, spricht man von Übergewicht, bei Werten von über 30 – 40% von Adipositas (Fettsucht) (vgl. GEIGER 1999, 122). Dass jedem Menschen – trotz dieser Angaben – eine gewisse Leibesfülle zuerkannt werden darf, wie ROMBACH im ersten Kapitel fordert, sei nicht bestritten. Ebenso ist klar, dass ein ständiger Stress um das vermeintlich ideale Körpergewicht keine gesunde, stimmige, gelingende Autogenese zulassen wird. Auch die Berechtigung gewisser individueller Veranlagungen, z.B. schwerer Knochenbau oder eine ausgeprägte Muskulatur, sei akzeptiert. Dennoch ist jedoch zutreffend, dass es bestimmte Grenzen der Leibesfülle gibt, die, werden sie überschritten, ein Problem für Organ– und Gelenksystem darstellen. Mit diesem Problem kämpft bereits jeder Dritte in den westlichen Industrieländern, wobei die Anzahl der Übergewichtigen kontinuierlich zunimmt (vgl. GEIGER 1999, 122).

Ein direkter Zusammenhang von Übergewicht bzw. Adipositas und Bewegungsmangel kann als erwiesen angesehen werden. So äußert GEIGER unmissverständlich: „Als Hauptursachen für die Fettsucht gelten neben den seltenen hormonell, genetisch oder psychisch bedingten Formen vorwiegend Bewegungsarmut und falsche Ernährungsweise." (GEIGER 1997, 35).

Dieses Problem betrifft nach einer Studie an der Universität Gießen zunehmend auch Kinder: So besteht ein enger Zusammenhang zwischen vielem Fernsehen und Fettleibigkeit, denn dicke Kinder sitzen im Vergleich zu normalgewichtigen doppelt so lange, meistens abends, vor dem Fernsehapparat, und treiben insgesamt weniger Sport als ihre schlanken Altersgenossen (MB vom 08./09.08.98).

Die Situation lässt sich anhand folgender Zahlen so umreißen:

„Bereits 8 – 12% der 8jährigen Kinder sind adipös. Auch bei Kindern hat die Prävalenz der Adipositas in den letzten 15 Jahren um das 2fache zugenommen." (KORTZINGER/ MAST/ MÜLLER 1996, 455). 20% der Kinder haben Übergewicht (vgl. BÖS 1997, 10f.), sie sind in zunehmender Tendenz zu dick und deshalb nicht mehr leistungsfähig, was BÖS zu den Äußerungen veranlasst: „Bei unseren Kindern tickt eine Zeitbombe. Es ist fünf Minuten vor zwölf (...) Unsere Kinder sind nicht mehr so fit, dass sie dauerlaufen, klettern und balancieren können. (...). Was da in einigen Jahren an Gesundheitsproblemen und Folgekosten auf uns zukommt, wird dramatisch." (BÖS, in: MB vom 11.10.99)

Nun könnte einer einwenden: macht nichts. Dann gibt es eben Dicke und Dünne, Übergewichtige und Schlanke, Fettleibige und Magere. Aber: „Übergewichtigkeit für sich alleine gesehen ist zwar noch kein eigenständiges Krankheitsbild, disponiert aber für zahlreiche sogenannte Wohlstandskrankheiten" (GEIGER 1997, 35). So werden dicke Menschen häufiger krank (vgl. KÖRTZINGER/ MAST/ MÜLLER 1996, 455), was auch SCHNEIDER anhand von Untersuchungen zu Diabetis mellitus, erhöhten Harnsäurewerten, Hypertonie, insbesondere aber für Herz-Kreislauf-Erkrankungen und Beschwerden im Bereich von Gelenken, Rücken und Bandscheiben nachweist, wo der Anteil der normalgewichtigen männlichen Personen zwischen 30 und 49 Jahren um etwa 50% niedriger lag als der der übergewichtigen Männer (vgl. SCHNEIDER 1996, 369).

So ergibt sich auch aus diesen verschiedenen medizinischen Beobachtungen die Notwendigkeit einer Pflege der Leiblichkeit durch Bewegung und damit auch ein klares Votum für eine Leibes– und Bewegungserziehung, deren Ziel es ist, an ein regelmäßiges Bewegungstraining heranzuführen. Dass ein übergewichtiger Mensch diesbezüglich etwas investieren muss, wird daraus ersichtlich, dass eine signifikante Gewichtsabnahme nur durch häufiges (mindestens zweimal pro Woche), langes (mindestens 45 Minuten), aber wenig intensives Ausdauertraining zu erreichen ist (vgl. GEIGER 1997, 36).

2.2.4 Gesundheit und Herz-Kreislauf-System

Auch das Herz-Kreislauf-System ist von Bewegung abhängig – Bewegung ist für sein ökonomisches Funktionieren notwendig, denn Minderbelastung des muskelbewehrten Bewegungsapparates führt auch zu einer Minderbelastung der inneren Organe, der hormonellen Drüsen, des vegetativen und zentralen Nervensystems, die ebenfalls für höhere Belastungsanforderungen ausgelegt sind. Dies bedeutet in umgekehrter Wendung: eine Unterbelastung im Sinne eines Bewegungsmangels schwächt die gesamten Organstrukturen (vgl. GEIGER 1999, 18f.). Speziell im Hinblick auf das Herz-Kreislauf-System bedeutet dies: Ein kleines, untrainiertes Herz arbeitet unphysiologischer als ein trainiertes, denn die Vergrößerung des Schlagvolumens bedingt ohne Belastung des Körpers ein deutliches Absinken des Ruhepulses. So ist bei Ausdauertrainierten ein Ruhepuls unter 50 Schlägen pro Minute nicht selten, wobei die Rekordwerte v.a. von Radprofis unter 35 Schlägen pro Minute Ausnahmewerte darstellen. Generell gilt, dass der Hohlmuskel Herz mit größerer Blutausschüttung bei jeder Kontraktion und geringerer Schlagzahl bereits in Ruhe effektiver arbeitet. Erst recht kann ein größeres Auswurfvolumen des Herzens auf Belastung viel besser reagieren, indem es mit dem Blut mehr Sauerstoff transportieren kann. Man muss darüber hinaus auch den Zusammenhang von Herzmuskel und Gefäßsystem sehen. Das Herz kann nicht mehr Blut fördern als der venöse Rückstrom zulässt, wofür in erster Linie die Muskeldurchblutung verantwortlich ist, die sich durch eine ganze Reihe von Faktoren (z.B. Zunahme der Mitochondrien, Verbesserung der Kapillarversorgung) an Belastungen angleicht und dadurch ökonomischer funktionieren kann. Ist dies nicht der Fall, bricht das Herz-Kreislauf-System zusammen. So sind Herz-Kreislauferkrankungen in Deutschland die Todesursache Nummer eins. Auch 1997 hat sich der langjährige Trend fortgesetzt, dass sie die Todesursache in fast 50% der Todesfälle waren (vgl. MB vom 11.09.98). Gerade angesichts dieser Zahlen muss auf die herzschützenden positiven Auswirkungen eines moderaten körperlichen Trainings als Gegenmaßnahme zur Bewegungsarmut – unabhängig von weiteren Risikofaktoren – verwiesen werden (vgl. GEIGER 1999, 19).

Von großer Bedeutung ist deshalb der Zusammenhang von Bewegung und Leistungsfähigkeit für ältere Menschen. Nach einer neueren Studie können trainierte 60-Jährige das Leistungsniveau von durchschnittlich belasteten 40-Jährigen erreichen (vgl. GEIGER 1999, 25). Auch der alte Slogan: „Langläufer leben länger" wurde kürzlich durch eine finnische Studie an mehr als 15.000 Menschen eindrucksvoll bestätigt (vgl. MB 12.02.98).

Nicht jedoch erst ältere Menschen, sondern bereits 20 – 25% der Schüler leiden an Herz-Kreislauf-Schwächen oder unter Kreislaufregulationsbeschwerden (vgl. REINHARDT 1995, 170). Alarmierende Hinweise auf die Verkümmerung eines Organs, auf das wir jede Minute unseres Lebens angewiesen sind!

Die Erfahrung aus dem „Sportunterricht" bestätigt dies. Etwa ein Viertel bis die Hälfte aller Schüler muss beim 12-Minuten-Lauf, der vom Lehrplan in Bayern für die Notenbildung der Jahrgangsstufen 6, 7 und 9 vorgesehen ist, trotz entsprechender Vorbereitung im Rahmen des derzeitigen Stundenkontingents, Gehpausen einlegen. Eine Studie an 2331 Schülerinnen und Schülern aus Rheinhessen-Pfalz aus den Jahren 1993/94 belegt diese Beobachtungen ebenfalls: sowohl die Mädchen als auch die Jungen erreichten lediglich Noten, die nach der COOPERschen Tabelle im Vierer-Bereich liegen (vgl. KRUBER 1997, 21f.). Eine groß angelegte Untersuchung anhand der Ergebnisse des 12-Minuten-Laufs, die z.B. das Ausdauer-Leistungsvermögen der Heranwachsenden, den Einfluss eines intensiven Ausdauertrainings im „Schulsport" oder Entwicklungen der Leistungsfähigkeit der Schüler über einen längeren Zeitraum hinweg dokumentieren könnte, steht noch aus, ist jedoch im Hinblick auf eine „*breitflächige Evaluationsforschung* für den Schulsport" (BAUR 1997, 29) dringend nötig.

Dass es bei einem gesundheitsorientierten Ausdauertraining um eine Pflege der Leiblichkeit und nicht um eine Quälerei durch Überschreiten eng gezogener Ausdauergrenzen geht, liegt auf der Hand. Dies wird von der Beobachtung gestützt, dass mit einem gesundheitsorientierten Ausdauerlaufen häufig das Gefühl von Stimmigkeit und Wohlbefinden einhergeht, weshalb diese Erfahrung wohl auch nicht mit den Motivationen eines instrumentalisierten Körperverständnisses gleichgesetzt werden kann.

Gleichwohl gibt es handfeste volkswirtschaftliche Interessen, dass möglichst viele Menschen ein solches Gesundheitstraining betreiben. Dies geht aus einer Äußerung des Mediziners LOB hervor: Gerade hinsichtlich der kostenintensiven Herz-Kreislauf-Erkrankungen ließen sich die enormen Kosten für Behandlung und Heilung durch mehr Bewegung eindämmen. Bis zu 65 Milliarden Mark könnten die Krankenkassen im Jahr sparen; die finanziellen Belastungen durch mangelnde Bewegung seien immens (vgl. MB vom 17./18.01.98).

Dem entspricht die Äußerung BETTEs, dass Wirtschaftsunternehmen erst dann auf körperliche Probleme ihrer Mitarbeiter reagieren, wenn sich entsprechende Investitionen lohnen. Die verstärkte Aufmerksamkeit der Gesundheit gegenüber wurzelt dann aber nicht in ethischen, sondern in wirtschaftlichen Überlegungen (vgl. BETTE 1999, 122).

Wenngleich sich hier offensichtlich unterschiedliche Interessen an der Pflege der Leiblichkeit durch ein Ausdauertraining überlagern, bestätigen die oben angeführten Äußerungen doch zumindest, dass von medizinischer und wirtschaftlicher Seite von einer positiven Auswirkung auf die Gesundheit durch ein Ausdauertraining ausgegangen wird.

Für solche erwünschte Wirkungen müsste man gar keine Riesenunternehmungen starten: Bei bereits täglich nur 10 Minuten Belastung, bei denen größere Muskelgruppen etwa beim Fahrrad fahren, Laufen oder Schwimmen beansprucht werden, lassen sich Trainingsauswirkungen auf das Herz-Kreislauf-System erreichen (vgl. MARKWORTH 1984, 183): „Durch *dynamisches Ausdauertraining* lässt sich die Sauerstofftransportkapazität des Herz-Kreislauf-Systems verdoppeln, weil das Herz größer wird und durch seinen größeren Hubraum mit jedem Schlag die doppelte Blutmenge auswerfen kann wie ein normal großes Herz. Durch das große Schlagvolumen kann es sich leisten, bei Ruhe oder bei leichteren Belastungen sehr viel langsamer zu schlagen, was eine Ökonomisierung der Herzarbeit bedeutet." (MARKWORTH 1984, 183).

2.2.5 Gesundheit und Skelettmuskulatur

Aber nicht nur der Herz-Muskel, eine gesunde und kräftige Muskulatur überhaupt „ist die Voraussetzung dafür, dass die täglich an unseren Körper gestellten Anforderungen bewältigt werden können. (...). Schmerzen sind oft die Folge der Überforderung unseres untrainierten Körpers durch zu plötzliche körperliche Aktivität." (OLDENKOTT 1985, 42). Dies lässt sich recht gut am Beispiel eines Schülers verdeutlichen, der aus dem Schulbus springt. Die 60 – 80 cm Höhe sind für den konditionell und koordinativ Geschulten überhaupt kein Problem: er landet „weich wie eine Katze", Koordination und Muskelkorsett fangen die Belastung weitgehend ab. Anders der konditionell und koordinativ Ungebildete: Seine Bewegung wirkt staksig, unrund, ungelenk. Wie wichtig es ist, die auftretenden Kräfte weich abfedern zu können, belegt die Tatsache, dass bei einer Sprunghöhe von 1,10m Kraftspitzenwerte bis zum Zehnfachen des Körpergewichts auftreten (vgl. SCHMIDTBLEICHER/GOLLHOFER 1982, 300ff.) – bei trainierter Beinmuskulatur dagegen verringert sich diese Belastung um 50% (vgl. GEIGER 1999, 29).

Zu dieser Beobachtung aus dem Alltag gibt es eine interessante Parallele aus dem Leistungssport. Bei den Kunstturnerinnen hat der DTB auf Landes- und Bundesebene im Aufbautraining (AK 7 bis 15) einen „LVT" (=Leistungsvoraussetzungstest) zu den vier zu absolvierenden Geräten (Boden, Sprung, Stufenbarren, Schwebebalken) hinzugenommen, in dem neben Dehn- und Gleichgewichtsfähigkeit in erster Linie der muskuläre Aufbau der Kunstturnerinnen abgeprüft wird. Auf diesem Weg sollen sie zur Ausbildung eines kräftigen Muskelkorsetts zum Schutz gegenüber den enormen Belastungen befähigt werden, was sie durch beeindruckende Leistungen, z.B. beim „Schweizer"-Drücken auf den Handstandklötzen (12mal ohne Absetzen aus der Vorhebhalte), beim Tauklettern (in sechs Sekunden, Beine in Vorhebhalte ein Tau hinaufklettern), an der Sprossenwand (20mal die gestreckten Beine aus der Vorhebhalte über Kopfhöhe bis zur Wand führen – die Angaben gelten jeweils für die volle Punktzahl) etc. unter Beweis stellen.

Abb. 3: Übungen aus dem LVT zum muskulären Aufbau von Nachwuchskunstturnerinnen (eigene Aufnahmen)

Gegenüber solcher Fitness ergänzen sich Bewegungsarmut, schlecht ausgebildete Muskulatur und einseitige Belastung oftmals und ergeben ein Bild vernachlässigter Pflege der Leiblichkeit, die sich im Schmerzleib, z.B. in den Beschwerden vieler Menschen, die lange am PC arbeiten, zeigen. Wenige Muskelgruppen werden zur feinmotorischen Arbeit am Computer über viele Stunden des Tages hinweg benötigt – die dafür aber intensiv. Es kommt also nicht von ungefähr, dass die „bisher erhobenen statistischen Zahlen zeigen, dass am Bildschirmarbeitsplatz Tätige weit mehr Kopfschmerzen aufweisen als bei vergleichbarer Schreibtischtätigkeit; aber auch die Schulter-, Nacken- und Armschmerzen nehmen gewaltig zu.(...). Wiederum ist es die Bewegungsmonotonie, welche die Haltemuskulatur fehlbelastet." (REINHARDT 1995, 102). So stellt der Autor dieser zuletzt zitierten Sätze eine stündliche, aktive Bewegungspause als Minimalforderung (vgl. REINHARDT 1995, 103), denn: „Die Monotonie der Bewegungsabläufe am Arbeitsplatz ruiniert nicht nur seinen Geist (den des Menschen – der Verf.), sondern auch seinen Körper." So ist es inhuman und „sträflich, wenn man einen Datensachbearbeiter 8 Stunden lang pausenlos ohne Bewegungsmöglichkeit vor den Computer setzt." (REINHARDT 1995, 126).

Besonders deutlich wird nun der Zusammenhang zwischen Bewegungsmangel, unterentwickelter Muskulatur und Erkrankungen am Phänomen Rückenbeschwerden:
- 5 Millionen Krankenhaustage und fast 80 Millionen Arbeitsunfähigkeitstage pro Jahr werden durch Rückenbeschwerden verursacht
- 20% aller Frühberentungen gehen auf das Konto von Rückenproblemen
- 40% aller Erwachsenen zwischen 25 und 74 Jahren sind aktuell von Rückenproblemen betroffen
- 73% leiden mindestens einmal im Jahr darunter (vgl. PFÖRRINGER 1997, 10).

Vergleicht man die prozentuale Verteilung von Patienten mit Rückenschmerzen bei 30–60-Jährigen, zeigt sich eine deutliche Diskrepanz zwischen Trainierten und Untrainierten (vgl. GEIGER 1999, 18).

Rückenbeschwerden sind nun jedoch kein Problem, das erst Erwachsene betrifft, vielmehr leiden bereits die Heranwachsenden darunter. Und es ist kein spezifisch deutsches, vielmehr ein europäisches Problem, ja wahrscheinlich ein Problem der gesamten westlichen Zivilisation, wie die folgende Zusammenschau belegt:
„Nach neueren statistischen Erhebungen weisen rund 60% der Schüler Haltungsdefizite auf und klagen über Beschwerden im Nacken–, Rücken– und Kopfbereich. Diese sind teilweise so gravierend, dass auch die Konzentrations– und Leistungsfähigkeit im Unterricht darunter leiden (Breithecker 1994, 33). Eine vergleichende Untersuchung von Schulkindern anlässlich ihrer Einschulung und zum Abschluss der vierten Klasse zeigt folgende Ergebnisse (Leidel 1994, 41):
Einschulung:
- 9% der Kinder zeigen deutliche Haltungsschwächen
- bei 5% der Kinder werden Wirbelsäulenveränderungen wie Kyphosen (Rundrücken) und Lordosen (Hohlkreuz) diagnostiziert

Im vierten Schuljahr:
- haben sich die Haltungsschwächen bereits auf 15% gesteigert
- und die Wirbelsäulenfehlstellungen sich auf 11% der Schüler verdoppelt

Ähnliche Ergebnisse zeigt eine Freiburger Studie (Illi 1993), nach der in der Schweiz jedes dritte Schulkind (10 – 13–jährige) und ab dem 13. Altersjahr schon jedes zweite zunehmend an Rückenschmerzen leidet. Diese Zahlen stimmen mit entsprechenden Studien bei finnischen Schulkindern (Salminen 1984) überein. Berquet (1988) stellte fest, dass sich die Haltungsschäden bei Grundschulkindern seit dem Zweiten Weltkrieg von 20% auf 40% verdoppelt haben. Bei einer Untersuchung von 52 Schülern in Ostdeutschland fand Badtke (1986) bei 35% Haltungsschwächen und bei über 80% Muskelfunktionsstörungen (Kraftverlust, Verkürzungen, Bewegungseinbußen)." (PUSSERT 1996, 77).

Diese einzelnen medizinischen Ergebnisse weisen, auch wenn der genauere Untersuchungsrahmen nicht in jedem Fall bekannt ist, wohl doch nach, dass durch die Unterforderung muskuläre Schwachstellen entstehen, die Haltungsschwächen und Haltungsschäden hervorrufen. Die ärztliche Maßnahme besteht dann in einer gezielten krankengymnastischen Behandlung, die im Grunde nichts anderes als eine gezielte Kräftigung der schwachen Muskulatur anzielt. Vereinfacht ausgedrückt wird eine unterlassene Prävention – beispielsweise durch ausreichenden „Schulsport" – in der späteren Rehabilitation unter Belastung des Volksvermögens nachgeholt (vgl. SCHMIDTBLEICHER 1994, 137). Schließlich belegen die oben angeführten Zahlen, dass die sich im Wachstum befindende Wirbelsäule offensichtlich sehr empfindlich auf Über– und Fehlbelastungen reagiert (vgl. PUSSERT 1996, 78) – was nicht zuletzt mit dem vielen Sitzen der Kinder zusammenhängt.

So setzt auch URS ILLI, der „Vater" der „Bewegten Schule" beim *„Sitzen als Belastung"* (ILLI 1995, 404) an und verweist darauf, dass die sitzende Stellung die ungünstigste Haltung ist. Kein Wunder, dass die Sitzdauer direkt mit dem Vorkommen von Kreuzschmerzen korreliert. Und paradoxerweise trifft die Kinder im schulpflichtigen Alter die stundenlange Zwangshaltung im Sitzen – rund zehn Stunden sollen es jeden Tag sein, die bereits Grundschulkinder im Sitzen verbringen (vgl. BREITHECKER 1998a, 12) – gerade zu dem Zeitpunkt, wo viel Bewegung für die Ausreifung des Organismus im Allgemeinen und des Bewegungsapparates im Besonderen von entscheidender Bedeutung wäre (vgl. ILLI 1995, 407). „ Wie bei keiner Altersgruppe verändern sich innerhalb des Jahrzehnts von 6 bis 16 Jahren in erheblichem Umfang alle Körperlängen– und –formmaße sowie Beweglichkeiten (Gelenkwinkel). Auch Gewebemasse (Fett–, Muskel–, Bindegewebe) und Gewebshärte (trainingsbedingt) sowie Gewebsdurchblutung (Adern, Kapillargeflecht u.a.) nehmen altersentsprechend zu." (DIEBSCHLAG 1998, 8). Statt Zwangshaltung und Schonung kann der Rat an Jugendliche also nur lauten: „Bewege dich für dich!" (SCHRÖDER 1998, 26).

Die von Rückenschmerzen betroffenen Menschen selbst führen als Ursache hierfür alles Mögliche an: das Alter, den Beruf usw. Auf die Idee einer zu schwach oder einseitig ausgebildeten Muskulatur, die die Wirbelsäule stützen und entlasten muss, kommt jedoch kaum einer (vgl. KRÄMER 1988, 11). Wie wichtig die Rumpfmuskulatur ist, Fehlhaltungen und degenerative Veränderungen der Wirbelsäule zu vermeiden, veranschaulichen Darstellungen beispielsweise bei GEIGER (vgl. GEIGER 1999, 71f.) oder MICHLER/GRASS (MICHLER/GRASS 1996, 23ff.).

Durch eine „biomechanische Funktionsanalyse der Wirbelsäule" (durch das „FPZ Konzept" = Forschungs– und Präventionszentrum oder nach „David Back Wirbelsäulenkonzept") lassen sich seit einigen Jahren die für die Aufrichtung und die Entlastung der Wirbelsäule wesentlichen Muskeln und Muskelgruppen exakt vermessen. Mittels Computermessungen an standardisierten Geräten werden die individuellen Ergebnisse mit Normwerten verglichen. Diese wurden Anfang der 90er Jahre durch wissenschaftliche Untersuchungen mit 3740 Männern und Frauen im Alter von 13 – 85 Jahren ermittelt. Die alters– und geschlechtsspezifischen Referenzdaten für die Beweglichkeit, Muskelkraft und –leistungsfähigkeit werden in drei Gruppen nach beschwerdefreien Personen, chronischen Patienten und hochtrainierten Athleten eingeteilt. Interessant ist nun zum einen, dass alle chronischen Rückenpatienten in allen Hauptfunktionen von Rumpf und HWS signifikante Kraft– und Leistungsdefizite aufweisen, dass aber die Beschwerden durch einen gezielten Muskelaufbau deutlich verbessert werden können: in 42,3% bei LWS/BWS-Syndromen und 56,6% bei HWS-Syndromen (vgl. DENNER 1997, 94ff.). Daraus lässt sich eine direkte Wechselbeziehung zwischen muskulärem Aufbau und Rückenbeschwerden ableiten, die KIESER zu der

sicherlich etwas überspitzten Formulierung verleitet: „ein Rückenproblem gibt es gar nicht, es gibt nur ein Kraftproblem." (KIESER 1998, 42).
Die Einzelergebnisse der Untersuchungen können in einem Profil dargestellt und die individuellen Resultate zu den Normwerten in Relation gesetzt werden. Zusätzlich ist ein Vergleich der beidseitigen Ausprägung der Muskelkraft zur Feststellung von Dysbalancen von Bedeutung (siehe Abb. 1, Anhang); die Messergebnisse zu unterschiedlichen Zeitpunkten sind im Original verschiedenfarbig gekennzeichnet (in Abb. 1, Anhang, von links nach rechts zu lesen).
In welchem Verhältnis zu diesen Normwerten stehen nun unsere Heranwachsenden?
Eine neunte Klasse des Bad Aiblinger Gymnasiums – 16 Jungen (14 – 17 Jahre) und 11 Mädchen (14 – 16 Jahre) – hat sich einer solchen „biomechanischen Funktionsanalyse" im Oktober 1998 unterzogen.

Das dargestellte Profil einer Schülerin (Abb. 2, Anhang) offenbart beispielsweise im Bereich der Beweglichkeit weitgehend normale Werte, die sich übrigens bei der ganzen Klasse wiederholen, weshalb sie hier nicht weiter diskutiert werden sollen. Anders jedoch die Kraftwerte. Hier liegt deutlicher Handlungsbedarf in zweierlei Hinsicht vor: Am Profil des Mädchens, das angibt, zweimal pro Woche Sport zu treiben, sticht zum einen der erheblich defizitäre Wert des Kraftverhältnisses von Bauch-/Rückenmuskulatur ins Auge, zum anderen fallen die weiten Ausschläge der Kraftkurven bei LWS und BWS nach links und rechts auf. Sie spiegeln Dysbalancen wider, einseitig ausgebildete Stärken, die den Körper aus dem Gleichgewicht bringen.
Weitere Abbildungen (Abbildungen 3–4, Anhang) zeigen die durchschnittlichen Ergebnisse der Mädchen und Jungen im Hinblick auf die maximale Kraftentwicklung der Muskeln bzw. der Muskelgruppen, die gemessen wurden.
Auf den ersten Blick fällt auf, dass *alle* Messergebnisse – bis auf eine einzige Ausnahme (Nackenmuskulatur bei den Mädchen) – unter den Normwerten liegen. Die Höhe des durchschnittlichen Defizits schwankt dabei von vernachlässigbaren -0,2% (Halsmuskulatur rechts bei den Mädchen) bis zu alarmierenden -34,1% (Rückenmuskulatur bei den Jungen).

Nimmt man die einzelnen Muskelgruppen heraus, die für die Stützfunktion der Wirbelsäule von entscheidender Bedeutung sind, nämlich Bauch– und Rückenmuskulatur, so zeigen sich bei den weiblichen einzelnen Probanden folgende Ergebnisse: Zunächst die gemessene Bauchmuskulatur (Abbildungen 5–6, Anhang): Bei den Mädchen sind sechs Probantinnen – teilweise sehr deutlich – über den Durchschnittswerten; nur zwei zeigen mit -24,42% bzw. -31,48% deutliche Defizite. Bei den Jungen erreicht ein einziger einen positiven Wert – und der ist mit +0,1% eher bescheiden. Erschreckend, dass gleich viermal ein defizitäres Ergebnis von ca. -40% und darunter, bei einem „Minusrekord" von   -49% erreicht wurde.

Noch eindeutiger sind die Ergebnisse der Rückenmuskulatur (Abbildungen 7–8, Anhang). Hier sind ausnahmslos *alle* Ergebnisse bei Mädchen und Jungen defizitär. Die Minusspitzenwerte von -60,5% und -61,4% bei den Jungen sprechen für sich!
Freilich kann das Ergebnis einer solchen Messung an 27 Heranwachsenden für sich alleine genommen nicht repräsentativ sein. Es kann lediglich, einer Forderung THIELES entsprechend, als Beitrag zur Stärkung der analytischen Ebene der Ermittlung des Gesundheitszustandes der Heranwachsenden dienen (vgl. THIELE 1999,148) und in diesem Horizont eine Tendenz anzeigen. Allerdings ist nicht zu leugnen, dass sich die hier ermittelten Messergebnisse nahtlos in die durch andere Autoren dargestellten Zahlen einfügen. Zusätzlich zu den

oben bereits erwähnten Zahlen ist eine Untersuchung der Medizinerin FRÖHNE an 250 Schülern, von denen ein Drittel ebenfalls aus der 9. Jahrgangsstufe kam, besonders interessant. Die Hälfte der von ihr untersuchten Mädchen gab an, bereits Beschwerden in der Rückenregion zu haben, wobei sie gleichzeitig die Gruppe stellten, die die geringste außerschulische sportliche Aktivität und die höchste Befreiungsrate im „Schulsport" aufwies (vgl. FRÖHNE 1998, 24). Schon das Gesamtbild für sich allein genommen begründet die Forderung nach mehr Bewegung, nach verstärkter Erziehung zu Bewegung, Sport und Spiel. Darüber hinaus ist aus diesen Zahlen abzuleiten, dass es bei einer Leibes– und Bewegungserziehung nicht allein auf ein Mehr an Bewegungsaktivität, sondern auch auf die Qualität des Sich-Bewegens und die Art und Weise seiner Vermittlung ankommt. Was also gebraucht wird, ist eine bewusste und kompetente Hinführung zu einer Bewegungskultur – kein blinder Aktionismus und keine „Billiglösungen". Deshalb sollte der „Sportunterricht" in den Händen derer bleiben, die dafür ausgebildet sind – in den Händen der „Sportlehrer". Es ist unbestritten, dass in den Sportvereinen vielerorts gute Sportarbeit geleistet wird. Aber die Leibes– und Bewegungserziehung in der Schule ist eine andere. Und deshalb können und dürfen Sportvereine – und erst recht nicht kommerzielle Anbieter – den „Schulsport" ersetzen, können Übungsleiter und Trainer, so auch die Forderung in einem offenen Brief an den Ministerpräsidenten Bayerns, „nicht die Verantwortung der akademisch qualifizierten und für die ‚grundlegenden' pädagogischen Aufgaben der Körper–, Bewegungs–, Spiel– und Sporterziehung ausgebildeten Sportlehrerinnen und Sportlehrer übernehmen." (v. RICHTHOFEN 1996, 5). Mit anderen Worten: Rückgreifend auf die bereits zitierten Verlautbarungen offizieller Stellen pointiert KOFINK völlig zurecht: „Wenn diese amtlichen Texte meinen, was sie sagen, dann ist jedem Laien klar, dass Sportvereine und Übungsleiter diese Ziele nicht erfüllen können." (KOFINK 1997, 189).

Um Missverständnissen vorzubeugen: Eine Leibes– und Bewegungserziehung soll nicht als medizinische Therapie betrieben werden. Jedoch soll sie Anreize schaffen, die zu einer angemessenen Ausbildung des muskulären Korsetts beitragen.

Mit der fehlenden Belastung der Rumpfmuskulatur ist diese nun aber nicht nur selbst zu wenig ausgebildet, vielmehr hat dies auch Auswirkungen auf die Versorgung der Bandscheiben – und verursacht somit wesentlich die Rückenprobleme mit: „Bewegungsmangel führt zum Verschleiß der Gelenke, einschließlich der gelenkigen Verbindungen der Wirbelsäule und nicht zuletzt der aus Knorpelgewebe bestehenden Bandscheiben." (REINHARDT 1995, 104). Da nämlich Knorpelgewebe nicht von Blutgefäßen durchsetzt ist, erfolgt seine Versorgung mit Sauerstoff und Nährstoffen und seine Entschlackung indirekt, d.h. Nähr– und Sauerstoff werden in den Kapillargefäßen bis an den Knorpel herangeführt und dort an die Gelenkflüssigkeit bzw. an den Gelenkschmierstoff abgegeben. Der Austausch dort ist dann – und nur dann – gegeben, wenn das Gelenk bewegt wird, wenn beide Gelenkflächen aneinander vorbeigleiten. Daraus folgt: Je intensiver also die Bewegung eines Gelenkes im physiologischen Bereich erfolgt, desto wirksamer ist die Durchblutung des Knorpels und desto länger seine Lebensdauer. (Vgl. REINHARDT 1995, 104f.). Das Umgekehrte gilt aber gleichermaßen: „Fehlende Bewegungspausen und dynamische Bewegungen (Sitzen ist reine statische Muskelarbeit) führen zu schlechter Durchblutung der Wirbelkörper und der Randzonen am Übergangsbereich zu den Bandscheiben, schlechter Ernährungssituation der Bandscheiben, Wasserverlust des Ringknorpels, insbesondere aber des Gallertkernes und schließlich zum Einbrechen der Wirbeldeckplatte durch den Druck des Rumpfes." (REINHARDT 1995, 106). Bandscheibenprobleme sind die Folge.

Auch in dieser Hinsicht also ein klares Plädoyer für mehr Bewegung und eine intensivere Erziehung zu ihr – auch und gerade an unseren Schulen durch ausgebildete Sportpädagogen für die Gesundheit der Heranwachsenden. Ein Plädoyer, das von der namhaften Medizinerin FRÖHNE unterstützt wird, die als Empfehlung ausspricht: „Frühzeitig vielseitige motorische Anforderungen an den kindlichen Organismus sind zur Entwicklung des Körper- und Bewegungsgefühls, zur Sicherung der Aufrichtbarkeit und Stabilität des Körpers und zur Entwicklung der Beweglichkeit besonders in den großen Gelenken unbedingt zu empfehlen. Als frühzeitige Einflussnahme sind die ersten Schuljahre genannt, um die zu erwartende Störanfälligkeit des Halte- und Bewegungsapparates der Pubertät durch beherrschte Haltungs- und Bewegungsmuster zu begrenzen. Die dabei notwendigen sporttechnischen Anleitungen und Korrekturen erfordern den sportpädagogischen Fachmann." (FRÖHNE 1998, 26).

Im hier skizzierten Kontext ist eine weitere Untersuchung an 11 – 14jährigen Schülern/innen von RUSCH/WEINECK aus den Jahren 1986 und 1995, dem „Auswahltest Sportförderunterricht" (ATS), von besonderem Interesse:
Hinsichtlich der zu gering ausgebildeten Muskulatur gibt in diesem Punkt die Austestung der Haltekraft Auskunft: „Während 1986 die Schüler sich noch 32 Sekunden im Hang halten konnten, mussten 1995 die Probanten dieser Altersgruppe schon nach 17 Sekunden aufgeben, was einer Leistungsabnahme von 47 Prozent entspricht. Bei den gleichaltrigen Schülerinnen wurde eine Leistungsabnahme um 44 Prozent festgestellt." (RUSCH/WEINECK 1998, 20). Nicht allein der Rückschluss auf eine zu gering ausgebildete Muskulatur bei so vielen Kindern ist hier erschreckend, sondern fast mehr noch der sprunghafte Anstieg zwischen 1986 und 1995 von 16% auf 44% (Mädchen) bzw. 16% auf 38% (Jungen) der Kinder, die in puncto Haltekraft als „förderungsbedürftig" eingestuft werden. Auch das Gesamtergebnis der förderungsbedürftigen Schüler/innen, das einen Anstieg von 16% auf 47% ausweist, kann „ein Indiz dafür sein, dass die motorische Leistungsfähigkeit der 11–14jährigen Schüler/innen in den vergangenen zehn Jahren stark abgenommen hat (...).
Interpretiert man die Untersuchungsergebnisse als eine mögliche Folge des ständig zunehmenden Bewegungsmangels der Heranwachsenden, dann müssten Eltern, Lehrer und Ärzte gemeinsam gegen diese teuflische Entwicklung vorgehen." (RUSCH/IRRGANG: Verändert sich die körperliche Leistungsfähigkeit von Kindern und Jugendlichen; unveröffentlichtes Paper).

Es sei nicht verschwiegen, dass nicht alle Sportpädagogen die hier vertretene Position teilen. So kommt z.B. DORDEL nach einem Überblick über unterschiedliche Untersuchungen, deren Darstellung und Auswertung hier nicht im Einzelnen diskutiert werden kann, zu einem uneinheitlichen Ergebnis, was die Veränderung der motorischen Leistungsfähigkeit von Kindern und Jugendlichen in den letzten Jahren bzw. Jahrzehnten anbelangt (vgl. DORDEL 2000, 341ff.). Für EGGER/BRANDT/JENDRITZKI/KÜPPERS dagegen bestätigt sich die Hypothese, dass sich die motorischen Fähigkeiten der Kinder in den letzten Jahren verschlechtert haben (vgl. EGGER/BRANDT/JENDRITZKI/KÜPPERS 2000, 350ff.). Das Manko, das den bisherigen Forschungsergebnissen anhaftet – dies trifft zugegebenermaßen auch auf das in dieser Arbeit angeführte Zahlenmaterial zu – ist jenes, dass die referierten Befunde uneinheitlich und aufgrund der Rahmenbedingungen nur schwer oder gar nicht vergleichbar sind (BRETTSCHNEIDER 2000, 340). Der Forderung UNGERER-RÖHRICHs: „Wir brauchen überzeugende Ergebnisse zur Fitness unserer Kinder und

Jugendlichen" (UNGERER-RÖHRICH 2001, 97) kann man sich deshalb nur anschließen. Was dabei m.E. besonders wichtig ist, sind *differenzierende* Betrachtungen im Hinblick auf Alter, Geschlecht, soziale Herkunft etc., denn Durchschnittsergebnisse allein zeigen nur eine Seite des Problems; die andere Seite, nämlich die einer möglicherweise auseinandergehenden Entwicklung in Form einer Schere in leistungsstarke und leistungsschwache Schüler, die eigene Beobachtungen aus dem täglichen „Sportunterricht" vermuten lassen, und die die zuvor bereits zitierte WIAD-Studie-2000 nahelegt, sind für ein Gesamtbild der physischen Leistungsfähigkeit und der gesundheitlichen Entwicklung gleichermaßen von Bedeutung. Auch diese Studie belegt im Übrigen hinsichtlich der Messergebnisse bei Ausdauer, Kraft und Koordination den Negativtrend in der Entwicklung motorischer Fähigkeiten, der sich in den hier angeführten Untersuchungen abzeichnet (vgl. KLAES u.a.: WIAD-Studie 2000, 26f.).

2.2.6 Gesundheit und Hormonhaushalt

Auch was den menschlichen Hormonaushalt betrifft, lässt sich die Notwendigkeit von Bewegung für eine Pflege der Leiblichkeit mit aller Deutlichkeit aufweisen. Unter den vielfältigen hormonellen Einflüssen v.a. durch chronische Ausdauerbelastungen auf das hormonelle System (vgl. GEIGER 1988, 24ff.) seien hier exemplarisch nur die Katecholamine (Adrenalin und Noradrenalin) und das ß-Endorphin angesprochen. Über hunderttausende von Jahren hinweg reagierte der Mensch auf Bedrohung mit Adrenalinausschüttung, die ihm zu erhöhter Aufmerksamkeit, zu beschleunigtem Reaktionvermögen und zu schneller Flucht verhalf. In der (Flucht–)Bewegung wurde das Adrenalin wieder abgebaut. Noch heute legen „Naturmenschen" wie die Buschmänner der Kalahristeppe täglich bis zu 25 km zu Fuß zurück. Sie verfügen über eine hohe Ausdauer, über niedrige Cholesterinkonzentration und kennen Bewegungsmangelkrankheiten praktisch nicht (vgl. GEIGER, 1999 31). Und wir heute? Auch heute bauen wir Adrenalin auf. Aber wir bauen es in unseren vorwiegend sitzenden, bewegungsarmen Tätigkeiten nicht mehr ab. Wir tragen es mit uns herum, häufen es an – und sprechen von Stress, der nicht nur unser Wohlbefinden beeinträchtigt: „Auch *Stresserkrankungen,* die mit einer erhöhten inadäquaten Ausscheidung von Stresshormonen (Katecholamine: Adrenalin, Noradrenalin) einhergehen, sind oftmals in einem Zusammenhang mit Bewegungsmangel (sitzende Tätigkeit, Reizüberflutung) zu sehen. Im Gegensatz zum umgangssprachlichen Gebrauch ist Stress zunächst wertfrei zu betrachten: Stress ist (über–)lebensnotwendig. Stress ist primär eine Bereitstellungsreaktion auf verstärkte Umwelt– oder innere Einflüsse, wie Gefahr, Jagd– oder Vermehrungsbereitschaft. Auch der Vorstartzustand im Leistungssport ist als solche Stressreaktion zu verstehen. Solange diese Aktivierung des ‚Stresspotentials' ihre Entladung findet, z.B. durch Erlegen der Beute, besteht keine krank machende Wirkung, sondern Entspannung. Kommt es aber infolge Dauerstress zu einer ungenügenden Stresslösung, so sind langfristig Stresserkrankungen programmiert (...).

Im psychosozialen Verhalten ist das Aggressionspotential eines bewegungsinaktiven Menschen wesentlich höher als das eines regelmäßig bewegungsaktiven, was häufig im Straßenverkehr oder im Bierzelt zu beobachten ist." (GEIGER 1999, 20f.). Mehr Bewegung – weniger Aggression, mehr Ausgeglichenheit, höhere Aufmerksamkeit, besseres Sozial– und Arbeitsverhalten. Dies bestätigt auch das erste Ergebnis eines Unterrichtsversuchs mit täglicher „Sportstunde" an einer Grundschule in Bad Homburg, was die Notwendigkeit von mehr Bewegungszeit an den Schulen unterstreicht (vgl. OBST/BÖS 1998, 14).

Anders gewendet: „Ausdauertraining ökonomisiert die Freisetzung der Katecholamine, d.h. der Ausdauertrainierte setzt pro Belastungseinheit eine geringere Hormonmenge frei als der Untrainierte. Damit stehen ihm für *Maximalleistungen Mobilisierungsreserven zur Verfügung.* Zugleich wird unter allgemeiner Stressbelastung eine ausgeglichenere Reaktionsantwort des Nervensystems erreicht." (GEIGER 1988, 28).

Positiv wirkt sich auf die Psyche das ß-Endorphin aus, das das Gefühl von Hochstimmung, von Wohlbefinden erwirkt. Jeder Jogger, jeder Skilangläufer, jeder Radfahrer kennt dieses Gefühl, sich und nach sportlicher Ausdauer-Betätigung fitter, wohler, besser zu fühlen als vorher. Woran liegt das?
Seit den frühen achtziger Jahren, als man erstmals bei amerikanischen Langstreckenläufern erhöhte Blutspiegel von ß-Endorphin fand, steht ein positiver Einfluss von Ausdauerbelastung auf die Psyche außer Frage. Die morphinartige Wirkung des ß-Endorphins verursacht Erscheinungen wie Euphorie, vegetative Beruhigung, Schmerzaufhebung – Phänomene, die als „runner's-high" im Langenstreckenlauf schon seit Langem bekannt sind und die man sich u.a. auch in der Therapie von depressiv Erkrankten zunutze macht. Die körpereigene Produktion von Morphin geschieht jedoch nicht unter Normalbedingungen, sondern erst unter starker psychophysischer Belastung sowie auch unter stärkeren allgemeinen Ausdauerbelastungen großer Muskelgruppen (vgl. GEIGER 1988, 29f.). Solche Belastungen sind in einer Leibes- und Bewegungserziehung freilich so gut wie nie zu erreichen. Hier muss sich die schulische Leibes- und Bewegungserziehung wohl mehr auf eine bloß theoretische Information darüber, dass dieses Phänomen in der Sportmedizin bekannt ist, beschränken.

Über die Bedeutung für das Wohlbefinden des Einzelnen hinaus haben diese Überlegungen noch eine andere, gesellschaftliche Dimension, die im Zusammenhang einer Leibes- und Bewegungserziehung an unseren Schulen von höchstem Interesse ist, und auf die GEIGER wiederholt hinweist: Da die Lebenserwartung immer weiter ansteigt und zugleich die Zahlen von Patienten mit Bewegungsmangelkrankheiten zunehmen, führt das zu rapide steigenden medizinischen Kosten. Hieraus entsteht nicht nur eine biologische, sondern auch eine volkswirtschaftliche Notwendigkeit eines Bewegungstrainings (GEIGER 1999, 17) – und der Erziehung zu ihm. In dieser Hinsicht, so ist Erziehungswissenschaftlern entgegenzuhalten, die den „Schulsport" für überflüssig erachten, erfüllt er sehr wohl einen öffentlichen Auftrag und ist mehr als Freizeitspaß, was in der derzeitigen Bildungsdiskussion in der Frage der Legitimation des „Schulsports" in Vergessenheit zu geraten scheint. GEIGER untermauert seine Forderung nach einem Bewegungstraining aus gesellschaftlicher Sicht durch die Gegenüberstellung der Anzahl der Arbeitsunfähigkeitstage bei bewegungsaktiven und – inaktiven Menschen:

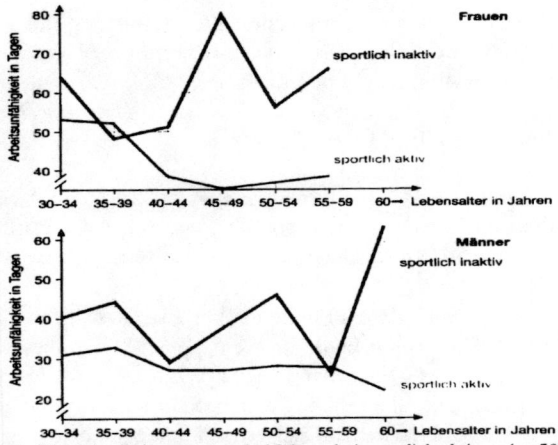

Abb. 4: Arbeitsunfähigkeit (Tage) im Zeitraum von drei Jahren bei sportlich aktiven (n=509) und inaktiven (n=355) Personen (vgl. GEIGER 1999, 22)

Gegenüber den positiven Auswirkungen eines regelmäßigen Ausdauertrainings auf den Hormonhaushalt lässt sich als Beispiel für eine durch körperliche Inaktivität ausgelöste, wenngleich genetisch angelegte hormonelle Störung, die Typ-II-Zuckerkrankheit anführen. Dabei herrschen „normale bis sogar erhöhte Insulinspiegel vor, die ihre hormonelle blutzuckersenkende Wirkung aber aufgrund eines ungenügenden Ansprechens in den Zielorganen, insbesondere der Muskulatur, nicht entfalten können: Blutzuckerspiegel und Fettstoffwechsel entgleisen, was wiederum zu Gefäß–, Nerven– und Nierenschädigung führt. Nur ein regelmäßiges körperliches Training (Ausdauertraining) erhöht die Sensitivität der Insulinreaktionsorte (Rezeptoren) und führt bei gleichzeitig erhöhtem Zuckerverbrauch zur Absenkung des Blutzuckerspiegels.

Eine besonders markante Ausprägungsform dieser sogenannten Insulinresistenz ist das *Metabolische Syndrom* (‚Wohlstandssyndrom' (...)), das die Kombination
➢ Typ II-Zuckerkrankheit
➢ Fettstoffwechselstörung
➢ Bluthochdruck
➢ Übergewicht vom Bauchtyp ‚Apfelform' (...)
aufweist und auch im Hinblick auf die Risikobeurteilung als ‚tödliches Quartett' bezeichnet wird. Neben einer spezifischen medikamentösen und diätetischen Therapie stellt auch hier Ausdauertraining ein wesentliches therapeutisches bzw. vorbeugendes Konzept (Rezept) dar." (GEIGER 1999, 19f.).

Da ein richtig durchgeführtes Bewegungstraining tatsächlich ein Beitrag zur Pflege der Leiblichkeit ist und zudem den häufigsten Wohlstandserkrankungen vorbeugt und sie heilen hilft (vgl. GEIGER 1999, 7), wird angesichts des stetigen Anstiegs von Bewegungsmangelkrankheiten ein freiwilliges sportliches Bewegungstraining nahezu zur sozialen Bewegungsverpflichtung (vgl. GEIGEER 1999, 31), und wird, so ist in diesem Zusammenhang zu ergänzen, mehr Leibes– und Bewegungserziehung an unseren Schulen zu einer Verpflichtung der Gesellschaft den Heranwachsenden und sich selbst gegenüber.

Koordinationsschwächen, Übergewicht und Fettleibigkeit, mangelhaft ausgebildete Muskulatur, die für Defizite des Herz-Kreislauf-Systems und Wirbelsäulenschäden mitverantwortlich ist – nur ein Ausschnitt aus dem, was (Sport–)Mediziner über den Gesundheitszustand vieler Erwachsener und Heranwachsender feststellen. Auf den Punkt gebracht: „Wir sitzen zuviel (...). Wir leben zu bequem und vergessen, dass der menschliche Körper Training braucht." (OLDENKOTT 1985, 42).

Um nicht missverstanden zu werden: Mit diesen Beobachtungen aus der Medizin soll nicht „dem Leitbild eines Psycho-Athleten" das Wort geredet werden, „dessen Fitness und Potenz durch keinerlei Belastungen und Zumutungen mehr geschädigt werden kann" (DIGEL 1997, 89). Auch soll keine Vorstellung von Gesundheit maßgebend sein, die „den Sinn von Krankheit für eine Gesellschaft ausschließt, die ihre Schwächen und Grenzen im ewigen Fortschritt überwinden will." (DIGEL 1997, 89). Allerdings, so muss man DIGEL hier entgegen halten, kann es auch nicht darum gehen, Krankheiten, deren Ursache u.a. mit Bewegungsmangel zu tun haben, passiv hinzunehmen, um das Krankseinkönnen als vielleicht menschlichste, wichtigste und notwendigste Leistung (vgl. DIGEL 1997, 89) zu provozieren.

Worum es hier also wesentlich geht, ist die Bestätigung dafür, dass die Konstitution der Leiblichkeit auf ein bestimmtes Maß an Bewegung und Ausbildung von Motorik nicht verzichten kann, dass ein Zuwenig an Bewegung dazu beiträgt, Einschränkungen der Autogenese zu provozieren. Ein entsprechendes Maß des Sich-Bewegens macht somit einen präventiven Aspekt der Gesundheitspflege aus,. Freilich muss man DIGELs kritischen Einwand hier ernst nehmen, und mit ihm betonen, dass dies nur *einen* Aspekt der präventiven Gesundheitspflege ausmacht. In einer Gesamtbetrachtung zu gesunder Lebensführung müssen sicherlich auch andere Faktoren individuellen (Fehl-)Verhaltens, wie Tabak– oder Alkoholkonsum, oder soziale und ökologische Lebensbedingungen, z.B. Arbeit, Einkommen, Wohnen, Verkehr oder auch die Umwelt in den Blick genommen werden (vgl. DIGEL 1997, 84). Zur Gesundheit gehört das *ganze* Leben, nicht nur das Sporttreiben, weshalb der Sport in der Gesundheitsdiskussion nicht überfordert werden darf (vgl. DIGEL 1997, 97). In dieser Hinsicht hat DIGEL Recht: „Wenn Gesundheit mehr ist als nicht krank zu sein, so kann kaum angenommen werden, dass Gesundheit über den Einsatz singulärer Instrumente, wie z.B. über das aktive Sporttreiben, erreicht werden kann. Das Befinden, also auch das Wohlbefinden eines Menschen, hängt mit seinem ganzen Leben, mit seiner Lebenswelt zusammen, in die er als Mensch eingebunden ist. Will man Gesundheit in diesem Sine erreichen, so heißt dies also, sein Leben zu ändern. Dazu gehört jedoch mehr, als lediglich Sport zu treiben." (DIGEL 1997, 97).

In Abhebung von DIGEL ist jedoch zu betonen: Aber Bewegung, Sport und Spiel machen eben jenen Bereich aus, den der Einzelne selbst in die Hand nehmen und den er selbst unmittelbar gestalten kann – im Gegensatz etwa zu anderen o.g. gesellschaftlichen Faktoren. So kommt einer Leibes– und Bewegungserziehung als Aufgabe zu, Möglichkeiten des präventiven Trainings – besser: Möglichkeiten zu Bewegung und die Erziehung zu ihr auch über die Schulzeit hinaus – zu schaffen, und zwar in motorischer Hinsicht durch das Schaffen von Fähig– und Fertigkeiten, in kognitiver Hinsicht durch die Einsicht in die Notwendigkeit, in emotionaler Hinsicht durch die Freude am Sich-Bewegen, an Sport und Spiel, und schließlich in psychologischer Hinsicht, insofern sich Einstellungen im Sinne überdauernder Verhaltensdispositionen (hier zum Sich-Bewegen) u.a. durch das Elternhaus, durch Gleichaltrige, durch Vorbilder und auch durch eigene Erfahrungen in Kindheit und Jugend entwickeln (vgl. BAUMANN 1993, 176).

2.2.7 Gesundheit und Soziabilität

Schließlich noch einige Gedanken zum sozialen Aspekt einer Leibes- und Bewegungserziehung, denn, so stellt auch PROHL fest: „Aus phänomenologischer Sicht ist das gemeinsame Sich-Bewegen, über die motorische Bedeutung hinaus, stets auch als eine Form des Sozialseins zu betrachten." (PROHL 1999, 233). Hausaufgaben machen oder Büroarbeiten erledigen, vor dem Fernsehapparat oder dem Computer in Beruf oder Freizeit sitzen, sind Tätigkeiten, die jeder weitgehend für sich allein erfüllt. Ebenso in der Schule: aufpassen, mitschreiben, mitarbeiten, Lernzielkontrollen ablegen usw. – all das hat in der Regel jeder für sich allein zu bestehen. Auch auf diese Veränderungen zunehmender Isolierung in der Lebenswelt der Heranwachsenden muss, so meint auch MOEGLING, eine Leibes- und Bewegungserziehung reagieren: „Im lebensweltlichen Bereich ist unschwer eine zunehmende Tendenz zur Verinselung, Verhäuslichung und Naturferne vor allem städtischer Kinder und Jugendlicher zu erkennen. Hervorgerufen wird diese Tendenz durch die deutliche Verringerung städtischer Bewegungs- und Spielräume, die schon seit Jahrzehnten zunehmend dem Verkehr und den Neubauten weichen mussten. Unterstützt wird dieser Trend zur sozialen Isolierung u.a. durch die zunehmende Mediatisierung und gesellschaftliche Angebote des Lebens aus zweiter und dritter Hand (Fernsehen, Computer, Internet, Game-Boy ...). Ein weiterer gewichtiger Faktor liegt in der verstärkten Spezialisierung und Verfachlichung schulischer Inhalte und der einhergehenden Zunahme des Leistungsdrucks bei abnehmenden gesellschaftlichen Qualifizierungs- und Beschäftigungschancen." (MOEGLING 1999, 315). Freilich können diese lebensweltlichen Veränderungen nur ein Bezugspunkt für den „Schulsport" sein. Sollte er alle diese negativen Tendenzen kompensieren, wäre er deutlich überfordert (vgl. MOEGLING 1999, 316). Dennoch bietet der „Sportunterricht" wie kein anderes Fach vielfache Möglichkeiten, das Soziale, das für ein Wohlbefinden unverzichtbar ist, im Erziehungsgeschehen zu berücksichtigen. So z.B. wenn eine Mannschaft gegen eine andere spielt, wenn dem guten Vereinsbasketballspieler beispielsweise beim Erlernen des Korblegers aufgetragen wird, sich um einen schwächeren Schüler zu kümmern, oder beim Turnen an Geräten, wo die Hilfe- und Sicherheitsstellung für den anderen obligatorisch sind, oder bei einer Gemeinschaftsarbeit, wenn das ganze Team an einem Strang ziehen muss. Partner und Gruppenarbeit, Team- und Mannschaftsgeist, „Wir"-Gefühl gehören – freilich auch neben Einzelleistungen (Schwimmen, Leichtathletik) – zum Bewältigen von Bewegungs-Aufgaben einfach dazu. Ebenso auch das Einhalten von Regeln, der direkte Umgang miteinander auf Tuchfühlung, das Verhalten in Sieg und Niederlage. Freilich sind das Aspekte, die Kindern und Jugendlichen nicht (mehr) so selbstverständlich sind, zu denen sie in einer Leibes- und Bewegungserziehung oftmals erst hingeführt werden müssen! Wen wundert dies, hält man sich die Verstärkung der sozialen Isolation der Kinder und Jugendlichen durch die zunehmende Auflösung des Familienverbundes und die zunehmend brüchiger werdende Beziehungsgrundlage (chronische Zeitknappheit und zunehmend mehr Arbeitsdruck der Bezugspersonen) vor Augen (vgl. MOEGLING 1999, 316). So macht in Unterfranken die Zahl der Einzelkinder, die die Schulen besuchen, 52% aus, und 38,6% der Kinder kommen aus Familien, die auseinanderbrachen (vgl. RÖHLING, 30.09.1998, unveröffentlicht). Hierin liegt sicherlich eine Ursache dafür, dass etwa 20% der Schulanfänger als verhaltensauffällig bezeichnet werden und dass die ständige Zunahme der Problemkinder nicht mehr zu übersehen ist (vgl. FISCHER 1996, 26). Doch wenn nicht bei Bewegung, Sport und Spiel, wo das Gemeinsame aus der Sache heraus erwächst, wo soll dann im schulischen Rahmen zu Sozialverhalten erzogen werden? Ist es sinnvoller, Projekte eigens zur

Sozialerziehung zu initiieren? Wo anders als in einer Leibes- und Bewegungserziehung kann eine Sozialerziehung treffender, direkter geschehen?

Da diese Position nicht unumstritten ist, sei sie mit den Äußerungen einiger namhafter Sportpädagogen erhärtet:

Für Pädagogen der Bielefelder Laborschule steht diese enge Verknüpfung von motorischem und sozialem Lernen ebenso außer Frage (vgl. v. GROEBEN und RIEGER 1991, 39f.) wie auch für MOEGLING: „Die Schüler bewegen sich, gestalten so selbstständig wie möglich ihre Übungs- und Spielsituationen, und aus diesen Situationen des Bewegungshandelns heraus entsteht das soziale Lernen fast zwangsläufig und natürlich (...). So gesehen entsteht auch kein Widerspruch zwischen motorischem und sozialem Lernen, sondern beide Lernbereiche sind von vornherein miteinander verknüpft und können sich sinnvoll ergänzen." (MOEGLING 1997, 146).

Also nicht: hier Motorik – und dort Soziales; hier Bewegung und dann noch zusätzlich Sozialerziehung dort mit dafür geeignet erscheinenden pädagogischen Maßnahmen (Gesprächen, arrangierten Problemsituationen). Sondern – und es scheint bemerkenswert, dass FUNKE-WIENEKE phänomenologisch ansetzt und in deutlichen Berührungspunkten zu den hier vorgetragenen strukturpädagogischen Überlegungen mit folgendem Fazit bisher Gesagtes bestätigt: „ Erst wenn man den Blick so unvoreingenommen wie möglich zurück auf das Phänomen des gemeinsamen Sich-Bewegens lenkt, kann entdeckt werden, dass sich gerade in der Bewegungsbeziehung, die sich an einer sachlichen Aufgabe entwickelt und die Bedingung der Lösung dieser Aufgabe darstellt, Sozialität in einer ersten, ursprünglichen und nicht zu überspringenden Form als Zwischenleiblichkeit, als Aufgehen in einem personübergreifenden Sozialleib realisiert wird." Um der Bewegungsaufgabe willen „entspinnt sich ein Funktionszusammenhang von Bewegung, der von jedem Teilnehmer bewirkt wird und doch zugleich überindividuell ist. Die erzieherischen Ansprüche an die Höherentwicklung der sozialen Fähigkeiten sind daher im Bewegungsbereich gleichzusetzen mit den sachlichen Ansprüchen an ein komplexeres und differenziertes Sich-Bewegen in der Koordination mit Anderen. Deshalb gilt es, mit den didaktischen Überlegungen zum sozialen Lernen im Bewegungsbereich hier anzusetzen." (FUNKE-WIENEKE 1997b, 38).

Was es in strukturphilosophischem Denken hier noch einmal ins Gedächtnis zurückzurufen gilt, ist, dass es Autogenese ohne Soziogenese nicht gibt, oder anders gewendet: dass es Gesundheit des Einzelnen ohne Gemeinschaft nicht gibt. Das grundlegende Bedürfnis des Einzelnen nach Sozialität kommt sowohl im eigentlichen Phänomen, z.B. dem „Mannschaftsgeist", oder aber auch in Pseudophänomenen, z.B. Hooligans, zum Ausdruck. „Die Autogenese des Einzelnen hat nur Sinn in der Soziogenese des Ganzen. Aber auch umgekehrt: die Soziogenese der Sozialgestalt gelingt nur über die Autogenesen der Individuen." (ROMBACH 1994, 28).

Für eine Leibes- und Bewegungserziehung bedeutet dies, dass sie nur dann zur Autogenese des Einzelnen beitragen kann, wenn das gesamte Umfeld stimmt: unmittelbar sind dies die Mit- und Gegenspieler, der Rahmen, die Atmosphäre, in der das Sich-Bewegen geschieht. Für den „Schulsport" beinhaltet die Soziogenese außerdem, dass die ganze Schullandschaft, das gesamte Schulleben leib- und bewegungsfreundlich sein muss. Müssen etwa an einem Gymnasium mit hohen Schülerzahlen mit Wanderklassen kleingewachsene Schüler der 5. Jahrgangsstufe dieselben, nicht höhenverstellbaren Tische und Bänke benutzen wie die nachfolgenden großgewachsenen Kollegiaten, stellt dies im Sinne einer gesundheitsorientierten Sitz- und Arbeitshaltung schlichtweg ein Unding dar. Entweder baumeln die Füße des Fünftklässlers in der Luft oder die Knie des Kollegiaten heben die Bank hoch! Kein

Wunder, wenn Experten angesichts solcher Zustände von der „Sitzmisere" an unseren Schulen sprechen (vgl. BREITHECKER 1998b, 13). Auch hierauf ein Augenmerk zu haben und solche Missstände abzustellen, ist eine der Aufgaben einer Leibes- und Bewegungserziehung, was im Übrigen vom Projekt „Bewegte Schule" bereits mit Nachdruck verfolgt wird (siehe dazu Punkt 4.1.5 in diesem Kapitel).

Schließlich ist im Kontext der Soziogenese noch jener Aspekt zu beachten, den GRÖSSING als *„Prinzip der Regionalität"* (GRÖSSING 1997, 44) bezeichnet, der eine Bewegungskultur mitprägt. Er sieht in diesem Prinzip ein Gegengewicht zur Internationalität des Sports, dem die Pflege regional gewachsener und verankerter Bewegungstätigkeiten entgegenzustellen sei. Im Verlust der regionalen und traditionellen Bewegungskulturen sieht er einen Kulturschwund, den die internationalen und normativen Bestrebungen des industriekulturellen Sports zu vertreten hätten und dem durch die Wiederentdeckung lokaler Bewegungstätigkeiten zu begegnen wäre (vgl. GRÖSSING 1997, 44).

Mehr noch: Auch in diesem Punkt zeigt sich die Fragwürdigkeit des Sports als Leitlinie und Ziel für eine Leibes- und Bewegungserziehung, wenn nämlich Soziogenese im erweiterten Sinne auch eine intakte Umwelt einbezieht, die eine Autogenese überhaupt erst ermöglicht. In diesem Zusammenhang ist die Mobilität unserer Gesellschaft als leitendes Verständnis von Bewegung in Frage zu stellen, Mobilität, die die Arbeitswelt, die (Zusatz-)Ausbildung unserer Kinder, das Freizeit- und Urlaubsverhalten – und nicht zuletzt auch das Sporttreiben – umfasst. „Bewegung als zielgerichtete, schnelle, fortschreitende Aktion bestimmt unsere Welt. Diese herausragende Bedeutung von Bewegung führt dazu, dass Mobilität als unentbehrliche, kulturelle Errungenschaft erscheint, die immer mehr Autos, Straßen, ‚freie Fahrt für freie Bürger' erfordert. Bewegung soll immer Bewegung nach vorn, soll Fortschritt sein, und Fortschritt wird als Wert an sich angesehen, dem andere Werte wie z.B. die Erhaltung der natürlichen Ressourcen unserer Mitwelt nachgeordnet sind.

Paradox dabei ist, dass die hier beschriebenen Formen von Bewegung den menschlichen Körper selbst weitgehend stilllegen und damit eben jene Körperdistanzierung (hier besser: Distanzierung von der Leiblichkeit – der Verf.) mitverursachen, die Menschen langfristig als belastend empfinden. Der verbreitete Wunsch nach der ‚Wiederkehr des Körpers' (Kamper/Wulf 1982; hier besser: der Leiblichkeit – der Verf.) ist deshalb eine verständliche Folge des Verlustes primärer Bewegungserfahrungen unter dem Focus der Leiblichkeit. Die moderne Sportkultur verspricht seine Erfüllung, verstrickt sich dabei aber in ihre eigenen Widersprüche." (KUGELMANN 1996, 70f.).

Tatsächlich spiegeln sich in dieser so hoch dotierten Mobilität als spezieller Auslegung des Phänomens Bewegung nicht nur gesellschaftliche Wertvorstellungen wider, denen beispielsweise die „Tendenz zur Instrumentalisierung und Manipulation des Körpers für bestimmte Zwecke, die Tendenz zur Spezialisierung (Sportarten und Disziplinen, Leistungs- und Geschlechtsklassen), die Tendenz zu verletzenden Eingriffen in die Natur (Doping, Skipisten), die Tendenz zur Trennung zwischen Arbeitswelt und ‚Familien-' oder ‚Freizeitwelt'" (KUGELMANN 1996, 71) zu Grunde liegt. Vielmehr führen sie darüber hinaus zu so widersinnigen Verhaltensweisen wie etwa zu jenen, die im zweiten Kapitel unter dem Punkt „Sport und Umwelt" bereits ausgeführt wurden, und die hier weitergeführt werden können: am Wochenende stundenlang im Stau festzusitzen oder in den Skiferien hunderte von Kilometern mit Autos oder Bussen bei stop and go zu fahren, um einer bestimmten Sportart frönen zu können. Sicherlich ist der Trennungsstrich zwischen sinnvollem und sinnlosem Verhältnis von Aufwand und Nutzen, von Mobilität und Sich-Bewegen nicht immer scharf zu ziehen. Dennoch scheint klar, dass eine schulische Leibes- und Bewegungserziehung die fragwürdigen und zerstörenden Faktoren einer Soziogenese kritisch hinterfragen muss – und ihnen beispielsweise mit umweltfreundlicheren, stressfreien Möglichkeiten des Sich-Bewegens entgegentreten muss. Autogenese und Soziogenese erweitern sich also zur Umweltgenese in dem Sinne, dass eine Selbstgestaltung des Einzelnen durch sportliche Aktivität, die die Umwelt willentlich oder auch unbedacht zerstört, das Scheitern bereits als Grundstruktur in sich trägt. Dies ist der tiefere Sinn des Lernziels „Umwelt-Erziehung" der neuen bayerischen Lehrpläne für das Fach „Sport".

2.2.8   Noch einmal zum Gesundheitsbegriff

Bei den bisherigen Darstellungen zur Pflege der Leiblichkeit, die sich u.a. auf Überlegungen zu Gesundheit versus Bewegungsmangelerkrankungen bezogen, könnte der Eindruck entstehen, der Beitrag von Bewegung zur Gesundheit sei lediglich durch die Abwesenheit der aufgezeigten Erkrankungen definiert. Demgegenüber betont GEIGER zurecht die Notwendigkeit, mit dem Begriff Gesundheit ein gewisses „Gesundheitspolster" mitzudenken, was beinhaltet: „Gesundheit ist mehr als ein augenblicklicher Zustand. Gesund sein bedeutet auch ein gesundheitsstabilisierendes Verhalten des menschlichen Organismus unter krank machenden Bedingungen. Das heißt, ein wirklich gesunder Körper (in der Terminologie dieser Arbeit wäre hier besser: Leib – der Verf.) besitzt auch unter guten äußeren (Umwelt) und inneren (Organe) Bedingungen eine zusätzliche ‚Gesundheitsreserve', um in schlechten Zeiten (schädigende Umwelteinflüsse, unvorhergesehene Mehrbelastung, infektiöse Kontakte, Stress usw.) gesund zu bleiben oder um eine eingetretene Erkrankung schneller zu überstehen." (GEIGER 1999, 8). Diese erhöhte Reservekapazität ist durch Bewegungstraining wesentlich zu beeinflussen: im Hinblick auf die *organische Kapazität* (Bewegungsapparat, Herz-Kreislauf-System, Stoffwechselorgane, Immunsystem usw.), auf die *psychoregulativen Systeme* (vegetatives und zentrales Nervensystem) sowie auf die *soziale Kompetenz* (Bewegung im Kontakt zur Umwelt) (vgl. GEIGER 1999, 9f.).

Kommt also, so muss an dieser Stelle kritisch rückgefragt werden, einer Leibes– und Bewegungserziehung in erster Linie eine kompensatorische Aufgabe zu? Soll sie all den Punkten, die Mediziner bei Kindern und Jugendlichen zunehmend beobachten, die letztlich auf fehlende oder mangelnde Bewegung zurückzuführen sind, entgegentreten?
Leibes– und Bewegungserziehung also als „Kompensationsmodell"?
In gewisser Weise: Ja. Denn unsere Schulen sind ja in die Gesellschaft eingebunden, sie reagieren auf Anforderungen und Bedürfnisse, die die Gesellschaft an sie stellt. Man kann das gut finden oder nicht – es ist einfach ein Faktum, wie beispielsweise die Einführung des Unterrichtsfachs „Informatik" als Reaktion der Ministerien auf die Verbreitung der Computertechnik im Berufsleben deutlich zeigt.
Ähnliches ist in dieser Hinsicht auch vom „Schulsport" zu konstatieren. So kann ein „Sportlehrer" im schulischen „Sportunterricht" nicht so tun, als sei die gesellschaftliche Entwicklung des Sports unverändert, als seien die koordinativ-konditionellen Voraussetzungen der Schüler die gleichen wie vor zwei oder drei Jahrzehnten. Pädagogisches Arbeiten beinhaltet, die Schüler dort abzuholen, wo sie stehen. Folglich muss ein „Sportlehrer" für eine heutige Leibes– und Bewegungserziehung gesellschaftliche Veränderungen und ihre Auswirkungen auf die Kinder und Jugendlichen zur Kenntnis nehmen und darauf reagieren. Auch im Schulalltag, nämlich im notwendigen Ausgleich zum Sitzen, Lernen, Schreiben, Zuhören kommt dem „Schulsport" durch Bewegung, Spiel, körperliche Aktivierung eine wohltuende Abwechslung zu, weshalb auch in dieser Hinsicht Kompensationsmechanismen nicht wegzuleugnen sind (vgl. BALZ 1992, 3).

Doch, so fragt auch BAUMANN: „Reicht das Beharren auf Besitzständen und das monotone Wiederholen der Forderung nach mindestens drei Stunden Sportunterricht in der Woche? Ist es wirklich hilfreich, wenn dabei immer ein gesundheitliches Katastrophen-Szenario für den Fall des Scheiterns dieser Forderung entwickelt wird? Geht es in unserem Aufgabenfeld nicht eher darum, Kindern und Jugendlichen ihre Körperlichkeit (in der Terminologie dieser Arbeit: Leiblichkeit – der Verf.) erlebbar, dabei erfahrbar zu machen, mit dem eigenen und dem fremden Körper (Leib – der Verf.) angemessen umgehen zu können, mit dem Körper (Leib – der Verf.) zu lernen und die eigene Persönlichkeit zu entfalten?" (BAUMANN 1997, 11).

Als reines Kompensationsmodell alleine wäre eine Leibes– und Bewegungserziehung einerseits, wie bereits erwähnt, überfordert; andererseits jedoch auch viel zu gering geachtet, entspricht sie doch einem Grundbedürfnis des Menschen, nämlich dem unmittelbarer Welterfahrung durch sein Leib-sein, wie im ersten Kapitel dargestellt wurde. Dass sich viele Kinder und Jugendliche unserer Gesellschaft zunehmend weniger, viel zu wenig bewegen, ja, dass sie oftmals den Bewegungsmangel gar nicht mehr als solchen direkt empfinden, dass ihre Weltbegegnung und Welterfahrung dadurch verarmt, dass sie dadurch im strukturanthropologischen wie im medizinischen Sinne verkümmern und erkranken, macht eine Leibes– und Bewegungserziehung an unseren Schulen nur *noch* notwendiger.

Aber *welche Leibes– und Bewegungserziehung?* Genügt es tatsächlich, den Beitrag des „Sportunterrichts" zur Gesundheitsförderung aus der Vermeidung von Erkrankungen abzuleiten? Begreift man Gesundheit entsprechend der Definition der WHO als *ganzheitliches Wohlbefinden,* wie zu Beginn dieses Punktes definiert, muss sich dann nicht die Blickrichtung umdrehen? Dass man dann nicht mehr fragt: „Wie lässt sich Krankheit vermeiden?" Sondern: „Was lässt uns gesund werden oder bleiben?" BRODTMANN bezeichnet diese Änderung der Fragestellung, die von ANTONOVSKY eingeleitet wurde, als „kopernikanische Wende beim Forschen, Nachdenken und Reden über Gesundheit" (BRODTMANN 1996a, 6) und stellt dem „pathogenetischen" (Frage nach Entstehen von Krankheiten) das „salutogenetische" Denken (Entstehen von Gesundheit) gegenüber, mit dem es über die bisher dargestellten Gefahren des Bewegungsmangels hinauszugehen gilt: „Wer beim derzeitigen Erkenntnisstand der Gesundheitswissenschaften dennoch als wichtigste Aufgabe von Bewegungserziehung und Schulsport ansieht, Gesundheitsrisiken in Gestalt von Haltungsschwächen sowie unzureichender muskulärer und organischer Leistungsfähigkeit entgegenzuwirken, der hat schlichtweg nicht begriffen, auf was es im Hinblick auf die Gesundheit unserer Kinder wirklich ankommt." (BRODTMANN 1996a, 7).

Worauf kommt es also an? In einer Leibes– und Bewegungserziehung kommt es darauf an, Gesundheit nach allgemeiner Definition nicht nur so zu verstehen, dass „der Mensch entsprechend seinen individuellen Voraussetzungen körperliche, seelische und geistige Belastungen adäquat erfüllt und nach der erforderlichen Regenerationszeit diese Belastungen in gleicher Weise wiederholen kann" (de MAREES/WEICKER 1986, 207), sondern sie, wie übrigens auch der Philosoph GADAMER „als einen Gleichgewichtszustand zu denken" (GADAMER 1993, 145), als einen Balanceakt, in dem der Einzelne unterschiedlichste physische und psychische Faktoren in ein Gleichgewicht zu bringen vermag. Die jeweilige Lebenssituation, Widerstandsressourcen gegen Belastungen, die Bereitschaft, sie zu aktivieren, sozialer Rückhalt sind wesentliche Faktoren, die die Gesundheit als Balanceleistung bedingen. In der Tat: es kann niemand im Ernst annehmen, mit einer Rückenschule vom Schicksal (z.B. durch Arbeitslosigkeit der Eltern) geschlagene Kinder wieder aufrichten zu können (vgl. BRODTMANN 1996a, 8), durch Krafttraining allein die Haltung eines Menschen korrigieren zu können. Vielmehr verweist die Frage nach der Gesundheit auf eine pädagogische Dimension, insofern nämlich, ob die Lehrenden die Heranwachsenden in der Entwicklung und Stabilisierung ihrer zentralen gesundheitlichen Schutzfaktoren stärken können. Faktoren wie Selbsteinschätzungs-, Empfindungs-, Anpassungsfähigkeit, Sich-Einfühlen-Können usw. erlangen diesbezüglich besondere Bedeutung (vgl. KUGELMANN 1995, 99f.), und v.a. ist es der grundlegende und unverzichtbare Schutzfaktor der Überzeugung der Sinnhaftigkeit des eigenen Lebens und Tuns, aus dem sich die pädagogische Forderung ableitet: „Alles, was Menschen in ihrer Überzeugung stärkt, was darüber hinaus ihr Selbstwertgefühl, ihre soziale Integration und ihre soziale Anerkennung fördert und ihnen insgesamt zu einem positiven Selbstkonzept verhilft, dient unmittelbar ihrer Gesundheit und lässt sich durch Jogging, Yoga und Rückenschule, durch Reformhauskost und Multivitaminpräparate nicht im Entferntesten ersetzen." (BRODTMANN 1996a, 8). Demzufolge sind die wirklichen Gesundheits-Risikofaktoren diejenigen, „die die gesundheitlich zentralen Schutzfaktoren gefährden, zerstören oder erst gar nicht zur Entfaltung kommen lassen." (BRODTMANN 1996a, 9). Zentrale Schutzfaktoren können mit Selbstbewusstsein, Selbstwertgefühl, Selbstbejahung, Selbstvertrauen, das Vertrauen, etwas zu können, etwas zu vermögen, sich von Anderen akzeptiert zu wissen und sich selbst annehmen zu können, umschrieben werden – Kennzeichnungen, die im strukturanthropologischen Erziehungsverständnis bereits begegneten.

Als Konsequenz daraus ist zum einen abzuleiten, dass in der Erziehung alle Maßnahmen und Vorgänge zu vermeiden sind, die das Selbstwertgefühl von Kindern und Jugendlichen dauerhaft schwächen; ebenso sind jene Maßnahmen und Vorgänge zu vermeiden, die den vorhandenen Könnensoptimismus zunichte machen oder ihn sich erst gar nicht richtig einstellen lassen; schließlich sind jene Maßnahmen und Vorgänge zu vermeiden, die den Kindern und Jugendlichen etwas aufzwingen, was aus ihrer Sicht kein sinnvolles Handeln darstellt (vgl. BRODTMANN 1996a, 9). Gesundheit lässt sich nicht *anordnen*, lässt sich nicht *erzwingen*, lässt sich nicht mit *Verbissenheit* und unter *Stress* vor lauter Bestreben um sie erlangen!

Der salutogenetische Ansatz zur Gesundheitsförderung der Kinder und Jugendlichen gibt sich also mit der Sichtweise einer Leibes- und Bewegungserziehung, die lediglich den Bewegungsmangel kompensieren soll, nicht zufrieden. Völlig zurecht. Dennoch kann er nicht darauf verzichten, ihm direkt durch Bewegung, Sport und Spiel und indirekt durch Verbesserungen der Lebensbedingungen, beispielsweise hinsichtlich einseitiger psychischer und physischer Lebensbedingungen in Beruf oder Schule, entgegenzuwirken.

Diese Notwendigkeiten stellt auch BRODTMANN nicht in Frage, auch wenn „Sportunterricht" zur Gesundheitsförderung mehr beinhaltet: „Ich wehre mich dagegen, dass Defizite der körperlichen Gesundheit und Leistungsfähigkeit unserer Kinder zum Druckmittel werden, um uns eine biomedizinisch-präventive oder gar therapeutische Perspektive aufzuzwingen. Unser Beruf als Bewegungserzieher oder Sportpädagogen ist es nicht, junge Menschen zu *behandeln*, unser Beruf ist es, sie zum Handeln aus eigenem Antrieb zu veranlassen, uns um möglichst gute Rahmenbedingungen hierfür zu bemühen und sie mit den dafür hilfreichen Kompetenzen auszurüsten." (BRODTMANN 1996a, 11).

Im Sinne einer strukturpädagogischen Leibes- und Bewegungserziehung kann man BRODTMANN nur beipflichten. Es kann nicht sein, in ihr ein weiteres instrumentalisiertes Verständnis des Sporttreibens zu verfolgen, nämlich das einer Schönheits- und Gesundheitssucht, die in ihren extremen Formen – „Twiggy" und „Mr. Universum" – in sich eigentlich eine Krankheit darstellt (vgl. DIGEL 1997, 94f.). Selbst wenn Bewegung, Sport und Spiel keinen Einfluss auf die physische Gesundheit hätten – wovon man jedoch nach den bisherigen Darlegungen ausgehen kann –, wären sie im umfassenden Verständnis von Gesundheit als Wohlbefinden und im Hinblick auf eine gelingende Autogenese alles andere als überflüssig.

BRODTMANNs salutogenetisches Gesundheitsverständnis und GADAMERs Gesundheitsverständnis als Gleichgewichtszustand sind Umschreibungen, die das, was zuvor im strukturphilosophischen Denken über den menschlichen, gesunden, heilen Menschen dargelegt wurde, in anderen Wendungen bezeichnen. Denn die grundsätzlich positive Denkweise der Strukturphilosophie traut es dem Menschen zu, in einem stetigen Prozess des Entstehens und Vergehens die Situationen, in denen er lebt, in eine stimmige Gesamtstruktur, in ein Gleichgewicht, zu bringen. Gelingt ihm dies, erfährt er sein Leben als stimmig, eigentlich, authentisch, gelungen, sinnvoll. In Ergänzung zu dem bereits im ersten Kapitel Gesagten lässt sich mit ROMBACH der strukturanthropologische Gesundheitsbegriff so pointieren: „Der Mensch, der *seine* Welt gefunden hat, ist in einem tiefen Sinne heil und gesund. Der Mensch, der in einer fremden, ganz anders strukturierten Welt leben muss, ist unglücklich, krank und dumm. Alle Negativität kommt dem Menschen von außen – alle Positivität von innen. Wer sich *selbst* so findet, dass er seine *Welt* findet – und wer seine Welt *so* findet, dass er damit zugleich seine *Identität* findet, lebt mit seiner Wirklichkeit ‚idemisch'. Und d.h. gesund, heil, glücklich." (ROMBACH 1987, 248).
In Zusammenschau mit dem, was über Erziehung und Gesundheit dargestellt wurde, gilt es also zusammenzufassen: eine schulische Leibes– und Bewegungserziehung kann ihren Beitrag zur Gesundheit der Heranwachsenden dadurch leisten, dass sie sie auf ihren Weg des Sich-Bewegens bringt, in ihrem Bewegungs-Vermögen mag, bestärkt und unterstützt und sie so auf *ihrem* Weg begleitet, fördert und fordert. Gelingt es, sie zu diesem und auf diesem Weg zu bewegen, ist ein wesentlicher Beitrag zur Gesundheit geleistet. Anders gewendet: eine schulische Leibes– und Bewegungserziehung verfolgt letztlich das Ziel, zur Gesundheit, zu gelingendem Menschsein aller Kinder und Jugendlichen einen Beitrag zu leisten. Denn: es ist schwer vorstellbar, dass eine Autogenese *gegen* die Leiblichkeit, *gegen* einen zum bloßen Medium reduzierten Körper, *gegen* einen durch Bewegungsmangelerkrankungen eingeschränkten Leib gelingen kann. Deshalb ist es unabdingbar, die Notwendigkeit von Bewegung klar zu machen, eine Haltung zu vermitteln, die zum Sich-Bewegen als freudvollem, sinnvollem und notwendigem Tun motiviert, und die Voraussetzungen dafür zu schaffen, alleine oder in einer Gemeinschaft ein angemessenes, sinnvolles, gesundheitsförderndes Bewegungstraining durchzuführen. Zur *Gesundheit* der jungen Menschen, zu ihrem *Wohlbefinden*, zu ihrem *gelingenden Menschsein* beizutragen, ist eine wesentliche, unverzichtbare Erziehungsaufgabe, die eine Leibes– und Bewegungserziehung als schulisches Unterrichtsfach legitimiert.

Wie aber soll eine Leibes– und Bewegungserziehung diese Aufgabe wahrnehmen in einer Zeit, in der sie von Stundenkürzungen betroffen ist wie kein anderes Fach? Welches Stundenkontingent muss einer Leibes– und Bewegungserziehung zugestanden werden, dass sie die ihr zugewiesenen Aufgaben ernsthaft, und nicht nur als Alibifunktion übernehmen kann?

3 Zum zeitlichen Umfang einer Leibes- und Bewegungserziehung

Die strukturphilosophischen Darlegungen lassen an der Legitimation einer Leibes- und Bewegungserziehung als schulischem Unterrichtsfach keinen Zweifel: die Bedeutung des Sich-Bewegens steht für die Konstitution der Leiblichkeit und die Autogenese des Einzelnen außer Frage, die soziale Dimension (Explosion der Gesundheitskosten durch Bewegungsmangelkrankheiten bei immer höherer Lebenserwartung) ist unübersehbar. Der gesellschaftliche Auftrag an die Schulen, ihren Beitrag zu einer Bewegungskultur der Heranwachsenden zu leisten, lässt somit an der Berechtigung einer Leibes- und Bewegungserziehung in den Stundentafeln keinen Zweifel zu. Dies ist eine Sache.
Eine andere ist es, nach der konkreten Umsetzung in der derzeitigen gesellschaftlichen Situation zu fragen. Diese Frage nuss aber dringend gestellt werden, soll keine pädagogisch-naive Position bezogen werden, die das schulische Erziehungsgeschehen entweder in einem quasi-gesellschaftsfreien Raum oder als bloße Erfüllung gesellschaftlicher Anforderungen ansiedelt (vgl. BENNER 1996, 78ff.). Vielmehr geht es für die Pädagogik im Allgemeinen – BENNER bringt dies in seinen „regulativen Prinzipien pädagogischen Denkens und Handelns" (BENER 1996, 73) zum Ausdruck – darum, dass *auch* die gesellschaftlichen Bedingungen daraufhin zu überprüfen sind, inwieweit sie die konstitutiven Prinzipien der Pädagogik begünstigen oder verhindern (vgl. BENNER 1996, 94). Analog zu BENNERs Beispiel der Verkehrserziehung (vgl. BENNER 1996, 89f.) bedeutet dies für eine Leibes- und Bewegungserziehung: Sind die Voraussetzungen für eine schulische Leibes- und Bewegungserziehung gegeben, dass sie die an sie gestellten Erwartungen der Ausbildung und Pflege der Leiblichkeit erfüllen kann? Es gilt noch darüber hinaus zu fragen: Ist in unserer gegenwärtigen Gesellschaft eine Bewegungskultur so weit gediehen, dass das in einer schulischen Leibes- und Bewegungserziehung pädagogisch Intendierte im Alltag wirklich umgesetzt werden kann? Letzteres scheint nach den Ausführungen im zweiten Kapitel eher zweifelhaft, doch können die hierfür notwendigen gesellschaftlichen Veränderungen an dieser Stelle nicht weiter diskutiert werden.
Der strukturphilosophische Ansatz dieser Arbeit erfährt in diesem Punkt eine ganz konkret-praktische Fragestellung, nämlich die nach der Legitimation des zeitlichen Umfangs einer Leibes- und Bewegungserziehung. Sind – wie nach den Stundenkürzungen – zwei Stunden „Schulsport" pro Woche ausreichend? Muss es ein Minimum von drei „Sportstunden" sein, um den Erziehungsauftrag mit den pädagogischen Möglichkeiten des Sports für junge Menschen in einer modernen Industriegesellschaft realisieren zu können? Sind vier Stunden pro Woche nötig? Oder gar die tägliche „Sportstunde"? Diese Frage ist für eine Legitimation des schulischen „Sportunterrichts" wesentlich, denn man muss BAUR zustimmen: „Solange die Fach-Legitimationen nicht mit detaillierteren Inhaltsbegründungen verknüpft und durch Zeitbedarfsrechnungen ergänzt werden, bleiben Ansprüche über den erforderlichen oder wünschenswerten Umfang von Schulsport relativ willkürliche Setzungen. (...). Dann könnte sich nämlich herausstellen, dass die für den Schulsport angesetzten und womöglich auch erteilten drei Wochenstunden gar nicht ausreichen, um die erklärten Zielsetzungen wenigstens annähernd zu erreichen." (BAUR 1997, 29). Die Frage nach der Umfangslegitimation des „Schulsports" ist so weitreichend, dass sich die sportpädagogische Fachliteratur mit einer Begründung des geforderten zeitlichen Umfangs offensichtlich schwer tut. Auch SCHERLER, der aufzeigt, wie viele weitere Fragen mit der nach dem zeitlichen Umfang des

"Sportunterrichts" verbunden sind, weicht mit seinem Vorschlag, die Entscheidung darüber der Mitbestimmung den Betroffenen (Schüler, Eltern, Lehrer), letztlich also jeder einzelnen Schule, zu übertragen, aus. Sein grundsätzliches Anliegen, die Pflichtstundenzahlen der Fächer in Stundentafeln nicht nur administrativen Setzungen zu überlassen, sondern sie *diskursiv zu legitimieren* (vgl. SCHERLER 1995, 50ff.), gilt es hier aufzunehmen. Welche Eckpfeiler können für eine diskursive Begründung der Mindeststundenzahl einer Leibes– und Bewegungserziehung aufgewiesen werden? Zu welchem Stundenkontingent führen die hier angestellten strukturphilosophischen Überlegungen?
Zunächst bietet sich in direktem Anschluss an das vorangegangene Kapitel an, auf sportmedizinische Richtwerte zurückzugreifen. Allerdings findet man in der Frage nach dem notwendigen zeitlichen Umfang eines Bewegungstrainings in der sportmedizinischen Literatur in erster Linie Aussagen über das Ausdauertraining. Über den notwendigen Umfang eines gesundheitsorientierten Krafttrainings gibt es nur einige Aussagen, entsprechende Hinweise für ein Beweglichkeits– und Koordinationstraining fehlen weitgehend. Meist bleibt es bei der Forderung, *dass* Bewegung, *dass* Ausdauertraining, *dass* Rückentraining nötig sei (vgl. FRÖHNE 1998, 26 oder REINHARDT 1995, 102). Es ist v.a. der Sportmediziner GEIGER, der in seiner neuesten Veröffentlichung in diesem Zusammenhang konkrete Zahlen nennt und begründet, weshalb ich bevorzugt auf ihn zurückgreifen werde. Die sportpädagogische Literatur beschränkt sich in der Regel auf den Hinweis, das mühsam erstrittene Quantum von drei Wochenstunden zu erhalten (vgl. BALZ 1992a, 2 oder BALZ/SCHIERZ 1998, 28 oder BAUMANN 1997, 11)
Der hier unternommene Versuch der Übertragung medizinischer Angaben auf eine schulische Leibes– und Bewegungserziehung versteht sich als Beitrag zu jener *diskursiven Begründung* des zeitlichen Umfangs, die SCHERLER zurecht fordert (vgl. SCHERLER 1994, 8). Freilich ist dies ein Versuch, der durch empirische Evaluationen, z.B. hinsichtlich der Auswirkungen des "Schulsports" auf die Ausdauerleistungen, auf die Koordinationsfähigkeit usw. abzusichern ist. M.E. liegt hier *die* wesentliche Aufgabe der (Schul–)Sportpädagogik der nächsten Jahre, die sie im Übrigen nur in Zusammenarbeit mit den Schulen bewältigen kann, denn nur auf diesem Weg scheint die einerseits notwendige Auseinandersetzung mit Politikern (und ihren Entscheidungen über den "Schulsport") aussichtsreich und ist andererseits die Zustimmung einer breiten gesellschaftlichen Öffentlichkeit für mehr Leibes– und Bewegungserziehung an unseren Schulen zu erlangen.

3.1   Zum zeitlichen Umfang eines Ausdauertrainings

Hinsichtlich der immer wieder geforderten Ausdauerschulung, die nach allen bisherigen wissenschaftlichen Erkenntnissen und Erfahrungen die beste Belastungsform des Herz-Kreislauf-Systems darstellt, da sie alle Funktionsorgane anspricht (vgl. GEIGER 1999, 34), wurde bereits darauf hingewiesen, dass ein tägliches allgemeines Ausdauertraining – "Training" im Sinne regelmäßiger Ausführung und regelmäßigen Übens – von zehn Minuten, was einem wöchentlichen Belastungsumfang von 70 Minuten entspricht, einem inaktivitätsbedingten Leistungsverlust des Herz-Kreislauf-Systems vorbeugt (vgl. MARKWORTH 1984, 183). WIKGREN verlangt für ein Gesundheitstraining ("Base health relatet fitness") ein Minimum von dreimal pro Woche je 30 Minuten (vgl. WIKGREN 1999, 88), ABELE/BREHM und BUSKIES/BOECKH-BEHRENS setzen das Erreichen und Erhalten eines gesundheitlich günstigen Ausdauerniveaus mit einem Umfang von wöchentlich mindestens 60 Minuten an, wobei eine Belastung von zweimal je 30 Minuten oder dreimal 20

Minuten pro Woche besser sei (vgl. ABELE/BREHM 1990, 133 bzw. BUSKIES/BOECKH-BEHRENS 1998, 25). Auch ZINTL geht von einer Belastungszeit von 60 Minuten pro Woche für Erwachsene und Jugendliche ab der Pubeszenz (Mädchen 11/12 Jahre, Jungen 12/13 Jahre) aus, die bei Kindern (bis 10 Jahre) aufgrund der besseren Trainierbarkeit auf 45 Minuten pro Woche herabgesetzt werden könne, die allerdings auf mehrmalige Trainingsreize (z.B. dreimal 15 Minuten oder viermal ca. 12 Minuten) verteilt werden solle (vgl. ZINTL 1997, 208). PÖTTINGER betont im Hinblick auf ein Ausdauertraining im „Schulsport" zurecht, dass er mehrdimensional ausgerichtet sein müsse und keinesfalls ausschließlich auf Ausdauerschulung beschränkt sein könne. Dennoch würden Evaluationsstudien belegen, dass durch ein spezielles Ausdauertraining von 60 Minuten pro Woche bereits nach drei Monaten eine signifikante Zunahme des Leistungsvermögens im kardiopulmonalen System nachgewiesen werden könne (vgl. PÖTTINGER 1994, 9).

GEIGER differenziert diese Angaben: „Um aber wirksame Anpassungsreaktionen mit verbesserndem und langfristig stabilisierendem Charakter in sämtlichen bewegungsmangelbedrohten Systemen erreichen zu können – die Fettverbrennung setzt beispielsweise erst 10 bis 15 Min. nach Belastungsbeginn verstärkt ein – ist ein anderes Trainingskonzept nötig." (GEIGER 1999, 36). In Abhängigkeit von verschiedenen Ausdauersportarten fordert GEIGER bei einer Trainingshäufigkeit von minimal zweimal, optimal von dreimal pro Woche und einer Trainingsintensität von 60 – 80% eine minimale Trainingsdauer von jeweils 30 bis 90 Minuten (vgl. GEIGER 1999, 33f.) Die folgende Tabelle der differenzierten Zuordnung von Ausdauersportarten und Trainingsdauer ist sehr informativ, auch wenn nicht alle hier angeführten Sportarten im Lehrplan vorgesehen sind bzw. im schulischen Stundenrhythmus betrieben werden können:

Tab. 3: Empfohlene Trainingsdauer pro Einheit bei verschiedenen Ausdauersportarten (vgl. GEIGER 1999, 37)

Ausdauersportart	Trainingsdauer in Minuten		Besonderheit
	minimal	optimal	
Laufen (Jogging)	30–45		Voraussetzung: belastungsfähiger Bewegungsapparat
Schnelles Gehen „Wogging"–„Power-Walking"	60–75		gelenkschonend
Zügiges Gehen, Wandern	90–120		gute Fettverbrennung
Radfahren	45–60		gelenkschonend
Rudern/Paddeln	30–45		Schultergürtel-Armkräftigung
Skilanglauf	45–60		klassische Technik bevorzugen
Schwimmen	30–45		sehr guter Kreislaufeffekt
Ergometertraining	30–45 (60)		Zeit: gerätespezifisch s. Sportart
Rollski	45–60		„Freie Technik": hohe Technikanforderung
Rollschuhlauf, Inline-Skating, Schlittschuhlauf	45–60		Schutzbekleidung

Sind aber, so ist kritisch zu hinterfragen, die hier dargestellten Bedingungen des Ausdauertrainings nicht auf Erwachsene hin ausgelegt? Können und sollen bereits Kinder und Jugendliche Ausdauer trainieren? In der Deutschen Zeitschrift für Sportmedizin heißt es dazu: „Das Kind unterscheidet sich in den prinzipiellen Reaktionen seines Bewegungsapparates und seiner inneren Organe nicht vom Erwachsenen. Gleichwohl bestehen teilweise quantitative und bis zu einem gewissen Grad auch qualitative Unterschiede im Verhältnis Reiz – Reizantwort. Letztere ergeben sich insbesondere bei der beim Kind – im Gegensatz zum Erwachsenen – noch vorhandenen Blutgefäßversorgung des Gelenkknorpels. Soweit solche Unterschiede bestehen, verbessern sie allerdings eher die Belastbarkeit des Kindes. Insofern liegt bei Kindern ein hohes Maß an Belastbarkeit und Trainierbarkeit vor. Diese Aussage erscheint angesichts der häufig beobachtbaren, aber unnötigen Tendenz zu einem übertriebenen Schutzverhalten („overprotection') wichtig." (HAAG/KIRSCH/KINDER-MANN 1991, 300).

ZINTL stellt hinsichtlich der Ausdauer-Belastbarkeit die Jugendlichen ab der Pubeszenz den Erwachsenen gleich und führt weiter aus: „Zur Ausdauerleistungsfähigkeit und Trainierbarkeit im Kindes– und Jugendalter liegen heute zahlreiche differenzierte Aussagen von berufener Seite (Sportmedizin) vor, so dass sich das *Bild über die Ausdauerbelastbarkeit* in diesen Altersstufen gegenüber früheren Jahren *geändert* hat: Während vorher meist vor Überbeanspruchung durch lange Belastungsdauern gewarnt wurde, wird heute das Problem der unangemessenen Ausdauerbelastungen entweder in der <u>Anwendung zu hoher Belastungsintensitäten</u> (bei kurzen Belastungszeiten) oder vor allem in der <u>allgemeinen Unterbeanspruchung</u> durch die Bewegungstätigkeiten des täglichen Lebens und des üblichen Schulsports gesehen.
Es ist mittlerweile bekannt, dass z.B. *Kinder und Jugendliche auf Ausdauerbelastungen hin dieselben Anpassungserscheinungen wie Erwachsene* zeigen (KÖHLER 1977, 606) und ausdauertrainierte Kinder relativ hohe Herzvolumina von ca. 15 – 18 ml/kg (CHRUSTSCHOW et al. 1975, 366) haben können, was den Größen von Sportherzen entspricht. Andererseits ist auch deutlich geworden, dass *Trainingsbelastungen mit ca. 50% der maximalen Leistungsfähigkeit* – auch bei ausreichendem Umfang – bei 8 bis 12jährigen Kindern *keine messbare Verbesserung* der maximalen Sauerstoffaufnahme erzielen, sondern nur Leistungssteigerungen über eine optimierte Koordination mit sich bringen (KEUL et al. 1982, 264). Das ist selbst für gesundheitliche Bedürfnisse zu wenig." (ZINTL 1997, 204).
Die aerobe Ausdauer ist also auch in der Kindheit und Jugend trainierbar, die Phase der erhöhten Trainierbarkeit fällt in die Pubeszenz (vgl. ZINTL 1997, 205). Vor allem hier „liegen einerseits reifungsbedingt die besten Voraussetzungen für die Entwicklung aerober Ausdauerfähigkeiten vor, andererseits geht aber auch ohne entsprechende Belastungsreize die natürliche Ausdauerfähigkeit zurück" (ZINTL 1997, 211), was die Notwendigkeit eines regelmäßigen Ausdauertrainings in einer Leibes– und Bewegungserziehung unterstreicht.
Bringt man die Anforderungen, die an den zeitlichen Umfang für eine sinnvolle Ausdauerschulung in einer Leibes– und Bewegungserziehung gestellt werden müssen, auf den Punkt, so ergibt sich:

nach ZINTL:	**Minimum 45 Minuten pro Woche im Grundschulalter (bis ca. 10 Jahre)**
	Minimum 60 Minuten pro Woche für weiterführende Schulen (ab Pubeszenz)
nach GEIGER:	**Minimum 60 Minuten (zweimal 30 Minuten) pro Woche Durchschnitt 90 Minuten pro Woche (zweimal 45 Minuten, nämlich dann, wenn das Ausdauertraining in unterschiedlichen Ausdauersportarten stattfinden soll).**

3.2 Zum zeitlichen Umfang eines Krafttrainings

Auch hinsichtlich der Trainierbarkeit der Kraft gingen ältere Publikationen davon aus, dass ihre Trainierbarkeit vor der Pubertät und nach dem 50. – 70. Lebensjahr kaum möglich sei. „Wir wissen heute, dass diese Annahme unzutreffend war. Der Mensch ist über die gesamte Lebenszeit trainierbar, wenn auch die Trainierbarkeit in Abhängigkeit von der Entwicklungsphase stark schwankt (*Israel* 1992).

In den früheren Lebensphasen inklusive der vorpuberalen Phase kommt es unter dem Einfluss einer weitgehend konstanten Trainierbarkeit zu einer stetigen Zunahme der Leistungsfähigkeit im Kraft– und Schnelligkeitsverhalten. (...).

Mit dem Einsetzen der Pubertät nimmt durch die immense Freisetzung der Sexualhormone, insbesondere des Testosterons, die Trainierbarkeit der männlichen Jugendlichen in großem Ausmaß zu." (SCHMIDTBLEICHER 1994, 132).

Ein allgemeines kindgerechtes Krafttraining im Umfang von zwei halbstündigen Trainingseinheiten pro Woche in drei Trainingsperioden von je 12 Wochen über einen Zeitraum von zwei Jahren hinweg brachte folgendes Ergebnis:

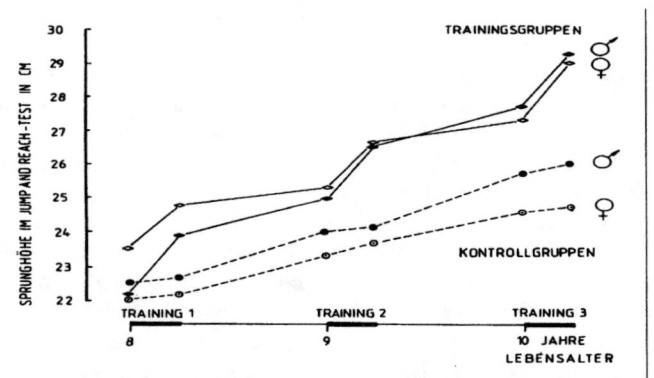

Abb. 5: Veränderungen der Leistungsfähigkeit in der Schnellkraft (vgl. SCHMIDTBLEICHER 1994, 136 nach DIEKMANN/LETZELTER 1987, 285)

Besonders interessant an diesem Ergebnis ist, dass trotz der neunmonatigen Pausen zwischen den einzelnen Trainingsperioden – im Gegensatz zu Erwachsenen – die erworbenen Kraftvorteile der Trainingsgruppen gegenüber den Kontrollgruppen erhalten blieben (vgl. GEIGER 1999, 29).

In welchem Umfang muss trainiert werden? ABELE/BREHM legen sich nicht genau fest: ein einmaliges Training von Kraft und Gelenkigkeit pro Woche erhalte die wichtigsten Funktionen des aktiven und passiven Bewegungsapparates; besser sei ein zweimaliges Üben pro Woche (vgl. ABELE/BREHM 1990, 134). WIKGREN geht von einem zwei– bis dreimaligen Training bei weniger als 40% der maximalen Leistungsfähigkeit, ein bis zwei Sätzen und sechs bis zwölf Wiederholungen aus (vgl. WIKGREN 1999, 100). Für Erwachsene empfiehlt GEIGER ein zweimaliges Krafttraining, für Kinder und Jugendliche, die es bevorzugt mit dem eigenen Körpergewicht durchführen sollten, ein ein– bis zweimaliges Training pro Woche. Die Trainingsdauer ist von der Anzahl der Übungen, der Wiederholungszahl der Einzelübungen, der Anzahl der Sätze und der Pausengestaltung abhängig (vgl. GEIGER 1999, 61). Nimmt man beispielsweise acht Stationen – etwa je zwei für Arme/Schultergürtel, Bauch, Rücken und Beine – , rechnet für jede Station eine Minute und für den Wechsel und die Pause zwei Minuten ein, so ergibt sich für einen Durchgang insgesamt ein Zeitbedarf von 24 Minuten. Daraus ergibt sich als Minimum an zeitlichem Umfang:

Für Grundschulkinder: ca. **24 Minuten pro Woche,**
für Jugendliche (weiterführende Schulen): ca. **45 Minuten pro Woche**

In Ergänzung hierzu ist der zeitliche Umfang interessant, den die zuvor bereits zitierte FPZ für ihre Therapie von Bandscheibenproblemen durch das Auftrainieren der Rumpfmuskulatur ansetzt. Es soll noch einmal hervorgehoben werden, dass eine Leibes– und Bewegungserziehung weder als Therapie im Allgemeinen noch als Rückenschule im Besonderen verstanden werden kann. Dennoch sind die hier gemachten Erfahrungen gerade in einem Bereich, in dem noch relativ wenige Untersuchungen vorliegen, von Interesse:
Nach einem dreimonatigen Aufbauprogramm an speziellen Kraftmaschinen mit 24 Trainingseinheiten – zwei pro Woche á 60 Minuten – folgt ein langfristig orientiertes Trainingsprogramm zur weiterführenden Prävention bzw. Therapie von einer Trainingseinheit pro Woche á 60 Minuten (vgl. DENNER 1997, 97).
Der hier angegebene zeitliche Umfang, der nötig ist, um eine präventive bzw. therapeutische Trainingswirksamkeit zu erzielen, deckt sich also in etwa mit der oben genannten Angabe. Allerdings ist das Krafttraining in einer Leibes– und Bewegungserziehung auf den ganzen Menschen ausgerichtet und findet in der Regel ohne den Einsatz von Kraftgeräten statt.
Besteht innerhalb einer Leibes– und Bewegungserziehung die Möglichkeit, an Kraftgeräten zu trainieren, ist auch dieser Weg gangbar, der jedoch mit dem instrumentalisierten Körperverständnis z.B. der Bodybuilder nichts gemeinsam hat. Dem Trainieren unter Maximalbelastung steht in einer Leibes– und Bewegungserziehung ein „sanftes Krafttraining" (BUSKIES 1999) gegenüber, bei dem z.B. das subjektive Belastungsempfinden die Intensität in der Einzelserie steuert oder die einzelne Serie deutlich vor Erreichen der letztmöglichen Wiederholung bzw. vor der muskulären Erschöpfung beendet wird usw. (vgl. BUSKIES 1999, 13ff.).

3.3 Zum zeitlichen Umfang des Trainings der Beweglichkeit

GEIGER gibt das Optimum mit täglichem Training an, als Minimum jeden zweiten Tag, wobei er darauf hinweist, dass einige wenige und effektive, aber regelmäßig durchgeführte Übungen am Erfolg versprechendsten sind, was sich auch im „Schulsport" v.a. bei jüngeren Schülern bewährt hat. Die Trainingszeit für die Beweglichkeit benennt GEIGER für Erwachsene mit 15 Minuten, wobei starke körperliche Belastungen zusätzliche Anlässe für Beweglichkeitstraining sein können. Außerdem ist es unverzichtbarer Bestandteil eines Krafttrainings (vgl. GEIGER 1999, 90). Anregungen hierfür gibt es in der Literatur viele, z.B.: ANDERSON 1980, 14ff., KNEBEL 1990, 87ff., FREIWALD 1991 88ff., MICHLER/GRASS 1996, 81ff., BOECKH-BEHRENS 1997, 127ff., GEIGER 1999, 92ff.).

Rechnet man ein dreimaliges Dehnen pro Woche, das in einer Leibes– und Bewegungserziehung in der Regel im Auf– und Abwärmen stattfindet, für Heranwachsende etwas kürzer mit je 10 Minuten, so ergibt sich hieraus ein

zeitlicher Umfang für Beweglichkeitstraining von 30 Minuten pro Woche.

3.4 Zum zeitlichen Umfang eines Koordinationstrainings

Die grundlegende Bedeutung der Koordinationsschulung bei Schülern v.a. im „Goldenen Lernalter" wurde zuvor bereits angesprochen. Sie beruht darauf, dass zwischen dem 6. und dem 13. Lebensjahr „die Entwicklung des Zentralnervensystems dem Körperwachstum deutlich vorauseilt. (...).
Da zu Beginn dieser Altersstufe der Eintritt in die Schule erfolgt, wird auch hier wieder die außerordentliche Bedeutung des Sportunterrichts deutlich. (...).
Oberstes Kriterium der praktischen Koordinationschulung ist die Vielseitigkeit der Übungen. Hier bietet sich für den Kinder- und Jugendbereich ein unerschöpliches Reservoir an allgemeinen und speziellen Trainingsinhalten, die in komplexen Sportspielen und Sportarten ihren Niederschlag finden." (GEIGER 1999, 103f.).
In Ergänzung zu GEIGERs Inhalten (vgl. GEIGER 1999, 104) sind jene Aufgaben, Übungen und Kleinen Spiele ganz wesentlich, die unabhängig von bestimmten Sportarten, diesen vorausgehend, angeboten werden sollten, beispielsweise Fangspiele, eine Sprung– und Rhythmusschulung usw. (siehe dazu Punkt 4.2.1.1).
Für den zeitlichen Umfang macht GEIGER für das koordinative Bewegungstraining von Kindern und Jugendlichen leider keine Angaben. Bei HAHMANN findet sich jedoch der Hinweis, dass ein zweistündiger Sportförderunterricht signifikante motorische und koordinative Leistungsverbesserungen bei Erstklässlern erbracht habe (vgl. HAHMANN 1986, 176). Für Erwachsene spricht GEIGER von einer Trainingseinheit pro Woche, um früher erlernte koordinative Fähigkeiten wieder aufzufrischen, von wenigstens zwei Trainingseinheiten pro Woche zum Neuerlernen koordinativer Bewegungsaufgaben (vgl. GEIGER 1999, 109).
Es dürfte sicherlich nicht übertrieben sein, für die Kinder im Grundschulalter und in den Anfangsklassen der weiterführenden Schulen eine Unterrichtsstunde pro Woche als zeitlichen Umfang für eine Koordinationsschulung anzusetzen – v.a. dann, wenn man Koordinationsschulung nicht nur als die Koordination von Armen und Beinen, sondern als Ausbildung grundlegender Fähigkeiten unserer Bewegungs–, Sport– und Spielkultur (siehe etwa Spielfähigkeit Punkt 4.2.1.2) versteht. Bei älteren Schülern kann und soll im genannten Zeitumfang die allgemeine Koordinationsschulung immer mehr in das Erlernen spezieller Fertigkeiten, z.B. Schmettern, Hürdenlaufen, usw. – Sport als Bewegungskultur – übergehen. Ziel dieser Koordinationsschulung ist die Möglichkeit der Teilnahme am Sport oder einem Spiel, wofür in der Regel die Grobform ausreichend sein dürfte.

Zeitlicher Umfang für die koordinative Ausbildung: 45 Minuten.

3.5 Zum Gesamtumfang einer Leibes- und Bewegungserziehung

Summiert man die bisher genannten Angaben zum Umfang eines Bewegungstrainings, das aus medizinischer Sicht zur Pflege der Leiblichkeit im Sinne der Gesundheit als Minimum notwendig ist, kommt man (für weiterführende Schulen) auf 180 Minuten pro Woche, was bereits vier Schulstunden entspricht.

In diesem zeitlichen Kontingent ist noch keine freie Spielzeit ausgewiesen, ohne die doch ein „Sportunterricht" – zumindest für Jungen – erfahrungsgemäß undenkbar ist. Sicherlich kann man davon ausgehen, dass es Überschneidungen der einzelnen hier genannten Bereiche geben kann, dass etwa ein Krafttraining mit Koordinationstraining verbunden werden kann oder dass auch durch die aktive Teilnahme an großen Sportspielen (v.a. Fußball, Basketball, Handball) Ausdauereffekte wirksam werden. Darauf weist ZINTL hin (vgl. ZINTL 1997, 211), was durch Pulsmessungen an Schülern über den Verlauf einer „Sport"-Doppelstunde hinweg unter der Bedingung bestätigt wird (vgl. FRÖHLICH 1999, 23), dass bei Kindern und Jugendlichen entsprechend der Faustregel nach HOLLMANN: 180 minus Lebensalter eine Belastungsintensität von 150 – 170 pro Minute trainingswirksam ist (vgl. ZINTL 1997, 208 und GEIGER 1999, 42).

Was in den Überlegungen zum zeitlichen Umfang einer Leibes- und Bewegungserziehung bisher noch unberücksichtigt blieb, ist die Zeit, die notwendigerweise für den Weg zu den „Sportstätten", das Umkleiden, den Geräteaufbau und -abbau etc. benötigt wird. Rechnet man hierfür 15 Minuten pro Doppelstunde „Sport", dann ergibt sich bei drei Trainingseinheiten, die nach den bisher ausgewiesenen 180 Minuten (Doppelstunden) unumgänglich sind:

Reine Übungszeit:	180 Minuten
Für Weg, Umziehen etc.:	45 Minuten

Gesamt: 225 Minuten = fünf Unterrichtsstunden

Noch nicht berücksichtigt ist in dieser Berechnung darüber hinaus – und dies ist hier nun noch einmal ganz besonders wichtig –, dass eine Leibes- und Bewegungserziehung, wie jeder erzieherische Prozess, der sinnvoll sein soll, Zeit braucht: Zeit für die Motivation der Schüler, Zeit für Erklärungen, Zeit für Sozialerziehung (Aggressionsbewältigung, Konfliktlösung), Zeit für den Dialog, Zeit für die Schüler, ihren eigenen Weg auszuprobieren. Letzteres ist etwa zu Beginn jeden Schuljahres in den Anfangsklassen des Gymnasiums beispielsweise bei Kleinen Spielen wie „Kettenfangen" oder „Versteinert" immer wieder gut zu beobachten. Freilich könnte man das taktische Verhalten mit dem Erklären der Spielidee gleich mitgeben; letztendlich lehrreicher ist es aber, die Schüler ihre Erfahrungen selbst machen zu lassen, sie schrittweise zu einem taktischen Verhalten heranzuführen, so dass Spielformen zu einem gelingenden Abschluss kommen. Sicherlich stehen solche Stunden nicht jedesmal an und sicherlich bietet es sich im einen oder anderen Fall an, den Trainingsprozess durch klare Anweisungen des Lehrenden zu beschleunigen, dem Grundsatz der Effektivität des Unterrichts entsprechend. Untersuchungen, nach denen sich die Schüler lediglich 10 – 20% der Unterrichtszeit aktiv betätigen, genauer: 5 Minuten, 39 Sekunden in einer halben Doppelstunde bzw. 6 Minuten 43 Sekunden in Einzelstunden (vgl. KRUBER 1984, 54), bestätigen diese Notwendigkeit. Abgesehen davon, dass diese Effektivitätsmessung für eine Ausdauer- oder Kraftschulung kaum zutreffend scheint, ebenso nicht für ein

Sportspiel, denn hier spielt ja jeder immer das Ganze, ob er nun direkt am Ball ist oder nicht, kann auch die Konzeption des Unterrichts (offen oder geschlossen) sowie die Ausrichtung auf unterschiedliche Lernziele (motorisch, kognitiv, sozial) zu erheblichen Abweichungen von diesen Mittelwerten führen (vgl. BALZ/SCHIERZ 1998, 24). Vor allem aber kann das Bemühen um Effektivität des Unterrichts nicht das letzte Wort haben, wenn das Suchen des eigenen Weges, das Aufgehen eines Horizonts, das Erfahren von Sinn, das Erleben der Leiblichkeit, die Autogenese, die Gesundheit usw. angestrebt wird. Denn all das lässt sich nicht mit der Stoppuhr in der Hand vermitteln: „Ständige Bemühungen um die zeitliche Effektivierung der Unterrichtsorganisation würden so gesehen in die falsche Richtung weisen. Es sollte daher nicht einseitig versucht werden, Unterrichtsabläufe weiter zu beschleunigen und mit gesteigertem Effizienzbewusstsein Sportstunden zu ökonomisieren. Auf der Grundlage einer soliden Unterrichtsorganisation wäre vielmehr darauf hinzuwirken, dass der Ausgleichscharakter des Sportunterrichts im Sich-Bewegen spürbar bleibt, dass man auch toben, spielen, rennen darf oder etwas in Ruhe ausprobieren und üben kann, ohne gleich wieder getrieben zu werden. Muße und Freiraum für individuelle Bildungszeit müssen gegenüber den Zwängen kollektiver Lernzeit verteidigt werden." (BALZ/SCHIERZ 1998, 24).

Die als *subjektive* Zeit erlebte Zeit, die nach eigenem Empfinden wie im Flug vergeht, die erfüllte, sinnvoll erlebte Zeit ist, die jenen Zustand bezeichnet, in dem man in eine Tätigkeit so vertieft ist, dass nichts anderes mehr eine Rolle zu spielen scheint, der „Flow" (CSIKSZENTMIHALYI 1998, 16), stellt etwas ganz anderes dar als die *objektive* Zeit, die messbar, von außen auferlegt, planbar und deshalb effektivierbar ist (vgl. dazu das Erleben von Zeit beim Spielen in: HORN 1987, 98ff.). Um die subjektive Zeit geht es aber in erster Linie in einer Leibes– und Bewegungserziehung, soll sie erfolgreich sein.

Soll also eine Leibes–und Bewegungserziehung im strukturphilosophischen Sinn stattfinden, steht das individuelle Hinführen zur Bewegung an erster Stelle. Und das ist nicht über reine Effektivität, über Befehlen und Anordnen zu erreichen, sondern über eigene Erfahrungen, die Zeit brauchen. Zeit, die nun nicht analog den medizinischen Fakten mit ausgewiesenen Richtwerten angegeben werden kann, die vielmehr von der jeweiligen Klasse, ihrer Leistungsstärke, ihrer sozialen Zusammensetzung, ihrer Motiviertheit und Motivierbarkeit usw. abhängt. Berücksichtigt man für diesen speziellen Aspekt des *pädagogischen* Arbeitens, der in Grundschulen an Stelle des geringeren Umfangs von Ausdauer– und Kraftschulung gegenüber weiterführenden Schulen entsprechend höher anzusetzen ist, noch einmal mit mindestens 30 Minuten pro Woche, ist das bestimmt nicht zuviel. So ergibt sich alles in allem:

Notwendigkeit des zeitlichen Umfangs einer schulischen Leibes– und Bewegungserziehung:

Reine Bewegungszeit:	180 Minuten
Umziehen etc.:	45 Minuten
Erziehungszeit:	45 Minuten

Gesamt: 270 Minuten = sechs Schulstunden

Stellt man diesen Zeitbedarf, der sich ja in allen hier angesprochenen Punkten am absoluten Minimum orientiert, dem tatsächlich erteilten zwei–, in den meisten Bundesländern (noch) dreistündigen „Sportunterricht" gegenüber, wird deutlich, wie weit derzeit die allgemein bildenden Schulen von dieser Forderung entfernt sind und wie sehr das staatliche Schulsystem das Recht der Kinder und Jugendlichen auf eine ganzheitliche Erziehung (vgl. DSB 1997, 4) vernachlässigt.

Um es noch zu verdeutlichen: Finden – auf dem Papier – zwei Sportstunden pro Woche statt, bleiben von den 90 Minuten einer Doppelstunde maximal 75 Minuten reine Bewegungszeit übrig. Bei *einem* Trainingsreiz in der Woche. Die dabei zur Verfügung stehende Zeit soll dann aber auch pädagogisch, motivierend, die Eigeninitiative der Schüler fördernd, die sozialen Konflikte lösend usw. sein. Schlichtweg ein Unding. Verschärft wird diese eh schon ausweglose Situation dadurch, „dass z.B. an Schleswig-Holsteins Grundschulen 7,4% aller Sportstunden ausfallen (Mathematik hat eine Ausfallquote von 0,3%, Deutsch von 2,8%). Weiterhin ist zu berücksichtigen, dass an Grund– und Sonderschulen rund 70% der Sportstunden von fachfremden Pädagogen unterrichtet werden und dass in Schleswig-Holstein der Altersdurchschnitt der Sportlehrerschaft bei 46 Jahren liegt (Bericht der Landesregierung 1994)." (SIEWERS 1997, 352).

So braucht es nicht verwundern, wenn ein Sportmediziner wie SIEWERS feststellt, dass der obligatorische 2–3stündige „Schulsport" nicht auch nur annähernd in der Lage sei, das Phänomen Bewegungsmangel zu kompensieren (vgl. SIEWERS 1997, 352). Auch die von KOFINK mit offensichtlich großem Entsetzen zitierte Aussage von REHFUS, dass durch den (derzeitigen) zeitlichen Umfang des „Sportunterrichts" eine bemerkenswerte körperliche Gesundheitsförderung nicht erreicht werden könne, so dass es sich als wenig plausibel erweise, dass in der Schule überhaupt noch „Sportunterricht" stattfinde (vgl. REHFUS 1995, 210f. – zit. nach KOFINK 1999b, 313), erscheint angesichts des hier ermittelten Bedarfs für den zeitlichen Umfang einer Leibes– und Bewegungserziehung nachvollziehbar. Nur: Die von REHFUS gezogene Schlussfolgerung ist falsch. Es kann, dies haben die bisherigen Ausführungen wohl in aller Deutlichkeit belegt, nicht angehen, hinsichtlich eines so grundlegenden Faches für die ganzheitliche Erziehung, wie es die Leibes– und Bewegungserziehung darstellt, aus seiner relativen Wirkungslosigkeit bei einem Umfang von zwei bis drei Wochenstunden dessen völlige Streichung zu folgern. Statt dessen muss aus erzieherischen und volkswirtschaftlichen Gründen gefordert werden, die Leibes– und Bewegungserziehung zu erweitern, um „den Kindern und Jugendlichen eine umfassende und bedürfnisgerechte Bewegungs–, Spiel– und Sporterziehung im Schulleben zu sichern" (v. RICHTHOFEN 1999, 358).

4 Zur inhaltlichen Gestaltung einer Leibes- und Bewegungserziehung

Es kann und soll hier nun nicht eine Diskussion darüber geführt werden, welche Sportarten für eine Leibes- und Bewegungserziehung besonders geeignet erscheinen. Einige klassische Sportarten wurden bereits im Zusammenhang einer Schulung der konditionellen Grundfähigkeiten angesprochen. Über solche traditionellen Sportarten hinaus muss eine Leibes- und Bewegungserziehung auch die neuen Sportarten der Heranwachsenden, z.B. Beachvolleyball oder Snowboarding aufnehmen, denn ohne den Trend- und Funsportarten hinterherzuhecheln, kommt eine Leibes- und Bewegungserziehung nicht umhin, ihr Angebot zu Bewegung, Sport und Spiel auch am gesellschaftlichen Wandel, z.B. an der Ausdifferenzierung des Sports, und an den Bedürfnissen der Kinder und Jugendlichen, die ihren Sport und ihre Bewegungsaktivitäten in die Schulen mitbringen, zu orientieren (vgl. LAGING/KLUPSCH-SAHLMANN 2001, 7).

Wichtiger als die Auswahl der Inhalte ist für die Freude an Bewegung, Sport und Spiel und für den Erfolg einer Leibes- und Bewegungserziehung m.E. die Lehrerpersönlichkeit, und mit ihr Faktoren wie die Gestaltung, die Atmosphäre, der Umgangston im Unterrichtsgeschehen. So scheint nicht die Frage nach dem *Was*, das den Schülern in einer Leibes- und Bewegungserziehung angeboten wird, sondern nach dem *Wie* das Entscheidende. Bevor dies näher zu erläutern ist, gilt es in Anlehnung daran, dass es Autogenese ohne Soziogenese nicht geben kann, einige Gedanken darüber anzustellen, dass sich eine Leibes- und Bewegungserziehung nicht allein auf die Gestaltung ihrer einzelnen Unterrichtsstunden beschränken darf, dass sie vielmehr als Zentrum für Bewegung, Sport und Spiel in andere Fächer, in den Schulalltag, in das gesamte Schulleben ausstrahlen muss. Hierfür gibt es eine Vielzahl von Möglichkeiten, von denen einige kurz angesprochen werden sollen.

4.1 Leibes- und Bewegungserziehung und ihr Ausstrahlen in das Schulleben

4.1.1 „Sport"-Eltern-Abend

Der schulische „Sportunterricht" allein genügt nicht, um die notwendige Pflege der Leiblichkeit alleine übernehmen zu können oder um Gesundheit im umfassenden Sinn, die ja die Lebensbedingungen als Ganze beinhalten muss, zu gewährleisten. Eine Leibes- und Bewegungserziehung braucht hierfür v.a. die Eltern als Partner.

Eine gute Gelegenheit, an sie heranzutreten und ihnen Einblicke in Inhalte, Ziele, aber auch Probleme einer schulischen Leibes- und Bewegungserziehung zu geben, stellt ein „Sport"-Eltern-Abend dar. Er ist für jeden Schultyp denkbar. An einem Gymnasium haben sich besonders die Eltern der Eingangsklassen als offene Partner erwiesen, da die neue Schule sowohl ihre Neugierde als auch ihre guten Vorsätze, ihre Schützlinge zu begleiten, weckt.

Für die konkrete Gestaltung einer solchen Veranstaltung gibt es vielfältige Möglichkeiten ein Programm durchzuführen.

Wichtig erscheinen folgende Schwerpunkte:

Zum einen sollen die Eltern den Lehrplan des Faches „Sport" kennenlernen – und mit ihm die Struktur des „Schulsports". Da in Bayern seit 1992 für alle Schultypen nach und nach ein neuer Lehrplan eingeführt wurde, ist es wichtig, dessen neue Akzentsetzung z.B. in seiner Ausrichtungen auf die Gesundheitserziehung oder auch seinen neuen „Geist" insgesamt darzustellen, denn die Eltern wurden ja noch allesamt nach älteren Lehrplänen im Sport in ihrer eigenen Schulzeit unterrichtet.

Zum anderen sollen die Eltern selbst zu Bewegung und Sport und Spiel animiert werden. Über Leibes– und Bewegungserziehung *reden* ist gut – sie *erleben* ist besser. In welcher Weise (inhaltlich, organisatorisch) man dies auch anbietet, hängt sehr stark von der Größe der Schule (Anzahl der Eltern), ihrer Ausstattung, den Interessensschwerpunkten der „Sportkollegen" usw. ab. Wichtig ist hier, dass Freude und Spass an der Bewegung durch die Begeisterung der Veranstalter überspringt.

Schließlich ist eine solche Veranstaltung eine besonders gute Möglichkeit, Problempunkte einer Leibes– und Bewegungserziehung anzusprechen, beispielsweise die Praxis der „Entschuldigung" der Kinder durch die Eltern wegen kurzfristig auftretender „Krankheiten", die sich an bestimmten Tagen und bei bestimmten Sportarten bisweilen sehr häufen, was v. HENTIG sicherlich zurecht des öfteren als ein Zeichen von Unlust interpretiert (vgl. v. HENTIG 1993, 170). Außerdem bietet sich die Zusammenarbeit mit einem Sportpädagogen, einem (Sport–)Mediziner, einem Krankengymnasten, evtl. auch einer Krankenkasse an: die gesellschaftlich-soziale Dimension des „Schulsports" (Kostenfaktor des Gesundheitswesens) lässt sich dadurch sehr gut darstellen und erscheint nicht nur als Belehrung durch die Lehrer.

4.1.2 Frei–/Vertretungsstunden als Möglichkeiten zu Bewegung, Sport und Spiel

Immer wieder gibt es v.a. an weiterführenden Schulen die Notwendigkeit, die ausfallenden Stunden anderer Kollegen (Krankheit, andere dienstliche Verpflichtungen) zu vertreten. Gerade bei kurzfristig anfallenden Vertretungsstunden oder in fremden Klassen bietet es sich an, mit den Schülern nicht nur ein „Notprogramm" zu absolvieren, sondern ihnen die Möglichkeit zu Bewegung, Sport und Spiel einzuräumen. Freilich wird dies nicht immer gehen, da v.a. bei schlechtem Wetter die „Sportstätten" für den regulären „Sportunterricht" gebraucht werden. Dennoch lassen sich, wird die Sinnhaftigkeit solcher zusätzlicher Bewegungsmöglichkeiten von Kollegen und Schulleitung begrüßt, Möglichkeiten finden (z.B. Bewegung in der Pausenhalle) oder schaffen (z.B. Tischtennisplatten an wettergeschützen Stellen).

4.1.3 „Sportwochen"

Die Skilager haben v.a. an den weiterführenden Schulen eine lange Tradition. Man kann ihnen aus unterschiedlichen Vorbehalten (Umweltschutz, Zugriff der Industrie, Regionalisierung der (schul–)sportlichen Aktivitäten) durchaus kritisch gegenüberstehen. Unbestritten ist, dass sie in ihrer Verbindung von Sportaktivität, Spielen, Bewegungs– und Sozialerziehung ein ganz besonderes schulisches Angebot darstellen. Gleiches gilt für die mögliche „Sommersportwoche". Warum bieten viele Schulen *entweder* Skilager *oder* „Sommersportwoche" an? Warum eigentlich nicht: *sowohl* Skilager *als auch* „Sommersportwoche"? In der einen Jahrgangsstufe (z.B. 7. Jahrgangsstufe) das eine, in der darauf folgenden das andere?

4.1.4 „Sportfeste"

Ganz besonders wichtig für eine Leibes– und Bewegungserziehung scheinen die „Sport"– und Spielfeste an den Schulen. Ob es ein Hallen-Fußball-Turnier, eine „Sommerolympiade" (mit nicht immer ganz so ernst gemeinten Aufgabenstellungen), ein Streetball-Turnier, ein „Volleyball-Beach-Open", ein Lehrer-Schüler-Spiel in welchem Sportspiel auch immer ist –

wichtig ist: dass sich rund um den „Sportunterricht" etwas tut, dass dieser Fachbereich lebt. Denn solche Aktivitäten bringen Atmosphäre hervor, sie reichen in den regulären „Sportunterricht" hinein, sie wirken sich auf die Motivation der Schüler positiv aus. Im günstigsten Fall, wie etwa beim „Run 2000", als am 10.07.2000 ca. 1500 Schüler und Lehrer des Gymnasiums Bad Aibling sich vorgenommen hatten, zusammen 2000 Kilometer zu laufen, wobei jeder gelaufende Kilometer mit 10 DM für einen Wassertankwagen der Partnerschule in Nigeria gesponsert werden sollte, kann ein solches „Event" sogar zum Fest werden: am Ende standen 5092 gelaufene Kilometer und 34.240 DM zu Buche!

Finden solche „Schulsportveranstaltungen" meist ausschließlich mit den Freiwilligen, Begeisterten statt, so sind die Bundesjugendspiele für *alle* da. Und die Erfahrung eines Wettkampfes – es sei hier eine Lanze für die in letzter Zeit so häufig kritisierten Bundesjugendspiele gebrochen –, in dem nicht die zuvor erbrachten Trainingsergebnisse, sondern allein die augenblicklich erzielte Leistung zählt, ist für viele Schüler manchmal die erste, manchmal die einzige Wettkampferfahrung.

Auch Vorführungen von Schülern an Schulfesten, „Sportfesten" oder „Sportabenden" gehören zum Programm einer Leibes- und Bewegungserziehung. Sicherlich müssen die dabei gezeigten Leistungen ein gewisses Niveau erreichen, um präsentiert werden zu können, wenngleich sie sich in keiner Weise mit denen des Mediensports vergleichen lassen. Aber darauf kommt es gar nicht an, hat man den Sinn einer Leibes- und Bewegungserziehung an unseren Schulen verstanden.

Und was geschieht mit den Wettkampfmannschaften an unseren Schulen? An „Schulsportwettbewerben" nahmen in Bayern aufgrund der Stundenkürzungen 1997/98 landesweit rund 10% weniger Schüler teil als im Vorjahr (BAYERISCHER PHILOLOGENVERBAND 1998, 25) – und diese Tendenz wird anhalten. Es macht ja auch, vom pädagogischen Standpunkt aus gesehen, wenig Sinn, mit Vereinssportlern, die zufällig an unseren Schulen sind, lediglich Wettkämpfe zu besuchen, ansonsten aber zu den Schülern keinerlei Beziehung zu haben. Von Führung kann da kaum die Rede sein. Und die Schulen, an denen die vom Bayerischen Staatsministerium vorgesehene Konzeption greift, die ausgebildeten Sportlehrer im DSU durch Übungsleiter zu ersetzen, sind (auch wenn die finanziellen Mittel hierfür 22,8 Millionen für 1999 bzw. 32,5 Millionen für 2000 betragen – vgl. IRLINGER 1999b, 7) dünn gesät. Man kann sicherlich die Prognose wagen, dass sich die sportlichen Wettkämpfe zwischen den einzelnen Schulen schon in nächster Zeit weiter verringern werden, was hinsichtlich der Motivation zu Bewegung, Sport und Spiel ein Jammer ist. Darüber hinaus geht mit dem Wegfallen der Wettkampfmannschaften für viele Schüler eine Identifikationsmöglichkeit mit ihrer Schule verloren, was insofern höchst bedauerlich ist, da sie ja nicht nur ein Ort sein soll, an dem man seine Stunden einigermaßen unbeschadet absitzt, sondern ein „Lebens- und Erfahrungsraum" (v. HENTIG 1993, 189ff.).

Schließlich geht auch für die „Sportlehrer" eine wichtige Möglichkeit verloren, an ihre Schüler über den Pflichtunterricht hinaus heranzukommen, sie an sich persönlich zu binden. Dieser Aspekt ist für eigentlich pädagogisches Arbeiten äußerst wichtig, er stellt „das A und O" dar, denn die Tatsache, ob ein Schüler gerne in den („Sport"-)Unterricht geht oder nicht, hängt auf's Engste mit der („Sport"-)Lehrer-Persönlichkeit zusammen – ein Aspekt, der an späterer Stelle noch einmal begegnen wird.

4.1.5 Die „Bewegte Schule"

Unter der Bezeichnung „Bewegte Schule" läuft seit einigen Jahren eine Vielfalt von Lösungsversuchen zusammen, die allesamt das Ziel haben, das Schulleben bewegungsreicher zu gestalten (vgl. LAGING 1997, 154). Wenngleich die Bewegte Schule noch keine einheitliche Grundlegung und noch keine einheitliche Zielsetzung erkennen lässt, zeichnet sich hier doch in der Sportpädagogik eine Reaktion auf die Schulwirklichkeit und die soziokulturellen Lebensbedingungen der Schüler ab, die schon längst fällig war. Unbestritten ist es ein Verdienst der Initiatoren der Bewegten Schule, die alte Einsicht, dass Bewegung in der schulischen Erziehung eine größere Rolle spielen muss, als das gegenwärtig der Fall ist, wieder mehr ins Bewusstsein gerückt und mit neuen Erkenntnissen und Ideen bereichert zu haben (vgl. KRÜGER 1999, 328). Die Diskussionen, die dabei um die Gestaltung des schulischen Lernens und Lebens und um die Bedeutung von Bewegung, Sport und Spiel kreisen, sind vielschichtig (vgl. REGENSBURGER PROJEKTGRUPPE 1999, 3): Soll eine Bewegte Schule lediglich die Schulpausen beleben, das verkopfte Lernen oder insgesamt die bewegungsarme Umwelt der Kinder kompensieren, oder soll sie gar Bewegungs- und Leiberfahrung zum durchgängigen Prinzip des schulischen Lebens erheben? (Vgl. LAGING 1997, 155 und siehe dazu auch DANNENMANN/HANNIG-SCHOSSER/ULLMANN 1997).

Das Letztere ist es sicherlich, was sich der Schweizerische Verband für Sport in der Schule unter der Leitung von ILLI seit 1993 zum Ziel gesetzt hat. Über den „Bewegten Unterricht" und die „Bewegte Schule" wird letztlich ein „Bewegtes Sein" angestrebt (vgl. ILLI 1995, 408): „Unser gesamtes Lebensverhalten muss geändert und zukünftig nicht nur umweltgerechter, sondern auch körpergerechter gestaltet werden (...).

Mit geeigneten Maßnahmen ist die Körperwahrnehmung für eine gesunde Gestaltung des Alltags zu sensibilisieren und damit das Körperbewusstsein (ich bin auch Körper, nicht nur Geist!) zu fördern." (ILLI 1995, 414 – auch hier wäre im Duktus der hier vorliegenden Abhandlung der Terminus Leib dem des Körpers vorzuziehen).

Der Bewegten Schule in der Konzeption ILLIs liegt also, dies geht aus diesen wenigen Zeilen bereits deutlich hervor, ein Gesundheitsbegriff zugrunde, der den ganzen Menschen sieht. Aus diesem Grunde umfasst seine Bewegte Schule auch eine Vielzahl von Aspekten und Inhalten, wie beispielsweise bewegungsfreundliche Einrichtungen und Lebensräume im und um das Schulhaus, handlungsbezogenen Unterricht, Lehrinhalte über Leiblichkeit und Gesundheitsbildung, bewegtes Sitzverhalten, aktive Entlastungs- und Bewegungspausen usw. (vgl. ILLI 1995, 412).

Die Frage, wie weit die Konzeption einer Bewegten Schule reichen kann und wie weit Anspruch und Wirklichkeit (bereits verwirklicht oder überhaupt realisierbar) übereinstimmen, kann nun hier nicht weiter diskutiert werden. Es soll aber nach Möglichkeiten gesucht werden, Bewegung als integrativen Teil des schulischen Lebens zu begreifen (vgl. LAGING/KLUPSCH-SAHLMANN 2001, 4). Vereinzelte Förderungsmaßnahmen und Broschüren wurden bisher v.a. für den Grundschulbereich herausgegeben (vgl. z.B. BAYERISCHES STAATSMINISTERIUM: Bewegte Grundschule Band 1 und 2). Was aber spricht dagegen, beispielsweise auch an einem Gymnasium für mehr Bewegungsmöglichkeiten der Schüler zu sorgen? Freilich sind Konzepte des Grundschulbereichs nicht unmittelbar auf ein Gymnasium übertragbar – man wird beispielsweise in der Pause nicht mehr auf Hüpfspiele zurückgreifen können. Wenngleich sich der Argumentationszusammenhang für eine Bewegte Schule ab der 7. Jahrgangsstufe erheblich ändert, gibt es dennoch auch für die weiterführenden Schulen eine Vielfalt an Möglichkeiten, die Voraussetzungen für Bewegung, Spiel und Sport in der Pause, für die freie Zeit an der Schule oder auch für sportliche Freizeitakti-

vitäten nach der Schule auf dem Schulgelände zu schaffen – durch das Aufstellen von Tischtennisplatten, von Basketballkörben, durch das Einrichten von Jonglierecken usw. (siehe hierzu auch LAGING 2001, 50ff.).
Nahe liegend scheint es, Bewegungsmöglichkeiten für die Schüler (wenigstens) zwischen einzelnen Stunden, also zum Stundenwechsel zu schaffen, die REINHARDTs immer wieder vorgetragener Forderung nach einer stündlichen Bewegungspause v.a. bei sitzenden Tätigkeiten (siehe oben) entsprechen. Anregungen für Bewegungsmöglichkeiten im Klassenzimmer, die ohne großen Aufwand im Stundenwechsel, zu Stundenbeginn oder –ende durchgeführt werden können, finden sich inzwischen vielfach in der Literatur (z. B. bei REINHARDT 1995, 181ff., bei RUSCH/WEINECK 1998, 276ff., bei KOLLMUSS/STROTZ 1995, 101f. oder in der AOK-Broschüre: Rücksicht auf den Rücken 1995, 17f.). Als unentbehrlich hat sich das Besprechen und Ausprobieren der Übungen im „Sportunterricht" erwiesen. Auch das Zusammenstellen einiger Übungen auf einem Plakat für die einzelnen Klassenzimmer als Gedächtnisstütze scheint ratsam. Bei den Fachlehrern müssen die „Sportlehrer" für die Durchführung der Übungen werben – die Fachkollegen machen nach eigener Entscheidung mit den Kindern mit, fordern sie zur Bewegung auf oder lassen die Übungen wenigstens zu.

Was an diesen Überlegungen zugleich deutlich wird, ist, dass sich eine Leibes– und Bewegungserziehung in einer Bewegten Schule als schulisches Fach keineswegs erübrigt oder dass sie in einer Bewegten Schule aufgehoben werden würde – eine Befürchtung, die offensichtlich viele Sportkollegen/innen ängstlich bewegt (vgl. KLUPSCH-SAHLMANN 1995, 21). Eine Bewegte Schule kann eine Leibes– und Bewegungserziehung keineswegs ersetzen – sie muss weiterhin ihre „traditionellen" Aufgaben zur Vermittlung von Fähigkeiten und Fertigkeiten, zu Motivation und Freude an Bewegung, Sport und Spiel usw. erfüllen, und sie kann zusätzlich der kompetente Initiator, Vermittler und Träger einer Bewegten Schule sein, indem sie etwa danach fragt, wie Modelle einer Bewegten Schule verbreitet werden können, wie sie den anderen Kollegen schmackhaft gemacht werden können, wie mit allen Sinnen gelernt werden kann, wie alternative Sitzmöglichkeiten unter Vermeidung einseitig belastender Körperhaltungen angeboten werden können, wie bewegungsorientiert Stress abgebaut werden kann usw. (vgl. dazu auch BAUMANN 1997, 11).
Die hier vertretene Sicht von Leibes– und Bewegungserziehung und Schule in anderer Formulierung, in der Anklänge sowohl an TREMLs funktionales Erziehungsverständnis (vgl. TREML 1982, 165) als auch an das, was über eine Soziogenese gesagt wurde, nicht zu überhören sind: „Was Schule sportpädagogisch bewirkt, lässt sich nicht allein im Blick auf den *Sportunterricht* und die dort in Gang gesetzten Lehr-Lern-Prozesse erfassen. Es hängt insgesamt davon ab, wie Schülerinnen und Schüler dort in ihrer Leiblichkeit beachtet werden, wie sie als ‚sich bewegende' Menschen Erfahrungen mit sich selbst und mit der sie umgebenden Welt machen können (...).
Sportpädagogische Bemühungen gehen ins Leere, wenn Sich-Bewegen nur im Sportunterricht ‚pflichtig' wird, während des anderen Unterrichts und im Schulalltag aber ‚nichtig' ist oder lediglich der Regeneration für folgende kognitive Anforderungen dient." (BALZ/BRODTMANN u.a.1997, 24).

Die Rolle einer Leibes– und Bewegungserziehung in ihren unterschiedlichen Möglichkeiten, wie sie als Zentrum, als kompetenter Initiator und Ideengeber für Bewegung, Sport und Spiel an unseren Schulen ausstrahlen, könnte in einem Schaubild so dargestellt werden:

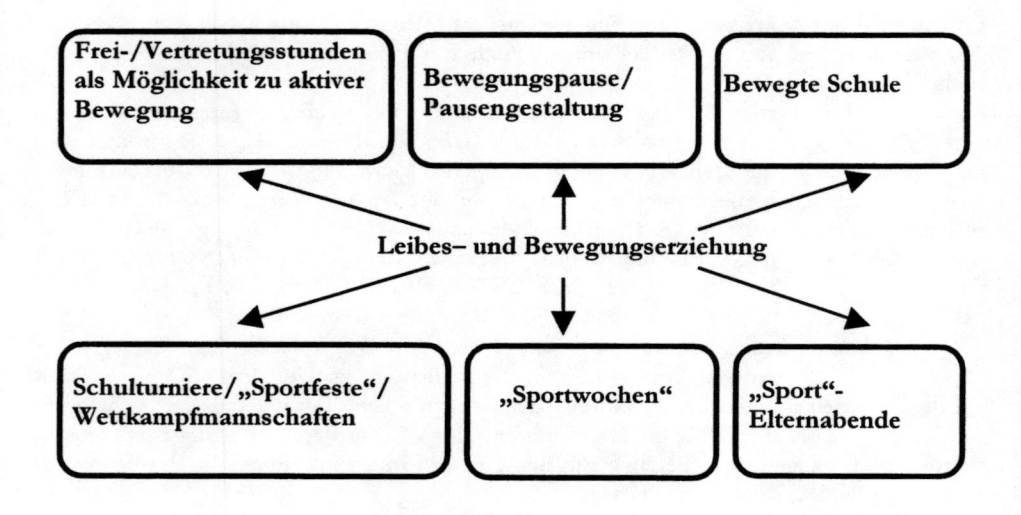

```
┌─────────────────────┐   ┌─────────────────┐   ┌─────────────┐
│ Frei-/Vertretungsstunden │   │ Bewegungspause/ │   │ Bewegte Schule │
│ als Möglichkeit zu aktiver │   │ Pausengestaltung │   │             │
│ Bewegung            │   │                 │   │             │
└─────────────────────┘   └─────────────────┘   └─────────────┘
            ↖                    ↑                   ↗
               Leibes– und Bewegungserziehung
            ↙                    ↓                   ↘
┌─────────────────────┐   ┌─────────────────┐   ┌─────────────┐
│ Schulturniere/„Sportfeste"/ │ │ „Sportwochen" │   │ „Sport"-    │
│ Wettkampfmannschaften │ │               │   │ Elternabende │
└─────────────────────┘   └─────────────────┘   └─────────────┘
```

4.2 Die Unterrichtsgestaltung im Fach Leibes– und Bewegungserziehung

In der Frage nach dem, was in den Unterrichtsstunden einer Leibes–und Bewegungserziehung angeboten werden soll, ist nun zwar auch nach dem *Was*, den (Einzel–)Inhalten, und nach dem *Wie*, den (Einzel–)Methoden des Lehrens und Lernens zu fragen. Soweit beides hier angesprochen wird, soll dies exemplarischen Charakter haben. Mit MOEGLING stimme ich völlig darin überein, dass ein „zeitgemäßer Sportunterricht" sowohl auf der inhaltlichen als auch auf der methodischen Ebene mehrdimensional angelegt sein muss, was keine verbindliche Festlegung auf ein einziges anzustrebendes Menschenbild, auf einige wenige Sinnnormen, auf ganz bestimmte Bewegungsinhalte oder einen einzigen methodischen Weg einer Leibes– und Bewegungserziehung impliziert (vgl. MOEGLING 1999, 320). Die Absicht hier ist es somit nicht, einen neuen Lehrplan zu verfassen. Auch methodische Konzepte zum Erlernen von Fertigkeiten gibt es genügend, die, von Spezialisten erstellt, sehr gute Anregungen für die Praxis geben.

Worum es hier gehen soll, ist die Frage, die bestimmten Inhalten und den jeweiligen Methoden zu Grunde liegt, nämlich die, wie ein „Sportlehrer" eine Leibes– und Bewegungserziehung gestalten kann, dass sie die Schüler zu Bewegung, Sport und Spiel erzieht. Anders gewendet: die hier aufzuwerfende Frage ist eine grundsätzliche der Leibes– und Bewegungserziehung, die dem Vermitteln bestimmter Fertigkeiten, bestimmter Sportarten oder einer speziellen Methodik vorausgeht und durch sie hindurchscheint. Es soll deshalb hier nicht darüber gestritten werden, ob Leichtathletik (welche Disziplin, in welchem Ausmaß), Turnen an Geräten (welche Bewegungsfertigkeiten an welchen Geräten oder: soll überhaupt noch an Geräten geturnt werden?), Basketball (reicht es, den Korbleger von rechts zu können oder ist auch die andere Seite unbedingt zu schulen?) usw. unterrichtet werden muss, sondern es sollen grundsätzliche Faktoren zur Diskussion stehen, und die Möglichkeiten ihrer Umsetzung an einigen Beispielen aus der Unterrichtspraxis gezeigt werden.

4.2.1 Die Ausbildung von Grundfähigkeiten

Wenn der bayerische Lehrplan für „Sport" im Bereich „Leisten, Gestalten, Spielen" u.a. fordert, dass der „Sportunterricht" einen Grundbestand sportmotorischer Fähigkeiten und Fertigkeiten vermitteln solle (vgl. BAYERISCHES STAATSMINISTERIUM, 1992b, 3), kann man dem nur zustimmen. Das Erwerben von Fähigkeiten und, teilweise darauf aufbauend, teilweise parallel dazu, von Fertigkeiten, stellt das Fundament dafür dar, bekannte „sportliche" Aktivitäten ausführen oder auch neue erlernen zu können. Gerade im Hinblick auf die Frage, ob der „Schulsport" zu einer außerschulischen Bewegungsaktivität etwas beitragen könne, scheint das wesentlich. Auch wenn ein direkter Zusammenhang nicht immer gleich gesehen werden kann, ist wohl doch davon auszugehen, dass die Ausbildung motorischer Grundfähigkeiten und –fertigkeiten hierfür eine fundamentale Rolle spielt.

Das Sich-Aneignen von Grundfähigkeiten und –fertigkeiten kann sich nur, so wurde zuvor in dieser Arbeit herausgestellt, durch Leistung vollziehen, die sich häufig in der Verbindung mit anderen existentiellen Grundphänomenen wie Gestalten oder Spielen vollzieht. Mehr noch: Leisten verliert oftmals gerade dann den Charakter des Anordnens durch den Lehrenden und des Befolgens durch den Lernenden, wenn es sich mit Kreativität verbindet, die ja mit gutem Recht in dem Sinne der Grundhaltung verstanden werden kann, in der man etwas „wie neu" sieht, in der man etwas „wie neu" erlebt oder tut (vgl. NIETZSCHE 1966, 814), so dass etwas spielerisch leicht geschieht.

Wie ist das gemeint? Wie könnte das in der Praxis aussehen? Hierzu vier Beispiele: eines zur Sprung– und Rhythmusschulung, eines zur Grundlegung der Spielfähigkeit, eines zur Koordinations– und eines zur Ausdauerschulung.

4.2.1.1 *Sprung– und Rhythmusschulung*

Aus den vielfältigen Möglichkeiten, einen Parcours durch Gymnastikreifen (oder besser noch: alten Fahrradschläuchen, die die Verletzungsgefahr mindern) auszulegen (siehe dazu das Skript von KATZENBOGNER 1992, 64), sei hier lediglich eines herausgegriffen, das in Weiterführung von KATZENBOGNER (siehe oben) und DÄXLE (vgl. DÄXLE 1997, 140) abgeändert wurde.

Die Reifen liegen zunächst in einer Diagonale in der Halle; gleiche Abstände (je nach Sprungvermögen der Kinder).

Folgende Aufgaben: A:
1. Jeder für sich: Durch die Reifen durchlaufen.
2. Durch die Reifen im eigenen, gleichbleibenden Rhythmus durchlaufen.
3. Wie 2.: jetzt mit Hochziehen der Knie bis zur Waagrechten; Haltung aufrecht; Kopf bleibt „oben"; Armführung leicht gewinkelt, parallel zum Körper.
4. Wie 3.: Jetzt: Paarweise; Hände auf Schultern des Partners legen; Partner 1 bestimmt den Laufrhythmus.
5. Wie 4.: Jetzt: ohne Berührung des Partners; wenn er in den dritten Reifen steigt (z.B. links), beginnt der Partner mit dem gleichen Fuß (links) im ersten Reifen; gleichen Rhythmus beibehalten (siehe Abb. folgende Seite).
6. Wie oben; jetzt: mehrere Schüler (kleine Gruppe) hintereinander im gleichen Rhythmus;
7. Wie oben; jetzt: die ganze Klasse hintereinander im gleichen Rhythmus.

Bild zu A5

Bild zu B3

Jeder zweite Reifen wird diagonal nach links vorn gezogen; möglichst gleiche Abstände.
Aufgabe: B:
1. Links-rechts-Sprünge; jeder für sich; Körper–/Kopfhaltung/Armführung wie oben.
2. Mit Partner: wie 1.; wenn Partner 1 in den dritten Reifen springt (z.B. mit links), beginnt Partner 2 im ersten Reifen (ebenfalls mit links); Partner 1 bestimmt den Sprungrhythmus.
3. Wie oben mit mehreren Partnern, in kleinen Gruppen; dann die ganze Klasse (s. Abb. oben).
4. Jetzt: „Zöpfeln", d.h.: wenn Partner 1 in den zweiten Reifen (z.B. mit rechts) springt, beginnt Partner 2 im ersten Reifen mit links; es entstehen so immer Sprünge jeweils in die Gegenrichtung.
5. Wie 4.: jetzt in größeren Gruppen; schließlich die ganze Klasse. Evtl. Musik einblenden (geeignet z.B. Be Bop A Lula von Gene Vincent) (s. Abb. nächste Seite).
6. Wie 3.: in kleineren Gruppen hintereinander im Rhythmus der Musik springen.
7. Wie 5.: möglichst ganze Klasse im Rhythmus der Musik springen.

Bild zu B5: „Zöpfeln" einer Fünfergruppe

Was mit diesen Aufgabenstellungen im Rahmen einer Leibes- und Bewegungserziehung angezielt wird, ist zum einen die Grundfähigkeit des Laufens und die des einbeinigen Springens, die für sehr viele Formen des Sich-Bewegens in Sport und Spiel Voraussetzung ist; zudem wird eine bewusste, aufrechte Körperhaltung und eine Rhythmusschulung angezielt; schließlich erfolgt eine Sozialerziehung, da ein gemeinsames Springen nur erfogreich absolviert werden kann, wenn ein Eingehen auf den (die) Partner erfolgt. Was bei diesen Aufgaben, die am Gymnasium ohne Probleme von allen Jahrgangsstufen bewältigt werden können (freilich mit unterschiedlicher Exaktheit in der Ausführung), darüber hinaus immer wieder auffällt, ist, dass Disziplinprobleme nie auftreten. Die Konzentration, die die Ausführung erfordert, ist zu hoch für anderweitige Beschäftigungen. Der Spaß an dieser Bewegungsschulung lässt nicht lange auf sich warten, da die Schüler ziemlich schnell in den Lauf- bzw. Sprungrhythmus hineinkommen. Zusätzliche Motivation bringt außerdem der Rhythmus der Musik.

4.2.1.2 Vermittlung von Spielfähigkeit

Mit „Spielfähigkeit" sind hier sowohl die motorischen als auch die sozialen und psychischen Voraussetzungen gemeint, die das Mitspielenkönnen bei einem großen Sportspiel verlangen. Sie können geschult werden

durch eine Reihe von Aufgaben zur Koordinationsschulung mit einem Ball bzw. mehreren Bällen je Schüler bzw.

auch partnerweise mit leichteren Übungen für Anfänger und schwierigeren für Fortgeschrittene (vgl. HORN 1999, 151ff.);

durch kleine Spiele wie Merkball, Versteinert, Kettenfangen, Schwarz-Weiß (in mehreren Modifikationen, z.B. Geschichte erzählen, in denen die Adjektive schwarz und weiß vorkommen; mit Rechenaufgaben, mit Knobeln etc.);

durch spezielle Wurfschulung, z.B. einen Wurf-Circuit, durch unterschiedliche Geräte (Strand-Klett-Ball, Beach-Ball etc.);

durch das Abwandeln von bekannten Spielen beispielsweise durch andere Bälle (z.B. Badebälle): den Ball möglichst lange in der Luft halten ohne ihn freilich festzuhalten; Jägerball usw.; durch die Kombination mit anderen Aufgabenstellungen, z.B. Dribbeln nach Musik (der Lehrer steht dabei frontal zur Klasse, dribbelt im Rhythmus der Musik, die Schüler machen seine Dribbelschulung spiegelbildlich mit);

durch Schnellkraftschulung, z.B. Japanlauf, Zick-Zack-Lauf, Dreickslauf etc.;

mit kleinen Spielformen wie Parteiball, Burgball, Mattenball, Jagd auf den Kastenmann, Brettball (auch mit Überzahlangriff – bei diesen Spielformen sind Spielregeln und ihre notwendigen Modifikationen sehr gut einzuführen); usw.

Angezielt wird mit diesem Konzept die Ausbildung motorischer Grundfähigkeiten in spielerischen Formen, die für jedes sportliche Spielen gebraucht werden: Laufen, Springen, Fangen, Werfen, Freilaufen, Fintieren usw. Die Aufgaben, die zu einem guten Teil ohne Gewinner und Verlierer auskommen, wollen zu Bewegung, zum Ausprobieren provozieren, ohne dabei auf ein bestimmtes Sportspiel ausgerichtet zu sein. Großer Wert wird darauf gelegt, jeden Schüler auf seinem (motorischen) Niveau anzusprechen, um Erfolgserlebnisse zu ermöglichen, was verhindern soll, dass in einer Leibes- und Bewegungserziehung selbst die Außenseiter produziert werden. Die Übungs- und Spielformen – wohl dosiert über das ganze Schuljahr verteilt – sind vielfach in der Praxis von der Grundschule über das Gymnasium bis zur Sportlehrerausbildung an der Universität erprobt.

4.2.1.3 Koordinationsschulung

Zusätzlich zu den koordinativen Übungen, die zuvor in der Kombination mit Ball oder Bällen beschrieben wurden, die GEIGER zur Bewegungsökonomie und zur Verletzungsprophylaxe (vgl. GEIGER 1999, 106ff.) und die BOECKH-BEHRENS/BUSKIES zur Gleichgewichtsfähigkeit (vgl. BOECKH-BEHRENS/BUSKIES 1996, 111) anbieten, werden hier einige Vorschläge speziell zur Koordination der Arme und Beine unterbreitet. Hier eigenen sich z.B.

➢ Armkreisen gegengleich;
➢ Hopserlauf vorwärts und rückwärts, auch mit Armkreisen vorwärts/rückwärts
➢ Aufgabe:
Ausgangsstellung: Arme in Seithalte gestreckt in Schulterhöhe;
Phase 1: Anwinkeln der Unterarme nach innen (zur Brust hin); Fingerspitzen zeigen zueinander;
Phase 2: Aufstellen der Unterarme senkrecht nach oben;
Phase 3: Ausstrecken der Arme nach oben;
Phase 4: Führen der gestreckten Arme zurück in die Ausgangsstellung;
   ➢ Ausführung mit beiden Armen gleichzeitig
   ➢ Ausführung nur rechts bzw. nur links;
   ➢ wie oben: jetzt arbeiten beide Arme jeweils eine Phase versetzt;
   ➢ wie oben: jetzt mit Federn auf der Stelle;
   ➢ wie oben: jetzt mit Laufen auf der Stelle;
➢ Beine im Springen grätschen und schließen; dazu unterschiedliche Armbewegungen ausführen, z.B.: Hampelmannspringen; Arme abwechselnd nach vorne bewegen („Boxen"); Arme gestreckt vor dem Körper auf- und abbewegen;
➢ Laufen; dabei im Wechsel bei jedem dritten Schritt ein Knie hochnehmen („halbes Skipping");
➢ Wie zuvor: jetzt aber Wechsel bei jedem dritten Schritt: Knieheben (z.B. rechts) und Anfersen (entsprechend links);
➢ Rückenlage: Hände im Nacken verschränkt; Beine gestreckt. Rechtes Bein im Knie anwinkeln, linken Ellbogen zum rechten Knie führen, während rechter Arm gestreckt nach hinten geht, Berührung von linkem Ellbogen und rechtem Knie halten (evtl. sogar Druck aufbauen); langsam in Ausgangslage zurück und Wechsel.

4.2.1.4 Ausdauerschulung

Nimmt man die Zahlen zu Übergewicht, Adipositas, Herz-Kreislauf-Schwächen bei Kindern und Jugendlichen (siehe oben) ernst, so kann man als „Sportlehrer" gerade im Bereich der Ausdauer nicht mehr selbstverständlich mit einer Grundkondition aller Schüler rechnen; andererseits sagen Sportmediziner – auch der Lehrplan „Sport" an bayerischen Gymnasien fordert es so –, dass beispielsweise Ausdauerläufe bis zu 20 Minuten für 10 – 12-Jährige eine angemessene Belastung darstellen (vgl. WEINECK 1983, 103; BAYERISCHES STAATSMINISTERIUM 1992b, 13ff.), was trainierte Schüler auch ohne Probleme alljährlich bestätigen. Mehr noch: eine Ausdauerschulung in diesem Alter ist für die Kinder ganz besonders

wichtig, denn: „Die volle Entwicklung der Ausdauerleistungsfähigkeit wird nicht erreicht, wenn in der Zeit der Pubeszenz die funktionelle Anpassungsfähigkeit nur mangelhaft beansprucht wird (...). Damit entscheidet das Training in dieser Altersstufe über die spätere Leistungsfähigkeit." (WEINECK 1983, 104). Wie also kann ein „Sportlehrer" angesichts dieser unausgeglichenen Situation den Abschnitt Ausdauertraining in einer Leibes– und Bewegungserziehung sinnvoll gestalten?
1. Schulung der Technik des Laufstils; sie ist nötig selbst bei Schülern, die regelmäßig in Vereinen Sport treiben.
2. Langsames Heranführen an Ausdauerleistungen über einen längeren Zeitraum hinweg. Eine Möglichkeit hierfür stellen mögliche Kombinationen von Laufen und Gehen dar (vgl. AOK 1997, 16), wie sie auch für den „Schulsport" ausgearbeitet wurden (vgl. BAYERISCHES STAATSMINISTERIUM 1992b, 44). Erst wenn ein bestimmter Mindestumfang (15 – 20 Minutenläufe in eigenem Tempo) gesichert ist, sollten Mindestanforderungen in Form von Sollzielen eingeführt werden (vgl. WEINECK 1983, 105).
3. Ausdauerndes Laufen ist wichtiger als Zeitläufe (z.B. 800m– oder 1000m-Läufe). Denn: Die Ergebnisse, z.B. die Überprüfung der Laktatwerte, „verdeutlichen eindringlich, dass die im Schulsport zur Überprüfung der Ausdauerleistungsfähigkeit zumeist gelaufenen Strecken (in der Mehrzahl der Lehrpläne zwischen 600 und 800m liegend) nicht den physiologischen Altersgegebenheiten entsprechen, da diese Leistungen vor allem durch die Kapazität der anaeroben Glykolyse bestimmt werden." (WEINECK 1983, 101). Warum soll man nicht am Ende einer 5. Klasse einen Ausdauerlauf ohne Pause von 20 Minuten anstreben und in die Benotung einbringen, am Ende einer 6. Klasse von 25 Minuten, am Ende einer 7. Klasse eine Kombination z.B. 30 Minuten Laufen, wobei mindestens 5km zurückzulegen sind usw.?
4. Das Ausdauertraining spielerisch, abwechslungsreich, kurzweilig, kindgemäß gestalten (vgl. z.B. WEINECK 1983, 105; oder BAYERISCHES STAATSMINISTERIUM 1992b, 41ff.)
5. Gerade in der Ausdauerschulung ist das individuell ausgerichtete Arbeiten mit vielen Differenzierungsmöglichkeiten und möglichst ohne äußere Zwänge wichtig (vgl. auch WEINECK 1983, 105). Während nämlich der eine Schüler schon mit hochrotem Kopf um Luft ringt, läuft der andere noch, sich ausgiebig unterhaltend, locker nebenher. Also: individuelles Lauftempo, individuelle Aufgabenstellung, Wahlmöglichkeiten, z.B. durch die Organisation der Aufgabenstellung (beispielsweise Leistungsdifferenzierung bei den Quadratläufen – vgl. BAYERISCHES STAATSMINISTERIUM 1992b, 49 oder auch ZINTL 1997, 211) einräumen.

Es ist klar, dass der Hauptakzent eines solchen Ausdauertrainings in einer Leibes– und Bewegungserziehung auf dem Leisten liegt, das die Herz-Kreislauf-Funktion und die Skelettmuskulatur fordern soll. Die Schwierigkeit der Durchführung liegt oft darin, die Schüler davon zu überzeugen, sich auf diese Belastung einzulassen. Manchen ist ein solches Training zu anstrengend, manchen zu wenig spielerisch, so dass es den „Sportlehrern" jedes Jahr erneut viel Überzeugungskraft abverlangt, die Schüler zu Ausdauerleistungen zu motivieren. Dennoch: Ausdauertaining, evtl. auch mit „Hausaufgaben" (z.B. zusätzlich zum „Schulsport" noch zweimal eine bestimmte Zeit lang oder eine bestimmte Strecke pro Woche zu laufen – und dies evtl. in einem Trainingsplan festzuhalten), ist unverzichtbar.

Das Anliegen, um das es also mit diesen praktischen Beispielen zu Sprung– und Rhythmusschulung, Spielfähigkeit, Koordinations– und Ausdauerschulung geht, wird von anderen

Sportpädagogen geteilt: „Damit orientiert sich mein Unterricht nicht ungebrochen an der außerschulischen Sportwelt, sondern viel eher an sportartübergreifenden Fähigkeiten (Wahrnehmungs-, Gestaltungs-, Problemlösungs-, Konfliktfähigkeit). Das bedeutet nun nicht, keine Sportarten mehr zu unterrichten. Der Zugang zur Sportart ist allerdings ein anderer. Die klassische methodische Übungsreihe als Mittel zum Erwerb ‚genormter Bewegungstechniken' steht nicht mehr im Mittelpunkt des Unterrichtsgeschehens. Methodisches Arbeiten mit den Schülern kann jedoch durchaus Bestandteil des Unterrichts sein. Allerdings ergibt sich die methodische Arbeit aus der konkreten Bedürfnislage der Schüler, und die Bewegungstechnik, die das Problem löst, muss keinesfalls der ‚genormten Wettkampfbewegung' entsprechen." (GEIST 1997, 32f.).

4.2.2 Die Ausbildung motorischer Fertigkeiten

Die langjährigen Diskussionen darum, welche Methode im „Sportunterricht" die grundsätzlich richtige sei, die ganzheitliche oder die analytische, und welches methodische Vorgehen für welche Fertigkeit am günstigsten sei usw., soll hier nicht weitergeführt werden. M.E. führen in dieser Hinsicht fast immer mehrere Wege, die zudem oft vom Könnensstand der Schüler abhängen, ans Ziel. Wichtiger scheint hier der Hinweis auf die Notwendigkeit, Differenzierungsmöglichkeiten im Bewegungslernen (siehe dazu auch Spielfähigkeit und Ausdauerschulung) anzubieten. Hierfür zwei Beispiele:

4.2.2.1 Grätsche über einen Bock

Dass es für einen Schüler der 5. Jahrgangsstufe eine motorische Leistung darstellt, mit einer Grätsche über einen Bock zu springen, ist wohl unbestritten. Dass es dabei Unterschiede in der Ausführung (Körperspannung, Sprunghöhe, Abdruckphase, Entfernung des Sprungbrettes vom Bock) gibt, spielt hier eine untergeordnete Rolle.

Viel wichtiger scheint, dass nach Einführung des Absprungs vom Brett den Schülern nicht eine Einheitshöhe der Böcke von beispielsweise 1,20m, sondern unterschiedliche Höhen von zunächst ca. 0,90m bis 1,30m (später auch mehr) angeboten werden, um so das zu vermeiden, was das folgende Bild karikierend darstellt:

(Aus: Sportpädagogik 4/97, 27)

Jeder Schüler soll seine Sprünge über die Höhe beginnen können, die er sich zutraut. Hat er seine Höhe gut gemeistert und ist sich sicher, geht er zur nächsten. Begleitet wird sein Sprung immer von der Hilfestellung durch andere Schüler – der „Sportlehrer" tut meist gut daran, bei den ängstlichsten, schwächsten Schülern bei der geringsten Höhe selbst „Hand anzulegen".
Diesem Aufbau folgend gibt es kaum mehr Schüler, die den Sprung verweigern. Und ein gelungener Sprung gibt die Bestätigung: ich habe mich getraut, ich habe es geschafft. Nicht: ich habe versagt. Diese positive Erfahrung ist für die Motivation der Schüler ganz wichtig, wie an späterer Stelle noch einmal zu zeigen sein wird.

4.2.2.2   Einführung des Volleyballspiels
Zu Beginn der Volleyballschulung, gleich, ob man mit der Einführung des Pritschens oder des Baggerns beginnt, fällt fast immer auf, dass einige Schüler die geforderte Technik schneller begreifen als andere. Es machte nun wenig Sinn, die Besseren weiter die Vorübungen wiederholen zu lassen, bis auch die Schwächeren sie können, vielmehr scheint es sinnvoll, sie bereits ein Kleinfeld-Volleyballspiel 1 : 1 mit festgelegter Anzahl der Ballkontakte und auf gemeinsam vereinbarter Spielfeldgröße spielen zu lassen. So wird ihnen eine Aufgabe gestellt, die ihrem Niveau gerecht wird – und den Schwächeren wird noch Zeit zum Üben gegeben, bis auch sie soweit sind, dass sie die nächste Aufgabe angehen können. Stimmt man dieser Grundidee der Differenzierung zu, ist es oftmals lediglich eine Sache der Organisation, Übungen unterschiedlichen Niveaus gleichzeitig stellen zu können. Einige Vorschläge hierzu habe ich bereits an anderer Stelle unterbreitet (vgl. HORN 1997, 113ff.).
Die exemplarische Darstellung soll genügen. Jeder „Sportlehrer" ist in Allgemeiner und Spezieller Methodik so ausgebildet, dass er ohne Probleme über methodische Schritte zu allen möglichen Fertigkeiten verfügen kann. Worauf es hier ankam, war hervorzuheben, dass das individuelle Niveau der Schüler durch differenzierte Aufgabenstellung berücksichtigt werden soll, so dass sich Erfolgserlebnisse beim Erlernen von Fertigkeiten einstellen. Denn diese – und nicht Ängste vor Verletzungen, Versagen oder Blamage – sind Voraussetzung für eine positive Lernatmosphäre.

4.2.3   Erfahrung der Leiblichkeit
In unserer verbauten, technisierten, medialisierten, von uns Menschen selbst erzeugten bewegungsfeindlichen Welt (vgl. ILLI 1995, 411) scheint einerseits eine vielfältige Erfahrung der Leiblichkeit für die Heranwachsenden häufig nicht mehr möglich und scheint andererseits ihr Umgang mit dem eigenen Leib bisweilen viel direkter, intensiver, rücksichtsloser und risikobereiter, was sich nicht allein im Sport, sondern auch im Straßenverkehr oder im Umgang mit Drogen zeigt (vgl. HURRELMANN, 1999, 220): Stürze beim Skateboardfahren, Akrobatiknummern beim Inline-Skaten oder Sprünge ins Ungewisse beim Snowboarden führen dies vor Augen. Die Schere geht also auseinander: „Hochdifferenzierte Gesellschaften zeichnen sich eben nicht durch Eindimensionalität aus, sondern – systemtheoretisch formuliert – durch die Gleichzeitigkeit des Ungleichzeitigen (Körperthematisierung *und* Verschwinden von Körperlichkeit, Verlust von primären Erfahrungen *und* Steigerung von Erfahrungsmöglichkeiten, Bewegungsmangel *und* Ausdifferenzierung der Bewegungsangebote u.a.m.) und in Konsequenz daraus, das Leben in und mit Paradoxien." (THIELE 1999, 146). Letztere gelten gerade auch hinsichtlich dessen, wie Heranwachsende Gesundheit erleben: Sie erleben „ihren Körper als unproblematischen, störungsfreien Bewegungsapparat; Körperbewusstsein und individuelle Wahrnehmungsfähigkeit sind bei ihnen in gesund-

heitlicher Hinsicht nur schwach entwickelt; (...) Gesundheit halten sie zwar für wichtig, in ihren Verhaltensweisen findet das aber kaum Berücksichtigung." (BALZ 1992b, 271). So ist in dieser Hinsicht eine dosierte, sensible Erfahrung des Leibes notwendig. Mehr noch: das Hören auf den eigenen Leib, das Vernehmen seiner Reaktionen, die Wahrnehmung der Leiblichkeit scheinen nötiger zu sein als je zuvor. Der momentane „Kick", der augenblickliche „Spaß", das „Alles-oder-nichts-Denken" der jungen Generation (vgl. LÖSSL 1997, 11), die sich besonders deutlich in den „Risikosportarten" widerspiegeln (vgl. OPASCHOWSKI 2000, 29ff. und 84ff.) können als Erfahrung der Leiblichkeit doch nicht alles sein.

In diesem Sinne fordert ILLI für eine Bewegte Schule ebenfalls (wiederum wäre im Duktus dieser Arbeit der Begriff „Leib" gegenüber dem des „Körpers" vorzuziehen): *„Es sollen* über situationsbezogene Körperwahrnehmungen und den verantwortungsvollen Umgang mit dem eigenen Körper im Sport das Bewusstsein für körpergerechte Haltung und Bewegung sensibilisiert werden. Im sinnengeleiteten sportlichen Handeln kann über einen anderen Zugang auch eine innere Beziehung zum eigenen Körper, seinen Bedürfnissen und seinem Belastungsvermögen entstehen. Diese Sensibilisierung sinnlicher Wahrnehmung des eigenen Körpers über sportliche Bewegungsbildung führt zu einem ausgewogenen eigenen Körperbild – und zu einem realistischen Selbstbild." (ILLI 1995, 410). Wenn dies schon für eine Bewegte Schule im Allgemeinen gilt, um wie viel mehr trifft dies dann erst recht für eine Leibes– und Bewegungserziehung zu: Dies gilt nicht nur insofern, als mit der Erfahrung der Leiblichkeit, die von LENK zurecht so stark betonte Eigenleistung realisiert wird, die gegenüber dem passiven Konsumieren durch die Medien immer wichtiger wird. Dies gilt in gleicher Weise für die primären Sinneserfahrungen, die durch eine eigene, direkte Auseinandersetzung mit der Welt durch Leiblichkeit und Bewegung gemacht werden. Einem Marathonlauf (bei brütender Hitze wie bei der Leichtathletik-WM in Sevilla 1999) vor dem Fernsehapparat bei gekühltem Getränk und Knabberei geht jede primäre Erfahrung ab. Eine simulierte Floßfahrt mit noch so vielen „aufregenden" Gefahren am PC ist mit den primären Sinneserfahrungen einer tatsächlichen Paddel– oder Kajaktour nicht im Entferntesten zu vergleichen. So scheint es, im Gegensatz zu THIELE (vgl. THIELE 1999, 148), wohl doch so, dass das Sitzen vor dem Fernsehapparat oder am Computer bei vielen Heranwachsenden zum Verlust primärer Erfahrungen führt und dass Fernsehen und PC Auswirkungen auf das Bewegungsverhalten und das Leiberleben haben. Dem will und soll eine Leibes– und Bewegungserziehung entgegenwirken.

4.2.3.1 *Erfahrung der Leiblichkeit im Raum*

Die Erfahrung, die Welt in anderer Weise als auf den Füßen stehend zu sehen, scheint sich für viele Schüler im „Sportunterricht" das erste Mal zu vollziehen. Ob dies nun in relativ ruhiger Lage als Sturzhang am Barren oder, sich in den Kniekehlen haltend, an der Reckstange passiert usw., ist zweitrangig. Wichtig ist dieses Erleben des Leibes „mit Kopf nach unten". Schwieriger wird der Sturzhang, an den nicht mehr so ruhigen Ringen – erst recht an den Schaukelringen. Auch ein Kopf– oder Handstand am Boden gehören in diese Reihe solcher Erfahrungen, wobei beim Handstand die zusätzliche Erfahrung, das Körpergewicht auf Händen und Armen halten zu müssen, hinzukommt. Für eine ganze Reihe von Kindern eine Erfahrung, die ihnen wegen fehlender Kraft (zunächst) versagt bleibt.

Auf die vielfältigen Möglichkeiten der Erfahrungen des Leibes beim Hangeln, Klettern und Schwingen oder bei Drehungen um die Breitenachse beim Salto vorwärts oder rückwärts aus dem Minitrampolin sei hier nur kurz verwiesen.

4.2.3.2   Erfahrung der Leiblichkeit in Ruhe

Den eigenen Leib auch in Ruhesituationen bewusst wahrzunehmen – wo berührt er die Unterlage? wo spüre ich Widerstand? wie fließt mein Atem? wie schlägt mein Herz? – ist etwas, das im Alltag so gut wie nie stattfindet. Die Notwendigkeit, dafür sensibilisiert zu werden, wurde von ROMBACH im ersten Kapitel als „Hineinhören in den Leib" bezeichnet. Eine Leibes– und Bewegungserziehung nimmt dies auf, indem sie die Aufmerksamkeit auf den Leib lenkt, dass er bewusst wahrgenommen werden soll, wofür sich die Ruhephasen, v.a. die „Cool-Down-Phase" am Ende des Sich-Bewegens, besonders anbietet. Dafür gibt es eine ganze Reihe von Möglichkeiten, auf die hier ebenfalls nicht näher eingegangen werden soll. (Vgl. BAYERISCHES STAATSMINISTERIUM 1997, 25ff. oder FREIWALD 1991, 98ff.).

4.2.3.3   Erfahrung der Leiblichkeit in der Belastung

Wie unterschiedlich reagiert unser Leib beispielsweise auf aerobe Ausdauerleistungen oder auf Leistungen, die von ihm im anaeroben Bereich abverlangt werden! Auch diese Art der Erfahrung des Leibes, seiner Belastbarkeit und seiner Grenzen, die sich sehr gut durch Laufleistungen vermitteln lassen, gehört zu einer Leibes– und Bewegungserziehung.
So können Sprintstrecken über verschiedene Distanzen unterschiedliche Erfahrungen der Leiblichkeit bringen. Je nach Alter der Schüler sind Sprintstrecken unterschiedlicher Länge von 10 bis 50 Meter denkbar; bei älteren Schülern können auch längere Strecken gesprintet werden: 50m beispielsweise lassen sich relativ „locker" laufen. Bei 100m lässt sich das schon nicht mehr sagen – die letzten 20/30m ist das Standvermögen gefragt. Erst recht kämpft man gegen die Übersäuerung, läuft man 400m. Über solche Erfahrungen kann man anderen zwar berichten – viel effektiver ist es aber, die Schüler diese Erfahrungen selbst machen zu lassen und ihnen über die physiologischen Abläufe die notwendigen Erklärungen zu geben. Ein „Sprinttag" kann hier also schon gut die Augen öffnen.
Ähnliches gilt für einen Vergleich von Ausdauerleistungen. Es ist ein großer Unterschied, ob man z.B. 6 Minuten einfach joggt oder ob man 2000m in 6 Minuten laufen will oder ob man ein Rennen über 2000m gewinnen will. Auch dies sind Erfahrungen, die man am eigenen Leib machen muss. Dass hierbei etwas geleistet wird, steht wohl außer Frage. Freilich sind Schüler, die das leisten sollen, entsprechend darauf vorzubereiten, und sicherlich wird man nicht alles auf einmal in einer Jahrgangsstufe bringen. Möglichkeiten der Erfahrung des Leibes in diesem Bereich, auch mit der Unterstützung von Geräten, z.B. zur Pulsmessung oder zur Laktatwertbestimmung, gibt es genug. Es ist sicherlich richtig, dass sich viele Schüler um solche Erfahrungen ihrer Leiblichkeit nicht reißen – Spielerisches ist ihnen oft lieber. Dennoch sollten sie dazu motiviert werden, die eine oder andere Art ihrer physischen Leistungsfähigkeit und ihrer Grenzen zu erfahren.

4.2.4   Selbsteinschätzung des Leistungsvermögens

Bereits das Sprinten mit Tiefstart oder fliegendem Start ermöglicht unterschiedliche Laufleistungen. Interessant kann diese Feststellung für die Schüler dadurch werden, dass sie ihre Laufleistung, z.B. 30m-Sprint mit Tiefstart bzw. fliegendem Start, vorher schätzen und dann in der Durchführung messen.
Auch das Einschätzen von Wurfleistungen: wie weit kann ich mit Bällen unterschiedlichen Gewichts und/oder unterschiedlicher Größe werfen, hat sich in der Unterrichtspraxis immer wieder als sehr motivierend erwiesen, haben die (meisten) Schüler doch den Eindruck, ihre Ziele mit ihrer Selbsteinschätzung selbst zu stecken.

Auch das Einschätzen der Zeiteinteilung für einen Lauf z.B. über 1000m nach einem „Fahrplan" sorgt immer wieder für Erstaunen, wenn Schüler z.B. den Unterschied feststellen für eine Endzeit von 4 Minuten eine 100m-Durchgangszeit von 24 Sekunden gegenüber 21 Sekunden pro 100m bei einer avisierten Endzeit von 3:30 Minuten zu laufen.

4.2.5 Theorie in einer Leibes- und Bewegungserziehung

In bayerischen Lehrplänen für den „Sportunterricht" ist u.a. auch eine Theorienote vorgesehen, die von den „reinen Praktikern" oft belächelt wird. Verfolgt man jedoch das Ziel, dass Schüler ihre Bewegung, ihren Sport, ihr Spiel verstehen und gestalten können und dass sie dem gesellschaftlichen Phänomen Sport mit seinen teilweise instrumentalisierten Körperauffassungen in Freizeit- und Spitzensport kritisch gegenüberstehen können, dann haben auch Kenntnisse über Bewegung, Sport und Spiel ihren Platz in einer Leibes- und Bewegungserziehung. „Um das aktuelle Sportangebot in Deutschland in 85.000 Vereinen und einer riesigen Zahl von kommerziellen Sportangeboten so nützen zu können, wie es den eigenen Möglichkeiten und der persönlichen Verantwortlichkeit entspricht, um der medialen Sportoffensive mit subjektiver Urteils- und Gestaltungsfähigkeit begegnen zu können, braucht es Bildung im Sport. Das Fach Sport muss und kann kognitive und ethische Zusammenhänge deutlich machen, die Erlebnis-, Urteils- und Gestaltungsfähigkeit für das eigene Leben vermitteln." (KOFINK 1997, 191).

Theoretische Kenntnisse beziehen sich darüber hinaus auf die wichtigsten Regeln einer Sportart, auf Schiedsrichterzeichen, auf die Abläufe im Körper, z.B. bei einer Muskelkontraktion, im Herz-Kreislauf-System, die Reaktion des Körpers auf Trainingsreize und deren Lebensnotwendigkeit usw. Sicherlich soll der „Sportlehrer" nicht die ganze Zeit über belehren und mit erhobenem Zeigefinger durch die „Sporthalle" laufen. Im Gegenteil: Je jünger die Schüler, desto weniger theoretische Zusammenhänge und Hintergründe. Es ist besser, die Kinder und Jugendlichen Wohlbefinden in der Bewegung erfahren zu lassen, als sie über Gesundheit zu belehren. Doch an geeigneten Stellen einige passende Bemerkungen zu machen, ist sicherlich ebenso wenig verkehrt wie die Kooperation mit anderen Fächern. Die bietet sich beispielsweise in der 10. Klasse mit dem Fach Biologie (Humanbiologie) an, wo etwa Auswirkungen des Ausdauertrainings theoretisch vorbereitet und fundiert werden können, bevor die Schüler diese im „Sportunterricht" am eigenen Leib verspüren. Auch hierzu bieten sich die bereits erwähnten Hilfsmittel wie Pulsmessgeräte oder Laktatmessung an, die erfahrungsgemäß nicht nur der Veranschaulichung der Reaktionen des Leibes auf Belastung dienen, sondern darüber hinaus deutlich die Motivation erhöhen, ein Ausdauertraining interessiert mitzumachen.

4.3 Motivation in einer Leibes- und Bewegungserziehung

4.3.1 Intrinsische Motivation

Als einer der wichtigsten Begriffe von Erziehung im strukturpädagogischen Sinne begegnete im Laufe dieser Arbeit immer wieder der der Motivation.

Leibes- und Bewegungserziehung soll motivierend sein, so lautet die Forderung. Was beinhaltet sie?

Unter Motivation sind nach HECKHAUSEN alle Faktoren und Prozesse zu verstehen, die zu Handlungen führen und sie bis zum Abschluss in Gang halten (vgl. WESSLING-LÜNNEMANN 1985, 4). Wichtige Voraussetzungen und Bedingungsfaktoren für Motivation und Motivierung zu Bewegung, Sport und Spiel sind zum einen individuelle positive Erfahrungen und Erlebnisse (vgl. BERNDT 1989, 163) und sind zum anderen vielfältige Anregungen, durch die die Schüler überdauernde Verhaltensdispositionen ausprägen (vgl. BAUMANN 1993, 176). Wichtig dabei ist, dass sie Leibes- und Bewegungserziehung gerne und aus eigenem Antrieb – „intrinsisch motiviert" – ausüben, nicht erzwungenermaßen, weil es angeordnet wird und/oder weil ein bestimmtes Belohnungs- oder Sanktionssystem dahinter steht – „extrinsische Motivation". Freilich stellt dies die Idealvorstellung dar; in der Realität des Schulalltags ist nicht mit jeder Aufgabenstellung jeder einzelne Schüler zu jeder Zeit in gleicher Weise intrinsisch zu motivieren. Zudem wird in letzter Zeit in der Motivationspsychologie vermehrt der Frage nachgegangen, wie zur Motivation die Volition, die tatsächliche Umsetzung intentionsbezogener Handlungen, hinzukommen kann (vgl. ALLMER 1990, 127). Doch für eine Leibes- und Bewegungserziehung, die begeistern will, ist die intrinsische Motivation als Leitidee unverzichtbar.

Es bleibt die Frage, *wie* ein motivierender Sportunterricht aussehen kann. Oder besser: Was trägt zu einem motivierenden Sportunterricht bei? Zum Aufweis einiger Aspekte hierfür kann zunächst auf bereits an anderer Stelle Gesagtes zurückgegriffen werden:

Hierher gehört zunächst, dass immer wieder im Laufe eines Schuljahres Veranstaltungen zu Bewegung, Sport und Spiel angeboten werden – auch über die Unterrichtsverpflichtung hinaus. Die Zusammenarbeit mit anderen Institutionen an einer Schule, wie z.B. Unter- oder Mittelstufenbetreuung oder SMV bietet sich hierbei ebenso an wie die Kooperation mit sportlich spezialisierten Kollegen/innen außerhalb der „Sport"-Fachschaft. Das Engagement der „Sportlehrer" muss spürbar sein. Man könnte es so auf den Punkt bringen: „Man muss selbst motiviert sein, um andere motivieren zu können".

Die inhaltliche Gestaltung der Unterrichtsstunden in einer Leibes- und Bewegungserziehung sollte sowohl ein vielfältiges, breit gefächertes Bewegungs-Angebot enthalten als auch auf die Anliegen der Schüler in ausgewogenem Maße eingehen. Dies impliziert jedoch kein Laissez-faire – die Vorstellung von Erziehung durch einen solchen Führungsstil ist im strukturalen Verstehen ebenso abwegig wie ein autoritärer (siehe dazu Punkt 3.2.9 im ersten Kapitel) – , vielmehr ist auch hierbei Erziehungsarbeit zu leisten, z.B. im Beraten, im Helfen, im Achten auf die Einhaltung der Regeln und Absprachen, in Lösungshilfen bei Konflikten, im Hinblick auf Fairness usw.

An einem bestimmten Punkt einer Leibes- und Bewegungserziehung, der weiter oben schon einmal kurz angesprochen worden ist, kommt nun die Grundintention eines motivierenden Unterrichts besonders gut zum Ausdruck – in der Benotung. Motivation also durch Benotung?

4.3.2 Motivation und Benotung

Alles das, was bisher über den „Schulsport" ausgeführt wurde, geht in die Überlegungen, die Schüler durch die „Sportnote" motivieren zu wollen, ein, denn die Benotung von Bewegung, Sport und Spiel ist sowohl mit der Frage nach dem Grundverständnis von Erziehung als auch mit dem nach einer Leibes- und Bewegungserziehung auf's Engste verbunden.

Geht man nämlich, wie im zweiten Kapitel dargestellt, davon aus, dass dem „Schulsport" eine eigene Struktur zukommt, die sich letztlich als Erziehungsgeschehen begreift, das die Schüler zu einer Bewegungskultur anleiten, führen, fordern und fördern will, dann kommt auch der Benotung eine besondere Rolle zu. Sicherlich sind bestimmte Anforderungen einer objektiven Leistungsbeurteilung unverzichtbar; dennoch aber muss die Benotung auch eine

Würdigung des Lernprozesses des individuellen Schülers berücksichtigen. Faktoren wie: seine sportliche Vergangenheit (sportinteressiertes Elternhaus), Konstitution (klein – groß; übergewichtig – schlank usw.), Einstellung (interessiert, offen – ablehnend, unbeteiligt), Engagement, Fortschritte sind für eine motivierende Benotung und für eine motivierende Leibes– und Bewegungserziehung insgesamt wichtiger als eine aktuell messbare Leistung, die zudem mit der Problematik der Transformation von Leistungsmessung und Leistungsbewertung behaftet ist (vgl. VOLKAMER 1997, 18.). Diese Richtung weist auch die Anlage: „Empfehlungen zur Bewertung der Leistungen im Sportunterricht der Jahrgangsstufen 5 – 11 des Gymnasiums" des BAYERISCHEN STAATSMINISTERIUMs, wo es heißt: „Jede Praxisnote sollte nicht nur auf der Grundlage der gemessenen und bewerteten sportpraktischen Leistung erstellt werden, sondern auch die individuellen Leistungsvoraussetzungen der Schüler (Größe, Gewicht, Konstitution, Gesundheitszustand), ihre Leistungsbereitschaft, ihren Leistungswillen sowie die äußeren Gegebenheiten (z.B. Klassenstärke, Sportanlagen, Witterung) in pädagogisch angemessener Weise berücksichtigen." (BAYERISCHES STAATSMINISTERIUM 1993, 1f.).

Konkrete Möglichkeiten hierfür bieten zum einen die Inhalte, die benotet werden können. Zusätzlich zu dem im Lehrplan Geforderten kann ein Schüler beispielsweise Sonderleistungen einbringen, man kann ihm Wahl– und Verbesserungsmöglichkeiten einräumen, die Leistung *und* die Technik in einer Disziplin berücksichtigen, den Lernfortschritt honorieren usw. Zum anderen ist es die Art und Weise, in der eine Benotung vorgenommen wird, die motivieren oder demotivieren kann. Es ist z.B. unerlässlich, die Bewertungskriterien klar darzustellen und die Benotung zu begründen, die Gültigkeit der Bewertungskriterien, auch für die Schüler hinterfragbar zu halten, genügend Zeit zum Üben zu geben, Wahlmöglichkeiten in der Organisationsform der Bewertung zu schaffen (z.B. Einzelbenotung oder Bewertung eines Einzelnen im laufenden Übungsbetrieb) usw.

Freilich sieht der „Sportlehrer" die Stärken *und* Schwächen eines jeden individuellen Schülers. Jedoch ist es eine Frage der grundsätzlichen Blickrichtung, ob er in erster Linie dessen (dazu gewonnenen) Stärken oder dessen (immer noch) vorhandenen Schwächen sieht – und bewertet. Diese Würdigung des Positiven, des Fortschritts, der Entwicklung, des Vermögens des Schülers ist es, was eine positive Grundhaltung den Lernenden gegenüber kennzeichnet. Und sie ist einer der wichtigsten Faktoren eines motivierenden Unterrichts überhaupt. Denn den Schülern soll auf diese Weise der Sprung auf die „Motivationsschaukel" ermöglicht werden, d.h. sie sollen merken, dass es sich lohnt, sich anzustrengen, da sie dann etwas erlernen, etwas können; was man kann, tut man gerne; man ist motiviert, es weiterhin zu tun; dadurch lernt man noch mehr, kann noch mehr; Freude und Spaß es zu tun, steigern sich noch mehr ..... Der gesamte Prozess schaukelt sich also positiv auf. Wie wichtig dies ist, bestätigt der Psychologe EBERSPÄCHER: Der „Entschluss, sich einer Aufgabe zuzuwenden und die entsprechenden Folgehandlungen werden wesentlich von dem Bild der eigenen Fähigkeiten und Möglichkeiten bestimmt." (EBERSPÄCHER 1984, 68). Im Gegensatz dazu steht der „Motivationsstrudel", bei dem dem Schüler seine Schwächen (mehr oder weniger deutlich) vor Augen geführt werden, was ihm wenig Freude und Spaß bereitet; er weiß, er kann wenig; seine Motivation sinkt, da er kaum mit Erfolgserlebnissen rechnen kann; also tut er so wenig wie möglich; seine Leistung nimmt noch mehr ab; Freude und Spaß ebenso...... (vgl. dazu MÜLLER-WOLF/MIETHLING 1986, 118f.).

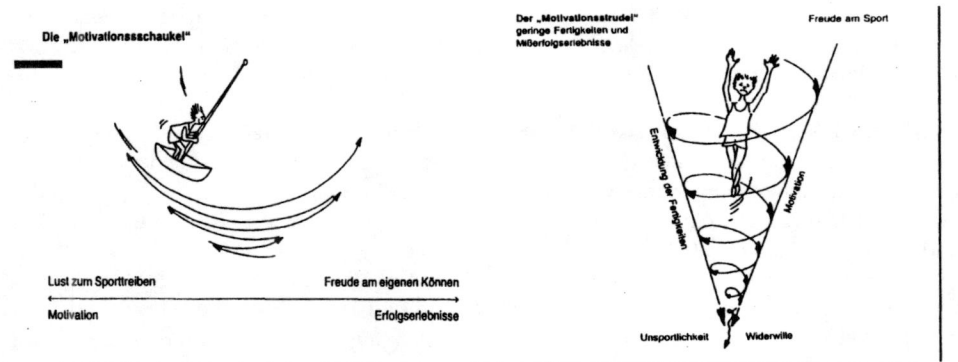

Abb. 6: Motivationsschaukel und Motivationsstrudel (vgl. MÜLLER-WOLF/MIETHLING 1986, 118f.)

Es wäre nun ein Missverständnis, würde aus diesen Ausführungen abgeleitet, der Sinn einer Leibes– und Bewegungserziehung liege darin, Zensuren anzufertigen und zu verteilen (vgl. MIETHLING 1997, 25). Es sollte vielmehr an einem der heikelsten Punkte einer Leibes– und Bewegungserziehung aufgezeigt werden, dass selbst hier die Motivation nicht auf der Strecke bleiben muss.

Auf den Punkt gebracht: „Motivation ist der beste Lernverstärker, da alle am Lernprozess beteiligten Systeme durch die erhöhte Aufmerksamkeit und Lernbereitschaft schärfer auf die Wahrnehmungs–, Verarbeitungs–; Entscheidungs– und Ausführungsmechanismen eingestellt werden. Motivation erhöht und beschleunigt die dem Lernprozess zugrunde liegenden molekularbiologischen Gedächtnisprozesse.
Es ist demnach von besonderer Wichtigkeit, dass der Sportförderunterricht (und dies gilt für eine Leibes– und Bewegungserziehung in gleichem Maße – der Verf.) zuallererst ‚Spaß macht'." (RUSCH/WEINECK 1998, 222f.).

4.3.3 Motivation und Freude

Sicherlich kann keine noch so gut gemeinte Leibes– und Bewegungserziehung zu Gesundheit und zur Autogenese intrinsisch motivieren, wenn keine Freude und kein Spaß aufkommen. Gemeint ist damit aber nicht jener Spaß, den kurzweilige „action" und stets neue, noch ausgefallenere und noch verrücktere Unterhaltung bietet; auch nicht jener laute Spaß, der bei feucht-fröhlichen Siegesfeiern herausgebrüllt wird. Das hier Gemeinte in einer schulischen Leibes– und Bewegungserziehung geht mehr in die Richtung der Erfahrung des Könnens, des Sich-etwas-zutrauen-Könnens, des Getragenseins vom sozialen Umfeld, des als sinnvoll erlebten Tuns, der Leichtigkeit im Handeln trotz Anstrengung. In dieser Richtung sagt BRODTMANN sehr treffend: „Ich denke, nur dann ist auch in einem guten Sinn garantiert, dass das Sich-Bewegen Spaß macht. Aber machen wir es uns mit dem Argument Spaß nicht zu einfach. Es geht *nicht* um den Spaß, den Kinder haben, wenn sich die Lehrkräfte als Animateure verstehen und soviel Jubel, Trubel, Heiterkeit zu verbreiten verstehen, dass die Kinder schließlich sagen: Das hat heute Spaß gemacht. Überlassen wir diese Art Sport –‚Unterricht' den Leuten vom Club Meditérranée; die können das noch besser und werden dafür deutlich schlechter bezahlt.

Es geht auch *nicht* um den Spaß der *einen* auf Kosten immer wieder derselben *anderen*. Verzichten wir deshalb auf den beliebten methodischen Trick, die Kinder durch das Schaffen von Konkurrenzsituationen zu höherer Bewegungsintention anzustacheln. Das ist Manipulation (...)."

Eröffnen wir statt dessen, so lässt sich mit BRODTMANN fortfahren, „den Kindern möglichst viele Chancen zur selbstständigen Auseinandersetzung, zum entdeckenden und problemlösenden Lernen, zum Handeln auf Probe und zum Lernen aus Irrtümern (...). Auch das macht Spaß, aber es ist ein Spaß, der aus dem eigenen aktiven Bewegungshandeln erwächst und – wenn möglich – auch aus der Auseinandersetzung mit Herausforderungen, die nur gemeinsam bewältigt werden können." (BRODTMANN 1996a, 10f.).

So sind in einem schulischen „Sportunterricht" Spaß und Fröhlichkeit nicht verboten. Aber dem kurzweiligen Spaßhaben, das mehr oder weniger schnell aufhört, wenn man keine Lust mehr hat, muss in einer schulischen Leibes– und Bewegungserziehung die Freude am Können gegenübertreten, wenngleich sich diese bisweilen erst nach längerem Üben, das einen zentralen Gesichtspunkt der gesamten Erziehung ausmacht, einstellt. Die Entwicklung des eigenen Könnens, der eigenen Leistung und der Befriedigung, die gelungenes Üben vermitteln kann, machen wesentlich die Freude an Bewegung, Sport und Spiel aus – und sie stellen etwas anderes dar, als der von so vielen Seiten für die Schulen propagierte Spaßsport, der sich letztlich in immer neuem Spaßerleben erschöpft (vgl. GRUPE 1996, 112 ff. – zur Diskussion um den Spaß als Leitidee für den schulischen „Sportunterricht" siehe BRÄUTIGAM 1994, 236ff. und BALZ 1994, 468ff.).

Intrinsische Motivation, Freude und Spaß an einer Leibes– und Bewegungserziehung, und damit ihr Gelingen als Beitrag zu Gesundheit und Bewegungskultur hängen nun aber – dieser Aspekt ist indirekt immer wieder schon angeklungen – unmittelbar mit der Person des Lehrenden, mit seiner Art und Weise der Vermittlung von Fähig– und Fertigkeiten, von Erfahrungen und Einsichten zusammen, mit der Art und Weise, wie der „Sportlehrer" den individuellen Schüler sieht, ihn auf dem Weg seiner Autogenese begleitet, ihm positiv zugewendet ist, ihn mag, so dass der Schüler deshalb etwas ver-mag: „Dies ist vielleicht der Sinn des erzieherischen Mögens, das alles trägt und überrundet, was nur als Verhältnis zwischen Menschen denkbar ist. Es zieht das Eigene hinauf in den Raum, den es zu erfüllen hat und durch den es erfüllt wird. Als Mögen stiftet es das Vermögen des Selbst, indem es dieses gleichsam anstiftet." (ROMBACH 1966, 280). Erziehung wird hier also in erster Linie als personales Geschehen gesehen: der personalen Zuwendung des Erziehers entspricht gerade in der heutigen Zeit multimedialer Einflüsse das Verlangen nach menschlicher Zuwendung: „Die Apparate haben in den heutigen Kindern einen gesteigerten Hunger nach ‚Person' erzeugt." (v. HENTIG 1993, 32).

So sollen einige grundsätzliche pädagogische Überlegungen zur Person des Lehrenden, zu seiner Menschenführung, am Schluss der Betrachtung über eine zeitgemäße Leibes– und Bewegungserziehung stehen, denn die Lehrerpersönlichkeit ist der Dreh– und Angelpunkt des erzieherischen Geschehens.

4.4 Pädagogische Überlegungen zur Menschenführung – oder: die Lehrerpersönlichkeit als Dreh– und Angelpunkt

Zweifelsohne stellen strukturelle Bedingungen (siehe Punkt 3 in Kapitel 1 oder vgl. auch den Einfluss der Zeitstruktur THIEL/NEUMANN 1998, 15f.) wichtige Faktoren im Erziehungsgeschehen dar. Sicherlich entscheidet das Stundenkontingent, das einer Leibes– und Bewegungserziehung an unseren Schulen eingeräumt wird, wesentlich daüber, was hier im Hinblick auf ihre Zielsetzungen und die Erwartungen überhaupt geleistet werden kann. Im Mittelpunkt einer strukturphilosophisch verstandenen Leibes– und Bewegungserziehung als personalem Geschehen steht jedoch der Lehrende als der wichtigste Faktor: „Der Bildungs– wie auch der Erziehungserfolg der Schulen hängt entscheidend von der *Person des Lehrers* ab. Die Stärkung seiner Motivation und die Verbesserung seiner Ausbildung sind die vielleicht wichtigsten Investitionen zur Weiterentwicklung der Schulen." (ZEHETMAIR 1998, 34).

Viele der folgenden Aspekte hätten auch schon an früherer Stelle in dieser Arbeit angeführt werden können, denn in der Frage nach der Lehrerpersönlichkeit laufen nun gewissermaßen alle Fäden zusammen, was eine gelegentliche Wiederholung von bereits in anderem Zusammenhang Gesagtem unvermeidbar macht. Den Lehrenden als Dreh– und Angelpunkt des Erziehungsgeschehens zu sehen soll nun freilich nicht bedeuten, dass in einer Leibes– und Bewegungserziehung alles auf den Lehrenden ausgerichtet sein solle – im Mittelpunkt stehen die Schüler; Unterricht kann – der Logik des bisher Dargestellten folgend – gar nicht anders denn „schülerzentriert" sein. Dennoch steht der „Sportlehrer" insofern im Zentrum der pädagogischen Betrachtung, als er die Schüler in der Leibes– und Bewegungserziehung begleitet, sie in ihrer Bewegung führt, sie zu ihrem Sich-Bewegen hinführt.

Gerade in der Menschenführung kommt es nun aber nicht so sehr darauf an, *was* man macht – gemeint hier in dem Sinne, ob man beispielsweise Ausdauerfähigkeit mit dieser oder jener Sportart schult, ob man Kraft mit diesen oder jenen Übungen trainiert, ob man diese oder jene speziellen Fertigkeiten vermittelt usw. Vielmehr ist es hier das *Wie*, das zuvor immer schon angeklungen war, mit dem alles steht und fällt. Auch und gerade für dieses *Wie* gelten die Beobachtungen TREMLs zu einer strukturellen Theorie der Erziehung, auch wenn er seine Ausführungen bewusst auf sachliche Gegebenheiten in Abhebung von personalen Strukturen des Erziehungsgeschehens lenkt. Doch gerade bei Letzterem ist es doch so, dass latente und funktionale Erziehungsprozesse im Nichtintentionalen, also über das nicht bewusst Intendierte hinaus, in der persönlichen Beziehung zwischen Lehrendem und Zu-Erziehendem geschehen. Auf diese Zwischentöne nicht nur der Sprache (siehe Punkt 3.2.5 in Kapitel 1), sondern des Wie der Zuwendung und der Führung des Erziehenden zum Heranwachsenden *insgesamt* kommt es an – in der Erziehung im Allgemeinen und in einer Leibes– und Bewegungserziehung im Besonderen. So münden auch BRODTMANNs Überlegungen zur salutogenetischen Gesundheitsförderung in diese Aussagen: „Entscheidend ist nicht, *dass* wir, sondern *wie* wir dem Bewegungsmangel zu Leibe rücken. Und die Antwort auf dieses ‚Wie' darf *nicht* darin bestehen, dass wir uns als Therapeuten verstehen und etwa die Kinder mit krankengymnastischer Fachkompetenz zur Kräftigung einzelner Muskelgruppen *behandeln*. Es geht für uns als Bewegungserzieher und Sportpädagogen nicht darum, *Körper* zu bewegen, sondern junge *Menschen zu aktivieren,* und dies in einer solchen Weise, dass sie sich aus *eigenem* Antrieb bewegen und nicht nur, weil sie von uns durch Drohen mit den schlimmen Folgen der Bewegungsträgheit oder durch Überredung oder mittels methodischer Raffinesse dazu manipuliert worden sind." (BRODTMANN 1996a, 10).

Die folgenden Betrachtungen beziehen ihre Bedeutung nicht allein aus der Logik des bisherigen Gedankengangs, sondern auch daher, dass alle, die im alltäglichen Erziehungsgeschehen in Schule und Elternhaus stehen, immer wieder feststellen, dass sie gegen die Forderungen einer pädagogischen Menschenführung verstoßen und immer wieder hinter den eigenen Erwartungen und hinter den selbst gestellten Anforderungen zurückbleiben.

Welche pädagogischen Forderungen zur Menschenführung lassen sich nun also formulieren?

⇒ **Behandle jeden als Individuum**

Keiner hört es besonders gern, wenn er in die Gruppe der (faulen) Beamten eingereiht, als (stets besser wissender) Lehrer (ab–)qualifiziert, als einer der (besonders viel Freizeit habenden) „Sportlehrer" bezeichnet wird.
So geht es auch den Schülern. Auch sie möchten nicht undifferenziert in den Klassenverband („Ihr habt...") eingereiht werden, auch sie wollen nicht in einer anonymen Masse „mitlaufen", sondern sie wollen in ihrer Individualität wahrgenommen werden. So ist es für den „Sportlehrer" unerlässlich, seine Schüler genau zu beobachten, Stärken und Schwächen zu erkennen, Stimmungen, Veränderungen zu bemerken und evtl. anzusprechen. Und jedes Individuum hat einen Namen! Gewiss ist es gerade im „Schulsport", wo das Fehlen einer festen Sitzordnung das namentliche Kennenlernen der Schüler erschwert, wo in der Bewegung alles „durcheinander geht", besonders schwierig, dieser Forderung gerecht zu werden. Dennoch ist sie im Sinne einer *Menschen*-Führung zur Bewegung unerlässlich. Diese individuelle Sichtweise der Schüler hat unmittelbar auch mit dem zu tun, was zuvor in salutogenetischem Gesundheitsverständnis so wichtig schien: sie ist die Grundlage zur Hervorbringung und Stärkung von Identität, wozu auch die schulische Erziehung beitragen muss, will sie mehr als nur eine „Belehrungs–, Beförderungs– und Bewahrungsanstalt" sein (v. HENTIG 1991, 12). In diesem Sinne äußert gerade für den „Sportunterricht" auch GEIST – Parallelen zum strukturpädagogischen Ansatz sind nicht zu übersehen: „Als bedeutsamen Bezugspunkt sehe ich dabei die Individualität von Schülerinnen und Schülern. Eine zentrale Aufgabe besteht daher aus meiner Sicht darin, Hilfen zur Entwicklung der individuellen Möglichkeiten zu geben, zur Entwicklung von Ich-Stärke und zur Selbstfindung beizutragen und Selbstbildung zu ermöglichen.
Authentische, unmittelbare Erfahrungen, die eine subjektive Bedeutsamkeit für den Lernenden haben, erleichtern solche Prozesse deshalb, weil der Mensch nicht nur über seinen Kopf, sondern auch über seinen Körper (Leib – der Verf.) in einem Bezug zur Welt steht und Erfahrungen macht. Sportunterricht bietet daher eine besondere Chance, solche Aspekte von Bildung zu initiieren." (GEIST 1997, 32). In anderer Formulierung: „Subjektorientierung als Kategorie des Lehrerverhaltens." (ALTENBERGER/NEUMANN 1998, 174)

⇒ **Rede mit den Schülern so, dass sie dich in gleicher Weise ansprechen können**

Die Forderung der „Reversibilität" der Anrede bezieht sich auf alle Aspekte der Kommunikation: Wortwahl, Inhalt, Tonfall, Anrede. Freilich ist hier nicht gemeint, dass die Schüler ihren Lehrer „duzen" sollen, wenn er sie mit „du" oder „ihr" anspricht, vielmehr gilt grundsätzlich, dass sich das Akzeptieren, Ernstnehmen, Respektieren, Mögen – zusammengefasst: die positive Grundhaltung dem Anderen gegenüber – auch in der Art und Weise des Miteinander-Redens widerspiegeln soll. Aggressivität im Tonfall (Anschreien), Beschimpfungen und Beleidigungen etc. haben hier nichts verloren.
Diese Aussagen werden von Seiten der Psychologie gestützt: Ein *unangemessener Umgangston* des Trainers und ebenso des Lehrers, beispielsweise in Formulierungen wie: „‚Wenn du weiterhin so lahm herumstehst, kannst du schnell deine Koffer packen' oder ‚So wirst du es nie lernen', provozieren keine positive Lernbereitschaft" (vgl. BAUMANN 1993, 154).

Abb. 7: Bild aus Sportpädagogik 4/97, 42, dem man den Titel geben könnte: „So bitte nicht!"

⇒ **Suche die Zusammenarbeit mit den Eltern**

Dass die Schule nicht „Verwahranstalt" für Heranwachsende sein will und soll, um den Eltern den Rücken für ihre eigenen privaten Wege und beruflichen Karrieren wenigstens vormittags frei zu halten, ist klar. Dass im Elternhaus nicht die fachlichen und erzieherischen Versäumnisse überforderter Lehrer - 55% der deutschen Gymnasiasten erhalten gelegentlich oder permanent Nachhilfe (vgl. STRUCK 1994, 1), bereits in der Gundschule und in den Jahrgängen 5 und 6 nehmen 10% der Kinder Nachhilfeunterricht (vgl. SIEWERS 1997, 350) – ausgeglichen werden können und sollen, ist ebenso klar.
So muss jede dieser Seiten der Erziehung ihre Aufgabe übernehmen. Effizient kann dies nur geschehen, wenn beide Seiten voneinander wissen, wenn sie sich regelmäßig austauschen, wenn sie an einem Strang ziehen. Von Seiten des Lehrers ist deshalb eine aktive „Elternpolitik" nötig, die u.a. regelmäßige Gesprächsanlässe sucht, z.B. Klassenelternabende, Elternstammtische, gemeinsame Projekte, gemeinsame Feiern usw. Von Seiten der Eltern wiederum ist es unumgänglich, die Möglichkeiten zur Kommunikation auch wahrzunehmen – nicht erst dann, wenn „das Kind bereits in den Brunnen gefallen ist".

⇒ **Verlange nicht von Kindern und Jugendlichen, was du selbst nicht bringst oder: das gelebte Vorbild ist gefragt**

Auch wenn, wie bereits angesprochen, die aktive Beteiligung des „Sportlehrers" am Unterricht durchaus wünschenswert ist (siehe 3.2.1 in ersten Kapitel), ist dennoch nicht gemeint, dass ein (älterer) „Sportlehrer" ständig mit seinen Schülern um die Wette sprinten oder springen muss. Wichtiger noch als dies ist hier sein Auftreten, seine Einstellung und Haltung den Schülern und seinem Fach Leibes- und Bewegungserziehung gegenüber. Gefragt ist er also als Vorbild: „Die angesprochenen ‚Vorbilder' zeigen, dass die Überlegungen bei aller notwendigen Rationalität keineswegs nur auf die kognitive Ebene beschränkt sind. Gerade im Vorleben, im Bemühen um kleine Veränderungen und der gemeinsamen Aufbereitung dieser Schritte können wesentliche Impulse gesetzt werden." (ERDMANN 1997, 111).

Deshalb gilt: Gegenseitige Achtung und Höflichkeit, die Notwendigkeit des Sich-Bewegens, Freude und Spaß an Bewegung, Sport und Spiel, Fairness – alles das, was der Lehrende propagiert, soll er auch selbst vorleben. Das verleiht Überzeugungskraft.
Bereits Kinder registrieren sehr genau, wenn Erwachsene etwas von ihnen fordern, was sie selbst nicht einhalten; erst recht haben Jugendliche eine sehr gute Antenne dafür, ob das, was ein Lehrender sagt, mit dem, was er tut, zusammenpasst. Mehr noch: Nicht nur das Reden und Tun, auch das Denken der Erwachsenen wird von den Kindern und Jugendlichen sensibel registriert: „Was Erwachsene tun, was in ihnen vor sich geht, was sie sich auferlegen oder durchgehen lassen, worauf sie sich freuen oder stolz sind, worin sie versagen und wessen sie sich schämen – das nehmen Kinder und Jugendliche unabhängig davon wahr, ob sie es ihnen mitteilen. Ja, was die Alten verheimlichen wollen oder unterdrücken müssen, wird von den Jungen schon darum mit doppelter Aufmerksamkeit ausgespäht oder ausgedacht." (v. HENTIG 1993, 20).
Anders gewendet: „Lehrkräfte als Erzieher werden von ihren Schülerinnen und Schülern nicht nur in dem wahrgenommen, was sie sagen und anordnen, sondern auch in dem, was sie sind, wie durch sie die Sache lebendig wird, wie sich das in ihnen repräsentiert, was die von ihnen empfohlene Sache soll und bewirkt und wie man in ihrem Rahmen miteinander umgeht." (BALZ/BRODTMANN u.a. 1997, 16). Auch wenn (Sport–)Lehrer diese Vorbildfunktion oft gar nicht übernehmen wollen – sie kommen nicht darum herum. „Denn dass sich die Schülerinnen und Schüler an ihren Lehrkräften Beispiele nehmen, im Guten wie im Bösen, ist nicht zu verhindern. Daher kommen der eigenen Lebensweise und den Umgangsformen der Erzieher eine große Bedeutung zu." (BALZ/BRODTMANN 1997, 16).
Ist der „Sportlehrer" jedoch als Vorbild in Bewegung, Sport und Spiel und menschliches Vorbild von den Schülern akzeptiert, wird der Funke überspringen, werden sie sich begeistert bewegen lassen. Wesentlich dafür ist in erster Linie sein persönliches Verhalten, seine persönliche Beziehung zu den Schülern und seine Verhaltensqualifikation, z.B. Verständnis und Einfühlungsvermögen (vgl. MÜLLER-WOLF/MIETHLING, 1986, 99): „Methodisch-didaktische (...) Fähigkeiten von Sportlehrern sind zwar wichtige *Eingangsvoraussetzungen*, der ‚Erfolg' des Sportunterrichts aber hängt von mehr ab, nämlich von der *Person* des Sportlehrers." (MÜLLER-WOLF/MIETHLING 1986, 99).

⇒ **Lass die Schüler deine Sympathie für sie spüren**

Neben die unbestritten notwendige fachliche Kompetenz muss, ebenso nötig, die emotionale Kompetenz des Lehrenden treten. In ihr äußert sich seine emotionale Zuwendung zu den Schülern, die grundsätzlich positive Sichtweise – trotz Schwächen und Unzulänglichkeiten – der Schüler, das Mögen, das das Vermögen trägt. Dabei spielt nicht nur das Gefühl eine Rolle, das sich im Schüler aufbaut, dass er akzeptiert, angenommen, ernst genommen wird, so wie er ist, vielmehr lenkt eine solche Grundhaltung auch die Blickrichtung des Lehrenden. Die Erwartungshaltung steuert seine Wahrnehmung des unterrichtlichen Geschehens, so dass er, wenn er positiv eingestellt ist, auch das Positive wahrnehmen wird: „Das positive Sehen. Eine gefühlsmäßig positive Beziehung lässt sich leichter verwirklichen, wenn Sportlehrer eine positive Erwartungshaltung gegenüber ihren Schülern und der Sportstunde besitzen. Damit ist keine unrealistische ‚Hans-im-Glück-Haltung' gemeint, die alles Geschehen gleichmäßig fröhlich gut findet, sondern gemeint ist damit, dass der Lehrer seine Erwartungen nicht primär auf alles richtet, was wieder schief gehen wird (‚Stefan kippt natürlich wieder den Bock halb um', ‚Oliver hat wieder seine Turnschuhe vergessen'), sondern

sich primär nach dem ausrichtet, was erfreulich in seinem Unterricht ist ('Die Klasse ist eigentlich erfreulich lebendig', 'Christine hat zum ersten Mal beim Fußball richtig mitgespielt',...)." (MÜLLER-WOLF/MIETHLING 1986, 137f.).
Mehr noch: die Erwartungshaltung des Lehrers überträgt sich auf die Schüler. Sie wirkt sich – sowohl im Positiven wie im Negativen – auf das Verhalten der Schüler aus, und zwar so, dass sie den Erwartungshaltungen zu entsprechen suchen (vgl. MÜLLER-WOLF/MIETHLING 1986, 138).
Sicherlich hängt mit dieser positiven Grundeinstellung den Anderen gegenüber das zusammen, was im Phänomen immer wieder zu beobachten ist und was wir darin ausdrücken, wenn wir sagen, jemand habe eine positive Ausstrahlung. Dieser Aspekt ist so gravierend, dass er Auswirkungen sowohl auf die Ausbildung als auch auf die Auswahl der Lehrer haben muss: „Das meiste, was ein Klassenlehrer braucht, ist aber nicht erlernbar: Liebe zum Kind, Engagement, pädagogisches Charisma und Zeit für Schüler haben. Gute Klassenlehrer sind meist aufgrund ihrer Persönlichkeitsstrukturen und ihrer autodidaktischen Vervollkommnung gut. Wer ein guter Klassenlehrer wird, ist daher in der Regel schon im ersten Semester des Studiums sichtbar. Man müsste also Wege finden, geeignete Klassenlehrer schon vor Beginn der Lehrerbildung für diesen Beruf zu motivieren und ungeeignete während des Studiums und des Referendariats zum Berufswechsel zu veranlassen. Die augenblickliche Lehrerbildung schafft das nicht, weil sie auf wissenschaftliche Qualifikationen vertraut und weil Seminarleiter, die die Untauglichkeit künftiger Lehrer rechtzeitig erkennen, nicht den Mut und nicht das Recht haben, die prognostizierbare Belastung für Schüler den Kandidaten mitzuteilen oder zu bescheinigen." (STRUCK 1994, 16f.).

⇒ **Kläre die Ziele deines Unterrichts mit den Schülern ab**

Angeordnete Bewegung verspricht keine intrinsische Langzeitmotivation, erzwungene Gesundheitsföderung trägt wenig zur Gesundheit bei.
Dies soll nun nicht heißen – dies wurde auch bei früheren Überlegungen z.B. darüber, auf Wünsche der Schüler einzugehen oder über die Freude und den Spaß, den der Unterricht machen muss, bereits erwähnt –, dass in einer Leibes- und Bewegungserziehung primär das gemacht werden solle, was die Schüler wollen. Das würde das Aufgeben von Erziehung, das Aufgeben der Führungsrolle im Erziehungsprozess bedeuten. Wohl aber impliziert dies, dass die Schüler in ihrem Sich-Bewegen einen Sinn erkennen müssen. Besser noch: sie müssen ihm *ihren* Sinn geben können, es muss *ihre* Bewegung werden. Nur wenn diese Sinngebung von den Schülern akzeptiert, nicht nur von außen vorgegeben oder aufgezwungen ist, wenn sie *ihre* Sinngebung geworden ist, wird sie sich auch positiv auf ihr Handeln auswirken (siehe dazu Kapitel 1). Dafür ist es wichtig, dass den Schülern in einer Leibes- und Bewegungserziehung genügend Zeit zur Reflexion, zum Aushandeln und Aufbau ihrer eigenen Strukturen gegeben wird (vgl. CACHAY 1981, 382).

⇒ **Schaffe eine positive Lernatmosphäre durch verbale und nonverbale Kommunikation**

Nicht nur, dass der „Sportlehrer" mit seinen Schülern im Gespräch ist, ist wichtig, sondern auch das *Wie* des Redens, denn es gibt sowohl in der verbalen als auch in der nonverbalen Kommunikation eine ganze Reihe von Faktoren, die unsere(n) Gesprächspartner beeinflussen. Für eine pädagogische Menschenführung ist es wichtig, über die Assoziationen und

Signale der Sprache Bescheid zu wissen. In Ergänzung zu 3.2.5 in Kapitel 1 mögen hier einige Beispiele genügen:

Zunächst in der nonverbalen Kommunikation. Blicke und Kopfhaltung, Gesten der Hände, Position der Füße verraten Selbstsicherheit vs. Unsicherheit, Offenheit vs. Verschlossenheit, Interesse vs. Ablehnung usw. Der zur Seite geneigte Kopf etwa signalisiert den Verzicht auf eigene Aktivität, jedoch Aufgeschlossenheit für den Gesprächspartner; Interesse, aber auch Betrachtung und Nachdenklichkeit. Ist der Kopf betont erhoben, ist dies häufig eine Zeichen für kritische Distanz, bisweilen auch Überheblichkeit und Unnahbarkeit. Ein eingezogener, zwischen die Schultern gepresster Kopf verrät oft Unsicherheit und Schuldbewusstsein, ein gesenkter Kopf Verlegenheit, Unsicherheit, Niedergeschlagenheit usw. (vgl. POSÉ 1984, 191). Nicht nur das: Blicke und Gesten können vernichtender oder motivierender sein als Worte. Man stelle sich nur eine wegwerfende Handbewegung als Reaktion des Lehrers auf einen abgebrochenen Anlauf zum Sprung über den Kasten eines ängstlichen Schülers vor – gegenüber einem aufmunternden Zunicken auf dieselbe Situation.

Auch die Wortwahl spielt in unserer Kommunikation eine ganz wichtige Rolle. Psychologen verweisen darauf, was für den pädagogischen Bereich wichtig ist, dass bestimmte Begriffe bestimmte Assoziationen provozieren, die die Lernatmosphäre positiv oder negativ beeinflussen. So weckt z.B. die verbale Zuwendung „Ihr werdet gewinnen", „Freut euch auf dieses Spiel" oder „Bleib ruhig" positive Gefühlsregungen; „Ihr werdet nicht verlieren", „Du brauchst vor diesem Sprung keine Angst zu haben" oder „Reg dich nicht auf" jedoch negative Assoziationen. Zwar geht es beide Male um die gleichen Zielsetzungen, jedoch sind die Begriffe „Angst", „verlieren", „sich aufregen" negativ besetzt und können Befürchtungen wachrufen (vgl. BAUMANN 1993, 149). Deshalb gilt: „Ein Trainer (und Lehrer – der Verf.) sollte bei allen seinen Maßnahmen, Anweisungen und Stellungnahmen auf die richtige Auswahl seiner sprachlichen Formulierungen, auf seine Worte und Begriffe achten. Die Sprache wirkt als Stellvertreter für alle inneren Gefühls- und Antriebsprozesse, die wir durch sie ansprechen und mitteilen oder von anderen mitgeteilt bekommen. Sprachliche Assoziationen zu unangenehmen Erlebnissen und negativen Gefühlen tragen nicht zu positiven Motivationsimpulsen bei." (BAUMANN 1993, 150).

Anrede, Tonfall, Wortwahl des Lehrers spielen dem Schüler gegenüber dann eine ganz besondere Rolle, wenn ein Schüler kritisiert werden muss. Auch hierzu nur einige Aspekte: Es stellt einen großen Unterschied dar, ob der Lehrer formuliert: „Ich finde *dein Verhalten* seit einiger Zeit ziemlich unpassend" oder ob er sagt: „Ich finde *dich* seit einiger Zeit ziemlich unpassend." Einmal kennzeichnet er ein bestimmtes Verhalten, mit dem er nicht einverstanden ist, das andere Mal bricht es gewissermaßen über der ganzen Person den Stab.

Grundsätzlich muss auch Kritik konstruktiv, muss sie wohlwollend gemeint sein. Äußert man zu Beginn etwas Positives, wird der Angesprochene offenere Ohren haben für das, was dann kommt, als wenn man gleich mit der Türe ins Haus fällt. Die dann folgende Kritik ruhig und sachlich vorgetragen, kommt meist besser an als impulsiv, erregt usw. Und wenn es wirklich einmal darum geht, tiefer gehende Dinge ansprechen zu müssen, dann unter vier Augen – nicht vor der ganzen Klasse. Auch das Kritisieren muss auf den Einzelnen ausgerichtet sein: Man kann nicht zu jeder Zeit, jedem und in gleicher Weise alles sagen.

Ein bewusster Sprachgebrauch ist also in der pädagogischen Menschenführung unerlässlich, was die Bedeutung der Sprache noch einmal hervorhebt. Sie bewusst einsetzen zu können, das Gesagte dem Gemeinten entsprechend ausdrücken zu können, die Fähigkeit des Zuhörenkönnens usw. – all das sind Aspekte der Kommunikationsfähigkeit, die für einen Lehrenden unabdingbar ist.

Jedoch nicht allein die Kommunikations*fähigkeit* ist wichtig, vielmehr gewinnt auch die Kommunikations*bereitschaft* immer mehr an Bedeutung. Der Wille zur Verständigung muss gerade dort sein, wo Gemeinsamkeiten noch nicht gesehen werden, wo es überhaupt erst darum geht, auf einen Anderen zuzugehen. Dies stellt keine Frage rhetorischer Fähigkeiten dar, sondern es ist eine Frage der Einstellung. Und wie oft muss ein Lehrer diese haben, wenn er „schwierige" Schüler hat, an die er auch beim wiederholten Versuch nicht herankommt. Oder nach Konflikten, wenn „Funkstille" herrscht, Kommunikationslosigkeit. Wer soll den Dialog wieder beginnen, wenn nicht der Erziehende? Vom Heranwachsenden (v.a. in der Pubertät) ist dies kaum zu erwarten. So stellt die Kommunikationsbereitschaft tatsächlich eine ganz wichtige Haltung des Lehrenden dar. V. HENTIG führt dies, wenn die Meinungen differieren, noch weiter: „Verständigung ist eine hohe Kunst (...). Man muss eine bestimmte oder behutsame Sprache sprechen. Man muss sich vorher Lösungsmöglichkeiten, Kompromisse, Sicherungen ausgedacht und zurechtgelegt haben. Man muss Geduld und also viel Zeit aufwenden – und jetzt schon die Freundlichkeit, die man erst hinterher wirklich haben kann. Fast noch schwieriger ist Verständigung da, wo noch kein Konflikt ausgebrochen ist, wo die Vorurteile nur brodeln, wo die bloße Wahrnehmung von Unterschieden Unbehagen bereitet." (v. HENTIG 1996, 84).

⇒ Baue Ängste ab – schaffe Vertrauen

Auch das Abbauen von Ängsten und das Schaffen einer Vertrauensbasis tragen erheblich dazu bei, eine positive Lernatmosphäre in einer Leibes- und Bewegungserziehung aufzubauen. Lässt ein Schüler Ängste vor der Ausführung einer Fertigkeit, beispielsweise beim Wasserspringen, erkennen, helfen ihm Floskeln wie „Das ist doch nicht so schwer" kaum weiter. Aufgrund der unterschiedlichen Lernvoraussetzungen ist die Unterscheidung einer objektiven von einer subjektiven Lernzeit zu berücksichtigen. Auch im Hinblick auf das Anspruchsniveau gilt: Was für den einen Schüler überhaupt kein Problem darstellt, ist für den anderen ein schier unüberwindbares Hindernis. Überlegungen und Hinweise auf ein Durchschnittsniveau helfen da kaum weiter.

Der „Sportlehrer" kann nun in einer solchen Situation – sie betrifft ja zumeist die schwächeren Schüler – Ängste nehmen und Vertrauen aufbauen, wenn er zunächst einmal Verständnis für die Situation des Schülers äußert. Im Folgenden wird er dann versuchen, über kleine Schritte die Ängste abzubauen, unterstützt von taktilen Hilfestellungen, wo immer möglich. Und er wird diese Hilfestellungen selbst geben, dass dem betreffenden Schüler Misserfolg und Schmerzen möglichst erspart bleiben, dass er statt dessen Erfolgserlebnisse und Selbstvertrauen tanken kann.

Neben der Angst vor Schmerzen sind es häufig die Ängste vor dem Lehrer, genauer: seinen Erwartungen nicht entsprechen zu können, und vor den Mitschülern, genauer: von ihnen verspottet und ausgelacht zu werden. Hinsichtlich beider Punkte liegt es an der Führungsarbeit des Lehrers, sowohl auf dem Wege der Kommunikation (Thematisierung des Problems mit dem einzelnen Schüler bzw. der ganzen Klasse) als auch auf dem der Organisation Auswege zu finden.

Unterlaufen dem „Sportlehrer" einmal Fehler – „nobody is perfect" – gewinnt er fast immer an Vertrauen und an Autorität, wenn er sie auch zugeben kann, was er sicherlich auch von den Schülern erwartet. Auch in diesem Punkt ist sein Vorbild gefragt.

⇒ **Ziehe Grenzen und achte auf ihre Einhaltung**

Erziehung in strukturpädagogischem Verständnis steht bisweilen im Verdacht, eine „antiautoritäre" Pädagogik, eine „Soft"-Pädagogik zu sein. Beide Einordnungen können nur einer sehr oberflächlichen Betrachtung entspringen.
Dass das hier dargelegte Erziehungsverständnis „Autoritäten" braucht, dürfte aus den Ausführungen über die Notwendigkeit von Vorbildern und aus der Hervorhebung der Führungsrolle des Erziehenden klar hervorgegangen sein. Deshalb gilt: Autorität: ja – autoritärer Führungsstil: nein.
Ebenso klar ist, dass das hier dargelegte Erziehungsverständnis Konsequenzen beinhaltet. Es kann nicht darum gehen, alles zuzulassen, vielmehr muss Erziehung, die durch Überzeugung, Begeisterung, Faszination zum Eigenen führen will, bestimmte Grenzen, die es einzuhalten gilt, ziehen. Dies ist nötig schon alleine aus Gründen des gegenseitigen Respekts, den der Lehrer auch von den Schülern ihm gegenüber verlangen muss, aber auch aus Gründen des Schutzes des Einzelnen vor einer Gruppe (z.B. Auslachen, Ausschließen). Die Schule ist ja eo ipso keine heile Welt.
Auch das Einfordern der Anerkennung bestimmter Grenzen hat freilich wieder ein sprachlich bestimmtes *Wie*. Ebenso haben auch das Einhalten von Regeln, die Sanktionen ihrer Missachtung oder auch die Möglichkeit, sie in Frage zu stellen, zu modifizieren, aufzuheben usw. einen bestimmten kommunikativen Umgang. Erziehung und Dialog hängen, wie bereits mit BUBER gezeigt, auf's Engste zusammen. Diese Ansicht teilen auch BALZ/BRODTMANN: „Erfolg ist dem Erziehen im personalen Bezug nur dann beschieden, wenn der erzieherische Aufruf zum Teil eines Dialogs wird, in dem der Andere diesen Aufruf auf sich bezieht und ihn freiwillig anerkennt als eine für ihn bedeutsame Aufforderung zur Selbsterziehung." (BALZ/BRODTMANN u.a. 1997, 15).

⇒ **Gestalte deinen Unterricht so, dass möglichst alle Schüler Erfolgserlebnisse haben**

Auf die Bedeutung von Erfolgserlebnissen wurde bereits im Zusammenhang mit der „Motivationsschaukel" hingewiesen, auf die die Schüler in einer Leibes– und Bewegungserziehung möglichst schnell und oft aufspringen können sollen. Hierfür ist eine Unterrichtsgestaltung, die sich nicht an einem imaginären Durchschnitt orientiert, sondern auf die individuellen Schüler ausrichtet, nötig. Dem entspricht die Forderung nach einem differenzierenden Unterricht mit den vielfältigen Möglichkeiten, auf den individuellen Könnensstand einzugehen. An dieser Stelle sei lediglich noch einmal auf den Aspekt des mit dem Können einhergehenden Selbstbewusstseins erinnert, das sich mit Erfolgserlebnissen ausprägt. Selbstbewusstsein aber ist ein ganz wesentlicher Aspekt der Gesundheit, der Autogenese.

⇒ **Gestalte deinen Unterrichts so, dass er dir selbst und den Schülern Spaß und Freude bereitet**

Wie Spaß und Freude hier verstanden werden, und wie wichtig sie sowohl für den Lehrenden als auch für die Lernenden sind, begegnete immer wieder; es sei hier v.a. auf den Punkt 2.2.3 im zweiten Kapitel zurückverwiesen, wo auch die besondere Bedeutung der Freude gegenüber der mehr kurzweiligen Empfindung des Spaßes hervorgehoben wurde.

5 Auf den Punkt gebracht

Solange an allgemein bildenden Schulen das Ziel einer *ganzheitlichen* Erziehung der Heranwachsenden nicht nur auf dem Papier stehen, sondern ernsthaft verfolgt werden soll, ist ein Unterrichtsfach, das sich der Pflege der Leiblichkeit in einer Leibes- und Bewegungserziehung widmet, unverzichtbar. Dies geht aus den strukturanthropologischen Darstellungen zur Leiblichkeit, der sogar der Rang eines *Grundphänomens* zugewiesen wird, deutlich hervor. Als In-der-Welt-sein steht der Mensch „mit Leib und Seele" im Hier und Jetzt, er erfährt und erlebt die Welt und setzt sich konkreativ mit ihr auseinander. Wie alle Grundphänomene ist auch die Leiblichkeit nicht einfachhin gegeben, sondern auch aufgegeben, d.h. sie bedarf eines *Konstitutionsgeschehens,* was im Hinblick auf die Konstitution der Leiblichkeit bedeutet, dass ihr eine angemessene Pflege zuteil werden muss. Da dies in keinem anderen Unterrichtsfach ernsthaft und konsequent verfolgt wird, stellt dies die Legitimation des schulischen Unterrichtsfachs Leibes- und Bewegungserziehung dar.
Eine solche *Pflege der Leiblichkeit* schließt vielfache Aspekte, z.B. der Ernährung, des Berufs, der Freizeit – kurz: der Lebensgestaltung insgesamt – ein. In den gegenwärtigen Gesellschaften der westlichen Industrienationen, die nicht zuletzt durch die starke Tendenz zur Verdrängung der Körperlichkeit in den Ebenen des öffentlichen Lebens, in Berufswelt und Freizeitverhalten gekennzeichnet ist, kommt der Sensibilisierung für die Leiblichkeit eine erhöhte Bedeutung zu. Nicht erst dann, wenn der „Schmerzkörper" (BETTE 1999, 122) sich meldet, sondern schon viel früher sollte eine Pflege der Leiblichkeit erfolgen, die die Befindlichkeiten des Leibseins sensibel registriert und ihnen Rechnung trägt. Die instrumentalisierten Formen des Körperkultes, die als Gegenbewegung zum Körperverlust, oftmals um sich greifen, sind dabei kritisch zu betrachten, und in ihren bewusst oder unbewusst verfolgten Intentionen, z.B. den kommerzialisierten Interessen der Sportindustrie oder der Präsentation von Jugendlichkeit durch Attribute des Sports, offen zu legen. Trotz des kritischen und m.E. unzutreffenden Vorbehaltes von BETTE gegenüber der phänomenologischen Methode, die wenig über das beobachtete Objekt, aber viel über den Beobachter selbst aussage (vgl. BETTE 1999, 108), bietet sich für eine kritische Beurteilung der gesellschaftlichen Entwicklung des Sports eine Kooperation von sportsoziologischen und strukturphilosophischen Betrachtungsweisen an, um sportpädagogischen Fragen auf den Grund zu gehen, weshalb es sicherlich lohnend ist, sie zu vertiefen und weiterzuführen.
Das zentrale Anliegen der vorliegenden Arbeit ist, den strukturphilosophischen Ansatz in die sportpädagogische Diskussion einzubringen, um mit ihm die Notwendigkeit der Pflege der Leiblichkeit und der Erziehung zu ihr aufzuweisen und somit zur Legitimation einer schulischen Leibes- und Bewegungserziehung beizutragen. M.E. kann sowohl die Strukturanthropologie, die der Leiblichkeit und dem Sich-Bewegen des Menschen nicht zuletzt im Sinne eines umfassenden Gesundheitsverständnisses wesentliche Bedeutung beimisst, als auch die Strukturpädagogik mit ihrem Erziehungsverständnis als Führung zur Eigenheit, in der Frage der Legitimation des „Sportunterrichts" als schulischem Unterrichtsfach an die phänomenologische Richtung der Sportpädagogik anknüpfen und ihr neue Impulse verleihen. Durch eine ausführlichere Darstellung anderer philosophischer Ansätze der Gegenwart zu Körperlichkeit, Leiblichkeit und Gesundheit, z.B. mit FINK, GADAMER oder SCHMID, und durch die Diskussion ihrer Aussagen mit dem strukturphilosophischen Denken könnte der hier unternommene Versuch des sportphilosophischen Zugangs zu sportpä-

dagogischen Fragen noch weiter geführt und auch durch andere zeitgenössische philosophische Denker abgesichert werden.

Im Rahmen der vorliegenden Arbeit konnte mit Hilfe sportsoziologischer Beobachtungen die Frage nach der Vorbildfunktion des Sports für den „Schulsport" als äußerst problematisch herausgearbeitet werden, da sowohl die Instrumentalisierungstendenzen des Freizeit- als auch des Spitzensports einer pädagogisch ausgerichteten, ganzheitlichen Leibes- und Bewegungserziehung zuwider laufen. Die Diskussion darüber, den Inhalten und der Terminologie des schulischen „Sportunterrichts" eine „Leibes- und Bewegungserziehung" entgegen zu stellen, ist in der gegenwärtigen sportpädagogischen Diskussion voll entbrannt. Die Vertreter beider Richtungen können auf gewichtige Argumente verweisen. Ob sich die in dieser Arbeit vertretende Position der Konzeption und der Bezeichnung einer „schulischen Leibes- und Bewegungserziehung" als eines eigenständigen „Sport"-Bereiches, der sich von Breiten- und Spitzensport in wesentlichen Punkten so sehr unterscheidet, dass kaum mehr Gemeinsamkeiten vorhanden sind, durchsetzen wird, bleibt abzuwarten.

Auch wenn es im Sinne eines angemessenen Sprachverständnisses darum geht, dass Begriff und Bezeichnetes sich entsprechen, scheinen über die Diskussion um die Terminologie hinaus inhaltliche Parallelen zu anderen aktuellen sportpädagogischen Ansätzen von Bedeutung. „Zeitgemäßer Sportunterricht" (MOEGLING), „Erziehender Unterricht" (z.B. BALZ), „Bewegungserziehung" (GRÖSSING) usw. sind Termini, die in die Richtung dessen weisen, was hier „Leibes- und Bewegungserziehung" genannt wird. Dem Gemeinsamen und Differierenden in den jeweiligen Begriffen, ihren Wurzeln, ihren Begründungen und Konsequenzen noch genauer nachzugehen, wäre im Sinne der Legitimation des „Schulsports" sicherlich eine lohnende Aufgabe.

Vom strukturanthropologischen Ansatz her gesehen ist unbestreitbar, dass die Leiblichkeit, wie jedes Grundphänomen, der *Erziehung* bedarf. Im Hinblick auf das Sich-Bewegen, das offensichtlich *einen* wesentlichen Faktor der Pflege der Leiblichkeit ausmacht, bedeutet dies: in einem erzieherischen Geschehen müssen die Heranwachsenden in einem mehrperspektivischen Bewegungs-, Sport- und Spielunterricht zu vielfältigen motorischen Erfahrungen angeleitet werden. Dabei muss ein Fundament von Fähig- und Fertigkeiten vermittelt werden, das es den Zu-Erziehenden ermöglicht, *ihren* eigenen Weg von Bewegung, Sport und Spiel zu finden, um dergestalt an einer Bewegungskultur teilnehmen zu können. Dass diese Erziehung zu Leiblichkeit und Bewegung in den Schulen stattfindet, ist deshalb dringend nötig, da nur hier *alle* Heranwachsenden, auch und gerade die aus sozial niederen Schichten erfasst werden, die andere Möglichkeiten der Pflege der Leiblichkeit außerhalb der Schulen häufig nicht wahrnehmen.

Die Freude am Können, das auf längeres Üben und Trainieren nicht verzichten kann – und aus pädagogischen Gründen auch gar nicht will – , steht in einer Leibes- und Bewegungserziehung einem kurzsichtigen „Spaßsport" als pädagogischer Entsprechung zu einer Tendenz der gesellschaftlichen Entwicklung des Freizeitsports ebenso entgegen wie dem durch Politik, Massenmedien und Wirtschaft verfremdeten Spitzensport. Nicht um kritiklose Übernahme der gesellschaftlichen Vorbilder des Sports geht es in einer Leibes- und Bewegungserziehung. In ihrer inhaltlichen Gestaltung kann sie offen sein für vieles, auch für die neuen Möglichkeiten der sportlichen Aktivitäten, die die Heranwachsenden, die mit der Ausdifferenzierung des Sports in ihrer Freizeit konfrontiert werden, in den Unterricht mitbringen; eine Leibes- und Bewegungserziehung kann ebenso offen sein für die Faszination der Perfektion von Bewegungsausführung, von Wettkampf, Leistung und Spiel im Hochleistungssport. So wurde immer wieder betont, dass auch der Sport in seinen heutigen vielschichtigen Erscheinungsformen in eine Leibes- und Bewegungserziehung integriert sein soll, die je-

doch im insgesamt breiter angelegten Spektrum von Bewegung und Spiel über ihn hinausgeht.
In der Praxis ist das Wesentliche einer pädagogisch ausgerichteten Leibes- und Bewegungserziehung weniger darin zu sehen, dass sie bestimmte Inhalte vermittelt, es liegt vielmehr in der Art und Weise des Erziehungsgeschehens, in der der Lehrende eine zentrale Stellung einnimmt. Durch die Umsetzung strukturpädagogischer Prinzipien, wie Motivation, eigene Erfahrungen, Selbsttätigkeit, Erfahrung von Sinnhaftigkeit des Tuns usw. – eine weiterführende Auseinandersetzung mit der pädagogischen Linie HERBART – BENNER zur Vertiefung der pädagogischen Grundbegriffe drängt sich förmlich auf – soll die Stimmigkeit gelingender Autogenese, die sich oftmals auch als Wohlbefinden äußert, in Bewegung, Sport und Spiel „am eigenen Leib" erfahrbar werden können.
Die emotionale Kompetenz, das Mögen des Lehrenden, das das Vermögen des Zu-Erziehenden stiftet, die salutogenetische Sichtweise, die die Gesundheit des Heranwachsenden dadurch fördert, dass sie in erster Linie seine Stärken bestärkt, sind tragende Säulen des strukturpädagogischen Erziehungskonzepts.
In diesem strukturphilosophischen Verstehen spielt die geführte Gesundheitsdiskussion, die vom Ist-Zustand der Heranwachsenden ausgeht, eine wichtige Rolle. Sie will keinem „Schulsport" als instrumentalisiertem Gesundheitssport im Sinne einer bloßen Kompensation gesellschaftlicher Notwendigkeiten das Wort reden. Sicherlich muss eine Leibes- und Bewegungserziehung auch darauf eingehen. Mit dem strukturanthropologischen Ansatz wird Gesundheit jedoch darüber hinausgehend in einem viel umfassenderen Sinne als das Vermögen verstanden, die Autogenese immer wieder neu gelingend und stimmig hervorbringen zu können. Da diese nicht isoliert, sondern in der konkreten Auseinandersetzung mit der sozialen und natürlichen Umwelt geschieht, ergibt sich von hier aus auch die Forderung nach einer Gestaltung und Erhaltung der sozialen und natürlichen Umwelt – *Umweltschutz*.

Besondere Bedeutung kommt in diesem Horizont der Pflege der Leiblichkeit insofern zu, als deren Vernachlässigung gelingenden Konstitutionsprozessen, die letztlich ein – im strukturanthropologischen Verständnis – „gesundes" Dasein ausmachen, zuwider läuft. Auf Grund der großen Nähe der Strukturanthropologie und der Strukturpädagogik in der Frage, wie zu Gesundheit erzogen werden kann, zum salutogenetischen Gesundheitsbegriff liegt in der sportpädagogischen Diskussion um Erziehung im Allgemeinen und um Gesundheitserziehung im Besonderen nahe, ihn weiter zu verfolgen, und vor allem nach weiteren Aspekten seiner konkreten Umsetzung im schulischen Alltag zu forschen.
Darüber hinaus ist es im strukturanthropologischen Verstehen von Leiblichkeit und Sich-Bewegen nach wie vor nötig, Bewegungsmangel als eine Erkrankung der gegenwärtigen Gesellschaft zur Kenntnis zu nehmen und zur Sprache zu bringen. In der Absicht, Genaueres über Bewegungsmangel und seine Folgen aussagen zu können, sind *vergleichbare* Untersuchungsergebnisse, die zum einen den Ist-Zustand, zum anderen die Entwicklung überschaubarer Zeiträume und schließlich die Einflussmöglichkeiten des „Schulsports" zur Gesundheit der Heranwachsenden dokumentieren können, unbedingt notwendig. Hierfür sind breit angelegte Erhebungen nach gleichen Standards unabdingbar, die zu erstellen, durchzuführen und auszuwerten m.E. eine wichtige Aufgabe der Sportpädagogik in der Frage der Legitimation des „Schulsports" v.a. gegenüber der Öffentlichkeit darstellen wird.
Geht man davon aus, was der Überblick über viele Einzeluntersuchungen in dieser Arbeit nahe legt, dass hier Handlungsbedarf angezeigt ist, könnten auf der Grundlage solcher gesicherter Untersuchungsergebnisse zum aktuellen Gesundheitszustand der Heranwachsenden

die Vertreter der Sportpädagogik einheitlich argumentieren, was für die Öffentlichkeit sicherlich überzeugender wäre als das Bild differierender und sich widersprechender Meinungen, wie es sich derzeit (noch) darstellt. Auch die im Rahmen dieser Arbeit durchgeführte empirische Erhebung über die muskuläre Ausbildung der Rumpfmuskulatur Jugendlicher deckt einen zu geringen Bereich ab, weshalb sie lediglich eine Tendenz anzeigen kann – die Ansprüche einer aussagekräftigen Erhebung erfüllt sie nicht.

Soll eine schulische Leibes- und Bewegungserziehung sowohl das Fundament zur lebenslangen Teilnahme an einer Bewegungskultur bereiten, als auch während der Schulzeit nachweisbar zur Gesundheit beitragen, ist einer Leibes- und Bewegungserziehung ein zeitlicher Umfang einzuräumen, von dem das derzeitige Stundenkontingent weit entfernt ist. Der in dieser Arbeit unternommene Versuch der zeitlichen Umfangsbestimmung einer pädagogisch ausgerichteten Leibes- und Bewegungserziehung auf der Grundlage sportmedizinischer Aussagen zu Ausdauer, Kraft, Koordination und Beweglichkeit, die neben vielfachen anderen Leibes-, Bewegungs-, und Spielerfahrungen in strukturpädagogischer Weise vermittelt werden sollen, können sicherlich nur als ein erster Versuch verstanden werden, der der näheren Differenzierung, z.B. nach Alter der Zu-Erziehenden in Grundschule oder weiterführenden Schulen, und der weiterführenden Diskussion bedarf. So fehlen noch weitgehend Daten über die Notwendigkeit des Trainingsumfangs in den einzelnen Bereichen – allein für den Ausdauerbereich liegen ausreichende Kenntnisse vor – bei Kindern und Jugendlichen; lediglich auf Vermutungen kann man in der Frage zurückgreifen, inwieweit sich Überschneidungen der einzelnen motorischen Bereiche ergeben; schließlich ist ein Erfahrungsaustausch darüber vonnöten, ob der als reine Erziehungszeit angesetzte zeitliche Umfang ausreichend bemessen ist. Auch hierbei überlagern sich häufig unterschiedliche Ebenen, nämlich die der motorischen Ausbildung und der erzieherischen Wirkung, so dass nicht hier motorische Ausbildung und dort, – quasi additiv – Erziehung geschähe, wie mit der Sozialerziehung im „Sportunterricht", dem „Erziehenden Unterricht", der Betrachtung von Sprache und Kommunikation im Unterricht usw. immer wieder gezeigt wurde.

Interessant wäre in diesem Zusammenhang – auch dies stellt wohl eine Aufgabe der Sportpädagogik in der nächsten Zeit dar – einen Blick auf andere Organisationsformen des schulischen „Sportunterrichts" in den Schulsystemen anderer vergleichbarer (westlicher) Industriestaaten zu werfen. Insbesondere die Frage nach den Inhalten und dem Umfang des schulischen „Sportunterrichts" in anderen europäischen Ländern und in den USA und nach der Art und Weise seiner Organisation, beispielsweise als Blockunterricht, scheint hier von Bedeutung. Verfolgt man die sportpädagogische Diskussion der letzten Jahre, gibt es kaum solche Blicke „über den Zaun", die die Diskussion um den „Sportunterricht" möglicherweise bereichern können.

Betrachtet man den Gesamtgedankengang der vorliegenden Arbeit, wird deutlich, dass durch die strukturanthropologisch fundierte ganzheitliche Sicht des Menschen und durch die Betonung der Art und Weise des Erziehungsgeschehens an die „bildungstheoretische Leibeserziehung" angeknüpft wird. Dennoch soll die Notwendigkeit des Vermittelns sportlicher Qualifikationen durch das Heranbilden von Fähigkeiten, von Fertigkeiten, von Haltungen und Einstellungen, wie sie eine sozialwissenschaftlich ausgerichtete Auffassung des schulischen „Sportunterrichts" fordert (vgl. PROHL 1999, 86) in der vorliegenden Arbeit nicht geleugnet, sondern bewusst in eine mehrperspektivische (vgl. BALZ 1992b, 268) und mehrdimensionale (vgl. MOEGLING 1999, 320) Leibes- und Bewegungserziehung integriert werden. Durch sie soll das Fundament für die Teilnahme an Bewegung, Sport und Spiel in einer auszubildenden Bewegungskultur bereitet werden. Insofern stellt eine Leibes– und Bewegungserziehung zur Pflege der Leiblichkeit und zur Ausbildung des Sich-Bewegens, die für ein gelingendes Menschsein konstitutiv sind, einen unverzichtbaren Bestandteil des Bildungsauftrages der allgemein bildenden Schulen dar.

Literaturverzeichnis

ABELE, A./BREHM W.: Sportliche Aktivität als gesundheitsbezogenes Handeln: Auswirkungen, Voraussetzungen und Förderungsmöglichkeiten. In: SCHWARZER, R. (Hrsg.): Gesundheitspsychologie. Göttingen, Zürich 1990.

„adidas": Geschäftsbericht. Ohne Erscheinungsort. 1996.

„adidas": Geschäftsbericht. Ohne Erscheinungsort. 1997.

„adidas": Geschäftsbericht. Ohne Erscheinungsort. 1998.

„adidas": Press Info. Ohne Erscheinungsort. 1996.

ALLMER, H.: Gesundheitsverhalten als intentionales und volitives Geschehen. In: SCHWARZER, R. (Hrsg.): Gesundheitspsychologie. Göttingen, Zürich 1990.

ALTENBERGER, H./NEUMANN, P.: Sportpädagogische Konzepte zwischen Fun – Anstrengung – Leistung – Wettbewerb. In: PAFFRAT F. H. (Hrsg.): Zu neuen Ufern. Alling 1998.

ALTENBERGER, H./VOLKAMER, M.: Was leistet der Schulsport für das Sporttreiben im nachschulischen Leben? In: BREHM/KUHN/LUTTER/WABEL (Red.): Leistung im Sport – Fitness im Leben. Hamburg 1997.

ALTENBERGER, H.: Die Zukunft des Sports – eine sportpädagogische Herausforderung für die Sportvereine? In: Haimerl, B. (Hrsg.): Sport im Spiegel. Betrachtungen eines Phänomens. Festschrift für Professor Dr. Heinz Lutter. Regensburg 1994.

ALTENBERGER, H.: Sportunterricht an der Schule zwischen sportmotorischer Kompetenzerweiterung und verantwortungsgeleitetem Sporttreiben. In: ALTENBERGER, H. (Hrsg.): Fachdidaktik in Forschung und Lehre. Augsburg 1997.

ANDERSON, B.: Stretching. Waldeck-Dehringhausen 1980.

AOK: Rücksicht auf den Rücken. Infothek Bleib gesund. Heft 12. O.O. 1995.

AOK: Starten statt warten. Infothek Bleib gesund. Heft 2. o.O. 1997.

ASCHEBROCK, H.: Bewegung in der Schulentwicklung! Schulentwicklung ohne Bewegung? In: Sportpädagogik 4/97. 9 – 12.

BALZ, E./BRODTMANN, D./DIETRICH, K./FUNKE-WIENEKE, J./KLUPSCH-SAHLMANN, R./KUGELMANN, C./MIETHLING, W.-D./TREBELS, A. H.: Schulsport – wohin? Sportpädagogische Grundfragen. In: Sportpädagogik 1/97. 14 – 28. (= BALZ, E./BRODTMANN, D. u a.).

BALZ, E./SCHIERZ, M.: Unterrichtszeit im Schulsport. In: Sportpädagogik 1/98. 21 – 29.

BALZ, E.: Den Schulsport stärken! In: Sportpädagogik 3/1992. 2 – 4. (= 1992a).

BALZ, E.: Gewalt – ein Thema für den Schulsport? In: Sportpädagogik 4/97. 3 – 8. (= 1997a).

BALZ, E.: Schulsport ohne Zukunft. In: Sportpädagogik 6/97. 3 – 5. (= 1997b).

BALZ, E.: Sport und Gesundheit. In: Sportwissenschaft 1992/3. 257 – 282. (= 1992b).

BALZ, E.: Warum „Spaß" nicht als Leitidee für den Schulsport taugt.. In: Sportunterricht 1994. 468 – 471.

BALZ, E.: Zur Wiederentdeckung der Geländespiele. In: Sportunterricht 50 (2001), Heft 4. 101 – 104.

BARUZZI, A.: Die Zukunft der Freiheit. Darmstadt 1993.

BARUZZI, A: Europas Philosophie der Machbarkeit, in: STENGER, G./RÖHRIG, M. (Hrsg.): Philosophie der Struktur – „Fahrzeug" der Zukunft? Für Heinrich Rombach. München 1995.

BAUMANN, N.: Zehn Fragen zur Entwicklung des Schulsports. In: Sportpädagogik 1/97. 10 – 13.

BAUMANN, S.: Psychologie im Sport. Aachen 1993.

BAUMGARTNER, H. M./KRINGS H./ WILD C.: Philosophie. In: KRINGS, H./ BAUMGARTNER, H. M./WILD, C.: Handbuch philosophischer Grundbegriffe Band 4. München 1973.

BAUR, J.: Staatliche Bildungspolitik für den Schulsport. In: Sportunterricht 46 (1997), Heft 1. 24–32.

BAYERISCHER FUSSBALLVERBAND (= BFV): Entwicklung der Jugendmannschaften im BFV. Unveröffentlichte Statistik. 1998.

BAYERISCHER LANDESSPORTVERBAND (BLSV): Vereine und Mitglieder – Stand 31.12.1997 (unveröffentlicht).

BAYERISCHER PHILOLOGENVERBAND (Hrsg.): Das Gymnasium in Bayern. 12/Dezember 1998. 25.

BAYERISCHER VOLLEYBALLVERBAND (= BVV) : Entwicklung der Vereins- und Mannschaftszahlen seit 1984. Unveröffentlichte Statistik. 1997.

BAYERISCHES LANDESAMT FÜR STATISTIK UND DATENVERARBEITUNG: Die bayerischen Schulen im Schuljahr 1996/97. Stand: Herbst 1996. München 1997.

BAYERISCHES STAATSMINISTERIUM FÜR UNTERRICHT, KULTUS, WISSENSCHAFT UND KUNST (Hrsg.): Auf- und Abwärmen – aber richtig. München 1997.

BAYERISCHES STAATSMINISTERIUM FÜR UNTERRICHT, KULTUS, WISSENSCHAFT UND KUNST (Hrsg.): Konzept für die Staatliche Lehrerfortbildung: Fachlehrplan Sport für das Gymnasium – Lernbereich Gesundheit. München 1992 (=1992b).

BAYERISCHES STAATSMINISTERIUM FÜR UNTERRICHT, KULTUS, WISSENSCHAFT UND KUNST (Hrsg.): Lehrplan für das bayerische Gymnasium. Fachlehrplan für Sport Teil 1. München 1992. (= 1992a).

BAYERISCHES STAATSMINISTERIUM FÜR UNTERRICHT, KULTUS, WISSENSCHFT UND KUNST (Hrsg.): Bewegte Grundschule Band 1 und 2. o.O. o.J.

BAYERISCHES STAATSMINISTERIUM FÜR UNTERRICHT, KULTUS, WISSENSCHAFT UND KUNST (Hrsg.): Anlage zum KMS vom 17.12.1993: Empfehlungen zur Bewertung der Leistungen im Sportunterricht der Jahrgangsstufen 5 – 11 des Gymnasiums. München 1993.

BENNER, D.: Allgemeine Pädagogik. Eine systematisch-problemgeschichtliche Einführung in die Grundstruktur pädagogischen Denkens und Handelns. Münster/Altenberge 1996².

BENNER, D.: Hauptströmungen der Erziehungswissenschaft. Eine Systematik traditioneller und moderner Theorien. Weinheim 1991³.

BERENDONK, B.: Doping. Von der Forschung zum Betrug. Hamburg 1992.

BERNDT, I.: Wie motiviere ich meine Schülerinnen und Schüler? In: Bielefelder Sportpädagogen: Methoden im Sportunterricht. Schorndorf 1989.

BERNETT, H.: Zur medialen Inszenierung von Sportereignissen – dargestellt am Beispiel der Leichtathletik. In: DIETRICH, K./HEINEMANN, K. (Hrsg.): DER NICHT-SPORTLICHE SPORT. Beiträge zum Wandel im Sport. Jestburg 1999.

BETTE, K.-H. und SCHIMANK, U.: Sportlerkarriere und Doping. In: BETTE, K.-H. (Hrsg.): Doping im Leistungssport. Sozialwissenschaftlich beobachtet. Stuttgart 1994.

BETTE, K.-H./ SCHIMANK, U.: Doping im Hochleistungssport. Anpassung durch Abweichung. Frankfurt 1995.

BETTE, K.-H.: Strukturelle Aspekte des Hochleistungssports in der Bundesrepublik. Ansatzpunkte für eine System-Umwelt-Theorie des Hochleistungssports. Sankt Augustin 1984.

BETTE, K.-H.: Systemtheorie und Sport. Frankfurt 1999.

BINNEWIES, H.: Sport und Massenmedien. Eine Dokumentation zweier Tagungen des Arbeitskreises Kirche und Sport Berlin. Ahrensburg 1981.

BOECKH-BEHRENS, W.-U./BUSKIES, W.: Gesundheitsorientiertes Fitnesstraining Band 1. Lüneburg 1997³.

BOECKH-BEHRENS, W.-U./BUSKIES, W.: Gesundheitsorientiertes Fitnesstraining Band 3. Lüneburg 1996².

BÖHM, W: Theorie und Praxis. Eine Erörterung des pädagogischen Grundproblems. Würzburg 1985.

BÖHM, W: Wörterbuch der Pädagogik. Stuttgart 1982¹².

BÖKEMANN, D.: Bewegungsraum und Sporttourismus. In: DIETRICH, K./HEINEMANN, K. (Hrsg.): DER NICHT-SPORTLICHE SPORT. Beiträge zum Wandel im Sport. Jestburg 1999.

BÖS, K.: Schulsport – wozu? In: Sport Praxis 38. 1997/1. 10 – 11.

BRÄUTIGAM, M.: Spaß als Leitidee jugendlichen Sportengagements. Konsequenzen für die Sportdidaktik. In: Sportunterricht 43 (1994), Heft 6. 236 – 245.

BRAND, S.: Diskussionsbeitrag. In: DIGEL, H.: Olympische Spiele in Atlanta – quo vadis Olympia? 10. Darmstädter Sport-Forum. Darmstadt 1996.

BREITHECKER, D.: Arbeitsplatz Schule – so ergonomisch wie nötig, so beweglich wie möglich. In: Die Säule 3/98. 12 –18 (= 1998a).

BREITHECKER, D.: Wie lange können wir es uns noch erlauben, Schüler ein Schulleben lang auf Sperrmüll sitzen zu lassen? In: Aktion Gesunder Rücken, 6. Jahrgang Nr. 16. 11/1998. 12 – 13 (=1998b).

BRETTSCHNEIDER, W.-D.: Jammern hilft nicht, Visionen sind gefragt. In: Sportunterricht 47 (1998), Heft 6. 220 – 221.

BRETTSCHNEIDER, W.-D.: Wie schlapp sind unsere Kinder wirklich? In: Sportunterricht 49 (2000), Heft 11. 340.

BRODTMANN, D.: Kinder – Bewegung – Gesundheit. In: Sportpädagogik 5/96. 6 – 11. (= 1996a)

BRODTMANN, D.: Zweierlei Maßstäbe im Sport. In: Friedrich Jahresheft „Prüfen und Beurteilen". Seelze 1996. 60 – 61. (= 1996b)..

BUBER, M.: Das dialogische Prinzip. Heidelberg 1984.

BUBER, M.: Die Erzählungen der Chassidim. Zürich 1949.

BUBER, M.: Reden über Erziehung. In: BUBER, M.: Schriften zur Philosophie Band 1. München 1962.

BUSKIES, W.: Sanftes Krafttraining: Unter besonderer Brücksichtigung des subjektiven Belastungsempfindens. Köln 1999.

BUSKIES,W./BOECKH-BEHRENS, W.-U.: Gesundheitsorientiertes Fitnesstraining Band 2. Lüneburg 1998[3].

CACHAY, K.: Systemtheoretische Überlegungen zu einer Didaktik der Sportspiele. In: Sportwissenschaft 11. Jgg. 1981/4. 359 – 385.

CARLGREN, F.: Erziehung zur Freiheit. Die Pädagogik Rudolf Steiners. Frankfurt 1983.

COAKLEY, J.J.: Entwicklungsvoraussetzungen des Profi-Sports und Auswirkungen der Professionalisierung auf Sportveranstaltungen und Sportler. In: HEINEMANN K. (Hrsg.): Texte zur Ökonomie des Sports. Schorndorf 1984.

CSIKSZENTMIHALYI, M.: Flow. Das Geheimnis des Glücks. Stuttgart 1998[6].

DANNENMANN, F./HANNIG-SCHOSSER, J./ULLMANN, R. (Hrsg.): Schule als Bewegungsraum. Konzeptionen – Positionen – Konkretionen. Stuttgart 1997.

DAUME, W.: Vorwort. In: GERZ, A.(Gesamtverantwortung): Mockba, Lake Placid 80. München 1980.

DÄXLE, P.: Auf- und Abwärmen in Leichtathletik. In: BAYERISCHES STAATSMINISTERIUM FÜR UNTERRICHT, KULTUS, WISSENSCHAFT UND KUNST (Hrsg.): Auf– und Abwärmen – aber richtig! München 1997.

DECKER, W.: Sport und Spiel im alten Ägypten. München 1987.

DENNER, A.: Die wirbelsäulenstabilisierende Muskulatur chronischer Rückenpatienten. In: Manuelle Medizin 2/1997. 94 – 102.

DER SPIEGEL Nr. 44/30.10.2000. 146 – 159.

DEUTSCHER ALPENVEREIN (DAV) (Hrsg.): Felsen, Klettern & Naturschutz in Baden-Württemberg. Stuttgart 1998[3].

DEUTSCHER ALPENVEREIN (DAV) (Hrsg.): Leitbild Klettern für die außeralpinen Felsgebiete in Deutschland. München 1999.

DEUTSCHER SKI-VERBAND (DSV): Umweltplan 2000. Bönnigheim 1993.

DEUTSCHER SPORTBUND (DSB) Presse Nr. 25/17.06.1997. Schulsport als gesellschaftlicher Auftrag. Resolution der Anhörung des Deutschen Sportbundes. 17.06.1997.

DIEBSCHLAG, W. und B.: Ergonomie und Ökonomie an Sitzarbeitsplätzen von Erwachsenen und Kindern. In: Die Säule 3/98. 6 – 10.

DIEKMANN, W./ LETZELTER, M.: Stabilität und Wiederholbarkeit von Trainingszuwachs und Schnellkrafttraining im Grundschulalter. In: Sportwissenschaft 17 (1987). 280 – 293.

DIETRICH, K.: Inszenierungsformen im Sport. In: DIETRICH, K./HEINEMANN, K. (Hrsg.): Der NICHT-SPORTLICHE SPORT. Beiträge zum Wandel im Sport. Jestburg 1999.

DIETRICH, K.: Was ist neu an der Neuen Bewegungskultur. In: PAWELKE, R.: (Hrsg.): Neue Sportkultur. Regensburg 1995.

DIGEL, H.: Diskussionsbeitrag. In: DIGEL, H.(Hrsg.): Olympische Spiele in Atlanta – quo vadis Olympia? 10. Darmstädter Sport-Forum. Darmstadt 1996.

DIGEL, H.: Doping als Verbandsproblem. In: BETTE, K.-H. (Hrsg.): Doping im Leistungssport. Sozialwissenschaftlich beobachtet. Stuttgart 1994.

DIGEL, H.: Probleme und Perspektiven der Sportentwicklung – dargestellt am Beispiel der Leichtathletik. Aachen 1997.

DIGEL, H.: Sport verstehen und gestalten. Hamburg 1982.

DIGEL, H.: Sprache und Sprechen im Sport. Eine Untersuchung am Beispiel des Hallenhandballs. Schorndorf 1976.

DIGEL, H.: Wettkampfsport im Verein und im Verband – Eine kulturelle und pädagogische Notwendigkeit. In: DIGEL, H. (Hrsg.): Wettkampfsport. Wege zu einer besseren Praxis. Aachen 1991.

DORDEL, S.: Kindheit heute: Veränderte Lebensbedingungen = reduzierte motorische Leistungsfähigkeit? In: Sportunterricht 49 (2000), Heft 11. 341 – 349.

EBERSPÄCHER, H.: Sportpsychologie. Hamburg 1984.

EGGERT, D./BRANDT, K./ JENDRITZKI, H./ KÜPPERS, B.: Verändern sich die motorischen Kompetenzen von Schulkindern? In: Sportunterricht 49 (2000), Heft 11. 350 – 355.

ELIAS, N.: Die Genese des Sports als soziologisches Problem. In: HAMMERICH, K/HEINEMANN, K. (Hrsg.) Texte zur Soziologie des Sports. Schorndorf 1975.

ERDMANN, R.: Zwang durch Utopie – Pflicht zur Utopie, in: FRIEDRICH, G./HILDENBRANDT, E. (Hrsg.): Sportlehrer–in heute: Ausbildung und Beruf. Hamburg 1997.

FC BAYERN. Fankatalog 98/99.

FC BAYERN. Meister-Katalog 97/98.

FELDHOFF, U.: Diskussionsbeitrag. In: DIGEL, H.: Olympische Spiele in Atlanta – quo vadis Olympia? 10. Darmstädter Sport-Forum. Darmstadt 1996.

FIEDLER, M.: Typen sind gefragt. In: Sports. November 1998, 3.

FINK, E.: Grundphänomene des menschlichen Daseins. Freiburg, München 1995².

FISCHER, H.: Die wirtschaftliche Lage der 1. Bundesliga im Fußball. In: HEINEMANN, K. (Hrsg.): Texte zur Ökonomie des Sports. Schorndorf 1984.

FISCHER, K.: Psychomotorik: Bewegungshandeln als Entwicklungshandeln. In: Sportpädagogik 5/96. 26 – 36.

FOCUS Nr. 35, August 1997. 202 – 204.

FRANKE, E.: Dopingdiskurse: Eine Herausforderung für die Sportwissenschaft. In: BETTE, K.-H. (Hrsg.): Doping im Leistungssport. Sozialwissenschaftlich beobachtet. Stuttgart 1994.

Frankfurter Allgemeine vom 14.03.1990.

FREIWALD, J.: Aufwärmen im Sport. Hamburg 1991.

FRIEDRICH, P.: Stadion und Hippodrom. In: SINN, U. (Hrsg.): Sport in der Antike. Würzburg 1996.

FRÖHLICH, H.: Die Bewegungsaktivität von Schülern bei verschiedenen Unterrichtsformen im Sportunterricht. Bayreuth 1999 (unveröffentlicht).

FRÖHNE, G.: Zur primären Prävention von Haltungsschäden und Haltungsschwächen bei Schulkindern. In: Aktion Gesunder Rücken. 6. Jahrgang Nr. 16. 11/1998. 24 – 26.

FRTISCH, U.: Tanz im Trend – Aufschwung und Abstraktion im Bereich der symbolisch-expressiven Bewegungskultur. In: DIETRICH, K./HEINEMANN, K. (Hrsg.): DER NICHT-SPORTLICHE SPORT. Beiträge zum Wandel im Sport. Jestburg 1999.

FUNKE-WIENEKE, J.: Soziales Lernen. In: Sportpädagogik 2/97. 28 – 39 (= 1997b).

FUNKE-WIENEKE, J.: Von der „Körpererfahrung" zur „Thematisierung der Leiblichkeit". In: MÜLLER, E./STADLER, R./BAUMANN, C.: Sportpädagogik in Bewegung. Salzburg 1997 (= 1997a).

FUNKE-WIENEKE, J.: Erziehen im Sportunterricht. In: Sportpädagogik 4/99. 13 – 21.

GADAMER, H.-G.: Über die Verborgenheit der Gesundheit. Frankfurt 1993..

GEIGER, L.: Ausdauertraining. München 1988⁴.

GEIGER, L.: Gesundheitstraining. München 1999.

GEIGER, L.: Überlastungsschäden im Sport. München 1997.

GEIST, S.: Sportlehrer im Spielgel ihrer Schüler. In: Sportpädagogik 6/2000. 16 – 19.

GEIST, S.: Von der Not mit der Notengebung. In. Sportpädagogik 4/1997. 31 – 34.

GRÖSSING, S.: Bewegungskultur und Bewegungserziehung. Grundlagen einer sinnorientierten Bewegungspädagogik. Schorndorf 1993.

GRÖSSING, S.: Einführung in dies Sportdidaktik. Wiesbaden 1997⁷.

GRUPE, O./KRÜGER, M.: Einführung in die Sportpädagogik. Schorndorf 1997.

GRUPE, O.: Bewegung, Spiel und Leistung im Sport. Grundthemen der Sportanthropologie. Schorndorf 1982.

GRUPE, O.: Grundlagen der Sportpädagogik. Körperlichkeit, Bewegung und Erfahrung im Sport. Schorndorf 1984[3].

GRUPE, O.: Zur pädagogischen Bedeutung des Olympismus. In: DIGEL, H.: Olympische Spiele in Atlanta – quo vadis Olympia? 10. Darmstädter Sport-Forum. Darmstadt 1996.

HAAG, H./KIRSCH, A./KINDERMANN, W: Dokumente zu Sport, Sporterziehung und Sportwissenschaft. Schorndorf 1991.

HAAG, H.: Bewegungskultur und Freizeit. München 1986.

HAAG, H.: Sportphilosophie. Frankfurt 1995.

HAAS, W.: Die Anti-Doping-Initiative des Zehnkampfteams. In: BETTE, K.-H. (Hrsg.): Doping im Leistungssport. Sozialwissenschaftlich beobachtet. Stuttgart 1994.

HABERKORN, C./PLASS, R./BAUMANN, H. (Hrsg.): Leichtathletik Band 1. Frankfurt 1992.

HACKFORTH, J.: Publizistische Wirkungsforschung: Ansätze, Analysen und Analogien. Das Beispiel der Sportberichterstattung. In: HACKFORTH, J.: (Hrsg.): Sportmedien & Mediensport. Wirkungen – Nutzung –Inhalte der Sportberichterstattung. Berlin 1987.

HACKFORTH, J.: Sportjournalismus in Deutschland: Die Kölner Studie. In: HACKFORTH, J./FISCHER, C. (Hrsg.): ABC des Sportjournalismus. München 1994 (= 1994a).

HACKFORTH, J.: Von Adidas bis Zamek – Präsentation und Wirkung von Werbung und Sponsoring im Sport. In: HACKFORTH, J. (Hrsg.): Sportsponsoring: Bilanz eines Booms. Berlin 1994.

HAHMANN, H.: Effizienzuntersuchung zu Sportföderunterricht. Speyer 1986.

Handelsblatt Nr. 144 vom 30. 07. 1997.

HARNOS, H.: Sport in der Schule – Schule im Sport. In: Sportpädagogik 5/97. 3 – 9.

HEIDEGGER, M., Gesamtausgabe Band 24. Die Grundprobleme der Phänomenologie. Frankfurt 1975 (= 1975b).

HEIDEGGER, M.: Die Technik und die Kehre. Pfullingen 1978[4].

HEIDEGGER, M.: Holzwege. Frankfurt 1980[6].

HEIDEGGER, M.: Sein und Zeit. Tübingen 1977[14].

HEIDEGGER, M.: Über den Humanismus. Frankfurt 1975 (= 1975a).

HEIDEGGER, M.: Unterwegs zur Sprache. Stuttgart 1993[10].

HEINEMANN, K.: Der „Nicht-sportliche" Sport. In: DIETRICH, K./HEINEMANN, K. (Hrsg.): DER NICHT-SPORTLICHE SPORT. Beiträge zum Wandel im Sport. Jestburg 1999.

HEINEMANN, K.: Einführung in die Soziologie des Sports. Schorndorf 1998[4].

HEINEMANN, K.: Sport unter den Gesetzen des Marktes – Das Beispiel des kommerzialisierten Zuschauer–Schausports. In: DIETRICH, K./HEINEMANN, K. (Hrsg.): DER NICHT-SPORTLICHE SPORT. Beiträge zum Wandel im Sport. Jestburg 1999.

HENTIG von, H.: Bildung. München, Wien 1996.

HENTIG von, H.: Die Schule neu denken. München/Wien 1993.

HENTIG von, H.: Zur Einführung. In: von der GROEBEN, A. und RIEGER M.F.: Ein Zipfel der besseren Welt. Essen 1991.

HENZE, H.: Zur zukünftigen Rolle Deutschlands bei den Olympischen Spielen. In: DIGEL (Hrsg.): Olympische Spiele in Atlanta – quo vadis Olympia? 10. Darmstädter Sport-Forum. Darmstadt 1996.

HESSE, H.: Siddhartha. Eine indische Dichtung. Frankfurt 1974.

HOFMEISTER, H.: Philosophisch denken. Tübingen 1991.

HONER, A.: Körperträume und Traumkörper – Vom anderen Selbst-Verständnis des Bodybuilders. In: DIETRICH, K./HEINEMANN, K. (Hrsg.): DER NICHT-SPORTLICHE SPORT. Beiträge zum Wandel im Sport. Jestburg 1999.

HORN A./PAUL, H.: Geschichten über Fairness im Sport. Donauwörth 1999.

HORN, A.: Differenzierung im Volleyballunterricht ein wichtiger Aspekt zur Motivierung der Schüler. In:

Sportunterricht 46 (1997), Heft 8. Lehrhilfen 113 – 116.

HORN, A.: Grundlagen schaffen zur Spielfähigkeit. Leichte(re) Übungen für Anfänger (1). In: Sportunterricht 48 (1999), Heft 10. Lehrhilfen 151 – 155.

HORN, A.: Spielen lernen. Spielen als ek-sistenziales Grundphänomen und Möglichkeiten einer Spielerziehung im Sportunterricht. Weinheim 1987.

HUBER, S.: Suche Konzepte – biete Spitzensport. Sportverbände auf dem Weg in die Professionalität. In: HACKFORTH, J. (Hrsg.): Sportsponsoring: Bilanz eines Booms. Berlin 1994.

HURRELMANN, K.: Lebensphase Jugend. Eine Einführung in die sozialwissenschaftliche Jugendforschung. München 1999[6].

HUSSERL, E.: Gesammelte Werke Band 1. Cartesianische Meditationen und Pariser Vorträge. Louvain 1950. (= 1950a).

HUSSERL, E.: Gesammelte Werke Band 3. Ideen zu einer reinen Phänomenologie und phänomenologischen Philosophie. Louvain. 1950. (= 1950b).

ILLI, U.: Bewegte Schule. In: Sportunterricht 44 (1995), Heft 10. 404 – 415.

IRLINGER, E.: Sportunterricht an den Bayerischen Schulen im Schuljahr 1998/99. Schriftliche Anfrage des MdL EBERHARD IRLINGER vom 22.02.99 (unveröffentlicht). (=1999b).

IRLINGER, E.: Starke Kinder braucht unsere Gesellschaft: Schulsport muss staatliche Aufgabe bleiben. Zur Pressekonferenz am 29. Juni 1999 (unveröffentlicht). (=1999a).

JASPERS, K.: Einführung in die Philosophie. München 1972[14].

JASPERS, K: Nietzsche. Berlin/New York 1981[4].

JOHANNING, G.: Sport und Musik. In: SINN, U. (Hrsg.): Sport in der Antike. Würzburg 1996.

KAFKA, F.: Die Verwandlung. Stuttgart 1997.

KATZENBOGNER, H.: Spielerisches Lernen, Üben und Trainieren. Aus Schule und Verein. Skript o.O., 1992.

KIESER, W.: Die Seele der Muskeln. Krafttraining jenseits von Sport und Show. Düsseldorf 1998[4].

KINKEL, K.: Ein Schulsportgipfel muss her. In: Sportunterricht 48 (1999), Heft 8. 308.

KLAES, L./ ROMMEL, A./ COSLER, D./ ZENS, Y.C.K.: Bewegungsstatus von Kindern und Jugendlichen in Deutschland. WIAD-Studie (= Wissenschaftliches Institut der Ärzte Deutschlands). Kurzfassung einer Untersuchung auf der Basis einer sekundäranalytischen Sichtung, einer repräsentativen Befragung bei 12– bis 18-Jährigen und eines Bewegungs-Check-Up in Schulen. Bonn 2000. (Zit. unter: KLAES u.a.: WIAD-Studie 2000).

KLEY, S.: Becker, Beckenbauer und Co: Sportler als Testimonials. In: HACKFORTH, J. (Hrsg.): Sportsponsoring: Bilanz eines Booms. Berlin 1994.

KLUPSCH-SAHLMANN, R.: Bewegte Schule. In: Sportpädagogik 6/95. 14 – 22.

KMK BONN: Anlage zur Pressemitteilung der 252. Plenarsitzung am 21./22.02.1991.

KNEBEL, K.P.: Funktionsgymnastik. Hamburg 1990.

KOENEN, J.: Mäzenatentum oder Sponsoring? Volleyball beim USC Münster. In: HACKFORTH, J. (Hrsg.): Sportsponsoring: Bilanz eines Booms. Berlin 1994.

KOFINK, H.: Brauchen wir noch einen Deutschen Sportlehrerverband?. In: Sportunterricht 48 (1999), Heft 9. 359 – 372. (= 1999a).

KOFINK, H.: Darf unter Schulsport jeder verstehen, was er will? In: Sportunterricht 46 (1997), Heft 5. 188 – 191.

KOFINK, H.: Ist Sportpädagogik kein „Pädagogischer Grundbegriff"? In: Sportunterricht 28 (1999), Heft 8. 312 –313. (= 1999b).

KOLLMUSS, S./STROTZ, S.: Rückenschule für Kinder. München 1995.

KONEBERG, L./FÖRDER, G.: Kinesiologie für Kinder. München 1996.

KÖNIG, S./ZENTGRAF, K.: Neue Unterrichtsqualifikationen für Sportlehrer. In: Sportunterricht 46 (1997), Heft 1. 4 – 12.

KÖRTZINGER, I./MAST. M/MÜLLER, M.J.: Prävention der Adipositas bei Kindern und Jugendlichen. In: Ernährungsumschau 43 (1996), Heft 12. 455 – 460.

KOSINSKI, T./SCHUBERT, M.: Kommerzielle Sportanbieter. In: DIETRICH, K./HEINEMANN, K. (Hrsg.): DER NICHT-SPORTLICHE SPORT. Beiträge zum Wandel im Sport. Jestburg 1999.

KRÄMER, J.: Bandscheibenschäden. München 1988[6].

KRUBER, D.: Aerobe Ausdauerleistungsfähigkeit in der Schule. Eine Repräsentativerhebung an rheinhessen-pfälzischen Schülerinnen und Schülern. In: Sportunterricht 46 (1997), Heft 1. 21 – 23.

KRUBER, D.: Die Sportstunde. Zur Theorie und Praxis der Unterrichtsgestaltung in Schule und Verein. Heinsberg 1984.

KRÜGER, M./GRUPE, O.: Noch einmal: Sport– oder Bewegungspädagogik? In: Sportunterricht 48 (1999), Heft 8. 309 – 311.

KRÜGER, M.: Wieviel Bewegung bringt die „Bewegte Schule"? In: Sportunterricht 48 (1999), Heft 8. 324 – 329.

KUGELMANN, C.: Die Bedeutung der Kraft für die Gesundheitserziehung im Schulsport. In: RODE, J./PHILIPP, H. (Hrsg.): Sport in Schule, Verein und Betrieb. St. Augustin 1995.

KUGELMANN, C.: Starke Mädchen – schöne Frauen? Weiblichkeitszwang und Sport im Alltag. Butzbach Griedel 1996.

KURZ, D.: Schulsport in einer sich verändernden Welt. In: Sportpädagogik, 6/1993. 6 – 12.

LAGING, R./KLUPSCH-SAHLMANN, R.: Schulen in Bewegung. In: Sportpädagogik 2/2001. 4 – 10.

LAGING, R.: Bewegte Schulen – auch ein Konzept für die weiterführende Schule?! In: Sportpädagogik 2/2001. 50 – 54.

LAGING, R.: Schule als Bewegungsraum – Zur sportpädagogischen Fundierung bewegter Schulkonzepte (Einführung). In: BREHM/KUHN/LUTTER/WABEL (Red.): Leistung im Sport – Fitness im Leben. Hamburg 1997.

LAGING; R./ KLUPSCH –SAHLMANN, R.: Schulen in Bewegung. In: Sportpädagogik 2/2001. 4 – 10.

LAUTERWASSER, E./ROTH, R.: Spurenwechsel zum umweltbewussten Skisport. Weilheim 1995.

LENK, H.: Die achte Kunst. Leistungssport – Breitensport. Osnabrück 1985.

LENK, H.: Eigenleistung. Plädoyer für eine positive Leistungskultur. Osnabrück 1983.

LEONARD, G., B.: Erziehung durch Faszination. Lehren und Lernen für die Welt von morgen. München 1971.

LOOSEN, W.: Adam Opel AG – Konzeption, Strategie und mulitmediale Präsenz. In: HACKFORTH, J. (Hrsg.): Sportsponsoring: Bilanz eines Booms. Berlin 1994.

LÖSSL, B.: Was macht der Wohlstand aus unseren Kindern? In: DDS 1/2 1997. 10 – 11.

LUIJPEN, W. A. M.: Existentielle Phänomenologie. Eine Einführung. München 1971.

LÜSCHEN, G.: Doping als abweichendes Verhalten. Methodologische und inhaltliche Aspekte. In: BETTE, K.-H. (Hrsg.): Doping im Leistungssport. Sozialwissenschaftlich beobachtet. Stuttgart 1994.

MARÉES, de H./WEICKER, H.: Sport und Gesundheit, in: Deutscher Sportbund (Hrsg.): Die Zukunft des Sports. Schorndorf 1986.

MARKWORTH, P.: Sportmedizin 1 Physiologische Grundlagen. Hamburg 1984.

Mangfall-Bote (=MB) vom 09.06.1994.

MB vom 28.12.1995.

MB vom 03.01.1996.

MB vom 19.11.1997.

MB vom 06./07.12.1997.

MB vom 09.12.1997.

MB vom 23.12.1997.

MB vom 27./28.12.1997.

MB vom 17./18.01.1998.

MB vom 28.01.1998.

MB vom 12.02.1998.

MB vom 30.03.1998.

MB vom 08.06.1998.

MB vom 24.06.1998.

MB vom 04./05.07.1998
MB vom 08./09.08.1998.
MB vom 03.08.1998
MB vom 07.09.1998.
MB vom 10.09.1998.
MB vom 11.09.1998.
MB vom 09.11.1998.
MB vom 10.11.1998.
MB vom 07.12.1998.
MB vom 04.01.1999.

MB vom 05./06.01.1999.

MB vom 08.01.1999.

MB vom 09./10.01.1999.
MB vom 18.01.1999.
MB vom 30./31.01.1999.

MB vom 01.02.1999.
MB vom 08.02.1999.
MB vom 26.02.1999.

MB vom 01.03.1999.

MB vom 23.03.1999.

MB vom 07.06.1999.

MB vom 18.06.1999.

MB vom 11.10.1999.

MB vom 31.07.2000.
MB vom 22.09.2000.
MB vom 31.10./01.11.2000.

MB vom 23./24./25./26.12.2000.

MB vom 11.04.2001.

MERLEAU-PONTY, M.: Das Auge und der Geist. Hamburg 1984.

MERLEAU-PONTY, M.: Das Sichtbare und das Unsichtbare. München 1994².

MERLEAU-PONTY, M.: Phänomenologie der Wahrnehmung. Berlin 1966.

MEYER, H.: Zur Bedeutung des Schulsports in der heutigen Zeit. In: Sportunterricht 48 (1999), Heft 9. 355 – 356.

MICHLER, P./GRASS, M.: Gymnastik – aber richtig! Hardt 1996⁴.

MIETHLING, W.-D.: Bewerten und Zensieren. In: Sportpädagogik 4/97. 20 – 27.

MOEGLING, K.: Was ist zeitgemäßer Schulsport? In: Sportunterricht 48 (1999), Heft 8. 314 – 323.

MOEGLING, K.: Zeitgemäßer Sportunterricht. Praxismodelle eines ganzheitlichen Bewegungstrainings im Schulsport. Dortmund 1997.

MORASCH, G: Der Mensch als Struktur. Heinrich Rombachs Strukturontologie am Beispiel der menschlichen Identität. In: Theologie und Philosophie. 73. Jahrgang, Heft 1. 1998. 70 – 83.

MRAZEK, J.: Sport als Gesundheitsverhalten – Beispiel Jogging. In: DIETRICH, K./HEINEMANN, K. (Hrsg.): DER NICHT-SPORTLICHR SPORT. Beiträge zum Wandel im Sport. Jestburg 1999.

MÜLLER-WOLF, H.-M./MIETHLING, W.-D.: Sportunterricht. Das Lehrverhalten von Sportlehrern. Baltmannsweiler 1986.

NEUMANN, P.: Im Gelände spielen? In: Sportunterricht 50 (2001), Heft 4. 105 – 108.

NIETZSCHE, F.: Also sprach Zarathustra. In: Sämtliche Werke. Kritische Studienausgabe. Band 4. München 1980 (=1980a).

NIETZSCHE, F.: Jenseits von Gut und Böse. In: Sämtliche Werke. Kritische Studienausgabe. Band 5. München 1980 (=1980b).

NIETZSCHE, F.: Werke in drei Bänden Band 1; hrsg. von Schlechta K. München 1966.

OBST, F./ BÖS, K.: Mehr Unterrichtszeit im Schulsport: die tägliche Sportstunde. In: Sportpädagogik 1/98. 12 – 14.

OLDENKOTT, P.: Ärztlicher Rat für Patienten mit Bandscheibenschäden. Stuttgart, New York, 1985[4].

OPASCHOWSKI, H. W.: Deutschland 2010. Hamburg 2001[2].

OPASCHOWSKI, H. W.: Xtrem. Der kalkulierte Wahnsinn. Extremsport als Zeitphänomen. Hamburg 2001.

PAUL, H./WUTZ, E.: Sport im Schulreport. Beilage. In: Schulreport 5/März 1998.

PAUL. H./WUTZ, E.: Sport im Schulreport. Beilage. In: Schulreport 7/März 1999.

PFÖRRINGER, W.: Rückenschmerz–„Cost-of-Illness"-Studie. In: Orthopädie aktuell. 135, 1997, Heft 4. 10 – 11.

PILZ, G.A.: Dopingsünder – die Avantgarde eines neuen Identitätstyps? In: BETTE, K.-H. (Hrsg.): Doping im Leistungssport. Sozialwissenschaftlich beobachtet. Stuttgart 1994.

PLESSNER, H.: Mit anderen Augen. Aspekte einer philosophischen Anthropologie. Stuttgart 1982.

PLESSNER, H.: Philosophische Anthropologie. Frankfurt 1970.

PÖTTINGER, P.: Gesundheitserziehung im Schulsport. In: 5 bis 10 Schulmagazin 11/94. 8 – 12.

POSÉ, U. D.: Führen durch überzeugen. Düsseldorf, Wien 1984.

PROHL, R.: Gundriss der Sportpädagogik. Wiebelsheim 1999.

PROHL, R.: Phänomenologie. In: RÖTHIG, P. (Red.): Sportwissenschaftliches Lexikon. Schorndorf 1992. 359 – 360.

PUSSERT, E.: Früh übt sich ... in: KLÖCKNER, W. (Hrsg.): Gesunde Haltung. Konstanz 1996.

„puma": Geschäftsbericht 1996. Ohne Erscheinungsort.

„puma": Geschäftsbericht 1997. Ohne Erscheinungsort.

„puma": Geschäftsbericht 1998. Ohne Erscheinungsort.

REGENSBURGER PROJEKTGRUPPE: Die bewegte Schule – Anspruch und Wirklichkeit. In: Sportpädagogik 1/1999. 3 –10.

REINHARDT, B.: Die große Rückenschule. Balingen 1995[5]:

RICHTHOFEN von, M.: Offener Brief an den Ministerpräsidenten des Freistaates Bayern, Herrn Dr. Edmund Stoiber, zur aktuellen Entwicklung des Schulsports in Bayern. In: Sportpädagogik 5/96. 4–5.

RICHTHOFEN von, M.: Schulsport in Gegenwart und Zukunft. In: Sportunterricht 48 (1999) 9. 357 – 358.

RITTNER, K.: Sport und Arbeitsteilung. Bad Homburg 1976.

RODENKIRCHEN, M.: Auszeichnung der Sieger. In: SINN, U. (Hrsg.): Sport in der Antike. Würzburg 1996.

RÖHLING, J.: Schule in der Krise? Konferenz der Schulbeauftragten in Würzburg am 30.09.1998 (unveröffentlicht).

RÖHRS, H.: Die pädagogischen Ideen Martin Bubers. In: RÖHRS, H./ MEYER, E.: Die pädagogischen Ideen Martin Bubers. Wiesbaden 1979.

ROMBACH, H.: Anthropologie des Lernens. In: Willmann Institut (Hrsg.): Der Lernprozess. Anthropologie, Psychologie, Biologie des Lernens. Freiburg, Basel, Wien 1969.

ROMBACH, H.: Der kommende Gott. Hermetik – eine neue Weltsicht. Freiburg 1991.

ROMBACH, H.: Der Ursprung. Philosophie der Konkreativität von Mensch und Natur. Freiburg 1994. (=1994a).

ROMBACH, H.: Die Gegenwart der Philosophie. Die Grundprobleme der abendländischen Philosophie und der gegenwärtige Stand des philosophischen Fragens. Freiburg/München 1988[3]. (= 1988a).

ROMBACH, H.: Die philosophische Grundfrage nach dem Sinn. In: CZEF, H. (Hrsg.): Sinnverlust und Sinnfindung in Gesundheit und Krankheit. Festschrift für Professor Dieter Wüss. Würzburg 1998.

ROMBACH, H.: Drachenkampf. Der philosophische Hintergrund der blutigen Bürgerkriege und die brennenden Zeitfragen. Freiburg 1996.

ROMBACH, H.: Leben des Geistes. Freiburg 1977.

ROMBACH, H.: Pädagogische Anthropologie. Philosophischer Ansatz zum Erziehungsgeschehen, in: ROMBACH, H. (Hrsg.): Die Frage nach dem Menschen. Aufriss einer philosophischen Anthropologie. Festschrift für Max Müller zum 60. Geburtstag. Freiburg/München 1966.

ROMBACH, H.: Phänomenologie des gegenwärtigen Bewusstseins. Freiburg/München 1980.

ROMBACH, H.: Phänomenologie des sozialen Lebens. Freiburg 1994. (= 1994b).

ROMBACH, H.: Substanz, System, Struktur. Freiburg, München 1981.

ROMBACH, H.: Strukturanthropologie. „Der menschliche Mensch". Freiburg/München 1987.

ROMBACH, H.: Strukturontologie. Eine Phänomenologie der Freiheit. Freiburg/München 1971.

ROMBACH, H.: Über Ursprung und Wesen der Frage. Freiburg 1988^2. (= 1988b).

ROMBACH, H.: Welt und Gegenwelt. Umdenken über die Wirklichkeit: Die philosophische Hermetik. Freiburg 1983.

ROTH, P. (Hrsg.): Sportsponsoring. Grundlagen, Strategien, Fallbeispiele. Landsberg/Lech 1990^2.

RÜHL, J.K.: Zur Erfassung sportlicher Leistung im Spätmittelalter. In: BREHM/KUHN/ LUTTER/WABEL (Red.): Leistung im Sport – Fitness im Leben. Hamburg 1997.

RUSCH, H../WEINECK, J.: Sportförderunterricht. Schorndorf 1998^5.

RUSCH, H./IRRGANG, W.: Verändert sich die körperliche Leistungsfähigkeit von Kindern und Jugendlichen? Eine Studie über die Entwicklung der körperlichen Leistungsfähigkeit (unveröffentlicht).

SCHABER-MÜLLENDER, G.: Gewalt im Sport: Einstellung und Sportmediennutzung von Schülern. In: HACKFORTH, J. (Hrsg.): Sportmedien & Mediensport. Berlin 1987.

SCHAFFRATH, M.: Auf Bande, Trikot, Trainerbank – wer ist der beste Sponsor im Bundesliga-Land? In: HACKFORTH, J. (Hrsg.): Sportsponsoring: Bilanz eines Booms. Berlin 1994.

SCHERER, K.A.: 100 Jahre Olympische Spiele. Idee, Analyse und Bilanz. Dortmund 1995.

SCHERLER, K.: Die Instrumentalisierungsdebatte in der Sportpädagogik. In: Sportpädagogik 2/1997. 5 – 10.

SCHERLER, K.: Im Brennpunkt. In: Sportunterricht 42 (1993), 12. 505.

SCHERLER, K.: Legitimationsprobleme des Schulsports. In: Sportpädagogik 1/1994. 5 – 9.

SCHERLER, K.: Sport in der Schule. In: RODE, J./PHILIPP, H.: Sport in Schule, Verein und Betrieb. St. Augustin 1995.

SCHEUERL, H.: Pädagogische Anthropologie. Eine Einführung. Stuttgart. Berlin. Köln. Mainz 1982.

SCHIERZ, M.: Sportunterricht und sein (möglicher) Beitrag zur Allgemeinbildung. In: Pädagogik (1997) 5. 44 – 48.

SCHMIDTBLEICHER, D./GOLLHOFER, A.: Neuromuskuläre Untersuchungen zur Bestimmung individueller Belastungsgrößen für ein Tiefsprungtraining. In: Leistungssport 12. Jgg. Nr. 4/1982. 298 – 307.

SCHMIDTBLEICHER, D.: Entwicklung der Kraft und Schnelligkeit. In: BAUR, J./BÖS, K./SINGER, R. (Hrsg.): Motorische Entwicklung. Ein Handbuch. Schondorf 1994.

SCHNEIDER, R.: Relevanz und Kosten der Adipositas in Deutschland. In: Ernährungsumschau 43 (1996), Heft 10. 369 – 374.

SCHRÖDER, J.: Die jugendliche Wirbelsäule in der Pubertät. In: Aktion Gesunder Rücken. Nr. 16/1998. 26 – 27.

SCHULKE, H.-J.: Marathon: Zwischen Monotonie und Magie. In: DIETRICH, K./HEINEMANN, K. (Hrsg.): DER NICHT-SPORTLICHE SPORT. Beiträge zum Wandel im Sport. Jestburg 1999.

SCHULZ VON THUN, F.: Miteinander reden. Band 1. Hamburg 1998 .

SCHULZ, N.: Grundschulsport ohne Sport? In: Sportunterricht 48 (1999), Heft 4. 158 – 165.

SCHULZ, W.: Über den philosophiegeschichtlichen Ort Martin Heideggers. In: PÖGGELER, O. (Hrsg.): Heidegger. Perspektiven zur Deutung seines Werkes. Weinheim 19943.

SIEWERS, M.: Sportmedizinische Aspekte in der Schule. Prävention im Schulsport. In: Sportunterricht 4 (1997), Heft 8. 350 – 354.

SINN, U.: (Hrsg.): Sport in der Antike. Würzburg 1996. (= 1996a).

SINN, U.: Olympia. Kult, Sport und Fest in der Antike. München 1996. (= 1996b).

Sport-Bild Nr. 14 vom 02. 04. 1997.

STADLER, M.: Sport im alten Ägypten. In: SINN, U. (Hrsg.): Sport in der Antike. Würzburg 1996.

Stadt Augsburg (Hrsg.): Sport-Information Augsburg. Vereinsspiegel 1997/98. Augsburg 1997.

STENGER, G./RÖHRIG, M. (Hrsg.): Philosophie der Struktur – „Fahrzeug" der Zukunft? Für Heinrich Rombach. München 1995.

STRUCK, P.: Neue Lehrer braucht das Land. Darmstadt 1994.

SUTTON-SMITH, B.: Die Dialektik des Spiels. Schorndorf 1978.

Süddeutsche Zeitung (=SZ) vom15.06.96.

SZ vom 12.11.1997.

SZ vom 17.11.1997.

SZ vom 23.12.1997.

SZ vom 22.06.1998.

SZ vom 05.08.1998.

SZ vom 17.07.1998.

SZ vom 08.09.1998.

SZ vom 07.11.1998.

SZ vom 02.01.1999.

SZ vom 04.01.1999.

SZ vom 30.09./01.10. 2000.

TAAKS, J.: Sport, Technik und Markt. In: DIETRICH, K./HEINEMANN, K. (Hrsg.): DER NICHTSPORTLICHE SPORT. Beiträge zum Wandel im Sport. Jestburg 1999.

TEWES, G.: Kritik des Sportberichterstattung. Der Sport in der Tageszeitung zwischen Bildungs-Journalismus, Unterhaltungs-Journalismus und „1:0 –Berichterstattung" – Eine empirische Untersuchung. Düsseldorf 1991.

THIEL, A./NEUMANN, P.: Eigenzeiten. In: Sportpädagogik 1/98. 15 – 20.

THIELE, J.: Unbewegte Kindheit? Anmerkungen zur Defizithypothese in aktuellen Körperdiskussionen. In: Sportunterricht 48 (1999), Heft 4. 141 – 149.

TREBELS, A., H.: Das dialogische Bewegungskonzept. Eine pädagogische Auslegung von Bewegung. In: Sportunterricht 41, 1992, Heft 1, 20 – 29.

TREML, A.K.: Theorie struktureller Erziehung. Grundlagen einer pädagogischen Sozialisationstheorie. Weinheim und Basel 1982.

TREUTLEIN, G.: Anabolikadoping in der Bundesrepublik Deutschland. Manuskript. Veröffentlichung voraussichtlich Aachen 2001.

TREUTLEIN, G.: Zwischen Wertorientierung und Zweckrationalität: Handlungsdilemmata im Leistungssport. In: BETTE, K.-H. (Hrsg.): Doping im Leistungssport. Sozialwissenschaftlich beobachtet. Stuttgart 1994.

TRÖGER, W.: Chancen und Gefahren der Olympischen Spiele aus der Sicht des IOC und Diskussionsbeiträge. In: DIGEL, H.: Olympische Spiele in Atlanta – quo vadis Olympia? 10. Darmstädter Sport-Forum. Darmstadt 1996.

UNGERER –RÖHRICH; U.: Wir brauchen überzeugende Ergebnisse zur Fitness unserer Kinder und Jugendlichen. In: Sportunterricht 50 (2001), Heft 4. 97.

VALENZUELA-MONTENEGRO, N.: Der Lauf. In: SINN, U.(Hrsg.): Sport in der Antike . Würzburg 1996.

Van der GROEBEN, A. und RIEGER, M.F.: Ein Zipfel der besseren Welt. Leben und Lernen in der Bielefelder Laborschule. Essen 1991.

VOLKAMER, M.: Der Einfluss der Sportwissenschaft auf das Selbstverständnis von Sportlehrern. In: Sportunterricht 46 (1997), 3. 116ff.

VOLKAMER, M.: Die Beteiligung der Schüler an der Leistungsbewertung. In: Sportpädagogik 4/1997. 17 – 19.

VOLKAMER, M.: Die Sportzensur ist und bleibt ein Dauerbrenner. In: Sportpädagogik 2/1998. 4 – 5.

VOLPI, F.: Hermetik versus Hermeneutik. In: STENGER, G./RÖHRIG, M. (Hrsg.): Philosophie der Struktur – „Fahrzeug" der Zukunft? Für Heinrich Rombach. München 1995.

VOM STEIN, A.: Die „Sport-Medien-Spirale" – oder: Spitzensportler im Wirkungszentrum der Massenmedien. In: HACKFORTH, J.: (Hrsg.): Sportmedien & Mediensport. Wirkungen – Nutzung –Inhalte der Sportberichterstattung. Berlin 1987.

WAGNER, G.: Wie können die Doping-Zwickmühlen überwunden werden? In: BETTE, K.-H. (Hrsg.): Doping im Leistungssport. Sozialwissenschaftlich beobachtet. Stuttgart 1994.

WALDBRÖL, H.-J.: Diskussionsbeitrag. In: DIGEL, H.: Olympische Spiele in Atlanta – quo vadis Olympia? 10. Darmstädter Sport-Forum. Darmstadt 1996.

WASMUND-BODENSTEDT, U./BRAUN, W.: Haltungsschwächen bei Kindern im Grundschulalter – Untersuchungen über den Einfluss zusätzlicher Bewegungsaktivitäten, in: Motorik 6 (1983), Heft 1.

WATZLAWICK, P.: Wie wirklich ist die Wirklichkeit? München 1998[24].

WEINECK, J: Optimales Training. Erlangen 1983[2].

WEIZSÄCKER, von R.: Grundsätze und Grenzen des Sports, in: DEUTSCH OLYMPISCHE GESELLSCHAFT (Hrsg.): FAIRhalten. Weinheim 1992[3]. 9 – 11.

WESSLING-LÜNNEMANN, G.: Motivationsförderung im Unterricht. Göttingen 1985.

WIDMER, K.: Sportpädagogik. Prolegomena zur theoretischen Begründung der Sportpädagogik als Wissenschaft. Schorndorf 1997[2].

WIKGREN, S.: (Acquisition Editor): Physical Education for lifelong fitness: the Physical Best teacher's guide/American Alliance for Health, Physical Education, Recreation and Dance. USA 1999.

WILD, R.: Erziehung zum Sein. Freiamt 1995.

WURNIG, U.: Faustkampf und Pankration. In: SINN, U. (Hrsg.): Sport in der Antike. Würzburg 1996.

WYDRA, G.: Beliebtheit und Akzeptanz des Sportunterrichts. In: Sportunterricht 50 (2001), Heft 3. 67 – 72.

ZEHETMAIR, H.: Bildungsoffensive Bayern, in: BAYERISCHES STAATSMINISTERIUM FÜR UNTERRICHT, KULTUS, WISSENSCHAFT UND KUNST (Hrsg.), Wissen und Werte für die Welt von morgen. München 1998.

ZINTL, F.: Ausdauertraining. Grundlagen, Methoden, Trainingssteuerung. München 1997[4].

Abbildungsverzeichnis

Kapitel 2

Abb. 1: Die Totenanlage und Laufbahn des Djoser (aus: DECKER 1987, 37) _____ 68
Abb. 2: Gymnasion in Olympia (aus: SINN 1996a, 107) _____ 69
Abb. 3: Griechischer Athlet (aus: SINN 1996a, 91) _____ 70
Abb. 4: Die Stadien von Olympia (eigene Aufnahme) und Delphi (aus: Sinn 1996a, 73) _ 71
Abb. 5: Fans in ihren Vereinstrikots (eigene Aufnahme) _____ 94
Abb 6: aus MB vom 18.01.99 und 07.12.98 _____ 95
Abb 7: aus MB vom 01.02.99; 23.03.99, 08.12.98 und 26.02.99 _____ 96
Abb. 8: Entwicklung der Kosten für die Übertragungsrechte der Fußball-Bundesliga (vgl. Focus 1997, 202) _____ 99
Abb. 9: Damen-Volleyball-Nationalmannschaft Kuba – vorschriftsmäßig gekleidet. (vgl. MB vom 09.11.98) _____ 108

Kapitel 3

Abb. 1: Belastung der Wirbelsäule bei verschiedenen Haltungen und Tätigkeiten (aus: REINHARDT 1995, 28) _____ 146
Abb. 2: Koordinative Fähigkeiten im Schulkindalter und ihr Einfluss auf die koordinative Leistungsfähigkeit im Alter (aus: GEIGER 1999, 99) _____ 148
Abb. 3: Übungen aus dem LVT zum muskulären Aufbau von Nachwuchskunstturnerinnen (eigene Aufnahmen) _____ 152
Abb. 4: Arbeitsunfähigkeit (Tage) im Zeitraum von drei Jahren bei sportlich aktiven (n=509) und inaktiven (n=355) Personen (vgl. GEIGER 1999, 22) _____ 160
Abb. 5: Veränderungen der Leistungsfähigkeit in der Schnellkraft (vgl. SCHMIDT-BLEICHER 1994, 136 nach DIEKMANN/ LETZELTER 1987, 285) _____ 173
Abb. 6: Motivationsschaukel und Motivationsstrudel (vgl. MÜLLER-WOLF/MIETHLING 1986, 118f.) _____ 197
Abb. 7: Bild aus Sportpädagogik 4/97, 42, dem man den Titel geben könnte: „So bitte nicht!" _____ 201

Diagrammverzeichnis

Kapitel 2

Diagramm 1: Verkaufsentwicklung von Sportschuhen von 1993 – 1998 (vgl. „adidas" Geschäftsberichte 1996, 2; 1997, 5; 1998, 11 und „puma" Geschäftsberichte 1996, 8; 1997, 23; 1998, 10; Angaben in Millionen DM) _____ 101

Diagramm 2: Verkauf von Sportschuhen 1998 (vgl. „adidas", Geschäftsbericht 1998, 11 und „puma", Geschäftsbericht 1998, 10) _____ 101

Tabellenverzeichnis

Kapitel 2

Tab. 1: Jahres-Einkünfte deutscher Spitzensportler
(vgl. MB vom 28.12.1995, 06./07.12. 1997 und 09.12.1998) _____ 110

Kapitel 3

Tab. 1: Die Entwicklung der durchschnittlichen Sportstundenzahl pro Woche von 1996/97 bis 1998/99 (vgl.: PAUL/WUTZ: Sport im Schulreport 5, März 1998 und Sport im Schulreport 7, März 1999; ohne Seitenangaben) _____ 135
Tab. 2: Verhältnis der Gesamtzahl von Schülern und Jugendlichen zu Schülern und Jugendlichen im Verein (vgl.: Sport-Information Augsburg, Sportamt der Stadt Augsburg, Sport-Information Augsburg, Vereinsspiegel 1997/98, 3)___ 136
Tab. 3: Empfohlene Trainingsdauer pro Einheit bei verschiedenen Ausdauersportarten (vgl. GEIGER 1999, 37) _____ 171

ANHANG

Biomechanische Funktionsanalyse der Wirbelsäule

exaktaktiv
– Analytisches Trainingszentrum –
Isarstr. 1c
83026 Rosenheim
Tel. (08031) 6776 – 0 Fax – 5

Name	F., E.				
Datum	17.11.97	———	vor Trainingsbeginn	Gewicht (in kg)	96
	10.01.98	········	nach Aufbautraining		98
	06.04.98	– – – –	zusätzlicher Test		100

PROFIL DES FUNKTIONSZUSTANDS DER WIRBELSÄULE

			erheblich defizitär	geringfügig defizitär	Norm	überdurch- schnittlich	ausge- zeichnet
MOBILITÄT	HWS	BEUGUNG/STRECKUNG					
		SEITWÄRTSNEIGUNG					
		DREHUNG					
	LWS/BWS	BEUGUNG/STRECKUNG					
		SEITWÄRTSNEIGUNG					
		DREHUNG					
KRAFT	HWS	NACKENMUSKULATUR					
		VORDERE HALSMUSKULATUR					
		SEITL. HALSMUSKULATUR RECHTS					
		SEITL. HALSMUSKULATUR LINKS					
	LWS/BWS	RÜCKENMUSKULATUR					
		VORDERE BAUCHMUSKULATUR					
		ROTATIONSMUSKULATUR RECHTS					
		ROTATIONSMUSKULATUR LINKS					
		SEITL. BAUCHMUSKULATUR RECHTS					
		SEITL. BAUCHMUSKULATUR LINKS					
KRAFT- VERHÄLT- NISSE	HWS	HALS-/NACKENMUSKULATUR					
		SEITL. HALSMUSK. RECHTS/LINKS					
	LWS/BWS	BAUCH-/RÜCKENMUSKULATUR					
		ROTATIONSMUSK. RECHTS/LINKS					
		SEITL. BAUCHMUSK. RECHTS/LINKS					
LEISTUNG	LWS/BWS	AUSDAUER					

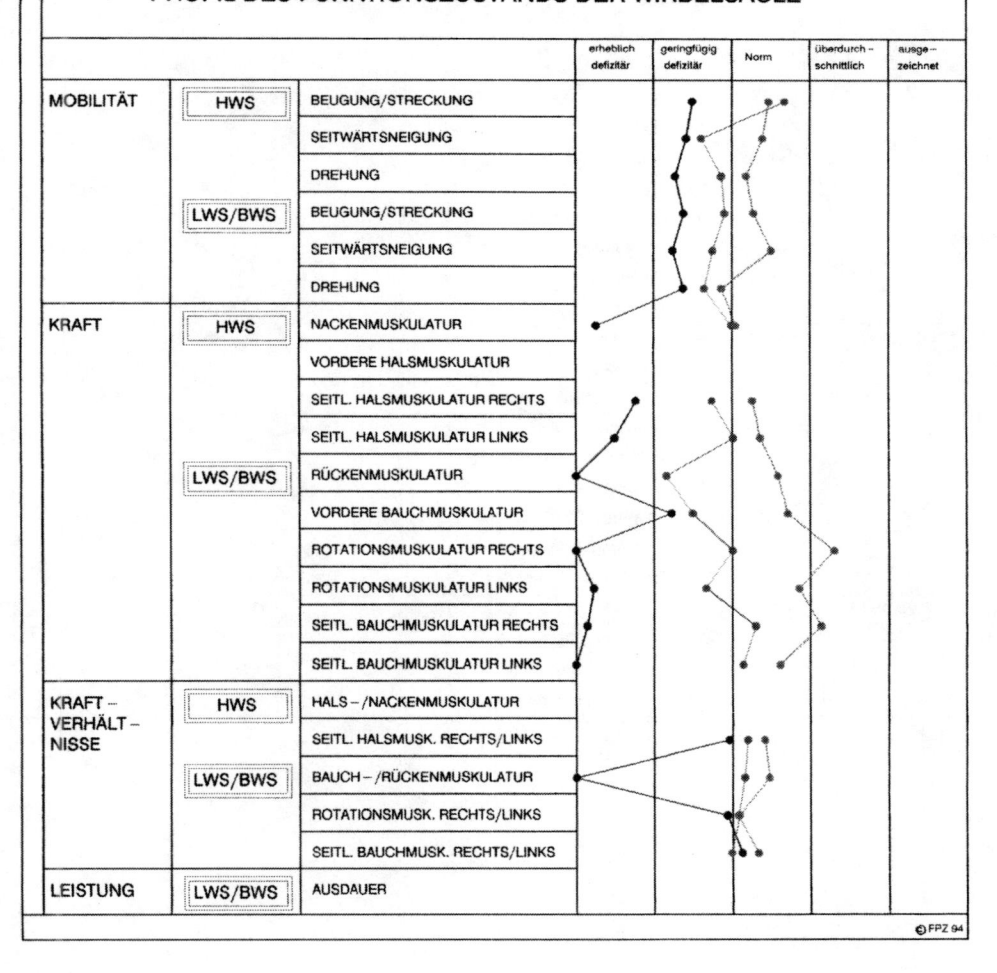

© FPZ 94

Biomechanische Funktionsanalyse der Wirbelsäule

Profil - Funktionszustand

Name						
Datum	Testart		Gewicht	Datum	Testart	Gewicht
06.10.98	● vor Trainingsbeginn					

Analyseparameter			Bewertungskriterien				
			erheblich defizitär	defizitär	normal	überdurchschnittlich	ausgezeichnet
Mobilität	HWS	Streckung					●
		Beugung				●	
		Seitwärtsneigung rechts				●	
		Seitwärtsneigung links				●	
		Drehung rechts			●		
		Drehung links			●		
	LWS/BWS	Streckung			●		
		Beugung				●	
		Seitwärtsneigung rechts			●		
		Seitwärtsneigung links				●	
		Drehung rechts				●	
		Drehung links			●		
Kraft	HWS	Nackenmuskulatur				●	
		Seitl. Halsmuskulatur rechts					●
		Seitl. Halsmuskulatur links					●
	LWS/BWS	Rückenmuskulatur			●		
		Vordere Bauchmuskulatur					●
		Rotationsmuskulatur rechts					●
		Rotationsmuskulatur links					●
		Seitl. Bauchmuskulatur rechts		●			
		Seitl. Bauchmuskulatur links		●			
Kraftverhältnis	HWS	Seitl. Halsmusk. rechts/links			●		
	LWS/BWS	Bauch-/Rückenmuskulatur	●		●		
		Rotationsmuskulatur rechts/links			●		
		Seitl. Bauchmusk. rechts/links			●		

© DAVID ACADEMY

exaktaktiv
Analytisches Trainingszentrum

Kraftdefizit bei Erstanalyse
(weiblich; n=11)

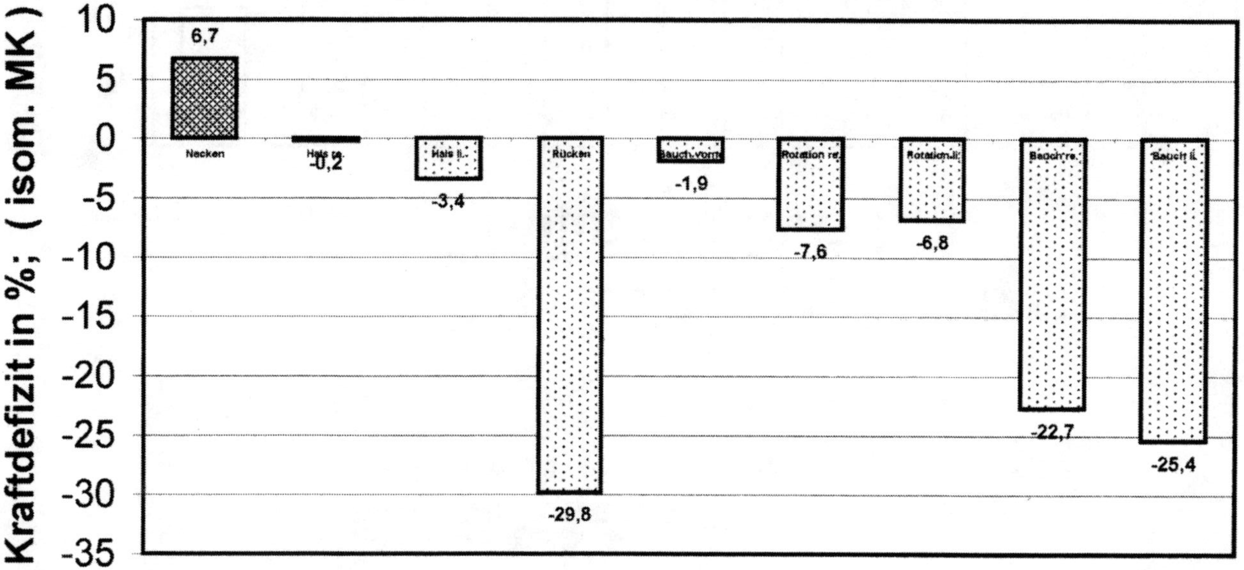

Muskelgruppe	Kraftdefizit in % (isom. MK)
Nacken	6,7
Hüft b...	-0,2
Hüfte b...	-3,4
Rücken	-29,8
Bauch com.	-1,9
Rotation re.	-7,6
Rotation li.	-6,8
Beuger re.	-22,7
Beuger li.	-25,4

exakt*aktiv*

Analytisches Trainingszentrum

Kraftdefizit bei Erstanalyse
(männlich; n=16)

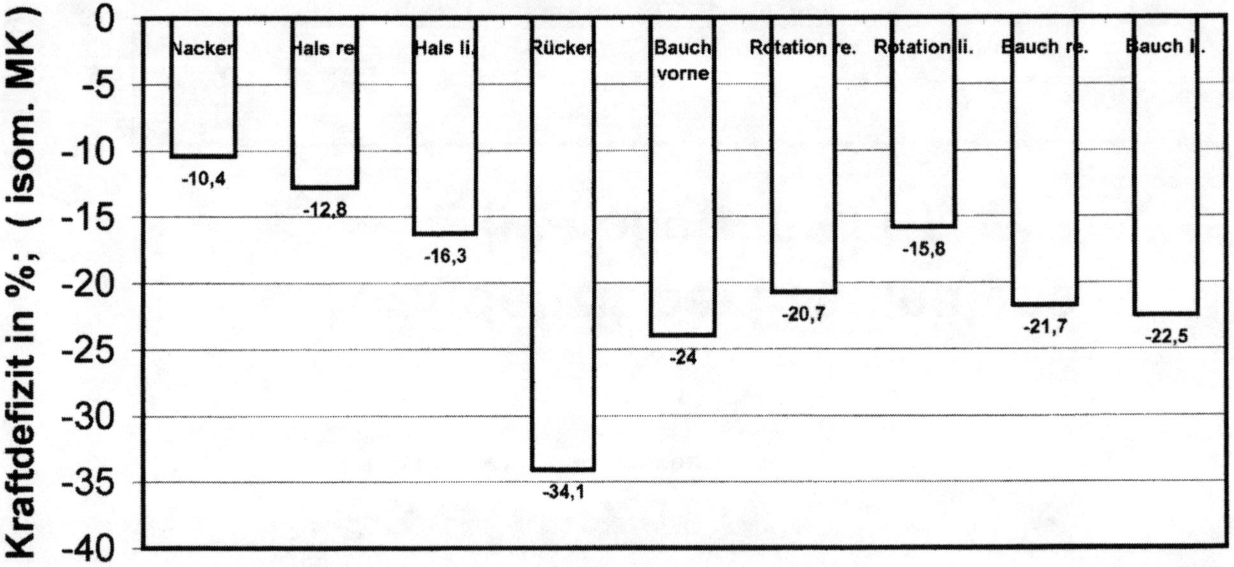

Bereich	Kraftdefizit in % (isom. MK)
Nacken	-10,4
Hals re.	-12,8
Hals li.	-16,3
Rücken	-34,1
Bauch vorne	-24
Rotation re.	-20,7
Rotation li.	-15,8
Bauch re.	-21,7
Bauch li.	-22,5

exakt*aktiv*
Analytisches Trainingszentrum

Kraftdefizit der Bauchmuskulatur bei Erstanalyse (weiblich; n=11)

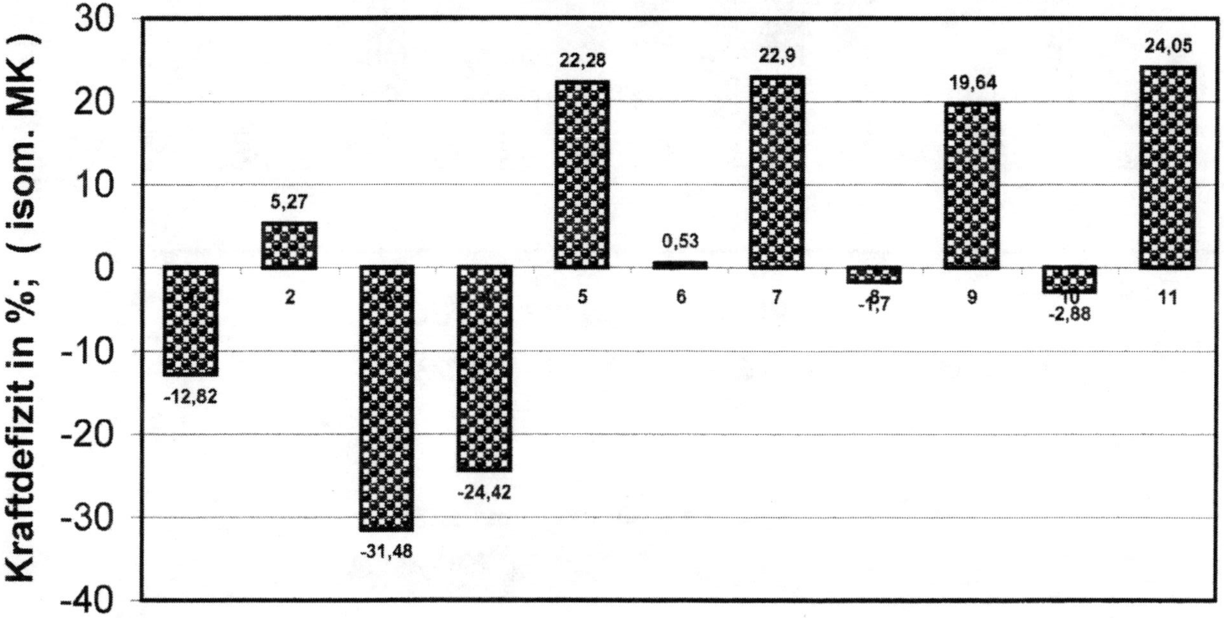

Kraftdefizit der Bauchmuskulatur bei Erstanalyse (männlich; n=16)

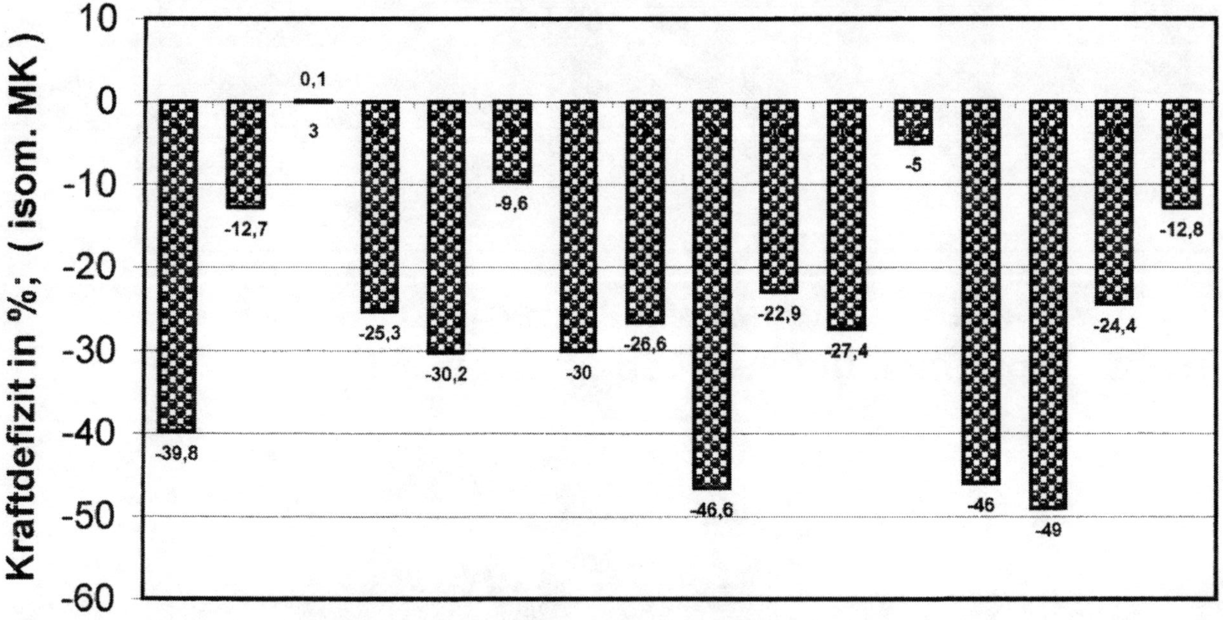

exaktaktiv
Analytisches Trainingszentrum

Kraftdefizit der Rückenmuskulatur bei Erstanalyse (weiblich; n=11)

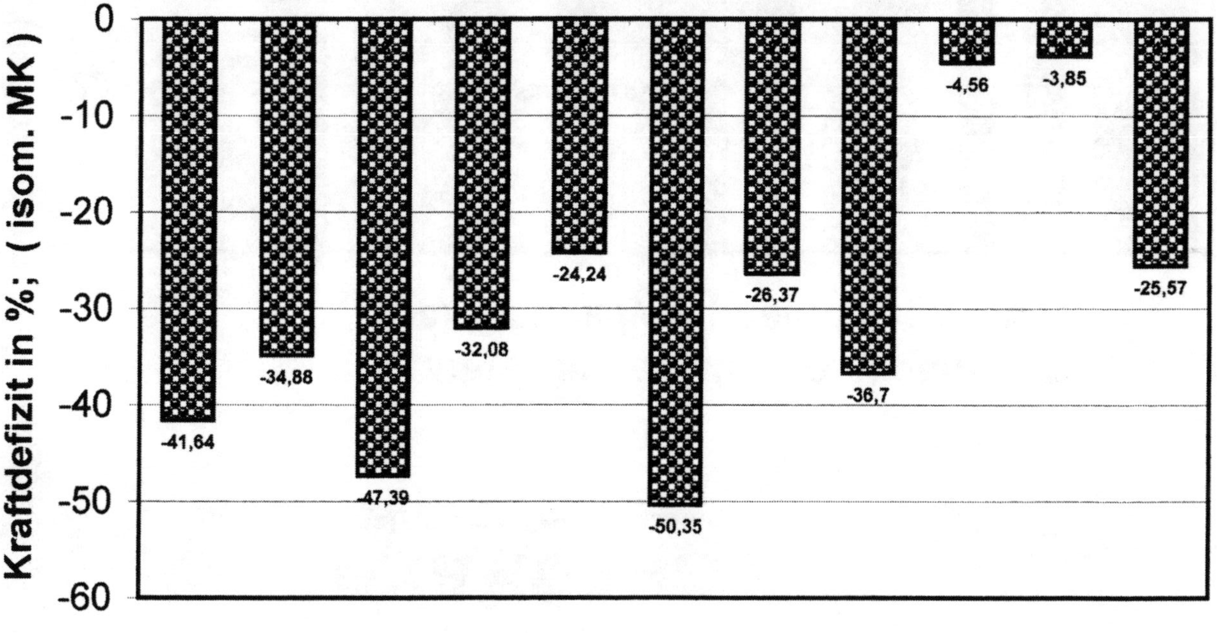

Wert
-41,64
-34,88
-47,39
-32,08
-24,24
-50,35
-26,37
-36,7
-4,56
-3,85
-25,57

Kraftdefizit in %; (isom. MK)

exakt*aktiv*
Analyttisches Trainingszentrum

Kraftdefizit der Rückenmuskulatur bei Erstanalyse (männlich; n=16)

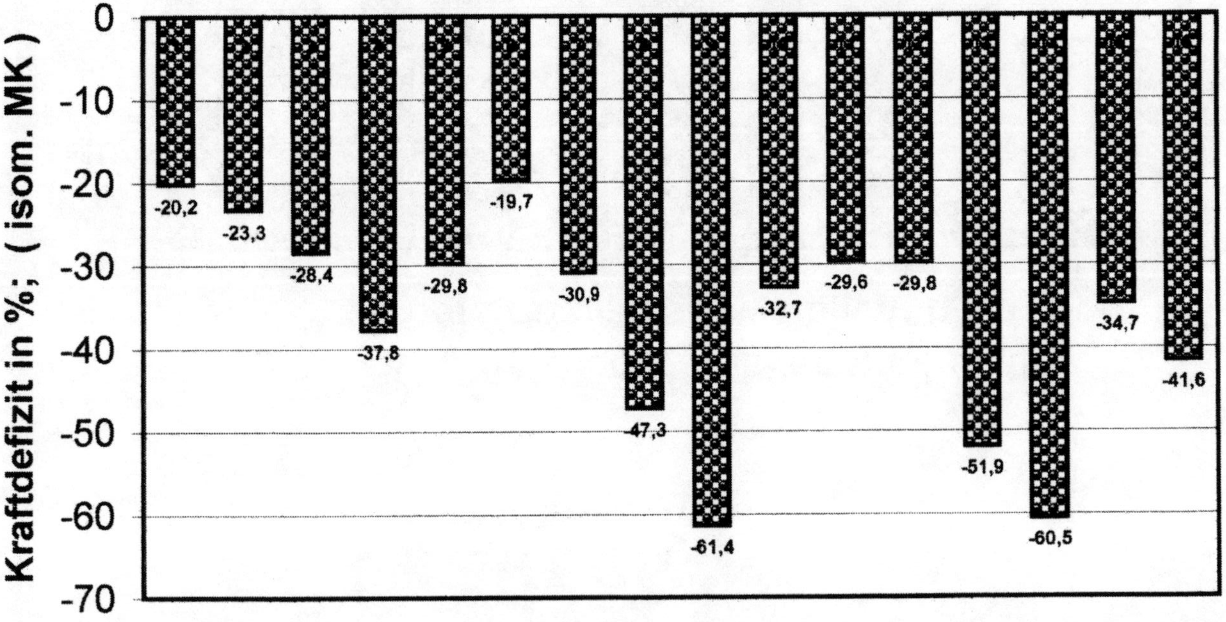

Wert
-20,2
-23,3
-28,4
-37,8
-29,8
-19,7
-30,9
-47,3
-61,4
-32,7
-29,6
-29,8
-51,9
-60,5
-34,7
-41,6

Kraftdefizit in %; (isom. MK)